U0035477

政府內部的吶喊

呐喊

梁寶龍——著

香港公務員工運口述史

推薦序　不是明星的工運骨幹

文／李峻嶸（關心工人運動的大專講師）

　　說起香港的工人運動，大眾可能會想起李卓人、劉千石、陳婉嫻等「政治明星」級人物。但無論是職工盟還是工聯會，這些工會聯合會的領袖能有高知名度，實在有賴兩會旗下的一眾屬會支撐。事實上，工人運動要持續累積力量、團結工友，是不能單靠明星的。那些長年累月花公餘時間為工友謀福祉的工會中堅，肯定是工人運動不可或缺的力量。這些工會重臣未必有很多人認識，但他們的工作和付出，對於香港打工仔女的權益和工人運動的狀況是相當重要的。

　　龍哥[1]這本書透過訪談，記下了十多位工會中堅投身工人運動經歷和心路歷程。這些訪談內容不但都是香港工人運動的重要史料，讀者們也可以透過閱讀和消化訪談內容，來認識香港工運以至社會的發展，甚至反思自己對工人運動的認識和判斷。在香港，公務員往往被視為「筍工」（即高薪厚祿的工作）。他們的待遇亦確實比起絕大部分香港其他的打工仔女要好。但這不代表一般僱員就不應該關心公務員工會的情況。政府是香港的最大僱主。換言之，公務員就是最大的僱員群體。因此，整體公務員的待遇是改善還是倒退，也會影響到廣大打工仔女的議價能力。除了公務員工會骨幹的訪談外，這本書也回顧了過去百多年的公務員工運，為大家了解香港勞資關係和工人權益的演化提供更多的線索。

---

[1]　本文筆者對本書著者的尊稱。

前言

文／梁寶霖

　　本文集乃過去兩年來斷斷續續訪問了十多位公務員工會領袖的初步成果，公務員工運曾於七八十年代風光一時，在香港工運史上成推動獨立工運的一股重要力量，今次可以聽到他們的心聲。不難發現，本文集的缺憾是缺乏工團屬會人物，特別是女性公務員人物的訪問，希望各位提供意見和資料。

龍少爺的導讀

何謂公務員？

公務員的範疇各國各有不同，以香港為例，上至特首，下至清潔工，都是公務員。收窄範圍來看，香港公務員是指根據公務員服務條例，直接受政府聘任且經由政府庫房發給薪酬的勞動者[1]。公務員遍布政府各領域，曾經包括以下各部門：廣九鐵路、政府醫療、公共工程、供水、清潔及公共衛生、公立學校、消防、懲教（舊稱「監獄」）和警務等，分屬行政、專業、技術和體力勞動等工作範圍。現今已脫離公務員範疇的有：「香港鐵路有限公司」、「醫院管理局」和「金融管理局」等僱員，政府外判（編按：即outsourcing，台灣稱外包）下僱用的僱員和合約僱員等不是公務員，殖民地時期為英軍提供勞務的僱員，如已關閉的海軍船塢工人等亦不是公務員。駐港英軍跟隨英國制度，一直以來都不是公務員，美國和台灣等國家／地區軍人則是公務員。

公務員可以廣義劃分為一般職系和部門職系，約有四百個不同職系，1,250個職級或工作類別。

以教育界為例，官立學校員工上至校長，下至校役，全是公務員；津貼學校員工則全部不是公務員，但他們的工資額卻是跟隨公務員薪級制的，而福利方面完全不同。各津貼學校各有不同的辦學團體，各有自己一套員工體制，甚至同一辦學團體轄下不同學校，亦各自有不同員工體制。大部分社福界員工的工資都與公務員掛勾。

---

[1] 卜約翰著：《政府管治能力與香公務員》（香港：牛津大學出版社，2004年中文增訂本），第40頁。

按公務員事務局資料，公務員主要分布如下：警務、消防、食物環境衛生、康樂及文化、房屋、入境、海關、懲教、醫療衛生、社會福利、教育和郵政等12個部門及其他部門。2020年職位編制為189,533個，聘任實際人數為179,279人（不包括法官及司法人員、廉政公署人員和香港駐外地經濟貿易辦事處在當地聘請的人員），占香港勞動人口約4.6%，當中約有一千四百人屬首長級。在全體公務員中，超過99%是本地人，男女比例約為五比三。由2007-2008年度至2019-2020年度，公務員編制年均增幅約為1%至1.9%之間。

　　香港一直沿用「公務員」一詞，1990年頒布的《基本法》一反香港慣用的「公務員」一詞，改用「公務人員」一詞，英文是用Public Servants一詞，公務員事務局英文是用Civil Service Bureau一詞。

　　「公務員」一詞依英國用法眾數用civil servant，單數用public servant。civil servant《劍橋字典》解釋是a person who works in the civil service，中文意思是：為國民服務的人。而public servants《劍橋字典》解釋是a government employee，中文意思是：政府僱員。

　　servant一字《劍橋字典》解釋是a person who is employed in another person's house, doing jobs such as cooking and cleaning, especially in the past，中文意思是：被僱用在另一個人的屋內的人，尤其是在去提供煮飯和打掃衛生等工作，即是家庭僕人。可譯為傭人或僕人。按此解釋Public Servants即可以譯為公僕，這也是港人常用以指稱公務員的用詞之一。但是部分人也稱立法會和區議會的議員為公僕，或是公職人員，但是在香港議員不是公務員，不受公務員事務局管轄。在德國議員是公務員。公僕和公職人員泛指為市民服務者，不單是指公務員。

　　civil service《劍橋字典》解釋是the government departments responsible for putting central government plans into action，中文意思是：在政府部門負責行政工作的人。

　　按英國《文官統計資料年刊》解釋civil servant一詞是：「文官以公民身分為王國政府服務，未在政治（或司法）部門任職的工作人員；根據特殊規定擔任某

些其他職務的人員;以個人身分為王國政府服務,從王室的年俸中支薪的工作人員。」[2]

「公務員工會聯合會」前主席黃偉雄說:「我的理解是,香港的Civil servant 意指直接由Administration(行政)聘用。當然有長俸、合約、不同的待遇。Public servant則較為廣泛,如地鐵員工,政府有股份的NGO(非政府組織)也算是Public servant,這是我們工會的理解。英國有其慣用的叫法。也可以這樣理解,看誰出糧也知道其分別!」

台灣政府也有用「公務員」一詞,制定《公務員服務法》。亦有人使用「公務人員」一詞。

用語問題

本書口述史部分較多使用廣東話俗語,甚至他們的粗口也寫了出來,因為這是受訪者當時所說出來的,而每人使用程度不同,把它保留下來可以全面反映各位受訪者的不同性格。部分受訪者多較多使用英文單字,也保留下來。口述史大部分故事都發在殖民地時代,這是當時香港社會重英輕中的現象之一,普通港人生活上是常使用英文單字的,公務員和中層人士更甚,是他們的生活文化之一。

受訪者古聖光和梁籌庭一直努力學習英文。回歸後雖然人為提升了中文的地位,但從現今公務員的入職條件來看,英文的地位也保持下來。正如政府所說的教育政策目標為兩文三語,兩文是中文和英文,三語為粵語、英語和普通話。香港是國際大都會,英文是有實際需要和效用。回歸後印巴裔人士後投考警員中文過不了關,他們因而投訴。現實是他們主要服務對象是華人,要求一定的中文水平也是合理的,但這樣會涉及歧視問題,有如華人在殖民地時期遭英語歧視一樣,這是要認真處理的問題。警隊頗重視語言的作用,能說多中英以外的一種語言的警員會多一點工資,如客話等,因為這是有助日常工作的。

---

[2]　姜海如著:《中外公務員制度比較》(北京:商務印書館,2003),第3頁。

工會的會名和政府部門的中英文名稱，不是隨意寫出來的，是經過一番琢磨而成的，內有一定含義，故筆者在文中介紹某工會時，會把中英文名稱都列出來，甚至詳細闡述這名稱的意義，及坊間的通稱。這些會名和政府部門的中英名稱都經過多次改變，也一一列出來。書中談及這些工會和政府部門時，使用的名稱主要是當時的名稱。

　　香港曾是英國殖民地，筆者在其他文章上多使用「港英」一詞，來區分回歸後的特區政府。很多人會使用中性的「港府」一詞，但筆者覺得這詞不能區分回歸前後各不同的政府。當本書使用「政府」一詞，則是指包括殖民地政府和特區政府兩者。筆者使用此詞因受訪者全部都使用，筆者為了統一起見，故全書使用。香港部分政策是有連貫性，由殖民政府一直延伸至特區政府，「政府」一詞正好代表這些情況。而某一事件只是與殖民或特區政府關聯較大者，則會用殖民地或特區加以區分，甚至有些政策與港督或特首關聯較大者，會使用他們的人名來表示，甚至是與某一官員關聯較大者，也會使用他的人名來表示。

　　本書大部分故事互有扣連，如受訪者李美笑與黃華興都在同一部門工作，故他們兩人的工運歷程部分相同或重疊。因工作崗位不同，各自提供了從不同角度看同一宗工潮。受訪者蕭賢英與鄧福棋同在郵政部門工作，既有合作也有矛盾，甚至兩間工會的政治取向完全不同。除了從不同角度看同一宗工潮外，更可初步了解香港不同政治取向工會的相處與活動。

自我的提升

　　受訪者黃華興、黃偉雄、馮兆銘和梁籌庭都曾是學徒，黃華興、馮兆銘和梁籌庭是舊式學徒，黃偉雄是新式學徒，從中我們可深入了解新舊式學徒的分野。在窮困的生活下，古聖光和梁籌庭都有做童工的經歷，而黃華興則沒有，可見不同年代的社會經濟結構下，市民有不同的生活和勞動方式。這也許是馬克思生產關係決定論的註腳。

　　學歷低的黃華興、古聖光和梁籌庭等自知不足都努力在工餘進修，學歷較高的

黃偉雄和李尋彪也為了工作而工餘進修，郭錦林和馮兆銘沒有工餘進修，不同的成長環境影響個人的成長路。

我們看一些政府資料：1982-1983年度政府用在訓練經費為4.3億元，1987年資助公務員在外間機構進修費用為近四千萬元，當中支付職業訓練為二千五百多萬元，占65.66%；管理訓練為12,85萬元，占32.57%[3]。

以上各人的自我學歷提升，間接提高了自我的勞動力技能。僱員勞動力技能的提高，直接得益者是接受服務的市民和僱主。消防處救護員會更高瞻遠矚，主動向政府建議將整個職系的技能提高，不是以個人的進修來提高自我的服務水準，而是將整個職系的基本水平提升，做福全社會。故工會的工作不只是爭自己的合理權益，亦同時間接為市民爭合理權益。救護員基本水平的提高，令市民的日常生活有更高的保障。

救生員可以參考救護員的經驗，以整個職系的基本技能水平提高，來提升自己的地位。在這問題上，救生員郭紹傑自省說，因為我們還不大會從原則和理念的層面去進行抗爭。可見抗爭方式是多元化的，而不只是罷工。擴大來看公務員基本技能水平提高，直接得益者是市民。故我們市民亦要高瞻遠矚，從原則和理念的層面去思考，如何改善整個社會。在政府提供的服務方面，市民有責任主動向政府提出建議，如何提高公務員基本服務水平，令整個社會的日常生活質素提升。

民主原則

受訪者黃華興、黃偉雄和郭紹傑等，對中國的觀察和體驗各有不同，共同點是八九民運改變了三人的人生路程。從此可見工運是社運的一部分，也是政治運動的一部分，三者是密不可分的。

罷工是一件嚴肅的大事，不是口號，部分受訪者都有較詳細的回顧，共同點是按會章辦事。黃偉雄按會章走上領導崗位，也按會章退下來。這是基本的民主原

---

[3]　聶振光著：《香港公務員制度》（香港：中華書局，1991），第108頁。

則，也是工會民主生活的一部分。受訪者在民主機制下，領導的工運做到能放能收，指揮會員齊上齊落，是領導才能在團結一致上的發揮。

罷工期間也要繼續進行民主生活，談判進行中是進還是退，接受對方提出的條件還是拒絕，也要徵詢全體會員意見。部分罷工者可能不是會員，但他們是罷工的持份者，能參與罷工的民主決定嗎？這是一個不能掉以輕心的重要問題。有論者指近日的街頭抗爭缺乏民主成分，認為陣前的所下一步行動，都應該進行民主投票來決定。我們要知道陣前至少有3批不同的人，分別是旁觀者、支持者和抗爭者等，抗爭者當然是有權投票者決定下一步行動，旁觀者和支持者有權投票嗎？敵我兩陣對峙時，如何停下來進行投票呢？如抗爭者停下來投票，警員是否會停下來，讓抗爭者不受影響下進行民主抉擇下一步呢？甚至筆者有一個搞笑的狂想：可否在兩陣對峙前與警員商議，在某一段時間大家停下來吃飯，以免雙方都餓壞了？這對當值的警員來說也許是職安健的問題，救護員在吃飯時間問題上爭取多年，至今仍未有一個最好的解決。

1922年海員大罷工時，談判條件的取捨是由全體罷工者來決定，當時環境下和理論上這是對的。但現實上香港法例沒有確立市民有罷工保障權，參與工會的罷工者才有法律保障，否則沒有，所以工會會邀請非會員的罷工者加入工會，以保障他們能合法行使罷工權。再看2007年紮鐵工人罷工，支持團體要求參與罷工的決策，有論者以觀眾席上的球迷要求「落場踢波」[4]來譬喻。這一問題正待大家廣泛討論。

香港大部分工會領袖都有被上司打壓的經歷，受訪者屈奇安、李美笑、黃偉雄和梁籌庭都要面對。屈奇安更自稱放棄仕途來領導工會。政府表面上有申訴機制來處理他們受打壓的問題，但實際上起不了作用。據資料美國和英國都設有委員會來處理公務員的申訴，日本設有人事院處理申訴[5]。我們應要深入研究這些經驗，整理為適合香港的申訴機制。

郭紹傑認為抗爭不只是表態，而是要有行動和犧牲的。屈奇安認為做工會最大

---

[4] 「落場踢波」是廣東話，指球迷要求成為正在比賽的賽事為球員，上陣出戰。
[5] 黃衛平等主編：《公務員制度比較》（北京：中央編譯出版社，2002），第29頁。

的壓力不是來自部門，而是家庭，但屈奇安娶得賢妻因而沒有家庭壓力，更在家人支持下得以減壓。李美笑則受到不輕的家庭壓力，在壓力下郭錦林會抽煙打牌來減壓，這些私生活他們都暢所欲言，為研究港人生活提供有用資料。

工會內的學徒制

一直以來香港的學院都沒有正式的工會課程，香港工會領袖的成長都存在無形的師徒關係，如郭紹傑視本書其中一位受訪者郭錦林為師傅，馮兆銘視已逝世的香港公務員總工會的陸冬青為師傅。在工業關係上，政府開辦工業學院打破了師徒制度，使香港工業得以健康發展。香港工會中人亦冀盼能有香港工運學院的成立，或大專院校能開辦有關課程，為香港工運發展開拓健全的道路，讓接班人能全面掌握工會知識，健全工會的內部架構和操作，有志在工會發展所長的人有所發揮。

香港工會除了存在無形的師徒制外，還有濃厚的兄弟班情誼，對組織內部的民主原本只有認識，未能存在工會生活中。罷免黃偉雄事件就把這個問題浮現出來，當面對嚴峻考驗時，公工聯出現分歧，各抒己見，亦能顯示民主氣氛，但卻隱藏個人意氣，「大佬」作風等壞習慣。現今工會中大佬作風仍在。

救護會曾有意栽培某人為接班人，安排他到國外上工會課程，經一段時間後，部門將他調到人事部並升職，因此他不能留在工會工作。他離開工會對各方面都是一好事，可見工會領袖同時是一位最佳的人事主管。

口述史部分提及政府曾修改入職試用期兩年改為三年，一直維至現今。七八十年代公務員的鬥爭結果失敗或成功，大部分都一直影響至今。如中立和洩祕等問題，故筆者在〈公務員工運史1843-2010〉一文也把宣誓事件寫下，作為大家思考。

今天公務員工會數量很多，但會員不活躍，部分會的會員人數很少，且會籍重疊現象嚴重。最普遍的是既是文書總會會員又是華員會會員。公務員基本上不想跟政治拉上關係，面對現今政治氣候，舊有的工會一般都會跟形勢，加入與中國關密切的工聯會，而不會加入獨立工會。近日冒起的新工會則有完全不同取向。

公務員工會對香港整體的工運的影響，早期是有意由工運介入社會，但現在已

淡化。八十年代，公務員工會參與全港性工會運動，如職業安全、勞工立法等，進而涉足社會運動，為八八直選、大亞灣核電廠等議題發聲，與各勞工團體建立直接聯繫。九十年代中期，各集團工會的合作日漸減少，沒有常規性的共同活動。

有受訪者認為，由於政府不體諒下級公務員，工會也凝聚不到公務員，大部分工會只是為了爭取選票，欠缺凝聚力。九七後公務員團隊編制的萎縮，工會更見沒落。總結公務員工會的貢獻，主要是維護公務員權益，對整體社會的工運幫助不大。

七十年代香港貪汙嚴重，但所有的受訪者都無須行賄就可以入職公務員，梁籌庭入職後聽聞有人以行賄求轉職或升職。筆者則聽聞黃竹坑警察學院內，有學員以禮物行賄教官以求能畢業。除此以外，筆者接觸不到真正的行賄個案。

本書力求資料準確翔實，部分紛爭全讓當事人各抒己見，沒有任何刪減，全部記述下來。也因此先出版徵集見稿，讓各人再表態。而有關支聯會的糾紛，已電郵支聯會垂詢，亦曾獲對方答應跟進，可惜一直石沉大海，沒有回應。

大部分事件筆者都翻閱當日報章跟進，經過多年來與不同的人士接觸，發覺歷史是找不到真相的，只有撰稿者的主觀下的自以為客觀真相。

受訪者全部已經退休，有助他們能暢所欲言，如鄧福棋所說，不在其位看問題也可以透澈些。

目次

附錄

涉足國際工運的香港人蕭賢英

訪問日期：2012年10月8日上午11時至12時30分
地點：旺角彌敦道503號5樓B室展才基金
被訪問者：蕭賢英先生
訪問員：梁寶霖、梁寶龍
整理：梁寶龍

左面穿綠色內襯是蕭賢英，在展才基金開幕日上（蕭賢英提供）

【蕭賢英簡歷】

　　蕭賢英於1943年在香港出生，英文名Michael，聖約瑟書院畢業，1962年投身公務員隊伍，在郵政局上班，七十年代參與組織「香港郵政局員工會」，1980年任香港郵政局員工會主席，1989年任「公務員工會聯合會」主席，參與創立「香港職工會聯盟」，1990年加入「香港民主同盟」出任常委，1995年因參加立法會選舉而提前退休，現主要從事國際工會工作，及主持社會企業「展才基金」。

組織UPOE

　　蕭賢英是香港鮮有參與國際工運的香港工會工作者。求學階段就讀聖約瑟書院，打下了良好英語基礎，為晉身國際工運具備首要條件。

　　1962年蕭賢英在聖約瑟書院畢業，立即投身社會，申請政府文書和郵務文員職位，同年12月到郵局上班。蕭賢英的父親是「中華郵學會」會長蕭作斌（1915-1981），與郵政署長相熟，所以能於短期間即被郵局錄取。蕭賢英現仍保留父親留下的珍貴郵票，當中有日本占領香港時的郵票，還有日本入城時的報紙和郵戳等。

　　當時郵務員受聘入職要繳交四百元保證金，而郵務員月薪金只得二百元，但保證金可分期繳交，可每月在會計部出糧時繳交50元，直至第8個月繳足四百元，辦理有關手續提取現金四百元到庫務司處繳付保證金。庫務司收到保證金會後發回收據，聲明年息有多少，期滿可更換兼轉年息。直至轉為永久職級，即可再憑收據到庫務司處領回保證金。這制度直到七十年才取消。

　　七十年代初，湛寶祥計劃在郵局內組織工會，已團結了一班工友，邀請蕭賢英加入協助組織工作，於1970年成立「香港郵政局員工會」（Union Of Hong Kong Post Office Employees，簡稱UPOE），會員除郵務員和郵差外，還包括郵政和電訊部員工。

　　當時郵局已有另一個左派工會「香港郵務職工會」（以下簡稱「郵職會」）存在，蕭賢英等認為郵職會沒有為員工爭取權益，只是留意中國政治動向，搞旅行和

十一國慶等活動，所以要另外組織UPOE，為員工爭取權益。

　　UPOE成立後，湛寶祥找來數名郵差長（Head postman）加入執委會。郵差長是郵差的管工，管工叫下屬加入工會，郵差多數會順從，果然紛紛加入，會員迅速增加。

　　湛寶祥出任UPOE第一屆主席，蕭賢英於第二屆進入領導層出任財務。湛寶祥政治上傾向國民黨，蕭賢英亦知道。UPOE因此加入了親國民黨的「港九工團聯合總會」（簡稱「工團」），工團搞的雙十活動，蕭賢英也會出席。經過一段時間後，蕭賢英亦覺得工團只會搞飲宴，組團到台灣出席雙十節等活動，加上UPOE的親國民黨形象造成會員人數流失，部分執委認為加入工團即是等同支持國民黨，為免牽涉政治，於1977年的會員大會上提出退出工團議案。結果投票通過退出工團，UPOE主席職位亦已於1976年換人，由鍾肇崗接任主席職務。蕭賢英回顧參加工團去台灣活動心得，自嘲最大得益是學會喝酒。

　　UPOE除了親台形象造成會員流失，另一方面因工會成立時，署長親臨會場祝賀，會員亦覺得UPOE是親政府的工會。

　　湛寶祥曾在海軍船塢工作，二十世紀五十年代海軍船塢閉廠後，政府安排了部分員工在政府部門工作，因海軍船塢有良好的工會組織工作，這些工會幹部在新工作場地穩定工作及生活後，就萌生在新工作場地組織工會，湛寶祥正是如此，現部分工會也是如此建立起來。

購買會址

　　湛寶祥除了帶頭創立UPOE，亦為工會開拓財源，提議出版《成立紀念會刊》，招登廣告收取費用。這是當時很流行的做法，其他工會如消防等都是如此。當時郵政服務是占有重要地位，而電郵、傳真等通訊工具尚未出現。商人只能依靠郵遞方法收取賣家支付購貨款項的支票，和寄付支票給買家支付購貨款項。在海外工作者寄錢回港，都是通過郵局的。在此利害關係下，商人都樂意在會刊登廣告，收益十分理想。會刊除淨賺取了二萬元，UPOE以此兩萬元作為首期費用，購買鰂

魚涌英皇道1048號益發大廈一個單位作為會址。樓價是五萬元,尚餘三萬元分期付款來供。此時會員人數正日漸減少,會費收入不足以承擔供樓支出,只好由執委掏腰包來供樓。

1973年,UPOE財政出現嚴重問題,會址無法供下去。幸好是年得到工團和「中華民國郵務工會全國聯合會」介紹,加入了「國際郵電總會」(Postal Telegraph and Telephone International,簡稱PTTI),在PTTI的資助下舒緩了經濟壓力。UPOE乘機向PTTI提議,借出會所給PTTI搞工會教育活動,收取場租以增加收入。PTTI派來港的工作人員以外籍人士為主,不懂廣東話,蕭賢英負責翻譯工作,收取費用上繳UPOE,UPOE順利度過經濟危機。PTTI亦以獎學金方式資助UPOE會員到外國學習

國際郵電總會於1997年改名為「國際通訊總會」(Communications International,簡稱CI),2000年與「國際商業文書及技術僱員聯合會」(International Federation of Commercial, Clerical Professional and Technical Employees,簡稱FIET)、「國際製圖工會」(International Graphic Federation,簡稱IGF)、「國際媒體及娛樂工會」(Media and Entertainment International,簡稱MEI)等三個國際工會合併為「國際聯合網絡」(Union Network International),2009年更名為「全球工會聯盟」(國際工會網絡,UNI Global Union)。

爭取每週工作44小時

1978年開始,鄭文強出任UPOE主席,執委會邁向年輕化。

是年9月,UPOE召開非常會員大會(Extraordinary General Meeting簡稱EGM),宣告開始工業行動,提出改善薪酬及服務條件等自身權益要求。

UPOE針對郵差工時不合理的情況,要求將郵差每週工時由54小時減為44小時,指出所有公務員都是每週工作44小時工作,即每天8小時工作,每週工作5天半。認為無理由郵差要做54小時,每天工時多達10小時。政府解釋郵差以戶外派信

工作為主，UPOE指出有部分郵差是在局內揀信，無須戶外工作，為何每週都要54小時工作，決定搞行動。

當時郵局入職是從「助理郵差」或「郵務員」做起。郵務員屬總薪級表（Master Pay Scale，簡稱MPS）第一點至第三點，現職位分為postcal Clerk 1、postcal Clerk 2和postcal Clerk 3等三個職級。郵差則屬第一標準薪級（MOD.1），當時郵務員則沒有職級晉升，只有一個級別，一直工作到退休都是郵務員。如果該名郵務員申請調離郵局轉做文書主任（Clerical Officer，簡稱CO），他則可以在該部門晉升至CO1、高級文書主任（Senior Clerical Officer，簡稱SCO）、行政主任（Executive Officer，簡稱EO）等職級，升級會連同加薪一起，因而有理想的仕途。而留在郵局內則沒有晉升機會，加上為郵局架構簡單，工作人數不多，升職空位有限。

郵務員自嘲，放工回到家中，被老婆笑罵：「有沒有搞錯，你做郵務員，做一世人都是郵務員，還是這個職級！」

當時UPOE約有會員一千五百人，聲稱參加行動的郵務員近七百人，及郵差六百餘人，占郵政員工一半。

這時，郵職會亦提出加薪、8小時工作、改善服務條件和晉升等要求。

9月24日，UPOE要求舉行勞資雙方三邊會議。第一次三邊會議於10月5日召開，政府將UPOE和郵職會的訴求合併處理，勞方代表除了UPOE外，還有郵職會和評議會等三個單位為一方，資方代表為郵政署和銓敘科（Civil Service Branch，簡稱CSB，今公務員事務局）兩個單位，各為一方，合共三方。緣此，不同政治取方的工會邁出合作第一步，「公務員總工會」則發表聲明表示支持UPOE，邁出跨部門的行動。

評議會是政府聽取員工意見的機構，英文是Joint Consultative Committee，簡稱JCC，或STAFF FORUM，郵政署內稱為郵局職員會議或職員代表會議。以下會經常提及。

因政府沒有承認工會的地位，故將評議會代表等同工會代表。有時甚至將儲蓄互助社、遊藝會和同樂會代視為工人代表。

當時通訊工具缺乏，郵政服務是占有重要地位，UPOE按章工作3日後，郵件已堆積如山，服務質量減低四成。署方唯有取消包裹、掛號信、保險郵件和投寄印刷品等4項服務，令郵政服務更差，冀市民對工會產生不滿，對工會施壓。UPOE建議負責櫃面工作的會員不加入工業行動，減少市民不便，應付署方的反擊，爭取市民的支持。

10月27日，UPOE召開非常會員大會，大會認為政府在會談中顯示誠意，下週的三邊會議將會派出副郵政司及首席銓敍司等出席，會議通過取消工業行動，全面恢復正常工作。

會談結果為郵務員爭取到升職機會，郵差每週工時減為48小時，同時亦為郵差爭取到升級機會，將助理郵差和郵差合併為郵差，增加一個增薪點（Point）。當時郵差長職位很少，UPOE用同一個理由：「做郵差長，做到退休都是郵差長。」要求有升職機會，爭取到增設「高級郵差」職位。郵差長下屬有8至10名郵差，高級郵差下屬則有十餘人。

工潮影響下金融工商界叫苦連天，中華總商會有逾千張聖誕卡不能寄出，藝術中心有四千份會刊要加3角郵費才能投寄給會員。而銓敍科為了應付工潮，多付了三百多萬元給郵政署應付堆積的郵務工作。

蕭賢英指出隨著電郵和傳真的出現，及銀行轉帳服務日臻完善，郵政的消息傳送和匯款作用大為降低，現時UPOE已沒有此實力影響社會，對政府施壓。

按例工作

1979年，UPOE新任主席金成康因健康欠佳引退，改由葉樹華出任，工會代表在評議會內質詢署方瞞騙員工膳食津貼。及對「公務員薪俸及服務條件常務委員會」（以下簡稱「薪常會」，Standing Commission on Civil Service Salaries and Conditions of Service）第二號報告書表示不滿，醞釀工業行動，因為第二號報告書認為「郵務員薪酬偏高」（有關薪常會詳情參本書的〈公務員薪級制度〉一文）。

1979年12月10日，UPOE召開非常會員大會通過分階段按章工作，先進行「按例工作」，同時爭取升級機會，要求改善薪酬和服務條件等。

按例工作有別工業行動或按章工作。按例工作時，郵差派掛號信時會核對收信人的身分證，一改通常只要求收信人簽名的靈活通融工作方式。在郵局內，郵差領取掛號信外出工作時，則當面逐一點清信件數量，拖長工作時間，令到每天能處理郵件數量減少。

工會針對郵局員工經常加班，有時工作要長達12小時，提出加薪要求。當時員工是藉加班增加收入，改善生活。UPOE向會員建議：由工會出面代表員工向政府提出加薪要求，加薪後便不用依賴加班來增加收入。

部分執委持不同意見發生爭論，導致主席、副主席和9名執委等共11人一齊辭職、執委會原有執委20人，因而令到執委會不足法定人數，要由3名候補執委遞補空缺，組成12人執委會，才能召開緊急執委會。會上選出蕭賢英為臨時主席，日常工作由行動小組負責，蕭賢英接手領導按例工作。

當時護士和配藥員正進行工潮，UPOE以郵務員與配藥員做比較，認為配藥員要記藥名，郵務員揀信要記街道和國家名，配藥員薪金卻高過郵務員3個增薪點。最後爭取到調高兩個增薪點，比文書主任入職高兩個薪點。

12月10日，UPOE在蕭賢英主持下轉變策略，實行「回復正常工作行動」。12月14日，UPOE得到不同部門和職系的公務員工會公開支持，派出4名代表聯同32間公務工會代表向銓敍司遞交抗議信，公務員的跨部門聯合行動進一步加強。

一個星期後聖誕臨近，郵局內未處理的包裹堆積了二千多個，郵件受阻4日。UPOE指署方對回復正常工作行動未有善意回應，決定將行動升級，不做超時工作和夜班工作。

當時測量員亦正進行按章工作，政府聲言按例將會扣薪。

踏入1980年，UPOE於1月4日召開第三次非常會員大會，出席會員有四百餘人，議決將工業行動升級，暫停超時工作，準備進行靜坐行動，任由政府扣減工資。

1月6日，署方暫停掛號信、寄印刷品和包裹等3項服務，同時發信給員工要求

員工不要參加按例工作，UPOE表示不滿。「公務員工會聯合行動委員會」發聲明支持郵差和配藥員工潮，指責政府的暫停服務措施是以市民壓工會。

一週後，UPOE發言爭取民心，指暫停部分服務已清理積壓郵件八成，政府應恢復全部服務；要求署長和輔政司署代表到工會舉行三邊會議，而銓敘科應安排工會與薪常會接觸，指第二號報告書評語「郵務員薪酬偏高」是帶有侮辱性。

6月10日，UPOE與銓敘科開會後，由於署方沒有出席會議，工會要求下週繼續召開三邊會議。

7月11日，UPOE召開非常會員大會檢討當前形勢，決定暫停工業行動，給予政府140天冷靜期，用以重新檢討11名非工會會員「跳升」的問題。同時通過變賣會所，估計可得二十萬元做「鬥爭基金」，以補償因工業行動可能遭政府扣薪的會員。又通過向會員籌集二萬元，聘請律師入稟法院控告政府違反公務員條例。UPOE指出條例規定：公務員當值24小時持續離開住址12小時或以上，可領取膳食津貼。郵局欺瞞員工沒有發放這津貼，追討6年以來所積欠的膳食津貼。另外要求將郵差工時由48小改為44小時。

膳食津貼問題上政府自知理虧，自動補回超過7年的膳食津貼，UPOE控告政府行動遂取消。UPOE向捐款者退回捐款，亦有會員將之轉為給工會的捐款。爭取自身利益鬥爭的勝利，令工會會員人數上升。

12月1日，冷靜期將屆滿，UPOE非常會員大會討論當前的問題，因人數不足四百人改為座談會，決定取消工業行動，要求港督委任獨立人士仲裁。這時配藥員上訴失敗，UPOE只好對政府的停職停薪決定表示同意。

UPOE兩名代表前住港督府（今香港禮賓府）遞交請願信，要求設立獨立的仲裁委員會，重新檢討郵政部門的職級升遷問題，並表示考慮在聖誕節期間進行大罷工。工會還派代表往紐西蘭參加國際郵電聯席會議，投訴香港郵務人員利益與晉升的不合理情況。蕭賢英動用國際組織向政府施壓。UPOE懷疑某些公務員以不正當方法得到升級，準備到廉政公署投訴。郵政署長、副署長等5名高官連忙與工會開會，以防事情鬧大。

勞資雙方的三邊會議，資方代表是銓敘科和署方，勞方代表擴大，加入「香港

政府華員會郵務員工分會」（以下簡稱「郵務分會」）、郵職會、香港郵務主任協會（簡稱「大寫¹會」）等3個工會。工業行動中郵務分會、郵職會、大寫會都保持中立，為以後聯合行動打下基礎。

六四

九七前，1984年，中英簽署《中英聯合聲明》，英國表明香港人將不會獲得英國居留權，但為了安撫親英人心，於1985年制定《1985年香港法案》，新增「英國國民（海外）」〔British National (Overseas)，簡稱BNO〕這個國籍，這個BNO身分沒有居英權。在六四事件衝擊下，香港步入移民潮高峰，英國權衡輕重，於1990年只是容許部分港人取得居英權。

公務員工會聯合會進行爭取居英權行動，認為公務員是在英女王屬土為英國利益服務，所以應該自動擁有居英權。這一個嚴重影響英國利益的爭取行動以失敗收場，一批努力維護英國利益的高官以計分得到居英權。蕭賢英認識的政治部人員都獲得居英權，並已移居蘇格蘭。他們晚上常到郵局拆看左派人士的郵件，看完把郵件封好，回復原來的樣子。這批掌握政府祕密的人，英國必定要收買安撫，所以有居英權。

六四期間，局方與UPOE關係良好，署長同意UPOE在郵局內掛上抗議「屠城」橫額。UPOE響應「香港市民支援愛國民主運動聯合會」（簡稱「支聯會」）號召罷工，與署長談好罷工半天。雖然後來司徒華突然取消罷工行動，UPOE會員仍照常罷工，並持花圈由銅鑼灣遊行到中環和平紀念碑，各地區分局關門以示罷工。

1989年，黃偉雄與司徒華在支聯會發生糾紛，黃偉雄被罷免公務員工會聯合會主席職務，由副主席蕭賢英補上主席職位。

---

¹　「大寫」香港俚語，意思是主任。

四會聯合行動

1990年，UPOE、郵職會、香港郵務主任協會和郵務分會等4間郵政工會，在加路連山路郵政體育會聯合召開非常會員大會，出席人數達二千四百人，通過罷工行動。後因與銓敘科、薪常會、署方談判不滿意，UPOE11名執委計劃於10月20日在中環總局靜坐抗議半天，並對政府擬將包裹私營化召開記者招待會。靜坐行動前一晚，郵職會退出行動。UPOE認為，這個行動如果兩個主要工會其中一個退出，將會減低了成功機會，臨急決定取消罷工，而靜坐行動則繼續。

10月，政府重施故技引用《英皇制誥》（*Hong Kong Letters Patent*）第16條：「總督可根據皇室之訓示及有足夠理由，有權開除本殖民地之官員，或中止其職權，或給予紀律處分。」壓制UPOE靜坐行動。1979年時，政府曾使用《英王制誥》成功打擊配藥員工潮。政府不惜再引用不合時宜的殖民地法規，使所有公務員工會人人自危，但卻加速公務員邁向大團結。香港公務員工會聯合會、香港公務員總工會、香港僱員工會聯合會、香港政府華員會（以下簡稱「華員會」）及政府人員協會等五大公務員工會要求布政司（Chief Secretary，今政務司）對如何引用《英王制誥》做出澄清。

蕭賢英運用國際組織力量，去信國際勞工組織（International Labour Organization，簡稱ILO）求助，該組織將此事列案，交由自由結社委員會調查，質詢英國有關詳情，要求解釋如何使用《英皇制誥》，和怎樣情況下使用。

部分工會會員怕被「炒魷魚」[2]，UPOE向會員解釋當前局勢，認為政府出《英皇制誥》只會扣「人工」[3]，不會被解僱的；雖然港督有權解僱公務員，取回福利，但政府曾公開表示，公務員罷工只會停薪留職，不會被解僱。公務員罷工，政府打經濟牌不出糧，靜觀罷工者能支持多久，消磨罷工者的鬥志。

11月23日，郵職會和郵務分會兩個工會號召會員暫停超時工作3天，UPOE支持上述工會決定，認為3天行動不能表達員工不滿情緒，所以號召會員暫停超時工

---

[2] 「炒魷魚」是廣東話，意思是解僱。
[3] 「人工」是廣東話，意思是工資。

作7天，於12月6日開始按章工作。郵差只會按章背負18公斤郵件出外派發，每天工作8小時。同時要求縮減工時。

4間郵務工會近二百人在中區遮打花園集合，遊行前往下亞厘畢道布政司署，再派代表前往港督府遞交請願。

隨著時光流逝，社會環境多變，各工會之間意見分歧大，今天4間工會未能再聯合行動。

從政

1990年「香港民主同盟」[4]成立，工運朋友劉千石邀請蕭賢英加盟並出任常委，象徵代表公務員。1995年蕭賢英代表「民主黨」參選立法局（今立法會）議員，競逐功能組別「公共、社會及個人服務界」議席，但敗給前衛生福利司黃錢其濂。競選條例規定公務員不能參加立法局議員選舉，蕭賢英只好提前退休，及辭退擔任了15年的UPOE主席職務，並結束33年公務員生涯，時年52歲。

時至今天公務員不得參與行政長官委員會、行政長官、立法會及區議會選舉等，競選全國人大港區代表也不可以，參加村代表選舉要向公務員務局申請[5]。

蕭賢英得到民主黨、香港職工會聯盟和街坊工友服務處合組的「民主職工大聯盟」支助競選經費，選舉期間，蕭賢英甚至曾到過大富豪夜總會會見選民拉票。蕭賢英回顧前塵往事，認為自己落敗原因之一，是不積極投入選舉工作。甚至自嘲：「好彩選唔到我，否則見唔到我，你睇吓立法局勞工界議員李卓人[6]現在變得幾殘。我大他十多年，可能我會死去。認為收取的薪金補償不到付出。」

蕭賢英不能以公務員身分參政，UPOE向ILO投訴政府違反《國際勞工公約》第151號《公務員組織權利的保護和確定其任職條件程序公約》第9條，其內容是：「公務員應與其他勞動者一樣，享有正常行使工會自由至關重要的公民權利和政治

---

4   於1994年與匯點合併為「民主黨」。
5   黃湛利著：《香港公務員制度》（香港：中華書局，2016），第7-8頁。
6   立法局勞工界議員。

權利，但與其職守的地位和性質有關的義務不在限。」蕭賢英認為公務員應有參政權，根據《國際勞工公約》第98號《組織權及團體協商權公約》第6條：「本公約不涉及從事國家行政之公務人員之地位，亦絕不應解釋為損害其權利或地位。」所以基層公務員工作不涉及從事國家行政，所以應有參政權。只有高級公務員才沒有參政權。

蕭賢英現主要從事國際工會工作，出任國際工會網絡（UNI）香港辦事處主任及主持社會企業「展才基金」。

會務工作

UPOE協助處理員工申訴冤情時，可以派代表出席有關聆訊，主要是求情。大部分申訴個案都能圓滿解決。有些員工接到警告信，經工會調解後，上級或會收回警告信，維護了員工應有的尊嚴，使上司不能隨意發官威。

曾有一名郵差因打老婆被判入獄，出獄後不能返回郵局工作，郵局要召開紀律聆訊會。UPOE致函局方求情，認為打老婆行為與工作無關，指該名郵差一向工作良好，上司在他的工作報告評語寫得很好。又指出無理由在家中打老婆被判入獄，出獄後不能返回郵局工作。署方接受了工會的求情理由，該名郵差不用離職，可以返回郵局工作。該名郵差曾找過郵職會協助，郵職會認為沒有平反的把握，UPOE卻接過來做。此個案令很多員工認為UPOE是保護自己權益的，紛紛加入。

直至香港政府華員會成立郵務分組，影響UPOE會員人數，華員會會員人數比UPOE多一倍。蕭賢英認為華員會福利好，有華員邨[7]協助解決住屋難問題，而且入會者享有不用交電費和水費按金的福利。

八十年代，UPOE要求會員以自動轉帳方式繳交會費。這方法能夠保持會員人數，直至現在。按職工登記局規定，工會會員人數是以已繳交會費員為準。

---

[7] 華員邨位於新界荔景，1952年華員會向政府申請撥地興建公務員住宅，成立香港政府公務員建屋合作社，以處理一切有關建屋事宜，並以翠翠園作為首個計畫作為試點。其他項目包括漆咸大廈及華員邨，現為香港的私人屋苑。

蕭賢英主持UPOE期間，局方與工會關係良好，無重大糾紛。郵政署通常會安排工會負責人在小郵局內工作，如蕭賢英是派到拱北行（Beaconsfield House，今長江中心所位置）任局長，讓他們有較多時間處理工會工作。公務員是不能隨便對外說話的，工會負責人則可豁免。蕭賢英外出開會，署方會安排職員接替他的工作。工會職員又可以申請在上班時間外出開會，署方除了批假外，更會給予有薪假期。

郵政署長除了由郵政局內提升外，亦有從外面調派入來，稱為「空降」。蕭賢英比較喜歡空降的署長，認為他們對郵局原有操作不了解，處事手法多是針對漏洞提出改善。他們為了減少糾紛，有利自己升級，處事較寬鬆；在郵局提升上來的署長，對郵局操作了解深入，處事較陰柔，堅持原有工作方法。

大部分部門申請病假時，多數無須醫生的病假紙，郵局則需要。郵局自從空降署長後，一天病假只須致電局方，經上級批准便可以。空降署長還有一個好處，星期日加班編更，如有病可申請休假。原來局方限定員工每小時要揀千多封信。UPOE認為這是不合理的，指出員工開工時揀信速度會快些，工作一段時間後會慢下來，員工站立工作8小時，第8個鐘頭揀信必然少了，署長同意改善，舒緩了員工的工作壓力。

署方曾對UPOE說，我們是尊重工會的，無論你們提出任何要求，就算我們同意，亦不能直接應承你們，因為要經銓敘科批准才可落實施行，但會同意你們進行爭取。當上面向我們垂詢時，我們會支持你們的，這樣你們的成功機會就自然較大。

政府在各部門設立評議會或協商會聽取員工意見，每一局內的郵差、郵務員都可以提名做代表。曾有一位九龍代表，說話內容不為署方所樂意聽見，遂將他調往新界工作，不能再做九龍代表，九龍要另選代表。署方的行為使代表不敢說話，在協商會內只談一些瑣碎事情，如廁所廁紙是否足夠。這就令員工不滿意協商會代表的表現。UPOE提議委派一名代表進入協商會，該代表無須經選舉產生，署方原則上同意，但要求該名代表有足夠代表權。UPOE代表得到PTTI支持，在協商會上提出薪金和升級等權益問題。

某一次協商會上，署長發怒擲眼鏡。代表說：「你擲眼鏡即是不尊重我們這些代表。」要求署長道歉。署長堅持不道歉。

　　UPOE是公務員工會聯合會發起人之一，亦是公務員總工會和公務員工會聯絡處屬會。「公務員工會聯絡處」是PTTI一名代表來港提議組織的，當時跨行業的公務員總工會和公務員工會聯合會已存在，不能再成立相同的組織，所以用公務員工會聯絡處這一名稱，公務員工會聯絡處後來傾向「世界勞工聯合會」（World Confederation of Labour，簡稱WCL），形成三大公務員組織。UPOE認為公務員工會要互相支持。

　　現郵務員起薪點是總薪級表第5點，（2013年4月1日後）每月13,600元，最高至第17點，每月26,985元。入職條件要是中學文憑考試五科考獲第2級，或具同等學歷；或符合語文能力要求，即在香港中學文憑考試或香港中學會考中國語文科和英國語文科考獲第2級，或具同等學歷。主要職責：（1）執行郵局櫃位職務，保管現金及可轉讓庫存品；（2）分揀各類郵件，並記錄郵件的收發送遞；（3）負責郵件處理工作，包括包裹及特快專遞郵件；（4）負責會計、財務、核數、文書及統計工作；（5）執行郵務督察的工作或承擔監督員工等職責。有需要時須輪班及超時工作，或穿著制服。

負責任的工會領袖鄧福棋

訪問日期：2012年10月16日下午7時至8時30分
地點：油麻地廟街47-57號正康大廈2字樓香港郵務職工會
被訪問者：香港郵務職工會會員鄧福棋先生
訪問員：梁寶霖、梁寶龍
列席：香港郵務職工會理事長張偉權先生
整理：梁寶龍

【鄧福棋簡歷】

鄧福棋於1949年在香港出生，大專程度。1974年入聯郵局做郵差，1975年加入香港郵務職工會，現任「政府人員協會」顧問。

郵差生涯

鄧福棋於1949年在香港出生，原名鄧福祺，本是「示」旁的「祺」字，不知什麼時候，大概是辦理登記工作時被誤寫成「木」旁的「棋」，早年不重視這些筆誤，唯有將錯就錯以「鄧福棋」為名字。父母之命名為祺，或許是應享有幸福吉祥的意思，現變成了橫車躍馬平台上的棋。鄧福棋的工會工作兩者兼備，既為會員日常生活紓困安排福利，又要負責任地帶領會員爭取自身合理權益。

鄧福棋讀完F.3（英文中學中三）後，因為家庭經濟環境關係沒有繼續升學，外出工作，轉換了數份工作後，於1974年加入郵局開始郵差生涯。1968年前郵差的職稱是「郵政苦力」，苦力是英文Coolie的音譯，泛指體力勞動者，後多指碼頭搬運工人。早年帶有一點侮辱性，在東南亞有些地方更是一個嚴重侮辱性的辱

罵用詞。

按早年政府的職業分類，有苦力一項，不光是指在碼頭、貨倉、煤站和貨船及其他場所以肩挑背扛從事笨重體力的搬運工人，還包括出賣勞力的非技術性工人，如挑夫、清道夫、糞夫和人力車夫等以勞力來賺取金錢者。四十年代初政府聘用的一般工人，工作證上工種一欄寫上Coolie一詞，四十年代尾改用Labourer一詞，後再改為Workman一詞，中文則是「工人」。

香港郵務職工會（Hong Kong Postal Workers Union，以下簡稱「郵職會」）曾要求政府撤銷郵政苦力這個職稱，易名為「助理郵差」，取消「二級郵差」職級。自此，郵差職級改為助理郵差、郵差及郵差長等3個級別。

六十年代中，郵差面試時，要求應徵者能夠抬得起兩大包裝有郵件的郵袋，體力合格就可以上班，恍如招聘搬運工人。現在的入職條件，也要求應徵者測試能否背負16公斤郵袋，約兩包8公斤袋裝米的重量，能夠以輕便行李車拉動亦可以合格，因為正式工作時局方會提供輕便行李車。按現行勞工處體力處理操作指引，在沒有輔助設備如手推車的情況下，在站立時操控重於16公斤的物件，容易使人感到吃力及增加背部受傷機會。可見UPOE進行按章工作，提出只領取18公斤郵件是有一定根據的。

當時郵政署不是公開招聘郵差的，要有熟人介紹才能入職，沒有熟人介紹根本沒有門路應聘，一定會撞板的。直至八十年代中才改為公開招聘，這亦是當時的一般求職情況。在這個情況下，郵局裡就存在很多不同的家族群體，裙帶關係脈絡到處可見。是時申請郵差職位雖然只須小學程度，但卻不是以學歷為入職條件，但學歷對日後晉升有一定幫助。鄧福棋做郵差後工餘進修，達到大專程度。當時工人進修風氣盛行，成人夜校林立，以學習英語為多。鄧福棋的進修成果反映在工會工作上，能夠直接閱讀政府英文文件，開拓了工會新的鬥爭策略。當時返夜校成風，如前公務員工會聯合會主席梁籌庭小學畢業後投身社會工作，晚上進修英語，達到讀寫能力。

鄧福棋入職時發生了一宗郵車劫案，當時還未有銀行轉帳服務。出糧時，郵局要安排郵車到銀行提取現金回局派發薪金給員工。剛巧是加薪後，政府要補發加薪

差額，再加上加班費等，總金額很大。這宗劫案直至現在仍未能偵破，跟車是剛入職不久的助理郵務監督陸炳泉。事後陸炳泉數年內不能升職，直至1992年始能晉升為郵政署助理署長，1998年升任署長。陸炳泉於1968年加入政府任二級助理郵務監督，是政府第一批從大學招聘回來的助理郵務監督。

加入工會

鄧福棋於1975年加入郵職會。郵職會歷史悠久，可以追溯到於1913年成立的「詠閒社」。二十年代時郵差以運輸工人身分，聯同海員、搬運工人等工會合組「香港運輸工會聯合會」。1948年時郵職會與22間工會聯合發起組織「港九工會聯合會」。1986年與「政府、軍部、醫院華員職工會」、香港政府水務局華人職工會、海事署華員職工會、香港公共醫療員工協會及產業看管人員協會等6間工會組成政府人員協會（Government Employees Association）。

郵職會先後參加海員大罷工、省港大罷工和六七罷工等。六七罷工期間，會方發動郵差加入罷工行列，沒有暴力事件發生，警方沒有因此拘捕該會參加罷工者，但罷工者卻不能返回郵局工作。政府不是解僱他們，而是以自動離職來處理，無須做出任何補償，罷工者因此失去工作崗位和「長糧」[1]。當年郵職會主席李發祥是「港九各界同胞反對政府迫害鬥爭委員會」委員，現已身故。李發祥是位謙厚君子，因罷工失去郵差職務，不能再出任工會主席職務，七十年代中轉入四邑會所當書記，但仍有返工會提供意見。

六七罷工者不能返回郵局工作，郵職會會員只剩百餘人，部分工會負責人因不在郵局工作故不能主持工會會務，令到工會理事會成員質素下降，負責人為了挽救工會，化解危機，把鄧福棋等一班年輕人拉入工會，首先出任聯絡員，了解工會的運作，後進入領導層。鄧福棋回顧往事，自豪地說：「因為我們肯看書學習。」其實在六七罷工之後出任左派工會理事，是要冒政治風險的，當年政府竭力把親共力

---

[1] 「長糧」是香港俚語，又稱為「長俸」，意思是指退休後每月領取的退休金，享用此退休金稱為「食長糧」。

量邊緣化，這批新進的左派工會理事，在郵局中難免被人「另眼相看」。工會針對不利情況，要求他們注意隱蔽，認為工會工作雖然要公開身分才能進行，但不能過分張揚，留意形勢知所進退，做出長期鬥爭的準備。鄧福棋回顧這些人生的轉變，認為是他從進修中提升了知識，並將之施展在工會工作上的進階。郵職會在這批充滿自信的年輕人帶領下，邁向新一頁，延續和擴大了郵職會的使命，更好地帶領會員前進。

據聞六七罷工前，中央郵局開業，署方曾預留飯堂給郵職會主理，讓工會能有點經濟收入，工會因參加罷工而失去機會；署方判了給商人辦理一直到現在。現在總局、中央郵局和機場等仍設有飯堂，雖然只有百餘員工光顧，卻能真正解決員工的需要。但飯堂不能接待外人，以免出現失竊事件。

七十年代初，政府推行部門協商會，作為部門與員工的聯席協商機構，在郵局成立郵局職員會議。政府一直預留委任位給郵職會，但是工會採取與政府對抗的態度，不聞不問，沒有委派代表參加。因為左派工會一向不參與建制工作，甚至認為勞資永遠是對立的，若是參加，就是中了政府的「懷柔改良」的奸計。尤其是在1967年的六七罷工後，雙方嚴重對立，相互處處防範。但港督戴麟趾面對困局，使用各種方法爭取到民意支持，拉攏街坊福利會和親英人士出面協助，度過了難關。自此，英國亦改派外交官出任港督。隨著局勢的轉變，郵職會亦改變了對政府的態度。

郵政署評議會各工會都有代表出席，大家藉機提議一起開會商討員工權益，同時郵政署長亦鼓勵各工會一起開會，共同商談一個方案出來，改善郵局各方面問題。

七十年代開始，香港發生了連串公務員工潮，教師、護士和房署職員等一個接一個，爭取自身權益。郵差較早採取工業行動，市民比較同情，所以較易成功。

八十年代，郵政服務在商界仍占有重要地位，郵職會出版刊物徵求廣告，得到不少商行認刊廣告，這可算是對郵差的服務的認同。工會因此得到一筆可觀的收入，用作修理油麻地吳淞街5-13號崇德大廈A座8樓自置物業天台。會所是於1964年籌款購置，鄰近九龍中央郵局。

轉薪級事件

七十年代是香港社會一個重大的轉變階段，政府增設多項社會福利服務，公務員數量需求自然增加，人數增長至十萬餘人，在聘請社工方面尤為突出，令到公務員架構日益龐大，發展到現在隱約見到存在派系現象。

當時公務員職級結構簡單，分為10個職級。1968年《希氏報告》出台，提議改組政府架構，成立布政司署（Chief Secretariat）[2]，公務員制度要動大手術。建議將郵政和水務等私營化，提高公務員隊伍的管理質素，令到公務員制度衍生了很多問題。報告書又將9個職級取消，另成立一個總薪級表（Master Pay Scale，簡稱MPS），將工人排在總薪級表的起薪點第一點，所以稱為「第一標準薪級」（Mod 1 Pay Scale）。當年郵差屬第一標準薪級編制，可晉升至總郵差長。郵差長屬總薪級表編制，升職者由第一標準薪級轉入總薪級表。現郵差是總薪級表第4至13點。

隨著時間的驗證，鄧福棋認為報告部分建議未必正確，有偏差。當時香港經過不同的港督管治，各有不同風格，對公務員管理有點混亂，與英國公務員制度比較，已經有很大的差異。英國只在政府核心部門工作的人才是公務員，施行的文官制度較清晰。香港則將所有政府提供的服務納入公營範圍內，如醫療、文康和體育設施等。在英國，市政服務是由地方政府部門負責的，郵政服務是相當重要的部門，除了郵遞還涉及銀行儲蓄業務，在金融界占有一定地位。香港郵政沒有銀行儲蓄服務。

近年，公務員圈子內經常有郵政服務私營化的消息傳出，久不久就有一些消息傳出來。鄧福棋退休後，不在其位，看問題沒有自身利益考量，比較全面客觀，認為這些消息不可信，因為郵局沒有資產，需要大量人力進行運作，負擔這群職工擔子很重，況且郵局無利可圖。且看現在的營運基金都賺不到錢，哪位資本家樂意投資呢？但仍有人說要私營化。

---

[2]　此部門最早期稱為「殖民地司署」（Colonial Secretariat），後改為「輔政司署」，現稱「政務司」。

郵政署以營運基金運作至今不單未見到郵政署做到業務優化，近年更開始出現
虧損情況，面對不明朗的營運前景，員工士氣備受打擊。就此問題，郵職會、郵政
署郵務員職工會、香港郵政署高級郵差職工會等3個工會，聯同香港工會聯合會立
法會議員鄧家彪及郭偉強，促請政府盡快檢討郵政署的營運基金運作。

郵政署於1995年開始以營運基金模式運作，財政自主，以較商業的手法經營郵
政業務。郵政署的收入來自售賣特殊郵票、傳統郵遞服務、特快專遞服務及繳費服
務（如政府部門及公共事業）等。郵政署亦為香港人提供辦理電子證書服務。開始
運作時，獲資本投資基金注入21.01億元。1996-1997年度及1997-1998年度，來自集
郵服務的利潤異常豐厚，分別為7.295億元及12.181億元，讓郵政署在該兩個年度各
自錄得經營利潤超逾10億元。因此，在該兩個年度，郵政署均可達到財政司所釐定
的每年10.5％的固定資產回報目標。運作初期，適逢郵品炒風熾熱而收入大增，但
炒風過後，缺乏了郵品銷售這個主要收入來源，於1998-1999年度起，來自集郵服
務的收入顯著下跌。財政狀況於2007-2008年度起惡化，據2011-2012年度其總收入
為50.14億元，支出為50.64億元，虧損五千萬元。2012-2013年度總收入為51.76億
元，支出為52.9億元，虧損擴大至1.14億元。

政府其他的營運基金，分別是公司註冊處、土地註冊處、電訊管理局和機電工
程署等，全部都有盈利獨是郵政虧損。因為以上4個部門收入來源穩定，且是獨市
生意，無須面對市場競爭，但郵政服務不是獨市生意，要面對其他經營者的競爭，
沒有得天獨厚的經營條件，在市場上占不到任何優勢。郵政面對市場競爭日大、日
新月異的通訊科技等不明朗前景下，預測可見將來的營業情況必定是每況愈下，收
入絕不樂觀。

郵政署自從轉以營運基金運作後，開支「一闊三大」。因往昔位於房屋署、政
府物業中的各間郵局、派遞處是不用繳交租金，但現則須繳付市值租金，負擔沉
重。而買車和泊車位等費用，也是重大的負擔，再加上近年領匯及各區的租金持續
上漲，營運基金遲早會「爆煲」[3]，必定影響服務質素及員工生計。在面對租金和

---

[3] 「爆煲」是廣東話，在這裡的意思是替指基金入不敷支。

運輸費用大幅上升的情況下，郵政署就跟隨私人機構的做法，採用壓縮人手和減少職員的開支的方法。鄧福棋認為這是對員工極不公道的做法。據資料顯示，郵政人手高峰期有七千七百餘人，到2012年減至大約七千二百人，少了五百人，節流情況令郵職會擔憂，觀察對員工有多壞影響。

現時郵政服務身分尷尬，作為一個政府部門既未能享有政府補貼，亦不能成為政府部門指定的郵務承辦商，不少服務依然要同其他私營服務商競爭。因此促請政府盡快檢討營運基金的運作，為員工提供良好工作環境，繼續為市民提供最優質的服務。

郵政署已不斷開拓服務，並增加郵費；郵職會擔心入不敷支的情況繼續惡化下去，如何保住員工的飯碗呢？現時平郵一封成本要1.59元，雖然加價至1.7元，但仍然要蝕。

郵政虧損不是香港獨有現象，美國、加拿大和義大利等都面對郵政嚴重虧損的問題。

1975年，政府將郵差轉入總薪級表編制，享有長俸，同時取消郵差長職級，只餘郵差和助理郵差兩個職級。

鄧福棋是直接面對這個轉變的，當時領取的月薪約有五六百元，再加上第一標準薪級編制員工每月可領取的生活津貼約二百元，最高可達六百元。轉入總薪級表後，不能領取生活津貼，每月總收入減少了。鄧福棋不知是禍是福，向前輩請教，前輩都說轉有「著數」[4]，指出這些利弊短期是看不到的，長遠計算，假期和福利都多了，在增加工資方面，總薪級表的頂薪點是很可觀的，與第一標準薪級有很大距離。

據聞政府曾計劃將第一標準薪級變動，轉為工業僱員，相反亦有些職位轉為公務員。碰巧英國工黨上場執政，標榜照顧工人利益，就將這個政策拖住。政府又曾計劃將郵局的文員轉為郵務員。

1978年時有數百名助理郵差停留在頂薪點多年，仍然沒有機會升級。助理郵差

---

[4]　「著數」是廣東話，意思是利益。

只有3個增薪點，年資稍長已沒有加薪空間，助理郵差無法向家人交代自己工作的前途，遂要求增加晉升機會。晉升機會要根據當時有多少職位空缺，其實每年只有3至4個郵差空缺可升，而助理郵差卻有三百餘人，升級機會不足1%，機會渺茫，做成助理郵差積怨日深和鼓噪，隨時爆發不滿。

郵職會了解助理郵差的情況，針對這個不合理的晉升制度，向署方要求增加郵差職位，改善助理郵差的升級機會。經過一番努力爭取，成功把助理郵差與郵差職級合併，取消助理郵差職級，原來的助理郵差都變為郵差，不用再苦候升級機會來臨才可晉升為郵差職級。郵職會亦同時向評議會提出調高增薪點、8小時工作、改善服務條件和等多項要求。

這時，局內的另一工會UPOE，正爭取改善薪酬及服務條件而發動工業行動。UPOE與郵職會行動目標有相同點，都能夠成功為會員爭取自身利益。這次行動後UPOE會員人數翻了一番，增加了一倍。

其後郵職會也要求把在郵局擔任司機的同事轉為郵差職級。以前郵局內的司機不屬於郵政署員工編制，是隸屬政府車輛管理處員工編制，分為兩更，共約數百人，屬技工職級。在「學歷比較法」計算薪酬下，工資比郵差少。這批司機因在郵局內工作，故可以加入郵職會，郵職會順理成章可為他們爭取改善待遇。

減工時

轉薪級事件後，郵職會又發現郵局有需要改善的地方。郵差仍屬第一標準薪級時，起薪點是小學程度，無論你的學歷多高，你的起薪點都是以小學程度來計算。郵差進入總薪級表後，政府要按總薪級表條例辦事，將郵差的入職學歷提高為F.4。郵差的起薪點再不是以小學程度來計算，而是以中四學歷來計算。入職學歷提升後，郵差的薪金一度比警員還高。當時警員入職學歷只須小學程度，以學歷比較法來計算起薪點，警員的薪金當然不及郵差。2010年代又有另一翻境況，剛入職的郵差的月薪有一萬二千元，而警員有19,545元，因為警員的學歷要求是香港中學會考5科合格或以上成績。

根據這個轉變來看，即是郵差在各方面的待遇都應以總薪級表來計算，郵職會深入研究後發現，大部分按總薪級表支薪的員工每週只需五天半工作，每天工作8小時，每週總工時是44小時，郵差每週總工時則要48小時，相差4小時，認為有足夠理據去爭取改善這個不公平現象。

　　1979年政府將部分職級重組合併，增設一些新職級方便管理，卻出現了如上的漏洞，引致公務員工潮迭起，爭論不斷。架構重組基本定下來後，政府於1979年成立薪常會，主席為簡悅強。第一份報告書將公務員架構重組，提出學歷比較法，以學歷為入職點。房屋管理員則例外，無須學歷，只需要能夠處理人際關係便可入職。學歷比較法分為幾組，其中一組是無須中學會考5科合格，郵差屬這一組別；另一組是持有中學畢業證書的，這兩組都由第一標準薪級開始，如有較高學歷可以得到高幾個薪點。郵差有了基本起薪點準則，終線是與助理文員相同薪點。

　　八十年代初，郵職會向署方提出減工時要求，UPOE正進行按章工作，同時也提出減工時這個問題，香港政府華員會郵務員工分會（以下簡稱「郵務分會」）對以上兩會的行動沒有表態。香港政府華員會成立初期，會員沒有郵差，有人提問：郵差是否未合資格加入華員會呢？有人更進一提問：第一標準薪級員工不是華員會招攬的對象？以上都是一些沒有答案的問題，究其原因是政府華員會早期的路線以文員為主，忽略下層公務員而已。華員會後來吸納第一標準薪級員工為會員，成立郵務分會招收郵差入會。

　　當郵職會與政府商討問題時，鄧福棋認識了一位資深政務官，他是從銓敘科調來的新領導，辦事比較公正和同情郵差。他約了鄧福棋等數名工會理事到家中談話，令到鄧福棋等茅塞頓開，明白公務員架構，能深入詳細了解簡悅強報告。

　　鄧福棋等發現在同一個組別內，按不同需要存在同工不同酬的情況。以最低職位的文員為例，如果員工有特殊技能，或工作上有特殊需要，會獲得高一兩個增薪點。這就說明了制度存在彈性，只要工會提出的理據充分，就能夠說服政府。如果銓敘科認為是合理的話，工會提出的要求就可以達到目標。

　　郵職會看準在工時方面有爭取空間，開始部署行動。爭取減工時能成功實現，得到有魄力的印度裔副署長承諾逐步改善，不是採用一下子到步。開始時在影響較

小的局內施行，減工時後，局內的總工作量是不會減少的，而郵差工時減少，能完成的工作量必然減少，局方要做出適當的人手調配。當某一間郵局施行順利後，再在第二間郵局施行。經過一段時間後，全港郵差都減少了工時，也不會令署方在人手調配上有大衝擊，達致雙贏。

減工時後，郵職會又發現局內派信工作人手不足，必須增加人手才能改善服務，還有地方不敷應用的問題。地方不敷應用的問題直到現在仍未能完全解決，如紅磡郵政分局不能容納處理全紅磡區的郵件，署方未能在紅磡租到地方給分局使用，只好將原屬紅磡區的黃埔劃入尖沙咀區。這一變動令到今年選舉期間的派遞工作未如理想，因為選舉當局未知署方已重新劃區，仍照舊有的區域劃分將郵件交郵局，郵差只好將郵件重新分區，反增加了工作量。

談判經驗

鄧福棋總結公務員工運經驗，認為公務員比較短視，只重視自己的職級與同組別比較，不關心社會，亦不理會市民的生活情況。這方面的缺點在七十年代的工潮中表露無遺，衛生督察決定罷工行動時，沒有考慮市民能否在街市買到肉食，不理會行動對市民有多少的影響。

另有公務員說，部分公務員工會頑固地堅持不做額外工作，如房署工會不贊成在電錶房加設後備開關。這一利民設施是當電力發生故障時，只須按鈕一下便可為居民臨時解決供電問題。房署工會認為這不是他們的工作範圍，堅決反對。

郵職會卻相反，接受署方的額名工作安排，不反對郵差參加揀信工作。認為若不接受這個工作安排，署方會擴大外判，將有關工作交給外判商，開拓後備勞動力資源。如果有大量合約工（外判工）進入郵局工作，郵差的職位有被取代的風險。另一方面工會會員遍布局內各工種，間接掌握部門控制權，局方自然會重視工會的地位，有利日後談判。

有關額外工作問題，不同部門工作環境、職責和工作量不同，自會有不同的應對方法，難以簡單地確定採用方法的優劣。

據郵政署資料顯示，截至2012年6月底共聘用了2,073名全職合約工，是政府各部門中最多，當中有1,233人持續服務了5年或以上，占合約工總數的60%。另據資料，由2008年4月起至今的5年內，政府共招聘了約五百名公務員，以填補職位空缺，同期內有30名合約工轉為正式公務員。

郵局內的合約工與公務員出現很大的同工不同酬的情況，合約工薪酬計算是由外判公司負責的，並不計算年資。2013年，一位在郵局工作了10年合約工工資比剛入職的郵差還少。10年前入職領取七千多元薪金，10年後薪金增加至九千多元，與現今剛入職的郵差的一萬二千元比較，相差三千多元。合約工可申請轉為公務員，這樣可以改善自身工作上各方面問題，但學歷成為他們最大的障礙，雖然郵差的入職條件是中四畢業，但要與外面公開招聘的應徵者一起競爭，當人力市場勞動力充足時，出現「香港大學」學生爭住做郵差的現象，在學歷為入職先決條件下，合約工的工作經驗沒有優勢，而他們絕大多數都是學歷低的一群，故只能望門輕嘆，無機會轉為公務員。

郵政署解釋說，公務員招聘過程是公開、公平和具競爭性的，錄取最合適的人選，因此，部門不可以優先錄用合約工。但鑑於相關的工作經驗是招聘公務員的考慮因素之一，所以符合特定公務員職級基本入職條件的合約工，由於具有在政府工作的經驗，因此一般應較其他申請人占有優勢。「相關的工作經驗」入職條件是郵職會爭取得來的。

合約工於2009年成立「香港郵政合約僱員工會」，為各合約員工爭取長遠利益，該會為香港工會聯合會及政府人員協會屬會。

爭取減工時在鄧福棋的工會工作經驗上，是一件很重要的事件。過程中，鄧福棋開始研究公務員架構，向部門取得有關公務員條例書籍來研讀。有了這本書，鄧福棋了解到公務員若觸犯規條政府會如何處罰，政府辦事是按照既定的規章制度，不能超越有關範圍，否則無效。自始郵職會開始根據公務員條例與署方商討，據理力爭，擴大了工會可以為會員服務的層面，為會員做多了很多事情。

在研究公務員條例過程中，鄧福棋認識了數位從事勞工研究的學者，如黃洪先生和方旲煐女士等，更閱讀了勞工問題專家伍錫康先生的著作，他們從學術角度指

出郵職會的工作盲點。

　　郵差的薪級在總薪級表是中級公務員的最低點，低於私人機構上四分位。黃洪先生向郵職會講解何謂上四分位，指出工會應在這方面爭取。上四分位即25%，中位是50%，下四分位是75%。政府為了表現出是良好僱主的形象，當然要採用上四分位為基準，不會採用下四分位。郵職會就以這個基準制定爭取目標，這樣提出的要求就不會過高或過低，談判就順利和較易成功。

　　1986年薪常會的《第十六號報告書（一九八六年薪酬水平調查第一號報告書）》出台，郵職會與署方爭論激烈。

　　《第十六報告書》第5章〈職位評值〉提出薪金取決於工作經驗和專業入職條件3個因素：

　　1.知能：即勝任工作所必須的各類技能的總和；

　　2.解決問題的能力：即該職位所需，用以分析、創造、評估、推論、判斷的本能及自發性思考力；

　　3.職責：即對每項行動及其後果須負擔的責任。

　　知能包括3個方個：

　　（1）在實際的程序、特殊技術，及科學或專業學科方面的技巧的需要；

　　（2）就有關策劃、組織、督導、評估及創新等工作，如何綜合及協調各種不同因素的技巧的需要；

　　（3）對「待人接物」技巧的需要，有些職位只要求一般的禮貌，一些需要有效的溝通及商討技巧，而一些則需要培養人材及推動其他人工作的技巧。

　　郵職會據此啟發了新思路，根據公務員遊戲規則部署爭取自身利益行動，制定必須超越助理文員薪點的爭取目標。助理文員起薪點是總級表第1點。工會根據根職位評值三個因素，從知能入手，決定以自身職系的經驗和專業特點來突破有關框框，就自己的職級的問題向薪常會反映意見。

　　郵差屬第一標準薪級第一組別，與同組員工入職條件相同，但郵差工作要有特殊專長，雖然不需要讀寫英文，但要認識英文地址，符合知能因素。郵差必須戶外

工作，與辦公室內的助理文員戶內工作性質差距很大。郵職會提出理據：認為郵差直接面對市民，需要長期與市民接觸，要有良好的「待人接物」技巧，才能與市民建立良好關係，並非一般的有禮貌就能勝任工作，為市民提供良好的服務。這一點得到薪常會認同，把郵差薪點上調到第11至13點。另一方面薪常會認為郵差工作性質不變，如果單憑年資而獲加薪，很難向市民交代，郵職會據此設想了高級郵差職級。

郵職會就郵差升級問題與助理銓敘司黃星華商討，黃星華不屑地說：「郵差就是郵差，說什麼升級？！」

黃星華雖然傲慢，但對公務員條例很熟識，在開設高級郵差職位方面卻做了很多工作，這些工作對改善郵差待遇是有利的。黃星華命高級郵務監督蔣任宏[5]做一份高級郵差可行性報告，使增設高級郵差職位有更充足的理據和說服力，改善了郵政服務。蔣任宏的《高級郵差報告書》建議設立高級郵差，管理在地台工作的郵差，派遞工作方面由高級郵差管理郵差，櫃位工作方面由郵差取代郵務員，減少督察職位的數目。

1988年政府同意設立高級郵差職位，是時局內有郵差二萬八千餘人，高級郵差職位只有149個，占郵差總數的5.3%，晉升機會不大。郵職會提議高級郵差職位應占郵差總數的10%。工會又指晉升高級郵差要具備中四學歷，對早年入職只有小學程度的郵差不公平。

現在高級郵差薪酬是總薪級表第14至17點，現在（2013年4月1日後）月薪是由23,285元至月薪26,985元。局內各單位都會設有1名至多名高級郵差，每10段派信段亦設有1名高級郵差。晉升為高級郵差基本上以服務年資計算。高級郵差日常工作與郵差相同，不同者是要擔當組長角色，負責撰寫郵差行為表現報告，所以負擔的派遞工作量少四分之一。小型分局的高級郵差會兼任櫃面工作。高級郵差於1993年另外組織職級工會「香港郵政署高級郵差職工會」，加盟香港工會聯合會及政府人員協會為屬會。

5　蔣任宏於2005年任郵政署長，2010年任個人資料私隱專員。

黃星華出任郵政署長時，於1990年以《英皇制誥》來壓制郵務工潮，郵職會根據六七罷工的經驗，估計《英皇制誥》下發的結果，認為對員工將會做成很巨大的損失，衡量輕重，決定收兵。鄧福棋認為主持工會要以會員利益為先決衡量因素，所以面對《英皇制誥》，決定不重蹈因六七罷工做成失去工作崗位的覆轍。

　　當日鄧福棋向參加行動者說：「我既然帶你們上來示威，一定帶你們落去。不會將你們擺上檯，擺你們上檯是一種不負責任的行為。我絕不會這樣做。」這是鄧福棋當工會領導的準則，亦是為會員辦事應要有的負責任行為的態度。

　　帶領群眾運動，首先要將群眾情緒加溫，令參加者群情洶湧，如箭在弦引弓待發，遇上形勢逆轉，面對進退為艱局面，如何體面下台極考領導人的智慧。《英皇制誥》的出台也許正合時機，大家藉此可以各自體面地離去。

與UPOE合作

　　郵職會第一次與UPOE合作是1978年助理郵差升級問題。郵職會與UPOE因在政治立場上不同，早期更是對立的，郵職會傾向中共，早年UPOE傾向國民黨。郵職會會員以郵差為主，UPOE會員主要是郵務員。郵差與郵務員工作上間中也會發生摩擦，大家在同一部門工作，分享同一資源，如果郵差占有的資源的百分比增加了，而部門的總資源沒有增加，即是話郵務員占有的資源百分比減少了，在此消彼長的情況下，郵差和郵務員各方面的矛盾不少，非一時三刻能解決。

　　為何郵職會與UPOE鬧翻？導火線源自1990年，郵職會、UPOE、香港郵務主任協會與郵務分會等4間郵務工會計劃聯合一起行動，四會在郵政體育會召開聯合會員大會時，氣氛熱烈，加上黃星華的態度引起員工反感，一致決定到政府總部示威，各會分頭組織會員參加統一行動。大會安排包車接載新界員工出來港島，郵政署長黃星華計劃以《英皇制誥》來限制工業行動。

　　黃星華在發出《英皇制誥》前，約見郵職會領導，聲言已準備好發出《英皇制誥》，同時透露了另外一些情況，指會面前，UPOE早已與黃星華見面，知道署方肯定會發出《英皇制誥》。郵職會面對嚴峻局勢，開會議決收兵。對於黃星華指

UPOE早已知悉署方會發出《英皇制誥》一事，而UPOE出席四會聯席會議時卻隻字不提，沒有將此消息通知其他工會，感到十分不滿。

UPOE是聯合行動發起人，結果由郵務分會帶領行動，事件令到郵職會對UPOE心中有刺。自此，郵職會認為UPOE不可信任。郵職會雖然與UPOE在政治立場上一直存在矛盾，但郵務分會亦質疑UPOE這次行為。

其實，這是否政府離間計的結果呢？這樣，工會之間的相互合作瓦解，出現分化，互不信任，導致力量分散。

鄧福棋冷靜回顧前塵往事，認為UPOE主要是怕《英皇制誥》，因為《英皇制誥》授權總督有權開除公務員，或中止其職權及給予紀律處分。UPOE臨時退縮，不應怪責他們在《英皇制誥》前腳軟。鄧福棋坦誠地說：「我們面對《英皇制誥》都腳軟。」

鄧福棋總結與UPOE離合經驗，認為在同一部門內的工會面對的問題大同小異，甚至可能相同，如果各工會互不信任，這情況是對員工極為不利的。工會應該團結一致，不要各懷鬼胎。大家有不同意見並不重要，可以各自表述，各自爭取。始終大家職級不同是存在矛盾的，UPOE主要會員是郵務員，郵職會主要會員是郵差，好難大家都「咁順攤⁶」，完全遷就對方。工會在各自維護會員利益前題下談不攏無所謂，只好看署方答應誰的要求，另一方面只要大家繼續談下去便行，這樣大家都無損會員利益，對會員負責任。鄧福棋慨嘆：歷史做成這個形勢，真是無奈！

在同一部門內工作的員工，面對的資方是同一個單位，如果各工會單獨向資方提出要求，事前沒有取得各工會的共識，單方面行動必定困難重重的，對形勢的變化要判斷得十分準確才能成功。

郵職會曾努力修補與UPOE的關係，在郵務分會穿針引線下進行，其中一人是郵務分會前主席葉樹華（已故），勸說郵職會不要以政治來劃線，鄧福棋覺得是道理，開始坐下來和UPOE洽談，但始終談不合攏。

---

⁶ 「咁順攤」是廣東話，意思是沒有特別要求。

郵局軼事

　　四十年代的郵差，若是在中環做派遞工作，是一個肥缺，當派擔保信到商行寫字樓時，肯定會收到兩毫錢貼士，派電報也會得到同樣報酬。最肥的是過農年時，郵差手拿一本簿子，逐家商行討取打賞，每間公司給兩三元，大公司可能會有5至10元，甚至高達20元，簡直是過肥年。

　　機電署員工很羨慕郵差，開玩笑地說：「你們郵差就好啦！我們整部車拆散都能重新組合，人工卻不及你們！」機電署因為職位競爭大，入職學歷要求低，只須小學程度，按學歷加薪當然不及郵差。

　　老一輩郵差多是小學生，不懂看英文地址，只是認住3個「窿」[7]和2個「窿」來區別九龍和香港的英文區別。九龍英文Kowloon有三個O字，即是三個「窿」；香港英文Hong Kong有兩個O字，即是兩個「窿」。

　　在英國統治下的香港，洋人高高在上，鄧福棋曾在尖沙咀舊火車站包裹部看見郵差被踢屁股。

　　在郵局內做郵務監督工作壓力大，部分人一晉升上郵務監督職位，頭髮立即開始逐漸轉白。

　　部分郵局員工抗拒空降主管，喜歡內部直升的主管，冀望局內能有一人得道，晉升上領導層，局內的好兄弟人人雞犬升天。局內雖然到處可見裙帶關係脈絡，但是公務員的晉升是按既定的規章，不能私相授受，這些員工的一廂情願想法只是夢幻而已。

　　1986年政府進行薪酬水平調查，發表《第十六報告書》指出香港在通脹影響下，市民普遍沒有加薪，但是報告卻建議首長級公務員加薪，下層公務員如郵差等則沒有加薪。郵職會要求與首長級睇齊，增加工資。

　　但當時郵差每月薪金有一萬三千多元，連同加班費計算在內，總薪金額比銀行經理還多。政府認為公務薪酬要大致和私營機構相若。但現實出現了差距，第一標

---

[7]　「窿」是廣東話，即洞的意思。

準級的薪酬與出面相差10%。《第十六號報告書》提出減工時來抵消差距。另一方面，實際上部分外出工作的郵差，外出後已不用回局，實際工時不足48小時。

最低工資立法前，公務員做掃地的工資一度都過萬元，外面同等工作的工人最高只有八千元，公務員尚未計算津貼福利，有減薪的可能性。最低工資通過後，外面的有九千多元，與公務員相差只有千多元，差距拉近。

郵局工作一向以男性工員為主，八十年代開始有女性加入，九十年代進一步有女郵差，多數安排在局內擔任揀信工作，直至現在局內仍以男性員工為主，女性員工人數較少。現在局內有一個趨勢，開始安排郵差取代郵務員的工作，參與揀信。政府正全力推行外判制度，將會進一步取消郵差的揀信工作，會由外判商承包，改由合約工出任。

現在郵差起薪點是總薪級表第4點，（2013年4月1日後）每月港幣12,745元，最高至總薪級表第13點，每月港幣22,165元。入職條件要中四畢業或以上課程，其中包括中國語文及英國語文兩科，或具備同等學歷，以及有能力拉動及背負16斤重量的郵袋，且於分揀郵件時能做到手眼協調。主要職責：（1）每天派遞郵件三千件，包括事前準備工作、如紮起郵件、護送、實地以隨身配備的電腦設備輸入所需資料；（2）在局內分揀郵件及郵包，包括操作機械揀信系統及其他器材；（3）內勤郵件處理，包括齊信、蓋銷郵件及操作電腦系統以發送郵件及郵包等；（4）以人手或用機器起卸及搬動郵袋及其他郵件；（5）執行一般郵局櫃位職務。此外，郵差必須穿著制服、輪班或超時工作，可能需要駕駛郵車。郵局提供的制服包括衫、褲和一對黑鞋，尚有一部輕便行李車供郵差外出時做搬運郵袋之用。

總結經驗

鄧福棋總結經驗，認為郵差加薪後，薪金拋離了第一標準薪級，其實應該可爭取到多些自身利益，由於當時認識不足，完全沒有這種概念，不了解這些都是應得的利益。後來從書本中找到盲公竹，掌握了一些東西，認識到公務員有一套規章制度，決定深入理解有關文件。鄧福棋發現局內存有一些問題，如車輛司機與郵差兼

任駕駛職務的區別。深入了解後，原來分別是很大的，政府車輛司機是政府車輛管理處下屬員工，但在郵局駕駛車輛的司機到郵局報到後，每天的工作由郵局安排，一直在局內工作直至退休為止，所以他們自覺是郵局的一分子，幾乎忘了自己是政府車輛管理處員工，政府車輛管理處亦很少過問。在這情況下，這位員工變成「無王管」，因為他不是郵局職員，局方不能管，只是負責安排工作，政府車輛管理處沒有安排他的日常工作，亦不會管。但這員工工資與郵差分別很大，比郵差低很多。

郵職會開始研究將郵局司機轉為郵差職級，找到關鍵切入點。因為凡是在郵局內工作的人都可以加入郵職會，連郵局的看更都可以加入郵職會。這樣，只要這位司機加入郵職會，工會便可以為他取應得自身合理利益，結果成功將司機轉為郵差職級。郵職會的組織形式可以歸類為「企業工會」，同一企業、機關內所有員工不分職業、工種、、崗位、職務等分別，都可加入為會員。

鄧福棋退休後，花了不少心血整理有關工會文件，供後進者作為工會工作經驗的參考。

從左派走到左翼的黃華興

訪問時間：2012年10月31日星期三下午4時30分至5時30分，

地點：亞洲專訊資料研究中心（AMRC）

地址：大角咀塘尾道66號至68號福強工業大廈9樓

被訪問者：黃華興先生

訪問員：梁寶霖、梁寶龍

整理：梁寶龍

【黃華興簡歷】

　　黃華興於1951年在香港出生，家中長子，小學程度，七十年代在紗廠工作，加入左派工會，二千年加入第一標準薪級總工會。後加入街坊工友服務處，先後組織政府前線僱員總會、食物環境衛生署第一標準員工總會小販事務隊員工分會，自稱左翼。2011年退休，卒於2016年4月。

無計畫的人生

　　黃華興於五十年代在香港出生，時值韓戰爆發，香港經濟環境惡劣，市民生活困苦，黃家在過緊日子。因中國派兵入朝參戰，美國宣布對中國大陸及香港、澳門地區的出口實行全面的許可證制度（以前只對戰略物資實行許可證管理），「防止中國共產黨人從非蘇聯的來源獲得直接用於軍事目的的物資與裝備」，「凡是一個士兵可以利用的東西都不許運往中國」，甚至包括紡織品和廢橡膠，從而對中國實行了實際上的全面禁運。接著頒布《港口管制》，限令美國船隻和飛機不得運輸或起卸，以中華人民共和國（包括香港和澳門）為目的地的戰略物資和重要工業原

料。從經濟上扼殺中國,還促使其盟國和其他中小國家參加對中國的禁運。聯合國亦通過決議:「立即對中國實行汽油、原子能材料、槍支、彈藥和其他軍用物資的禁運。」

在美國的強大壓力下,政府頒布一系列有關禁運的法令,主要的有〈輸出統制令〉、〈對北朝鮮禁止輸出令〉、〈1950年輸出管制法令〉、〈1951年禁止出入口法令〉和〈1952年禁止出入口補充法令〉等。指定禁止出入口的物品有190種之多,分為13類,其中大部分為戰略物資,但也有如汽車、一般鋼鐵產品等普通物品,連容量4加侖以上的汽油桶、紡織品及衣料等生活用品也名列其中。政府規定必須領有工商署頒布的許可證方能出入口,凡是違反禁運出口的一律被判為走私罪,貨物沒收充公。禁運嚴重打擊香港轉口貿易,民生大受影響,外資撤僑,工廠處於半停工狀態,失業人數眾多。

10年後香港環境好轉,黃家的經濟情況也好轉。黃華興回顧以往,認為自己經歷多次世界經濟起跌,以五十年代的生活最艱苦,這也是香港市民的共同艱苦歲月。

右二淺藍T恤是黃華興,在郊遊(黃華興家屬提供)

愛以「贛居居」[1]來形容自己的黃華興，加入公務員隊伍前，心中如沒有理想志願的一般市民一樣，沒有預先鋪排好自己的仕途，無計劃一生如何度過，心中卻有一個美麗的「左翼理想社會」。

　　黃華興剛過13歲時，小學尚未畢業，家中沒有經濟能力繼續供他讀書，由於未夠年齡做童工，所以賦閒在家做家務。

　　據資料顯示，1961年香港人口以青少年為主，15歲以下占41%，沒有接受教育的有八萬七千人，小學學位不足，失學兒童多。1964年每千名兒童中有10名生活在低於水平的環境，比率是百分之一。留在家中的兒童眾多，很多兒童在街上流連，政府有見及此，開設兒童設施以應需要。六十年代中，法律規定童工投身工廠，要年齡屆滿14歲，一般行業是16歲。

　　黃華興完成家務後，在袋中無錢的情況下，到圖書館看故事書，這是最好的免費消閒娛樂。黃華興就憑小小的中文基礎來看故事書，他不喜歡看《三國演義》等長篇故事，偏愛《聊齋誌異》等獨立短篇故事。《聊齋誌異》每個故事只不過是一頁紙或數段，內容精簡，因此他學會了看文言文。看書時遇到不識的生字便去查字典，如不明「社會運動」一詞，便查名詞字典，有關哲學的名詞便查哲學字典，經濟的名詞查經濟字典。當搞清楚這些名詞後，便能明白這篇文章的內容。查字典的訓練令黃華興辦事認真，一生不斷追求「真」，凡事不會只看表面，絕不馬虎了事，要尋根究柢。在圖書館學會查字典，養成自學習慣，打下了一定的語文能力，他雖有閱讀能力，但不能書寫。

　　黃華興年屆15歲時到社會上工作，做電器學徒，老闆認為黃華興手慢腳慢，沒有經濟效益，予以解僱。他轉到玩具鋪做見習生。黃華興以馬克思的階級決定論回顧這段生活，認為自己在大坑西平房區長大，父親購買了一幢用沙磚起的房屋。這間屋是1953年石硤尾大火時，政府撥地給救援組織興建的。指在這個環境長大，自然培養了濃厚的無產階級感情，因而不懂中產階級禮儀，在玩具店內工作多番碰壁，被視為無禮貌而被解僱。

---

[1]　「贛居居」是廣東話，愚笨的意思。

某日，有一位年約四十餘歲穿旗袍的女士到來，黃華興迎上去說：「師奶，有乜嘢²可以幫到妳！」跟著，這位女士很不高興地走向老闆說：「呢個係乜嘢夥計，無禮貌，唔識得叫人，我個樣似師奶嗎？」後來老闆對黃華興說：「點解叫人做師奶。」黃華興直截了當地回答：「佢個樣唔似師奶嗎？」老闆說：「你唔啱，重駁嘴駁舌，聽日³唔使返工。」在貧民居區長大的黃華興，無須奉承任何人，通常習慣稱呼已婚或樣子成熟的女士做師奶。進入了一個講究身分地位的地方，繼續堅持自我，不為了吃飯而阿諛奉承討好別人，因而被逐離場，還要即時離去，沒有任何補償。少年的黃華興頭也不回，戇居居地回家去。

　　那個年頭老闆解僱工人除了不做出任何補償外，工人倘若不乖乖地離去，而是要爭取維護自己權益的話，當時的社會風氣認為是搞事，不受歡迎。而且那個年代小老闆的處境亦不會好的，亦面對一定的壓力。

　　六十年代有一宗與師奶稱謂有關的官司，事緣居住在地下的業主與樓上的住客發生爭拗，業主在他的唐樓——不是大廈式——地下貼出一張告示，內文有「樓上位師奶」的字句。就因為這句話被該位師奶告上法庭。當時律師陳述的觀點是：師奶是指已婚女子，而當事人是未婚，被告人有誹謗之嫌。結果被稱師奶的女士勝訴，被告人要賠巨款——好像是五千大元。本來師奶是一句普通的尊稱，有此官司後，稱呼女士做師奶成為忌諱。總而言之，六十年代起，香港人開始懂得如何循法律去辦事。從香港各報刊的讀者版的內容來看，有關答覆法律的話題多了很多，可見一斑。

　　此地不留人自有留人處，黃華興去了學做洋服，在上海人開的洋服工場工作，工場位於尖沙咀加拿芬道頂樓。於1966年，黃華興做了洋服約一年多，在這段間期間親眼目睹「反對天星小輪加價」示威遊行。是日黃華興正在工場內改褲，突然聽到樓下人聲鼎沸，剛巧造鈕門的女工到來，面容慌張地大聲的說：「彌敦道暴動呀！有人燒巴士！」黃華興聞言急步走到窗口向下望，看見馬路上聚集了大量人群，他們抬著一位拿著標語的人，高呼口號在各街道快速躁動。當時的黃華興無法理解人群為何抬著這個人走來走去。

2　「乜野」是廣東話，什麼的意思。
3　「聽日」是廣東話，明天的意思。

第二年，黃華興轉到尖沙咀漢口道的「麗華」廣式洋服工場學師，其間香港發生了六七暴動。這件大事引起了很多只埋首工作不大關心政治的平民議論紛紛。

當時發生了一件令黃華興印象深刻的事情，負責裁衫的老師傅因藏有一份《大公報》而被便衣警員拘捕。老師傅是在工場留宿的，每天早上都會從工場步行去佐頓官涌，買份《大公報》上茶樓喫茶。老師傅飲完茶如常拿著《大公報》步行回工場，途經彌敦道裕華國貨公司附近，遇到有一批左派學生示威。老師傅急忙走入寶靈街一帶橫街，想繞過示威學生回工場，以免遇上無妄之災。哪知避風避著雪，途中遇到數名便衣警員搜身，搜到老師傅身上有《大公報》，懷疑他與示威學生有關，於是將他帶回警署調查，扣押了一個星期。在警署內老師傅遭到盤查的警員毆打辱罵，幸得工場老闆以人事來擔保，警方才將老師傅釋放出來。經過此事，老師傅不敢再買《大公報》了，此後一段時間香港就籠罩著一股聞左色變的氣氛。

老師傅的遭遇發生後，工場的師傅個個都在談論共產黨的毛澤東，或國民黨的蔣介石。黃華興聽後，認為工場師傅「好叻」[4]、「好醒」[5]。黃華興回想當年情，不覺失笑，其實他們都是「亂噏」[6]。不過他們的議論引起了黃華興對中國、對時局的留意，亦開始買雜誌閱讀，第一份是《明報月刊》，戇居居地看。最吸引黃華興的內容是談及六七暴動與外國學生運動的文章。

學師時，有一位師兄每天「老點」[7]黃華興落街買東西。用上海話說：「華仔，幫我買維他奶、《明報》。」黃華興把《明報》誤聽為「麵包」，買了維他奶和麵包回來。師兄以上海話說：「你有沒有病，維他奶、《明報》！」黃華興反駁說：「這是你要的維他奶和麵包。」另一位懂上海話的同事對黃華興說：「是買維他奶和《明報》。」黃華興只好再落街去買。師兄看完《明報》後，黃華興拾起來看，當時正連載金庸的《倚天屠龍記》八大派圍攻光明頂。黃華興當時尚不知金庸是誰，一段時間後，他開始迷上武俠小說。他總結閱讀心得是，人吸收知識主要是靠文字，睇任何書都是有幫助。

4　「好叻」是廣東話，意思是好厲害。
5　「好醒」是廣東話，意思是有本事。
6　「亂噏」是廣東話，意思是無根據的言論。
7　「老點」是廣東話，意思是不合理指使。

思想向左轉

約在1970年，黃華興學師不成，北京道的戰前舊樓居所面臨拆遷，受影響的居民組織起來向政府爭取權益，在樓宇和街道懸掛大量抗議標語條幅，但是黃家沒有參與抗爭活動，所以亦不知道有沒有組織協助抗爭行動。當時徙置事務處負責安置居民，新居的地點居民沒有選擇權，只能接受任何安排。在居民的壓力下，徙置事務處給予居民多一個選擇地點——葵涌石籬邨。基於黃父要經常到尖沙咀開工，東九龍於六十年代交通十分不便，經常塞車，所以黃父選擇了石梨貝。

遷入石籬居住後，黃華興亦隨之轉到荃灣「裕泰染廠」工作。裕泰染廠位於現今荃灣青山公路九咪段江南工業大廈，後搬遷往荃灣橫龍街楊屋道交匯處。

黃華興入廠後第一個印象是三八制，全日24小時分為3更，每更工作8小時。之前香港沒有染廠施行三八制，如查濟民的中國染廠是兩更制，每更12小時。裕泰染廠則行三八制，機器先進且新，工作悠閒，尤其是黃華興的工作崗位「企缸」。當時工廠沒有環保意識，汙水未經處理就排放出海，造成今天維港嚴重汙染的惡果。漂染棉布工序基本上分為洗布和染色兩個，所謂洗布就是先將棉布內纖維的油脂洗去，這樣棉布才可以著色。單單洗布程序就已用去一更時間。工人先將水和梘液放入水缸內，然後把布放入缸中。這時就進入全機械自動操作過程，黃華興就可以去小睡，無人理會。當時廠內紀律不算嚴苛，黃華興覺得可能因為招聘工人困難，所以執行管理較寬鬆。如果執行太嚴的話，工人可能會離職，直到現在黃華興都不知道為何如此，真正原因是什麼。

廠內有很多年輕工人，沒有工會活動，左右兩派工會都無。工廠搬到橫龍街後不久，黃華興離職轉往人做皮毛廠工作，廠內更沒有紀律。一段時間後，廠方在澳洲調來一名外籍管工。再經過大半年後，香港遇上石油危機，遣散黃華興，依足勞工法例補償金錢。回頭看黃華興在玩具店被解僱沒有任何補償，今次則有，可見社會在進步中。

在這個經濟蕭條環境下，香港失業嚴重，黃華興幾個月都找不到工作，待在家中的時間多了，經常被父親責備：「死仔！咁大個人仲要老豆養。」說話嚕嚕囌

嚇，令失業的黃華興更加煩惱，漸漸地不想留在家中面對父親。母親則每日支援他5元，黃華興袋住5元去圖書館坐，坐到「蘿柚起砧」[8]，晚上才回家，減少面對父親的時間，因而自我感覺良好。如是這般維持了半年，母親透過街坊介紹他去興建紅磡火車站地盤做雜工。

黃華興剛到紅磡火車站地盤工作，管工說：「睇你個樣，如果唔係老總介紹，我唔會請你！」事後，黃華興的工作表現令管工刮目相看，大加讚賞說：「靚仔[9]！原來你咁做得[10]。」

在失業期間百無聊賴的日子裡，黃華興仍保持買雜誌看的習慣，曾看過左派出版的《青年樂園》，內有文章分析經濟危機，令他感興趣的是，文章中提出：工人是社會的先進的生產力，是代表未來社會的力量。這個論說令初接觸左派思想的黃華興覺得十分奇怪，世界為何會是如此的呢？開始反思何謂「先進」？內心憤憤不平地說：「你老味（廣東罵人的說話）！」認為既然工人是社會的先進的生產力，為何我竟然這樣的「兜踎」[11]。他進一步思索，「先進」的工人無理由這麼慘，並深入思考這個問題。

其後黃華興從另一篇有關經濟危機的文章中，知道經濟危機是不會了斷的，且不會是一次過的，會不斷循環出現。開始思考：明天將會如何呢？腦海中浮現一個問題：「在這個經濟循環下，我作為一個工人做不成老闆，就算做老闆也要面對這個危機，這個危機應該如何解決呢？」黃華生開始萌生左派思想。

紗廠工人

黃華興在地盤工作了將近一年，香港經濟環境開始再好轉，工廠增聘工人，工作職位增多。黃華興轉到葵涌大連排道「力堅製衣廠」上班，全廠都是「靚妹

8　「蘿柚起砧」是廣東話，意思是股部出現厚皮。
9　「靚仔」是廣東話，意思是年輕人。
10　「咁做得」是廣東話，意思是工作能力高。
11　「兜踎」是廣東話，意思是沒有前景。

仔」[12]，沒有一人年齡超過20歲。工場有如遊樂場，她們一面工作一面說笑，紀律並不嚴謹。

五十年代香港製衣業以山寨廠式作業為主，生產規模有限；到了六十年代是發展期，部分工廠引進機械設備來生產；八十年代踏入電腦化，是製衣業全盛時期，亦是全球成衣出口最大的地方。1983年僱用工人達二十八萬餘人，占勞動總人口的33%，出口總值達三百四十三億。九十年代工廠開始北移，製衣業步入夕陽之路。

黃華興在製衣廠工作了大半年後，陪同好友轉到查濟民的新界紗廠工作，崗位是「梳棉保全」，負責機器維修保養，工作場地十分邋遢。紗廠內最邋遢的部門——第一位是清花，第二位就是梳棉。

所謂梳棉就是：棉花摘下來後，纖維內有很多有雜質，如棉籽等。首先要經過清花工序，在清花間用機器將壓實的棉花打鬆，將棉花內的棉籽及雜物、沙石等做初步清理，然後捲成棉卷，再進行梳棉工序。當時新界紗廠已經將這些工序機械化，用真空將棉花吸到梳棉機，省去人手落棉花卷的工序。梳棉機內有幾個轆，轆面繞滿帶鋸齒的鋼絲，不停地轉動，將棉花不合格的纖維梳掉，同時將棉花內的棉籽打碎分離跌落機底。從梳棉機出來的是棉網，經過這個工序棉花就乾淨了，基本上是白雪雪的。跟著，將棉網放進一個嘴內捲成棉條，然後進入拼條工序，將多條梳出來的棉條拼為一條，按紗線需要的粗幼來決定拼條的數目，即所謂紡多少支紗。長纖維紡的是支數高的幼細紗線，用來做鈐貴的製成品。

從五十年代至七十年代，紡織業是香港的龍頭工業，亦是香港經濟命脈，六十年代香港是亞洲最現代化的紡織基地。七十年代中是最蓬勃的時期，大部分布廠採用最先進的機器進行生產。七八十年代香港紡織品出口量占世界第一位。不少大型企業家來自上海，大型紡織廠聘用工人達千人以上，在荃灣的紡織廠附設有印染加工廠，甚至擁有自己的專用碼頭，方便運輸。

---

[12] 「靚妹仔」是廣東話，意思是年輕女子。

加入工會

黃華興在新界紗廠內認識了左派工會的人，並加入了「港九紡織染業職工總會」（簡稱「紡織染工會」），經常出席該會的活動。當時已是六七暴動之後，社會上雖然一片談左色變的氣氛，但他在左派雜誌的影響下思想早已經左傾，所以對左派工會沒有恐懼心。

在紗廠工作的紡織染工會幹事邀請黃華興加入工會，黃華興簡單直接地回覆一聲：「好呀！」工會幹事從來沒遇過一個如此「順攤」[13]入會的人。在紡織染工會內，黃華興不算是積極分子。

大半年後，中國政治發生巨變，毛澤東剛逝世，接著是四人幫倒台，黃張江姚忽然成為階下囚，震動了整個左派陣營。香港工會聯合會開會向會員講解中國政治新動向，紡織染工會是工聯會屬會，動員會員出席。當時紡織染工會的政策很左，會內有很多學習班，如現在棄如敝履的《聯共布黨史》都曾開班學習。學習班把黃華興等當作為共產黨員來培訓。《聯共布黨史》是蘇聯按照斯大林（編按：台譯史達林）觀點來論述蘇共歷史的著作，認為黨內的意見分歧是路線鬥爭，路線鬥爭是階級鬥爭。七十年代尾中共反蘇不反斯大林，天安門廣場仍懸掛斯大林像，中文版的《聯共（布）黨史簡明教程》是白色封面中間有顆紅星，封面式樣如列寧的著作差不多一樣。直至改革開放後，國內始有人開始公開批評此書，從此香港左派書店找不到此書。

除此之外，凡是國內下發的「紅頭文件」[14]工會都會開班學習。冀學員能緊跟政治形勢，但是政治形勢千變萬化，瞬間轉變，學員總是跟不上。文革時期四人幫是權威，現在是階下囚，左派陣營部分人因此思想受到衝擊，看不清前路，一片迷茫，離開左派團體。

某次學習班播放時任中共主席的華國鋒講話影片，華國鋒以極重湖南口音的普通話發言，班上沒有人能清晰地聽得到他在說什麼，只是靠看字幕才知道說話內

---

[13] 「順攤」是廣東話，意思是順利。
[14] 紅頭文件是指中國大陸印有紅字機構名稱的文件，泛指中國內地的重要文件。

容。與黃華興坐在一起的紡織染副主席問黃華興：「對中國未來有無信心？」從他的眼神中黃華興感覺到，他想黃華興說：「有信心。」但迷茫的黃華興毫無隱瞞地直接把心底話直接說出來：「我唔知。」令到副主席有點不悅。副主席的提問促使黃華興開始思索對中國的信心問題，聯想前中共副主席林彪和四人幫突然倒台等事，發覺自己對中國無知。中國正在運作的事情完全不知道，看不見，也摸不到。面對這些問題和待人處事，黃華興從不會奉承他人，或以一些「滑頭」話來敷衍他人。當年師奶事件被解僱後，黃華興仍繼續保持真我直到現今。

在「大通紗廠」工作時，與黃華興十分「老友」的小組書記轉去了「華潤集團」做經濟分析員，臨走時對黃華興說：「紗廠已經是夕陽工業，你不要留在此處虛度時光。以你的學歷來說，來來去去都只能找到類似的工作崗位；不如轉到大機構工作，就算你學歷低都可以通過累積年資，或者投考內部試來上位。」戇居居的黃華興想了一想，認為說得有道理，但沒有行動、部署如何實踐。

這時剛巧黃華興與老闆吵嘴，老闆聲言要炒黃華興，廠內同事則支持他。事有湊巧，就在這時出現對他有利的情況，廠內所有塵網全部出現問題，老闆內心慌張，對解僱黃華興有所顧忌，恐怕機器延誤修復影響生產，強作鎮定默不作聲。這時又有對黃華興有利的情況事情出現，全廠所有的機器都停了下來。廠方被迫退一步主動找他解決機器問題，他覺得繼續留在這裡工作已經沒有意思，對廠方說：「我現在辭職。」廠方根據《僱傭條例》第57章第7條，要求黃華興補回一個月薪金作為代通知金，才能終止合約。

黃華興硬梆梆地回覆說：「我不會給錢你們的，只能夠為你們工作多7天。」工友有點依依不捨地對他說：「據說工廠快將結業，為何不等到它關閉後領取遣散費才離去。」黃華興說：「老闆有心炒我，多謝你們支持我。日後有任何事情要解決可找我幫手。現在我和老闆已經全面反面，留在這裡未來的日子不會好過，我情願退出去，找第二份工。」戇居居的黃華興沒有細算利益得失，更沒有設想自己的仕途，只是記住小組書記的提示：到大公司找工作崗位。

黃華興離開大通決定到大公司應徵，先到青衣做貨櫃箱製造廠工作為過渡期，又去勞工處查閱招聘廣告，目標是香港電話有限公司等大企業。看見政府招聘雜

工，便前往登記。不久，荃灣市政辦事處通知他去楊屋道見工，職位是二級工人（Workmen Two）。當時政府二級工人是由各部門地區辦事處自行招聘的。二級工人是屬於第一標準薪級員工，是非編制員工，由各部門自行決定招聘人數，可因應本身人手需求而增刪。

黃華興見工時要求以肩挑運兩籮磚，這個要求明顯表示工作需要一定的體力要求。除了體力的測試外，二級工人的入職學歷條件只需要小學程度。黃華興小學尚未畢業，沒有學歷也沒有證書，但主考官也沒有要求他出示學歷證明，他就順利過了這一關。黃華興搬運完兩籮磚就進行面試，面試人員問他：「黃生，現在有三份職位給你選擇，一份是小販管理隊（簡稱「小販隊」），一份是掃街，另一份是掃沙灘，你選擇哪一份？」黃華興回答說：「小販隊和掃沙灘。」後來面試人員說：「黃生，有個問題我想問你，掃沙灘和掃街都是掃地，做清潔工作。掃街就可以在3日後開工，如果掃沙灘和小販隊要等一段時間，你如何抉擇？」黃華興說：「我不會介意等待。」面試人員繼續問：「你為何不考慮做掃街工作？」黃華興回答說：「我還是年輕。」面試人員說：「其實很多年輕人都喜歡做小販隊。」這就是普遍市民對清道夫的觀感，要做到全民的職業無分貴賤，尚須一段很長的時間。

黃華興在等待政府回信期間，仍繼續在貨櫃箱廠工作，貨櫃廠箱的工作環境十分危險，不重視職業安全措施。是時剛好是暑假，跟黃華興一起工作的暑期工發生了工業意外，斷了3隻手指，黃華興內心因而產生恐懼即時辭職離去。這時市政事務署（已經改組，簡稱「市政署」）來信通知他上工，要先去荃灣大河道渣打銀行大廈報到（即現在的九九廣場位置），分配他去小販隊工作，一直工作到退休共度過31年半光陰。

黃華興贛居居加入小販隊時，剛好公務員於1980年大加薪，布政司在報章上公開說：現時稅制不合理，為何低級公務員竟然要繳納薪俸稅？這是不健康的現象，公務員與私人市場工資有差距。當時黃華興月薪約有一千一百元，比在紗廠時的月薪少。在紗廠工作半個月出糧一次，已經有七百元，即是月薪有一千四百元。在紗廠工作約半年已獲加薪18%。做了公務員近一年，小販隊轉制，將隊中的二級工人全部自動轉為一級工人（Workmen One），升職伴隨的是加薪，而且還可以追

補，再加上每年都會按通脹率調整薪金。通常每年通脹率都是向上的，按政府制定的條例，公務員無須提出任何要求，薪金每年都會按通脹率上調，工資增長穩定。從大環境來看，從八十年代開始，香港的職場是年年按通脹向上調整薪金。加上政府取消「抵壘政策」，不接納偷渡入境的國內人，香港的勞動力市場出現供應緊張狀態，整個香港的工資是年年向上的。

黃華興受訓練期間，感覺到教官言語間流露出要剷除小販的意識，令到大部分隊員的潛意識認為自己是執法者，要去剷除小販。因此凡事先入為主認為小販存在必定是錯誤的，要對付他們，這樣才能對工作和社社會負責，有工作表現，能維持社會秩序，不經意地會表現在工作態度上，出現對小販有不友善的情況。

訓練營內課程有軍事式的操練，有如警員步操訓練般，只是沒有警員那般嚴格的要求，只是走過堂式的操練。教官指小販隊是半紀律部隊，黃華興不明其意提問：半紀律是什麼東西？紀律就是紀律，為何會有一半呢？經過4個星期的課堂訓練後，接著來的是實習，實習完畢就可以正式上崗位工作。

公務員晉升機制照顧了沒有學歷的員工，使沒有學歷的員工仍有機會晉升，只要工作滿5年，可以報考一個約小六程度的中文試，就可以投考管工職位。這樣最低級的二級工人都有晉升機會，仕途理想，正正應驗了小組書記的分析。

當上二級工人一段時間後，黃華興回憶起一件往事。小組書記離去時曾問過他：「你的理想工作是什麼？」他贛居居回覆說：「無想過這些件事！我的要求好簡單，最好份工我有能力做，且做得好，有時間讓我做自己喜歡的事情。」小組書記說：「好難呀！這是很難找的工作。」這時黃華興發覺自己現在的工作特點是工作時間很好，因為可以輪流休息；有人情味，如果你有上進心的話，政府有時間給你看書和進修；你可以在上班時間去讀書，只要你申請獲批就可以如願所償。約1985至1986年間，黃華興在摩利臣山市政訓練學院進修一個約中三程度的中文課程。該課程專門用來訓練準備報考內部試的員工。黃華興認為這些都是政府的德政，對基層員工的出路安排周到，只要你不是自暴自棄的話，人人都會有機會。反觀現今的制度則好苛刻，內部員工要晉升必須取得與外部人士同等的學歷，才能一起投考參與競爭。相比之下，殖民地時期內部怨氣並不算高，就算發生小小人事矛

盾，很多時大家都互相包容，不會將事情鬧大，認為如果把事情弄僵了，結果對大家都無好處。

　　黃華興指出：特區政府成立後，各方面矛盾尖銳，小販隊執法嚴苛了。例如在拉小販方面，因為上司怕市民投訴，怕上層高官責罵，於是產生了要令市面上小販湮沒的心態。其實政府制定的政策並不是如此！過去政府的公務員制度運作上有一定優勝的地方，會先關注已在職的公務員，尤其是在晉升方面，員工有機會升級升到超出本身能力，甚至支取的薪金超出付出的工作量。因此公務員會安心工作，不會故意挑起事端，故上面安排的工作一切順從。這是英國人聰明之處，因為學歷低的公務員在私人市場無法得到同等的待遇，和工作條件，於是乎公務員生活超級穩定。反觀現在，雖然絕大部分公務員都是中學畢業，尚有小部分公務員中學未畢業，現在取消了小學試，要求他們與外面的應徵者一樣取得有中學會考5科合格，才有資格與外面的應徵者一齊競爭職位。在退休方面，特區政府以公積金取代長俸，部分工會表示政府財力有限，無能力長期負擔長俸開支，實際上政府是有二萬億美金儲備的。黃華興指責政府這樣做法，其實是藉削減公務員的福利來壓低私人市場的工資。

　　黃華興指回歸前，公務員只在面對制度轉變才有點不安，而在職級檢討等變動都不會出現解僱情況，只會將剩餘的人手調到其他部門。公務員的工作就是如此安穩。

　　黃華興當上公務員後，與紡織染工會再沒有聯絡，相熟的人亦都離開了紡織染工會。有些去了讀書，有些轉了去銀行做。這段時間，黃華興周遭沒有工會運動。他這時參加了一些勞工小組活動，如葵涌社區中心的「荃灣勞工教育統籌處」，認識了「香港婦女勞工協會」的胡美蓮。1986年時，他閒來組織行山隊。

參選評議會

　　1990年小販隊大變動，由原來的有如被俗稱為「雜工隊」，轉為專業化的「小販事務隊」。很多人向小販隊內的一級工人放料說，轉制即是不需要小販隊的一級

工人。當時正值評議會（勞資協商會）代表選舉，黃華興覺得自己無法掌握到與自身權益有關的消息，不想經常被流言蜚語所困擾，產生主動為自己安排人生前路的思想，告別「贛居居」三字。其實贛居居只是黃華興的自嘲，他人生是有遠大目標的。

黃華興決心參加評議會代表選舉，挑戰「香港市政事務職工總工會」（下文簡稱「市政總工會」）的代表。市政總工會是隸屬親國民黨香港工團聯合總會的工會，市政總工會已經存在了數十年，黃華興認為它沒有為工友做過任何事情，自己要站出來為工友做點事（本書另一故事〈以愛心行公義的李美笑〉主角，也對香港市政總工會有評價）。

話說黃華興當初加入公務員行列，部分工會中人見黃華興言論直率，覺得他思想古古怪怪，意圖以戲弄手法令黃華興自動離去。某天，帶隊的管工對黃華興說：「你的忍耐力真好，令我等出乎意料。」其實人的忍耐力是有限度的，黃華興也不例外，曾經向戲弄者反擊，威嚇說：「如果你們這樣玩下去，我離去是一件簡單的事，但你們日後的日子必定不會好過。」古語云：「迫虎跳牆，反咬一口。」戲弄者聞言立即收手，黃華興上班開始過平靜日子。

黃華興知道小販隊要變動後，有幾天晚上不能安睡，心裡有點害怕。對經常一起工作的工友說：「不如我報名參加評議會代表選舉，可以收料。」得到眾工友的支持，於是黃華興就去報名。結果只取得3票而落敗，就是只有與他一起工作的3名工友那3票。其餘的票全部由市總工會代表取得，該會有組織人脈，能動員很多工友投票支持。

到了轉制的時候，政府不但沒有撤銷一級工人職位，還增聘一批回來，黃華興痛罵了散播謠言的管工一頓。流言蜚語是公務員圈內常見的情況，公務員工作時間好，閒來無事愛說三道四，閒言閒語必然多，但「言者無意，聽者有心」，可能會令人有點不自在，但日久後就自然會麻木，處之泰然。遇有好此道者，投其所好參與其事，做出損人不利己的行為。

組織工會

　　1998年，區域市政局要刪除一級工人的「辛勞津貼」。辛勞津貼是政府因應公務員的工作性質是否存在危險或厭惡性，做出鼓勵性而發給的金錢補償。上述的津貼類別主要源自1986年的檢討，而在1991年曾做輕微修改。

　　政府認為一級工人的工作危險性已經不存在，因為設立了小販管理主任，檢控工作由他們處理，無須一級工人參與檢控工作，所以就要取消辛勞津貼。

　　辛勞津貼俗稱「心口費」，或「特別津貼」。轉制前小販隊由管工、一級工人和司機等組成。管工主力負責檢控小販，而一級工人要協助進行檢控小販的工作。由於檢控工作會同小販發生肢體接觸，容易產生衝突，甚至出現暴力事件，有一定的危險性。故此市政署會以工作帶危險性，發放一份辛勞津貼給小販隊的管工和一級工人。如2013年4月一名救護員處理一名醉漢時都會被打傷，可見意外總是難以預料的。

　　政府將管工職位轉為「小販管理主任」職系後，管工直接轉為「助理小販管理主任」，高級管工轉為「小販管理主任」，作為小隊隊長的巡察員則轉為「高級小販管理主任」，而原來的高級巡察員則轉為「總小販管理主任」，另在總小販管理主任之上再加設一個新職位「首席小販管理主任」。首席小販管理主任和小販管理主任都是新增的職位。總而言之，小販隊員升級機會增多了，管工轉為主任薪金自然會增加，由衛生督察以至管理職位員工的薪金都獲得上調。人人升職加薪。

　　署方將管工的辛勞津貼轉為小販管理主任底薪的一部分，再增加3個增薪點，令到小販隊員的薪金大幅增長，比管工職位時的薪金還要多很多，令到管工人人開懷。但一級工人底薪則沒有改變，轉制初期仍可領取辛勞津貼。轉制後數年，部門計劃取消辛勞津貼，聲言一級工人無須執行拘捕職責，該職責已由小販管理主任取代。因一級工人無須協助檢控工作，工作已不存在危險性，故不具備領取危險性辛勞津貼條件；轉為以符合「厭惡性」工作條件來領取辛勞津貼，和因工作時間的轉變而領取「輪更津貼」。如果輪更津貼領取「大鐘」的話，每月津貼總額和轉制前分別不大，但領取大鐘要按上班時間和日數子計算，以全年總收入計算，總金額只

會有少無多。

約在1998年5、6月中，區域市政局評議會的一級工人代表到荃灣召集黃華興等一級工人開會，說市區小販隊的一級工人已經取消辛勞津貼，只是新界還未取消。代表為取消辛勞津貼事件到新界各區小販隊串連，號召工友選出區代表，在他們帶領下到沙田區域市政總部談判。黃華興透過這個機會識認了各地區代表，並取得他們的聯絡電話表。當時有小販管理主任向黃華興等說，大埔已經「試驗」取消辛勞津貼。黃華興說：「減人工都有得試驗，痴線啦。」

其後，黃華興根據聯絡電話表的資料致電大埔代表，證實所謂試驗是假消息；可見這些代表不是完全可靠的，甚至在這個過程中出賣黃華興等。他們透過出賣黃華興等換取升職機會，當上了小販管理主任。在這個過程中黃華興體會到，市政的數大工會已經與署方商談好交換條件，同意署方取消一級工人的辛勞津貼，換取自己的私人利益。

當一級工人知道取消津貼時，黃華興就去找工會幫手，問過「香政府華員會小販管理主任分會」的理事，希望他們能夠出面協助。他們說：「我們華員會會員中沒有一級工人職系的人，沒有會員屬於第一標準薪級的。」但是於2000年選舉部門協商會代表時，有一名二級工人聲稱代表華員會出來競選，黃華意識到各大工會早已協商好一切事情。

一天，某同事專程找市政工總工會負責人，要求協助爭取保留辛勞津貼。負責人指津貼尚未取消，到了取消時你們才來找我。可是，政府公布取消辛勞津貼後，工會負責人無奈地說：「無辦法啦！這是政府政策，已經無法推翻，工會已經無能為力，無法協助你們。」

黃華興等面對這些工會的行徑一籌莫展，求助無門。幸好這時黑暗中出現一線曙光，黃華興在街頭看見勞工界立法會議員李卓人的街板，腦中即浮現一個念頭：「此地不留人，自有留人處。」這些工會態度既然如此，去「香港職工會聯盟」（簡稱「職工盟」）找李卓人可能是出路，或者他們會有辦法。當時是職工盟屬下已經組織了「政府第一標準薪級員工總會」（簡稱「第一標準薪級會」），接待黃華興等的是組織幹事麥德正。麥德正問：「你們有多少人？最重要的是要召集多些

人來開會。」勞資談判歷來都是力量的對比，1922年海員大罷工時，資方劈頭第一句就是：「你們有多少會員？」2013年葵涌碼頭工潮時，資方每天多次在現場數「人頭」。於是黃華興取出電話表不停打電話，號召各區代表上職工盟開會，計算自己的實力，有多少「人頭」。

取消辛勞津貼鬥爭最終失敗，黃華興總結經驗，認為因為自己的工運工作日子尚淺，實務經驗不足，有些事情無認真澈底去做，只憑一股幹勁向前衝，上場挑戰政府，稍後已有點心慌慌的情況出現，只是憑毅力堅持下去，才不至於爛尾。

過了一段時間，某工會代表致電黃華興，說話帶有點嚇恐性說：「現在高層領導對你的行為很不滿意，指你令到部門負責人心情欠佳，所以你以後要小心一點。」黃華興聽後心情複雜，內心忐忑不安，心想：「事情由我帶頭發起，爭取失敗了，我在這個部門如何繼續工作下去呢？」

第一標準薪級總工會

黃華興加入第一標準薪級會，不久市區小販隊出現躁動，因為有關部門指小販隊出現冗員。

新界和市區的小販隊隸屬不同的部門，八十年代中政府將全港的市政服務劃分為兩個部分，在新界和離島鳥設立「區域市政總署」（Regional Services Department），在香港和九龍設立「市政總署」（Urban Services Department），兩個部門已於2000年合併重組為「康樂及文化事務署」（Leisure and Cultural Services Department，簡稱「康文署」）和「食物環境衛生署」（Food and Environmental Hygiene Department，簡稱「食環署」）。兩區各有不同的編制，區域市政署實行的是「一一六四」，每小隊設有1名小販管理主任，6名助理小販管理主任，4名一級工人，共11人。市政署的每一大隊設有1名高級小販管理主任，2名小販管理主任，12名助理小販管理主任，2名一級工人，共17人。

市政總署發出通告：指小販隊無所事事，言下之意即是指小販隊人手過多，現

有工作量不足分配給所有員工。第一標準薪級會亦了解這是事實，但仍要維護會員權益。

經過爭取辛勞津貼鬥爭後，黃華興再報名參選評議會代表，成功高票當選。在爭取辛勞津貼過程中，黃華興擴大了與同事的接觸面，認識了其他各區的代表。結果以120票絕大多數票壓倒對手，其他參選者只有3票，或15票。顯示了黃華興的個人表現和所屬工會的號召力和認受性。

當選後，有位小販管理主任問黃華興：「市區的同事有點擔心，你是新界代表，是否會為市區的同事服務？」黃華興斬釘截鐵肯定地說：「會，點解唔會！」不論中外地域主義都會有機會出現，人有此直接擔心是必然的。

黃華興正在盤算如何應付面臨的挑戰，兩個部門合併後各方面將會有何種變化呢？如果市區減到只有1個人的時候，新界會否「一拖四」，即是1名小販管理主任帶領4名一級工人，如果這樣餘下的3名一級工人如何安排。黃華興雖然十分憂心，但認為部署行動才實際，於是召集市區代表一齊舉行「全港代表會議」，商討行動。第一標準薪級會首先印製傳單，黃華興帶同傳單親身到市區找代表打招呼，邀請他們協助派發傳單，並出席全港代表會議，商討爭取行動，當然亦會邀請他們加入工會。

是時，市政總工會、「九龍市政事務職工總工會」又在組織行動，它們歷史悠久、會員較多，有一定權威。部分市政工會會員持有雙重會籍，同時加入了多個工會，有雙重身分。所以大部分代表都參加了九龍市政事務職工總工會的行動。九龍市政事務職工總工會的行動進行了一年毫無進展，正準備召集全部代表開會，一名代表提議邀請黃華興前來一齊開會，得到與會者表示同意。

九龍市政事務職工總工會開會時分派了兩張紙給出席者，一張談機場地勤人員罷工全部被解僱事件，一張則為部門領導說好話，指部門不會解僱罷工工人，並會安排職位給員工。兩張紙互相輝映，一軟一硬，為署方高唱「讚歌」。九龍市政事務職工總工會第一標準薪級評議會代表高素英向黃華英說：「你們正在計劃做什麼事情，是否要趕走我們？」接著自抬身價地說：「你們要知道，我們是大哥嚟架』！」話音剛落即時「媽」聲四起：「丟那媽！……丟那媽！」矛頭直指

高素英。她向眾人說：「如果你們現在不去選擇，日後你們想『畢屎』[15]都沒有機會。」有人即時指名道姓指責她：「高素英，我知你是負責屎車工作的，喜歡『畢屎』。我們這裡無人喜歡『畢屎』，只想留在小販隊工作。」高素英說：「特津事件到此為止，工會無能力協助你們。」這樣，九龍市政事務職工總工會不再跟進津貼事件，代表轉過來團結在黃華興這一邊，繼續爭取。

　　黃華興人強馬壯後，看準機會出擊，乘食環署成立第3日，即時舉行第一次示威顯示實力。示威前，黃華興贛居居地去警署申請示威許可證，警員詢問出席人數時，黃華興隨口申報約有50人。是日，出乎意料之外，現場人頭湧湧。當值的「沙展」[16]上前對黃華興說：「聚集人數超出了你的申請人數很多，為何如此？」黃華興心中正暗歡喜，不知如何回答這位沙展。

橫額中員字後的人是黃華興（黃華興家屬提供）

---

[15]　「畢屎」是廣東話，意思清理糞便。
[16]　「沙展」是港人對警長的俗稱，來自警長英名Sergeant的音譯，因肩上有三劃V符號，故又俗稱「三柴」、「三劃」、「柴頭」和「大柴」等。

李卓人與黃華興一齊上去見署方負責人，顯示實力的示威事件後，有三百餘名一級工人加入第一標準薪級會。黃華興「晒馬」[17]成功，打亂了署方的部署。在群眾的壓力下，署方改轅易轍，將一級工人調走的計畫暫停，重新檢討。

「晒馬」事件後，黃華興在荃灣工作的上司，語帶恐嚇地對黃華興說：「黃華興，乜你咁勇，帶頭呀。你睇記者影相影晒你。依家你哋新界啲人走晒出嚟。」黃華興回答說：「馮SIR你諗吓，合併之後，都唔使用腦去諗，用屎眼去諗都諗到後果會點。如果一隊得番[18]一個人，你係第3個會點。同埋我是評議會代表嚟嘅，點解我唔同啲夥計諗。」

馮SIR繼續說：「每年下發的招聘小販隊一級工人文件，我都唔知點寫好。如果我寫你們無用，你們就失去工作，即是打爛了很多人的飯碗。」馮SIR亦都是自己職系工會的負責人之一，不知為何會有此言論呢。

黃華興在內心憤怒地說：「你仆街[19]啦，恐嚇我！」但他把這一團怒火強忍在心內沒有說出來。婉轉地說：「這方面全賴馮SIR維持。」

這次鬥爭，第一標準薪級會打亂了部門的部署。然之後，署方商談一段時間後，召開發布會，聲言要調走一級工人。黃華興認為機會又來了，這樣的一大批一級工人，難得全港各區都集中在一起。他立即安排印製傳單派發，部門想阻止工會派傳單，但黃華興的行動如箭在弦已不能阻止。在這次行動過程中，成功將工會的招牌傳播出去，令到很多人認識了工會。同時總行政主任劉三鳳與工會開會商談。商談後不久，工會向劉三鳳說：「我哋啲人唔想走，起碼俾我哋升或投考小販管理主任，等佢哋自然流失。」商談結果，雙方訂出了一個折衷辦法，有24個職位給一級工人升級。但是這24個職位未能完全解問題，因為總共有101名員工的問題要解決。去到最後要調職的時候，各區的反抗情況很緊張，有些人被安排去街市鬆更衣室內的木箱。他們乘機發洩不滿，亂鬆一通。有人鬆油時，把整罐漆油不小心地倒在地上。部門被迫停止安排他們工作。經過這種形形式式的反抗後，署方的

17　「晒馬」是廣東黑道中人術語，意思是以人數來顯示實力，現是香港常用語。
18　「得番」是廣東話，意思是餘下。
19　「仆街」是廣東罵人語，意思是橫屍街頭。

計畫有所修訂，將整個調職計畫暫停，聲稱小販隊的架構需要檢討，所有小販隊暫時不變。

　　2000年，政府開始進行小販隊架構檢討，黃華興歇了一輪後，調職的迫切性漸淡。政府又推出自願離職計畫，俗稱「肥雞餐」，自願提早退者可以獲得退休福利和補償金。很多人申請自願離職，這時第一標準薪級會尚新，黃華興本人更沒有工會經驗，未能把握機會一鼓作氣，乘勝追擊，在這段時間揭露肥雞餐的禍害。很多同事參加了自願離職計畫，部分是鬥爭最激烈的人。參加肥雞餐的人各有不同的打算，有些人可能是欠下一筆大債務──「重數組」成員。新界的小販隊足足有一半人離職，相對來說，人手過剩的問題減輕了，這個階段食環署內部情況暫時穩定下來。

食環署潔淨組外判

　　政府通過肥雞餐進行人手自然流失，部分工會間接配合政府的計畫，散播流言蜚語，聲言一級工人日後工作好難做，如果現在不參加肥雞餐，日後可能隨時無法「食」[20]長糧。面對種種不利消息，無法確定真假，人人為求自保紛紛選擇眼前利益，認為肥雞餐是最佳選擇。當時食環署二級工人約有六七千人，參加肥雞餐的有二千人，占總人數的三分之一。

　　當時大部分人都認為肥雞餐有著數。有些人是跟風參加的，到了今天有點後悔。時至今日，黃華興退休每月領取長糧的金額多過以前的工資，兩者比較起碼賺了退休前的薪金。

　　當時黃華興對申請肥雞餐的同事勸說：「除非你在經濟上有迫切性，需要一筆現金來做事，能夠好好地運用這筆錢，才抉擇肥雞餐。如果你離去後仍要繼續找工作崗位的話，每月領取的薪金又不是高過現在，就沒有離職的價值。」有些人接受了黃華興的意見留了下來。

---

[20] 在這裡「食」是領取的意思。

黃華興回顧這段前塵往事，認為自己的工會工作經驗不足，沒有就此事印發傳單，向工友分析利弊。假設當日如此做的話，肯定很多同事會臭罵工會，認為工會阻住他們到私人市場賺取更多的金錢。在這個環境下，有多少人會細心考慮工會的意見呢？

　　自願離職計畫後，接著來的才是大事。政府藉口有一批一級工人離去，出現空缺。不再提及以前曾說過存在冗員的問題。黃華興心裡問：究竟是冗員還是空缺呢？一個同樣的事實，兩個不同的名詞，政府會按不同需要而使用。為了為外判鋪路，冗員情況可迅速發展為人手不足出現空缺的情況。為了進一步推行外判，將大部分二級工人調職，人為製造職位空缺。這件事影響最大的是九龍城區。

　　第一標準薪級會因為是新工會，黃華興再次贛居居誤打誤撞，被調走的人部分是工會會員。開發布會的時候，二級工人「媽」聲四起，群情洶湧。黃華興出席發布會，面對這種情況毫無心理準備，本著控制秩序的心理，理性地勸說出席者不要出言鬧人，應該講道理，指有關官員只是奉命行事而已，無理由這樣惡言對待。事情緩和下來後，劉三鳳看見黃華興是有些影響力的，遂邀請第一標準薪級會參加商談。

　　當黃華興上到去的時候，聽到九龍城外判後出現職位空缺。當局正在該區招聘第一標準薪級員工，現在又要調走他們。現人數已經擴大了七成，即是約有五六十人要調走。他細想：這些工友將會調到何處去呢？

　　政府說會按年資處理，1990年以前入職的會安排在市區上班，其餘的可能會調去新界。以居住在九龍城來計，最近的要調入西貢，最遠的可能要調入元朗，每日上班路程有如去郊外旅遊。黃華興認為機會又到來了，於是立即致電組織幹事印製傳單，召開反外判、反調職大會，指責政府將工人調離居住點上班，是要迫工人自動離職。經過一番派傳單和號召工作，舉行大會當日只有1個人出席。黃華興認為可能是工友對第一標準薪級會認識不足夠，缺乏信心。稍後有位同事向他說：「九龍城工友對調配工作地點好擔心，想找人協助。」

　　黃華興說：「我前日到九龍城號召大會，無人到場。」同事說：「因為他們不認識你們。我和他們相熟，我幫你約他們出來開會。」黃華興不忘「晒馬」的重要

性，要求全力號召，動員所有人出來，他親自聯絡「珍姐」，珍姐後來做了第一標準薪級會理事。他和珍姐面談後，珍姐動員了二十餘人出席，接著又有1位工友的情況都是如此，又動員了二十餘人出席，總共有四十餘人出席大會。黃華興夠力量了，於是約劉三鳳開會，會上即時議定一個制度出來。第一，1990年入職的員工全部調去深水埗，不會規定一定要去西貢。另外設立恩恤調配，如果員工本身有家人要照顧，或者有特別情況的話，可以透過恩恤調配不用調走。有很多工友因此可以繼續留在九龍城上班。自此第一標準薪級會有二級工人入會。工會特別留心二級工人的情況，因為他們遍布每一區。於是乎通知他們，留意部門有任何調配行動，或發布會，即時通知工會採取行動。

於是乎部門一開發布會，第一標準薪級會就派人現身出席，故此工會會員得到發展，尤其是第一標準員工，累積了五六百人。

厭惡性津貼檢討

接著第二個波浪接踵而來，財政司梁錦松給每個部門固定一筆金額，要求所有部門在未來幾年內要節約開支。食環署開評議會時，宣布要節省七億元，所以要削減生活津貼。各工會毫無頭緒，不知如何是好。

食環署於2003年2月19日公布《辛勞津貼（厭惡性職務）的初步檢討建議》，建議全部現時合資格領取厭惡性津貼的員工，將會被刪去全數津貼661元，或削減為半數331元。受扣減辛勞津貼（厭惡性職務）（以下簡稱「厭惡性津貼」）影響的員工共有6,131人，小販隊被取消全份厭惡性津貼。食環署表示扣減津貼主要是回應公務員事務局的要求，及向市民交代。

黃華興上寫字樓找食環副署長黎陳美娟討論，她說：「署方的建議是根據公務員條例來進行的。」黃華興找來公務員條例細看，發覺被騙了。署方「博大霧」[21]，以為工人學識低，不了解公務員條例。原來薪常會的《第三十八號報告

---

[21] 「博大霧」是廣東俗語，意思是乘混亂做一些不光彩、占別人便宜，或者做些非法的事情。

書——相關津貼檢討》訂立領取厭惡性津貼的資格是：「該津貼是發放給那些需要在他們相同職系或職級的員工通常不會遇到的工作環境裡工作的員工。而該等工作環境可能會引致他們身體受到損傷或殘障。」

剛巧這時爆發沙士疫情，黃華興於是乎就此情況來反駁署方，寫了一份意見書，運用根據薪常會的界定，來與署方理論。後來和署方討論時。李卓人陪同黃華興等出席，署方見有立法會議員在場不敢怠慢，署長梁永立親自到場開會。梁永立的態度很好，只是把責任向下卸，指部下很多事情都沒有向他彙報，令他對這件事不了解，現在大家可以一起討論。黃華興說：「根據薪常會的規定，你有何想法？」梁永立指接觸糞便和屍體的員工可享有厭惡性津貼。黃華興就在這一點乘勢追問：「死老鼠是不是屍體？在街市垃圾箱內的豬內臟、肉碎等是什麼？清渠工人清理坑渠時，接觸的『百鳥歸巢』[22]，我們都不知是什麼東西，內裡可能有以上的腐爛物在內，不知道這算不算是屍體？」黃華興進迫一步地說：「在這樣的情況下，你認為應否取消津貼？」梁永立隨意回答說：「明白。」面對沙士（編按：即SARS）疫症，公務員事務局只好把檢討延期。

到了第二階段，做掃街和在街市工作的員工削減一半厭惡性津貼，蟲鼠組取消全份厭惡性津貼。如此，只餘下小部分員工可以領取全份厭惡性津貼，而管工則無變動。

到了實施的時候，第一標準薪級會印製單張，動員所有人去食環署樓下大堂靜坐，參加人數眾多恍如占領食環署。黃華興聯同李卓人、職工盟幹事郭錦林等一齊「操」上寫字樓，要求與食環署負責人開會。集會前，署方人員循例問第一標準薪級會將會有多少人出席，黃華興回覆說：「唔知，百零人啦！」他照樣直報給上司。怎知，靜坐人數越來越多，聚集了七八百人。勞管雙方會面時，助理署長彭景就面對黃華興的「晒馬」陣容，只有苦笑，面色青且偶爾咳了一聲。黃華興等要求彭景就一定要交代如何處理削減津貼，以及是否削減津貼、是否實施這個方案，重申工會的意見書已經交給了署方，要求即時回覆。彭景就推卸說：「署長已外出不

---

[22] 清潔工術語，指一堆混雜了很多不知是什麼東西的垃圾。

在辦公室內。」黃華興進一步壓迫說：「你沒有署長的手提電話嗎？不相信你聯絡不到署長。」黃華興等離開辦公室後，黃華興致電彭景就繼續施壓說：「如果今天沒有回覆，靜坐的人不會離去。」彭景就說：「明白！會直接與李卓人談，向李卓人交代。」稍後，食環署有了決定，將整個計畫重新檢討，又檢討了兩個月。於2005年時拋出一個方案，絕大部分員工都可以繼續領取厭惡性津貼。

在這次鬥爭上，第一標準薪級會進行了問卷調查，同時搜集了所有資料，寫成一份意見書交給署方。工會進行調查時，得知清潔街道的員工也會接觸到糞便的。原來小部分沒有道德的司機，不顧公共衛生，駕駛途中人有三急時，在車內排泄糞便以膠袋盛載，隨意棄置在街道上。或者把尿排泄在汽水樽內，亦都是隨意棄置在街道上。這樣，清道夫便會接觸到糞便。同時，醉漢在酒吧後巷吐出來的嘔吐物，亦是帶菌的，所以工友在這樣的環境下工作是帶有危險性的，因此最後所有地段都可以領取厭惡性津貼，只是小販隊減一半。

黃華興認為政府好精明，欺善怕惡，清潔工人若採取工業行動，垃圾堆積如山，兩天後臭氣四溢，如何面對？黃華興講笑地說：「是否要邀請解放軍卸下武裝為市民清理垃圾？」黃華興認為清潔工人有實力「起到飛腳」，政府只好採取懷柔政策安撫，不敢扣減他們的厭惡性津貼。不是占市政工作主力的工友便被扣減厭惡性津貼。黃華興評論，管工在抗爭方面表現較軟弱的。

政府這次行動只是整個公務員架構改革的一部分，食環署是試金石。黃華興認為，政府的一連串打壓公務員行動，最終目的是要壓低全港工人的工資，充當了資本家的馬前卒。每當勞工界提出全港性的勞工權益時，如最低工資、標準工時，政府就會說，要維持香港的競爭能力，即是要工人為大眾利益自我犧牲，那資本為何不做出犧牲呢？數年後政府決定全港公務員減薪，迫使公務員舉行了3次大遊行。

初期有傳聞說政府計劃將房署整個部門遣散，令到黃華興害怕起來，最後沒有這回事。

削減厭惡性津貼事件後，黃華興在《信報》看到香港全國政協劉迺強發表的文章，認為公務員人數只需要七萬餘人就合適，而當時公務員總數達二十萬餘人。黃華興認為劉迺強是全國政協，發表這文章不會是無的放矢，是一枚訊號彈，如果只

需要七萬公務員，即是有三分二公務員要離職。工會要準備長期抗戰，要有打場硬仗的心理準備，將來面對的環境更加險惡。

工會經驗

　　小販隊檢討報告出台，一級工人要減人，小販管理主任也要減人，報告由頭到尾都是講削減公務員人數。第一標準薪級會唯一可以抵擋得到的，就是外判制度不在小販隊內施行。黃華興總括來說，在整體公務員權益方面，長俸制度要改變，退休後的醫療福利亦要改變。指部分工會領導人眼光狹隘，只是計算自己本身的眼前利益，沒有長遠眼光。第一標準薪級會較新，對公務員工運的鬥爭方式沒有深切了解。黃華興雖然以前有工會工作經驗，但不是公務員工會運動。公務員工會的鬥爭要依據公務員條例進行，鬥爭期間黃華興有很多事情亦都意識不到，政府這樣的小改動是會影響整體公務員的。公務員工會連最基本的寫意見書提出反對都沒有做，因為當時對有關問題的嚴重性了解不足，不知應否反對，進而不知如何提出反對意見。

　　後來黃華興覺得環境日漸惡劣，眼見外判導致香港工人的勞動條件惡化，加上工序零散化，認為這是政府有計畫、有預謀的鋪排。一級工人作為第一線的工人，如果當時提出強烈反對，可以令到政府不能推出有關制度。但是當時未意識到這方面的問題，黃華興引用馬克思的說話：「存在決定意識。」認為自己當時倒過來意識決定存在，加上大部分人的思想太狹隘，亦都令到環境進一步惡化。由其是一些部門能夠成功外判，部門工會一定無提出反對，就算有反對亦不成氣候。他們一方面只求自保，另一方面只為自己的前途打算，計劃自組外判公司來承接政府工程，這個情況在房署最為明顯。

　　政府成功利用這種意識來推行新政策，達到水到渠成的效果。黃華興無奈地說：「無辦法啦，我哋自己作為搞工會嘅人，盡力而為，做得到幾多得幾多。」

　　黃華興回顧自己的工會道路，指出社會變化萬千，正如四人幫倒台時，左派工會面對中國前途信心問題，黃華興茫然不知。認為很多事情礙於本身經驗、認識能

力，未能了解整個事件是如何運作，自然是不知如何應對。

　　黃華興總結數十年來對中國發展的觀察，指現在國內政治情況比民國時期還差，當年亦都無法估計到蘇共政權會倒台。所以從這兩個經驗得知，有很多事情是無法估計的，很多事情正在變化中。其實我們可以做到的，是遇到大風大浪時要保持自己的存在，盡量將風浪轉向好的方面。但是能否向好的方面轉變，有誰能做得到呢？！

　　其他部門工會有工潮時也曾找黃華興所領導的工會撐場，但是涉及利益時就不會一起分享。黃華興覺得有些公務員工會輕視第一標準薪級員工。食環署的職系工會基本是由管工職系和管理主任職系的人壟斷。衛生督察職系工會會員本身是幫辦，他們基本上只會維護自己本身的利益。管工職系和小販管理主任職系有很多間工會。他們有行動時，會要求基層工會撐場，討論利益問題時就不會預期基層工會參與。如轉制問題時，無理由一級工人什麼也沒有得到，到頭來，還要削減一級工人的津貼。黃華興質疑說：「呢個就係果啲所謂工會！總言之，搵咗我哋笨。」

自稱左翼

　　黃華興自稱「左翼」，曾有人叫過黃華興參加「左翼廿一」。黃華興所謂左翼的定義：一切政治理想指向解放人的能力，爭取每一個人成為完滿的人，人的才能得到發揮的社會制度。同事不會因為黃華興有左翼傾向而排斥他。黃華興認為公務員好實際，那人能夠幫到自己，就不會理會他的政治背境。

　　黃華興不贊成共產主義先鋒黨理論，認為先鋒黨是做成獨裁的原因，因為當你自稱先鋒時，就意味自己是上帝的選民，自然會有「存在的驕傲」，這就是做成特權的原因。

　　按列寧的先鋒黨原則如下：（1）黨建立在革命的綱領之上，黨員接受它並努力實踐；（2）一切重大的政治和組織問題都由民主程序決定，決定之前自由討論，依多數意見決定後要行動一致；（3）黨內最高權力屬於全黨代表大會，代表

大會定期召開，議程在會前由各級組織充分討論，然後民主選舉出席大會的代表；（4）黨員有權組織派別，少數派可保留不同意見並適時要求覆議[23]。

中共的印象

中共推行改革開放，出版了一套《走向未來叢書》，黃華興閱讀後覺得中國社會將會轉變，如果變得好的話，可能日漸民主，告別專制。對中共政權存有一點希望。但是六四事件之後，黃華興的幻想破滅了，開始對中共沒有冀望，並走向另一端，產生厭惡感。指中共政權發展到如此腐朽透澈的程度，已經是一個「走佬」[24]政權，這個黨已經不是共產黨，而是一個掛羊頭買狗肉的政黨，實際是一個法西斯、資本集團的搵著數集團。執政者終日想走，只要有任何風吹草動就「走佬」。現在的領導人只是在搶錢。

黃華興傷心地用「悲哀」兩字來形容中共由革命到現在的歷史，指清末到現今不少先烈前仆後繼，很多人為國家流血犧牲，中國才有今天的成就，但今天的執政者的所作所為令人氣憤，令李大釗、梁啟超和所有烈士的血汗白流，為他們不值。姑勿論，路始終要走下去，直至死為止。

六四事件後，黃華興加入了街坊工友服務處。是時黃華興「好嬲」[25]，黃華興是對政治有一定認識的人，明知街坊工友服務處的政治立場是托派，是中共最不喜歡的政治派系，故此要參加街坊工友服務處。因為太過不滿中共的表現，於是乎要參加中共的反對者——托派，一個被中共視為反革命集團的組織。黃華興本來想觀察一下街坊工友服務處是否可以有所作為，事實上證明街坊工友服務處確是有組織能力。黃華興套用魯迅詩句：「忍見朋輩成新鬼，怒向刀叢覓小詩」，來形容自己的心情。黃華興認為自己的能力有限，不能改變中國的政治現實，但是如果在香港

23 參閱埃內斯特・曼德爾著：《列寧主義的組織理論》，載：http://www.marxists.org/chinese/Ernest-Mandel/MIA-chinese-mandel-1970.htm。

24 「走佬」是廣東俗語，又叫趯佬，或者著草。意思是偷偷地走了，如漏夜潛逃，甚至搬屋離去，多數是指避債或者避仇家者。

25 「好　」是廣東話，意思是好嬲。

進行反中共的工作，北京是無奈何的。黃華興利用自己有限的條件，追求自己的政治理念，中共又無法干擾。

2021年一二級工人資料：

食環署一級工人薪酬是第一標準薪級表第3至第13點，月薪13,885至16,975元。

一級工人申請資格：

申請人男女均可。申請人必須

1. 在過去7年期間（由2013年1月18日至2020年1月17日），具備5年涉及以下其中一項技能的相關工作經驗：
   （1）擔任一般潔淨及勞動職務；
   （2）為墓穴開塚／撿拾骨殖／移走屍體；
   （3）在屠房收集尿液樣本；或
   （4）在屠房協助記錄／檢驗屠體和執行其他勞動職務；以及
2. 能以粵語和簡單英語溝通；能閱讀簡單中文和簡單英文；能書寫簡單中文或簡單英文。

一級工人主要負責的工作有：

1. 為墓穴開塚；撿拾骨殖；打擊非法安葬活動；從醫院及公眾殮房收集和移走無人認領的屍體，並將屍體入殮，以及其他相關職務；
2. 操作特種車輛的輔助機器以便進行洗車工作；操作洗車機；在車廠清洗各類車輛、執行潔淨工作及相關職務；
3. 在入境站和屠房進行有關食用動物／家禽的進口管制與檢驗的體力勞動工作，例如管束食用動物以檢測疾病；收集尿液樣本以供測試是否含有禁用／受規管藥物；記錄食用動物進出屠房的相關資料，以及其他相關職務；
4. 協助記錄不合格的肉類及什臟；將屠體編碼、解碼和蓋印；在屠房協助檢驗屠體和執行其他勞動職務；以及
5. 執行有關小販管理的體力勞動工作和提供支援服務，以及其他相關職務。

〔註：

(1)一級工人每星期工作45小時（一般為6天，不包括午膳時間），須穿著制服、在戶外工作、執行厭惡性職務或在惡劣環境下執勤，例如移走屍體、在緊急事故發生／颱風吹襲／其他天災發生時執行職務。一級工人或須輪班、不定時工作、通宵及在惡劣天氣下執勤，以及在離島、邊境和機場等偏遠地區工作。

(2)有需要時，一級工人會調派往其他決策局／部門在同職系執行其他職務。〕

民政事務總署二級工人是第一標準薪級表第0點（每月13,730元）至第一標準薪級表第8點（每月16,175元）。

二級工人申請資格：

申請人男女均可。申請人必須

1.能以中文及簡單英語溝通；

2.能書寫簡單中文或簡單英文；以及

3.能閱讀簡單中文及簡單英文。

二級工人主要負責以下工作：

1.保持辦公樓宇、家具及器材整齊清潔，以及執行茶房工作；

2.執行一般體力勞動工作，包括為會議及活動搬移家具及協助準備器材；

3.執行辦公室保安工作；

4.在接待處當值，派發表格及資料單張，解答簡單查詢，以及記錄社區中心及社區會堂設施的預訂申請；

5.執行一般辦公室支援工作，如操作影印機及其他辦公室器材，以及收發文件、郵件、表格、資料及宣傳材料、文具、物料及器材；以及

6.在天氣惡劣以及發生天災和緊急事故時，執行職務。

〔註：二級工人或須

(1)不定時工作、輪班當值、逾時工作（包括星期六、日及公眾假期）

及執行戶外工作；

(2)接受被派往民政事務總署轄下任何辦事處（包括各分處）工作的安排；以及

(3)接受部門間調職安排，以填補其他決策局／部門內同一職系的職位空缺以及擔任不同種類的職務。〕

　　一二級工人申請人須通過技能測試。政府會測試應徵公務員職位人士的《基本法》知識。只會在兩位申請人的整體表現相若時，政府才會參考申請人在基本法知識測試中的表現。

　　獲取錄的申請人通常會按公務員試用條款受聘3年。通過試用關限後，或可獲考慮按當時適用的長期聘用條款聘用。

從工運走上社運的黃偉雄

訪問日期：

　　2012年11月21日下午3時15分至5時

　　2013年6月19日下午3時15分至5時00分

地點： AMRC亞洲專訊資料研究中心

地址： 大角咀塘尾道66號至68號福強工業大廈9樓

被訪問者： 黃偉雄先生

訪問員： 梁寶霖、梁寶龍

整理： 梁寶龍

【黃偉雄簡歷】

　　黃偉雄於1946年12月出生，小學就讀太古漢文學校，1965年畢業於維多利亞工業學院。曾在太古船塢當學徒，1969年進入政府部門做見習土地測量員，出任政府土地工程測量員協會主席，香港公務員工會聯合會主席、民主民生促進會祕書處成員，大力推動八八直選，參與反對興建大亞灣核電廠等事件，2006年退休。

太古船塢學徒

　　黃偉雄由工運開始為公義奮鬥，繼而走上社運道路，數十年的戰鬥一場比一場激烈，直至退休後生活開始平淡下來，仍自稱拾荒者，執拾玻璃樽為環保出力。

　　黃偉雄父親是太古船塢（以下簡稱「太古」）工人，故小學就讀「太古漢文學校」（今「太古小學」，），校址搬遷多次，現仍懸掛太古的徽號。黃偉雄中學讀維多利亞工業學院（今鄧肇堅維多利亞官立中學）。

學位不足一直困擾香港直至現在，上世紀四十年代情況最為嚴重。上世紀二十年代太古集團開辦了一間「太古義學」，1923年太古開辦太古漢文學校，為員工子弟提供普及教育。學校沒有正式的校舍，教師授課只能在船塢的一間小室內進行，由4名老師教110位學生。校長姓岑，是穿著長袍的前清舉人。太古漢文學校於1947年接受政府資助成為津貼小學，開始為不同年齡的學童提供高質素的教育。同時擁有第一間校舍，校址位於現時的鰂魚涌市政大廈一帶。1966年鰂魚涌基利路校舍啟用，2002年再遷往新校址英皇道1100號，轉為全日制小學。六十年代另有一所「太古華人學校」，校址在鰂魚涌糖廠村，校長為陳仲池。四十年代尾太古糖廠工會曾開辦太古糖廠勞工子弟學校。

　　1965年黃偉雄完成中學課程，會考成績有8個良（Credit），自以為可以升讀F.6繼續學業，但是無學校取錄他，結果進入太古做A級學徒。

　　太古位於今鰂魚涌太古城現址，由太古洋行（Swire Pacific Limited）於1883年開辦，曾是亞洲最大規模的船塢之一。太古洋行其後在鰂魚涌設立太古糖廠及香港汽水廠，使該處成為龐大的工業區。太古一度僱用了超過五千名工人，而造船技術和出產船隻的排水量皆與日本齊名。太古洋行為太古船塢職工在船塢側的西灣河及鰂魚涌一帶興建宿舍，全以「太」字為名。七十年代隨著香港造船業式微，太古與黃埔船塢在新界青衣合併成今日的「香港聯合船塢」。太古船塢原址則發展為住宅及商業區太古城。

　　黃偉雄不能升讀中六，聽從父親的建議投考太古A級學徒。太古學徒有A級和B級兩種，A級學徒入職學歷需要F.5畢業，加上某些資格符合就可以投考。太古船塢有兩大部門，A級學徒可以選擇進入兩大部門其中一個，一個負責繪畫船舶結構圖（Naval Architecture），或機器部分（Mechanical Engineering），預備上船去做工程師，可以晉升級為大副、二副，甚至是船長。另一個部門負責設計船舶，將來可以做船舶設計師，做大副、二副、三副。太古解散後，太古高級員工大部分都轉到海事處任職。海事處幾任處長都是太古船塢前僱員，海事處正需要對船舶有認識的人加入工作。

　　早在1920年太古已與香港大學達成共識，讓香港大學學生在畢業前一年的暑假

到太古實習，並由太古船塢工程師授課。1925年太古開辦專門夜校培訓學徒，同年因發生省港大罷工而停辦。1929年太古主動向政府提出建議，願意借出地方和支付費用與教育署合作開辦學徒制，由教育署派出導師任教，希望這計畫有利香港船務的發展，同時可以增進華洋之間的感情。教署以缺乏資源婉拒，太古只好一力承擔，於1930年開設夜學，首批學生50人，每週授課兩晚，下午6時至8時，另加一堂英文課，聘請英皇書院老師任教，1931年學生增至178人。鑑於太古義學未能與太古學徒制接軌，太古只能從工人子弟中選出優秀者入讀學徒班。

上一故事主角黃華興也曾是製衣業學徒，接著來的梁籌庭也曾是學徒，這是這一代低下層市民成長必經之路，各人辛酸各不同，黃偉雄的太古是大企業，訓練學徒方法較先進。現有法例《學徒制度條例》，以保障學徒權益。

學徒期間，黃偉雄利用晚間進修技師課程，船塢內有很多來自蘇格蘭格拉斯哥市的外籍人士，負責設計船舶工作。格拉斯哥是英國著名的造船基地，這些外籍人士在晚上工餘時間教授一些課程，招收船塢學徒入讀。黃偉雄等學徒早上返工，夜晚報讀這些課程。黃偉雄尚有幾日會去灣仔「香港工業專門學院」（Hong Kong Technical College，今紅磡「香港理工大學」）進修。

香港憑藉優良的港口條件，於十九世紀中葉一躍成為歐亞間貿易航運業的樞紐，修造船業亦因而迅速發展。然而，隨著社會及經濟的發展，今日的造船業已大不如前，大部分船廠由昔日的維港兩岸移至海港西部。造船修船業曾經是本地最重要的重工業，僱用大量勞動力，支援運輸業及海上救援工作，至今仍為進出港口的船舶服務，使香港航運業能夠保持競爭力。六七十年代製造業是香港經濟支柱，政府和商界都投放資源在工業學院，在職工人都會在晚上進修相關課程，甚至工會也會開辦有關技術課程。

認識工會

做學徒時黃偉雄18歲，年輕而充滿活力。太古的「太古船塢華員職工會」（今「香港聯合船塢集團總工會」）十分活躍，在各職系做了不少聯絡工作，注意吸納

一些思想比較好的年輕人加入。工會以舉辦旅行活動來接觸工人，黃偉雄由參加旅行開始認識工會。黃華興也一度自組行山隊，旅行是香港工會接觸工人重要手段之一，上世紀八九十年代某些香港集團工會甚至成立旅行社，做旅遊生意。

黃偉雄父親不算是工會中人，當時大部分工人思想都可算是左傾的。船塢內管理嚴格，工人的左傾行為較為自律，沒有引起船塢採取加強約束措施。工會內有人進行統戰工作，黃父在統戰者遊說下，於1950年代尾的「大躍進」期間預備返大陸支援中國建設，全部家庭成員都一齊上去。當時黃偉雄的媽媽買了件新褸，準備在膊頭縫一個暗袋收藏一隻手錶。後來不知為何沒有成行，黃父的上司返了國內支援建設，後來十分失意地回港。

1958年中共提出大躍進計畫，需要大量技工。左派工會發動工人回國建設，成立專門委員會主理，動員了近萬港人回國工作。接著國內出現「三年自然災害」，1961年國內糧食需求供應緊張，大批饑民偷渡來港，回國工人紛紛申請回港，部分人指責工會欺騙，脫離工會。

據資料「車床打磨職工會」動員了九百餘人回國，占該會會員總數四分之一以上，令到1962年時會員人數下跌至六百餘人。「港九五金工業總工會」（今「香港五金電子科技業總工會」）會員人數由1958年的4,459人下跌至1962年的1,710人，會員流失了六成。牛奶工會發動了6批技工回國，部分舉家回國。海軍船塢工會當時正面臨閉廠，發動失業工人七百餘人回國。

六七暴動期間，太古船塢華員職工會主席鄧全（1911-1969）是「港九各界同胞反對政府迫害鬥爭委員會」常委。1967年7月16日，警方出動防暴隊搜捕筲箕灣道169號的太古船塢華員職工會福利部，拘捕鄧全等40名工人和學生。鄧全被控以參加暴動、恐嚇及參加恐嚇性集會等罪名分期執行，合共判入獄6年。鄧全在獄中患病得不到及時醫治以致健康轉壞，於1969年12月8日在獄中送院不治逝世。

太古船塢華員職工會中有一位頗有名氣的會員譚務本，一直熱心參與工會工作，在船塢工人中地位相當高，據說他將近半份薪金捐給工會。譚務本是繪圖學徒出身而上升為船舶設計工程師，專業水準高，能夠讀寫英文，當時華人能夠考到工程師資格不多。黃偉雄認為他比外籍人士的工作能力還高，但在船塢的職級卻永遠

都屈居在外籍人士之下，這是殖民地普遍存在的情況。1964年譚務本負責萬噸輪「湖南號」的船體設計，已於2012年病故。

譚務本見黃偉雄等同期的數位學徒工作態度認真，學習態度良好，一齊教導。跟隨譚務本一段時間後，黃偉雄工作興趣更濃，工作態度踏實，得到譚務本的欣賞，對黃偉雄特別有好感。

某日，譚務本對黃偉雄說：「你可唔可以嚟工會幫吓手，教啲工人子弟學英文、數學咁，嚟幫我哋喇。」年輕的黃偉雄可能受金庸小說影響，「義字當頭」，自覺是「義氣仔女」。回答說：「無乜所謂啦！」黃偉雄等說：「譚生搵到，我一定幫架。」學徒劉某兄長對黃偉雄等說：「唔好『掂』[1]呢啲友，『左仔』[2]嚟嘅，你跟住呢個『阿頭』[3]小心啲。」結果只有黃偉雄依約到工會做義工。譚務本言行一致，學徒對他很尊敬，沒有上下階級觀念，平等看待各人，午飯時間譚務本與黃偉雄等一起吃平價飯。每份餐有一個湯、一個飯，價錢廉宜，主要服務對象是工人，是最平的食肆。譚務本帶黃偉雄等去光顧，年輕的黃偉雄照樣無拘無束經常去食。

六十年代的香港工餘娛樂節目不如今天多姿多彩，黃偉雄自覺與其賦閒在家，不如跟譚務本到工會英文班、數學班幫手，參與教學工作。譚務本對黃偉雄說：「看你十分喜歡畫船舶設計圖，我私下教你多一些，讓你幫手做設計，繼續考些專業。」

與黃偉雄同期在船塢當學徒的，有位中學同班同學劉某，學業成績一般。他的兄長在船塢工作，職位是主任，能以英語與外籍人士溝通，有些影響力。所以劉某得到的待遇好些，劉某與黃偉雄同是A級學徒，在同一個部門工作，負責繪畫船舶結構圖。劉某在兄長扶持下，得到船塢的保送留學學位。學位原是公開競爭的，名額只有一兩個。船塢挑選A級學徒中表現最好的保送去英國留學，回港後可以在船塢出任船舶設計師。

---

[1]　「掂」是廣東話，意思是接觸。
[2]　「左仔」是指親中共人士。
[3]　「阿頭」是廣東話，意思是領導者。

黃偉雄認為是年報名考核保送留學有問題，劉某可以去英國留學，他不能夠去，因為船塢出現不公平競爭的情況。黃偉雄和劉某兩人同時加入太古，黃偉雄跟左派工會搞識字班，劉某沒有沾邊。劉某明顯是得到兄長的扶持，更因為劉某晚間進修課程功課都是抄黃偉雄的，可見此人能力在黃偉雄之下，為何他能赴英，黃偉雄不能呢？

　　黃偉雄心中當然不高興，認為船塢竟然如此不公平，保送劉某去留學，而不是自己！因此心中有刺，覺得這個世界不公平，約工作了一年就離開船塢。

　　劉某學成回港仕途相當好，九七前做到海事處助理處長，因九七問題離職。黃偉雄內心說，這種水平都可以晉升到助理處長（Assistant Director，簡稱AD）。黃偉雄回想前塵往事，認為天下烏鴉一樣黑，人際關係影響員工仕途的公平晉升機會，間間機構都是這樣的，直到現在都是如此的。

　　由於不公平的待遇，促使黃偉雄離開船塢亦離開工會。他自覺慶幸，認為如果繼續留在船塢，以他的性格一定會加入工會，且是活躍分子，六七暴動時必定會被拘捕。譚務本是工會活躍分子，六七暴動時被捕判監。黃偉雄認為政府進攻打壓工會，譚務本本著知識分子的風骨，當然會保護工會的。譚務本有不怕死、不怕事的精神，工會有事一定會撐。譚務本沒有介入六七暴動正面的抗爭，警察搜查工會時，只要是在會所內的人不論青紅皂白一律拘捕判刑。被捕者包括黃偉雄的師傅和一起工作的學徒。部分沒有參與工會的學徒最後去了海事處做驗船官，或做繪圖技術員，這是政府打壓反對者常用的手段。

　　黃偉雄踏上工運路後，在一次十一國慶酒會中重遇譚務本，內心十分高興，立即趨前打招呼。兩人一見如故，譚務本邀請黃偉雄回沙田第一城家中小敘。原來譚務本出獄後去了左派的「友聯船廠有限公司」工作，繼續擔任專業職位，證明有專業技術必然受到重視。談話期間，譚務本的兒子從英國打電話回來。黃偉雄細想，譚務本這樣的左派人士都放兒子在英國，顯示面對如此變幻莫測的中國，他都心淡了，無計啦！

加入公務員行列

1966年夏季黃偉離開了太古,在香港工業專門學院讀了兩年機器工程課程。於1969年2月進入政府部門做見習土地測量員。

政府大約每10年會做一個報告,研究有哪些職級要提升,哪些要降低。這些報告書根據學歷、職責的複雜性和技巧需要等,做出持平的結論。但是年推出的《摩立比報告書》,將全部職級重新評核,全部統一,相同學歷的職級薪級點大致相約,高低相差不大。結果將土地測量員職級下調,薪級點自然隨著下降了,即是薪金下調。以前土地測量員的薪級點高過測繪處(Survey and Mapping Office)的繪圖員,多2個薪級點。助理測量員(Surveying Assistant)多過助理繪圖員(Cartographic Assistant)2個薪級點。

以前制定這個編制自有其理由,如土地測量員工作較辛苦,要外出到戶外工作,日曬雨淋,甚至要在馬路邊工作,有一定的危險性。而繪圖員的學歷與土地測量員雖然相同,但無須外出工作,可以斯斯文文結領帶上班。

土地測量員十分重視這種分別,認為報告書建議不合理,自覺如此辛苦工作,為何與其他的助理員一樣工資呢?這種差別變動十分細微,卻成為工會爭取目標的動力,工會決定依法去爭取。

當時土地測量員職級沒有自己的工會,歷史悠久的華員會已存在,與華員會有聯繫的測量員向華員會反映這個問題,得不到華員會的協助。在沒有工會協助的情況下,土地測量員以集體聯署方式寫信給有關部門提出要求。在辦公室內由最高級職位的同事首先簽名,然後找下級同事逐個邀請簽名聯署。聯署得不能得到部門的應有回覆,華員會亦不協助的情況下,組織者認為需要成立工會,來爭取自身合理權益。

在這情況下「政府土地工程測量員協會」(簡稱「測量員工會」)於1972年正式註冊成立,職工會登記編號為488。英文名稱是「Association of Government Land. & Engineering Surveying Officers」,會章是抄襲華員會的,用英文撰寫,20年後改寫為中文。2012年有會員483人。黃偉雄沒有參與籌組工作,工會是由一

班老職工組織起來的，這批老職工沒有參加華員會。

第一屆會長是林君偉，已經移民去了加拿大，尚健在，八十幾歲了，間中會回港度假。林君偉在圈內頗有地位，人際關係廣闊，得到同事的尊重。第一屆祕書是李兆章，尚在香港。黃偉雄一直十分尊敬這批前輩。

工會註冊批准後就可以正式吸納會員，各人四出邀請同事入會，在眾人努力下，入會率近100%。公務員職系工會有一個與別不同的情況，老前輩拉頭攬組織工會，人人都會俾面，入會表態支持。加上工會在爭取權益情況下成立，各人都會樂意加入，期待有所得益。

政府答覆測量員工會說：「現在沒有理據將繪圖員的薪級點拉下來，與你們的薪級點達致平衡。」將問題拋回給土地測量員，指出如果政府因土地測量員的要求，而把繪圖員已提高了的薪級點拉下來，繪圖員必定會對土地測量員產生不滿。土地測量員的薪級點向下調，對已入職的舊員工沒有影響的，所有舊員工的薪級點和工資不變。這樣，部分舊員工原來未能晉升到這個薪級點的，薪級點照原來的一樣不改變，出現了職級（Rank）與薪級點不符的情況，同一職級內舊員工比新入職員工的薪級點高。政府是不能夠無理將已入職的公務員的薪金削減，除非該員工犯錯，也只是扣減工資，而不是降低薪級點。政府的新安排除了薪級點不變外，增設一個新職級，開設了數個高級助理土地測量員（Senior Surveying Assistant）職位，高級助理多2個薪級點。在這個安排下，舊員工接受了。這是工潮常見的情況，舊員工的不變是眼前利益，新員工面對的是長遠利益，若在這方面處理不好，將會影響工會的內部團結。測量員工會將這個問題處理好，令工會更加團結。

部門原來只有一個高級助理量員職位，黃偉雄於1969年入職「三級助理土地測量員」（Surveying Assistant Ⅲ），屬見習職級（Trainee），經過3年訓練並通過部門試考試合格，1973年晉升為「二級助理土地測量員」（Surveying Assistant Ⅱ），成為正式土地測量員。

土地測量員晉升途徑：

高級助理土地測量員　Senior Surveying Assistant

↑

一級助理土地測量員　Surveying Assistant Ⅰ（Senior Survey Officer）

↑

三級助理土地測量員　Surveying Assistant Ⅲ（Trainee見習職級）

是時工會約有三百餘會員，來自兩個部門，地政部約有百五人，工程部也有百五人，所以會名全稱是「政府土地工程測量員協會」，有「土地」和「工程」兩個名詞，代表地政部和工程部。後來部分會員提議，政府現在已經將我們的職位改稱為「主任」（Officer），將會名的「測量員」一詞改為「測量主任」，可更配合身分。黃偉雄斬釘截鐵地說：「唔好改。」堅持不改動。認為會名早年擬定是這樣的，無改動的必要，甚至改為「測量助理」亦不應該。這個會名具有很大歷史意義，工會成立時爭取的目標就是測量員，現在我們爭取到測量員（Surveying Officer）這個職稱，不是測量助理，為何不維持下去呢？！況且各會員的實際工作也就是做測量員，測量員這個職稱簡單易明，而且測量主任（Surveyor Officer）又不是比測量員高一級，改名的實際意義不大。

投身工運

測量員工會到了第二屆仍繼續進行爭取工作，這一年工會寫了很多信給政府，政府一直用軟功拖字訣，重複說建議正在考慮中，這樣就拖了一年，爭取工作毫無進展。有一班年輕會員組閣報名競逐工會理事職位，在政綱中提出新的爭取方法，結果全部勝出進入理事會。第一屆理事全部要退位讓賢，由張念慈出任第二屆主席，帶領全新班子上場，黃偉雄是新班子成員之一，出任康樂一職。

張念慈曾在樹仁書院（今樹仁大學）修讀工商管理課程，比黃偉雄細（編按：

年幼、小）幾歲，辦事有魄力，工作能力高，能指出部門工作的毛病，和工作不足之處，並提出改善建議。後來做了上市公司主席。

張念慈與前華員會會長錢世年相識，張念慈藉錢世年的關係，多次借用中環下亞厘畢道中區政府合署的華員會辦事處開會，張念慈向錢世年提及工會爭取權益一籌莫展的情況。錢世年認為工會既然辦不到事，你應該自己站出來競選理事，爭取會員的支持，實施你們的爭取方法，為會員謀利益。在錢世年的鼓勵下，張念慈等站出來競選，並成功當選。

在殖民地時期，英文是主要官方語言，公務員英文能力低會直接影響個人仕途。工運也有這個情況，二十年代的海員工會有一位專責英文的祕書職位，1922年發動大罷工時，更聘用律師草擬英文信件送交資方和政府，提出要求並闡述原因，對爭取罷工勝利有一定幫助。四十年代尾，港九工團聯合總籌組期間，正值政府要求所有工會重新註冊，當時部分工會幹事是在職工人，文化水準低不懂英文。工團藉協助各工會填寫英文註冊表格，拉攏加入工團。

張念慈英文讀寫能力高，兼且曾修讀工商管理課程，撰寫的英文信件條理清晰，能夠提出要點反駁政府的錯誤觀點。部門要求測量員做額外工作時，這些工作安排如果不合理的話，張念慈寫信指出部門的工作安排如何不合理，有時部門無法回應解釋有關工作的合理性。這些都是錢世年幕後教路的，按部就班前進，每踏出一步前都與錢世年商討後才開展。這時公務員工運開始萌芽，工會組織了請願行動。

成立工會與運作工會是兩回不同的事情，張念慈以主席身分寫信給部門處理會員個案，按個案的要點提出問題，處理得非常好，信件以工會意識來爭取權益，得到會員的支持。

張念慈辦事極具工會意識，於1972年在理事會上，提出以請願方式迫政府回應要求，得到理事同意後，於週年大會（Annual General Meeting，簡稱AGM）以議案方式提出，徵求會員意見。會員在大會投票表示支持，議案獲得通過後就部署請願行動。8月，理事會準備了一條短的橫額，寫上要求，由主席帶領理事和祕書等手持橫額領頭，率會員百餘人操往政府總部呈遞請願信，出席活動的會員占總人

數的三分之一。翌日，《英文虎報》（*The Standard*）除了文字新聞報導外，尚刊出一張請願照片。

是日行動出席者都好興奮，當時以上街來爭取要求的活動不多，測量員工會的行動都算厲害，形象斯文的公務員竟然拉隊上街。記者在六七暴動的影響下，直覺認為這是工人起來作反的一件社會大事，加以報導。雖然當時有文員運動、護士和教師工潮等，測量員只是一個政府部門職級，竟然也如此做，行動具有突破性。請願行動得不到政府的回應，一直拖了4年，測量員工會計劃進一步行動。

1976年1月5日，測量員工會在華員會召開記者招待會，公開申訴待遇不公平，提出四項要求：（1）承認測量員工會談判地位；（2）立即委出決定性代表開始談判；（3）立即處理本會三項要求；（4）質疑工作調查小組報告書及薪俸調查委員會報告書，認為是做成同工不同酬情況的根源，要求公開報告書的有關資料。限期1月13日前答覆，若無實際答覆將會採取適當行動，但未決定採取何種行動。

三項要求如下：一、測量員助理正名為測量員；二、工程科要有組別修改；三、修訂薪級制度，由4級改為3級。

若以1971年薪俸調查委員會為基數，第4級薪級工資由750元至3,530元，而第3級薪級工資即是由800元至3,700元。測量員分為兩組，一為土地測量員，一為工程測量員。土地測量員的工作有：測量土地界線、測繪和測量控制等。工程測量員的工作有：土地及工程發展、路政、水務、海港工程、工程定界測量、倒塌和危險斜坡測量等。

到了決定行動的時刻，測量員工會舉行緊急會員大會（Extraordinary General Meeting，簡稱EGM），召集會員商討進一步行動，會員大會人數需要出席會員到場簽名作實，可是出席人數不足，未達到會章規定的法定人數，當場宣布流會。張念慈好有性格，認為自己如此落力為工會做事，這樣重要的會議竟然湊不到足夠人數開會，認為會員已經不支持自己，因此憤而辭職，沒有進行辭職程序而即時離去。

測量員工會沒有會址，召開會員大會要借用政府合署的飯堂舉行。香港絕大多數工會都沒有會址，「基督教工業委員會」（簡稱「CIC」）和「香港教育專業人

員協會」（簡稱「教協」）擁有會議室，可以為友會提供活動場所，工聯會更有整幢工人俱樂部，為屬會提供活動場所，對扶持工會的發展起了重要作用。因此香港工會出現不同工會共用同一通訊地址的情況，同一地址甚至有三十餘間工會共用。另一方面個別工會卻持有多個單位。

群眾運動的人心走向是常變的，每年七一上街人數的波幅足以令學者寫文章創出新見解，各方爭論不休。運動領導人如何掌握好這個動向呢？反英抗暴初期，如「香港水務署職工會」負責人回憶說：「港九各界同胞反對政府迫害鬥爭委員會」從表面看人心動向，以為掌握了市民的反英情緒，不停地鼓動催谷加溫。到了下令大罷工時，現實情況就是大部分工人不肯付出代價，只有少數積極分子走出來，能動員的群眾人數未能達到目標，只能做到平地一聲雷，有點兒虛張聲勢。

（本書的〈民主先導的民族主義者郭紹傑〉一文，主角郭紹傑講述了面對這些的經驗心得，及處理方法。）

走上領導崗位

張念慈離去後，測量員工會在沒有正常交接班的程序下，按會章由副主席鄺志恆頂上，出任主席職務。張念慈離去令測量員工會群龍無首，餘下的理事意興闌珊，士無鬥志，正在進行的爭取行動無形中停頓下來。

距離下一屆理事會選舉只有兩個月的時間，如果進行補選，按會章規定要召開緊急會員大會。鄺志恆只是臨危授命頂上主席職位，無意繼續出掌工會主席職務，眼見任期即將屆滿，主動尋找接班人準備交棒。鄺志恆與黃偉雄在同一個辦公室工作，遂邀請黃偉雄組閣競逐新一屆理事會。黃偉雄一直都有志做些事情，有所作為，眼見工會爭取的目標尚未達到，有關活動停滯不前，如此下去將會前功盡廢，決定當仁不讓，走出來擔大樑，繼續工會前輩已開展了的工作。當即答允說：「好啦！好啦！」鄺志恆為增強黃偉雄的信心，先鼓勵他說：「你主持福利組工作成績突出，賣餅咭很成功。」然後繼續表白說：「我會全力支持你的，但我亦不會做理事。」

黃偉雄開展組閣工作，找現任理事逐一傾談，全部舊人無人肯繼續留任，舊理事8人中只有黃偉雄一人繼續留在理事會。組閣需要時間做準備工作，黃偉雄四圍找志同道合的人籌組班底，邀請會員提名，得到足夠法定提名人數然後才能進入提名程序，草擬文件，向會員宣傳政綱。黃偉雄就以繼續爭取為政綱打動人心，以此獲得支持。黃偉雄眼見爭取工作已經初見成效，如果半途而廢十分可惜，就用此為政綱。競選能成功亦足以證明人心不死，日後鬥爭成功就建基在此。結果會員大會中黃偉雄得到會員的支持，組成了第三屆理事會。黃偉雄帶領一眾新人上場，8名理事互選出黃偉雄出任主席。

黃偉雄細想工會在第一次請願行動後，由激進中跌了下來，自己的當選雖然證明人心不死，但測量員工會經主席辭職一役已明顯人心散渙。黃偉雄決定從頭開展工作，首先培養元氣，以福利組工作為基礎，大搞福利主義，做好聯絡工作，鞏固會員。

鞏固會員工作初見成效，黃偉雄回頭再看如何繼續爭取職級行動。開始用測量員工會的名義繼續寫信給政府，要求繼續洽談這一個未完成的訴求。測量員工會寫了很多信給政府，只得到政府官樣文章的回覆，指有關問題正在檢討中，政府正進行《工務司署職酬檢討》（*Technical Grade Review*），將工務司署全部的技術職級進行檢討，包括科文、工程督察、測量員、繪圖員等。測量員屬於工務司署（Public Works Department，今工務局）的技術職級，工務司署後來拆開成立了多個部門，測量拆開分設為幾多個職級。如「政府工程技術及測量人員協會」Association of Government Technical and Survey Officers，就是指建築設計、製圖、工程、測量等4個助理職級，故簡稱「4A會」，就反映了這個情況。每個助理職級再拆落去，又多了不少職級。所以政府有藉口拖延測量員工會的訴求，要處理這麼多職級的檢討工作就需要很長時間。政府理直氣壯的說，為了公平公正處理問題，測量員的要求暫不能立即處理，要按有關程序次序進行檢討工作。

測量員工會面對政府的官樣文章，認為如果繼續以書信往來方式洽談，訴求只會被一直被拖下去，被調低了的兩個薪級點何時才能爭取回來呢？政府正進行的《工務司署職酬檢討》程序中，何時輪到檢討測量員的階段呢？黃偉雄決定要迫政

府加快工作。

1977年2月，測量員工會發動了一次象徵式的工業行動，藉政府正計劃將測量員劃入「工程繪圖員」組內，將計就計，試以留在辦公室只做繪圖工作為試點，向政府施壓。一方面可指出政府將測量員劃入工程繪圖員組的謬誤，測量員工作性質不只是工程繪圖範圍內；另一方面迫政府洽談訴求。測量員工會在寫字樓張貼通告，號召會員「不做戶外工作」（No Field Work）。

不做戶外工作與按章工作、怠工不同，測量員有一半工作是在戶外進行的，英文是Outdoor Work，行動標語的英文寫「No Outdoor Work」。不做戶外工作即是留在辦公室工作，暫不外出做戶外工作，只是在寫字檯上做計數和繪圖工作。一名測量員不出外工作會牽涉其他部門和職級多名員工的，測量員每次外出工作要準備一部車輛連同1名司機，帶同3名丈量員[4]。如果測量員不出去工作，直接影響3名丈量員、1名司機和1部車輛沒有工作安排，空閒1天浪費人力物力。測量員約有三百人，如果有三分之一不使用車輛和人，即是有一百部車輛停在車庫內，一百名司機和三百名丈量員無事可做。工業行動試了1日後，得到會員100%的支持，怕事的同事則藉詞告假離去，都表示支持這次行動，沒有人做「衰仔」[5]出外工作。

測量員工會以「不做戶外工作一天」（No Field Work One Day）作為試金石，迫政府盡快答覆訴求。測量員工會的象徵式工業行動，未能迫使政府對處理訴求有任何轉變，也許政府認為三百餘人的行動影響有限，人力物力只是浪費一兩天而已，對其他部門和職級沒有壞的影響。只是跟測量員工作的丈量員和司機上班後，坐在一起飲奶茶閒談，十分寫意，不用工作白支工資而已。

測量員工會從象徵式工業行動中測試到會員是團結一致的，部署將行動升級為1個星期。

2月4日，測量員工會召開特別會員大會，議決通過致函銓敘司，副本送工務司，重申5年前請願的三項訴求，要求銓敘司於2月23日前答覆，否則會採取更強硬工業行動。

---

[4] 丈量員今稱「地政督察」。
[5] 「衰仔」是廣東話，在這裡指破壞行動的人。

2月6日，測量員工會召開記者招待會，發表聲明，提出要求：（1）承認工會的合法談判地位；（2）委出決定性代表開始談判，澈底解決問題；（3）立即個別處理工會所提出的要求。工會的要求是：將職系名稱由測量助理改為測量員；更正組別名稱，脫離工程繪圖員組，歸入「工程督察」組，或設立「工程測量員」組；調整薪級編制。同時要求談判對象是銓敘司，否則將會於2月8日採取工業行動。

2月7日，工務司回信測量員工會，邀請主席及執委出席2月14日的非正式會談。

2月8日，測量員工會執委開會詳細討論如何覆信工務司，回覆信函拒絕工務司的邀請，並要求澄清會談內容，及要求是次會談必須有決定性作用，測量員工會才會考慮是否接受邀請，否則採取工業行動，不做戶外工作。

2月14日，工務司與測量員工會會談，內容涉及更正職銜、更正組別和調整薪級編制等。會後測量員工會指會談沒有建設性，非談判性質，只是雙方交換意見而已。2月14日是星期一農曆十二月二十七，再過3天就是正月年初一，一連數天是公眾假期，談判工作因而暫停下來。

2月25日，測量員工會舉行代表大會，一致決定將行動升級。而當局已發出扣薪警告，測量員工會以徵集訴訟基金，保障參加工業行動工人權益來抗爭。向每位會員徵集一百元，作為訴訟基金以備所需。

2月27日星期日，測量員工會宣布由3月1日星期二開始至3月5日星期六，一連5天舉行工業行動。去函銓敘科要求於3月15日最後限期前答覆，若得不到滿意答覆將會考慮進一步將行動升級。工業行動參加者有320人，達98%，全部車輛停泊在車房，九百餘名丈量員坐了1個星期。這次行動迫使政府要面對問題。受影響的工程有二百多項，遍及建築設計處、新界民政署及承建商，如新獅子山隧道、紅磡至沙田的火車雙軌工程和啟德機場隧道等，這些工程完全癱瘓。行動期間，工會聲言所有涉及影響公眾安全的保護斜坡工程會繼續進行。銓敘司高禮和（Harnam Singh Grewal）指責測量員工會的行為是不負責任的，考慮扣減參加者的工資。

部門負責人逐個下屬詢問，會否外出工作，並把結果記錄下來，聲稱這個紀錄會交給工務局長的，施加無形的壓力。倒過來看，這是部門負責人應做的工作，沒有恐嚇成分，交紀錄給工務局長亦是正常的工作程序，只是統計有多人外出工作，

多少人請假避開而已，方便安排工作。

測量員很齊心，沒有人外出工作，工業行動十分成功。

工業行動成功完成，測量員工會測試到會員是齊心一致的，證明訴求夠強能引起會員共鳴，必定會支持工會的號召。

3月18日，測量員工會表示可能會將行動升級。銓敘司函覆工會將於3月24日開會討論，出席會議有銓敘科2人，工會8人。談判大門既已打開，測量員工會按會員大會決議暫停工業行動，恢復正常工作。

工業行動後，測量員工會繼續寫信給政府發動攻勢，要求談判。黃偉雄等沒有學過談判技巧，直覺認為一路以來寫信要求政府洽談，政府一直沒有派出高官來處理，只是派位行政主任（Executive Officer，簡稱EO）下來應酬一下。測量員工會要求派高層有代表性的官員出來開會，通常在這個情況下，工務局會派部門祕書（Departmental Secretary）出來代表政府開會。但今次測量員工會迫使工務局派出助理處長（Assistant Director，簡稱AD）為代表開會，他是所有政府土地測量員（Government Land Surveyor）的首長。

開完會，政府又回到起步點，照例拋出官樣文章，重複正在進行檢討職級工作。同時提出新理據，檢討已進入新階段，銓敘科正在審閱中，銓敘科需要多少時間才能處理好，部門已經無法跟進。代表雖然是處長級，但他對測量員工會的訴求無法做出任何承諾，七八十年代政府的官僚架構就是如此這般的。首長高高在上，無須理會工會的訴求，現今的情況則大不相同。

7月11日，測量員工會與政府談判了5小時，未能達成協議，測量員工會再次發動拒絕戶外工作行動。翌日，測量員響應工會號召不做戶外工作，各項正在進行的工程受影響程度尚未算嚴重，若拖延下去，非但影響政府工程，私人工程亦會受影響。一些緊急工程政府無法拖延，要派出專業測量司到現場進行工作。政府認為測量員的行動嚴格來說是屬於罷工，而非按章工作，政府有權採取紀律處分，但這樣做會令勞資關係惡化，所以要十分審慎處理。政府批評工業行動直接影響公屋進度，意圖挑起市民對測量員不滿的情緒。

政府評估工業行動的影響後，眼見測量員齊心一致，知道測量員工會這次不是

鬧著玩的，沒有成果是不會收兵的。安排召開政管勞三邊會議，政府代表是銓敘科，管方代表是工務司署，勞工代表是測量員工會。三方一起開會洽談，政管兩方無得卸膊。開了大約十次八次會，每次都有進展。測量員工會認為政府明顯有心解決問題，會上提出了具體有實質性的解決辦法，會議是有誠意的，在會上提出實質數字來回應問題。

三方會議約在1977年7月18日至11月召開，測量員工會具體提出3個要求：第一是職銜名稱由助理測量員改為測量員。測量員的工作性質不是助理，英文相應翻譯為Surveying Officer。測量員工會的英文會名是Association of Government Land & Engineering Surveying Officer，會名，就是直接說出了這段鬥爭的歷史，所以黃偉雄堅持不改會名。第二是取回被調低的2個薪級點，為新入職同事爭利益。第三是要求改善升級機會，高級測量員（Senior Surveying Officer）對測量員要有固定比例。現在是一比三，沒有固定比例，員工無法知道自己的晉升機會。

銓敘科高層官員在會議上解釋，指稱測量員工資已經不錯。政府還派出外籍官員出席測量員工會會員大會，遊說會員接受政府建議，在會員大會上外籍官員面對一片喝倒彩聲。測量員工會寫給銓敘科的信，已提升至由行政主任回覆，規格提升了，但仍繼續說正在檢討中。

測量員工會抓住政府高官現身的機會，要求繼續與高官直接談判，不經別人傳話。政府直接面對的雖然是一個小職級的變動，但可能會影響到全工務司署所有的職級都要變動，進而可能擴大至全部公務員。

8月24日，政府做出讓步，立法局財務委員會批准工務司署的新簡化職級制度，對工務司署部分技術職級的薪級及晉升機會均有改善，由8月1日起實施。政府同時宣布港督將會委任一個獨立調查委員會，專責調查政府與工務司署下屬工會有關職級的糾紛。推行新簡化職級制度，政府財政開支將要多花三百五十萬元。工務司署總共有技術員二千人，新制將會影響工程督察、工程監督、技術員及測量員等。大部分工會反應平淡，測量員工會則反應積極，大力反對。

銓敘司認為測量員新人入職只須中學會考文憑，與文員相同，取錄後政府出資培訓3年，新制經培訓後考試合格，即可自動成為測量員，工資可獲大幅度提升，

加薪一千元，指目前受訓者約占10%，頂薪點是3,070元，受惠者有420人。但當時實際受惠者只有330人。

銓敘司又指測量員受訓合格起薪點是2,240元，頂薪點已高出高級測量員635元。新制將高級測量員職位由80個增加至103個，另新設「特級測量員」職位10個，頂薪點是6,935元。舊制測量員職系頂薪點是4,295元，新制多了二千多元。測量員工會指測量員平均46歲可晉升為高級測量員，工作至退休剛好領取該職級頂薪點，所以無機會升為特級測量員，認為新設的特級測量員只是點綴而已。

談判期間，政府向測量員工會透露部分新制內容，測量員工會極力表示反對，指出測量員入職條件除了會考合格外，一定要數學良好，最好還具備有物理科和地理科學歷。近5年入職的測量員學歷已經提升了，約有50%持有倫敦大學或香港大學高級數學文憑。測量員工會要求頂薪點是4,495元，即測量員加880元。高級測量員加五百元。測量員工會指出：私人機構同等職位月薪比政府多八百元，地下鐵路測量員頂薪是6,046元。

銓敘司認為測量員工會的建議，會令到測量員的頂薪點遠超過助理工程督察和助理工程監督的頂薪點，新制中高級測量員頂薪與工程督察、助理工程監督相同，與私人機構比較則偏高。

8月底，測量員工會召開特別會員大會，二百餘人出席，投票議決繼續工業行動。拒絕做所有戶外工作，直至調查工作完成。同時4A會亦醞釀工潮，計劃按章工作，不滿政府未經徵詢該會意見而成立獨立調查委員會，研究工務司署內技術員薪級制度，亦準備召開特別會員大會。

測量員工會繼續與政府會談，一路開會一路評估管方將會做出什麼讓步。會上政府繼續重申正在進行檢討報告，一定要完成報告才能解決測量員工會的訴求。檢討報告是主要工作，涉及整個政府部門所有技術職級，影響人數達數千人。政府另一面正評估測量員工會要達到何種目的才會收兵呢？測量員工會只是希望從談判中得到一些權益就收兵，如果沒有任何權益得到，就會進一步採取工業行動施壓。

最後測量員工會迫到政府不知道如何讓步，政府繼續以進行職級檢討來拖，要測量員工會耐心等候。測量員工會進一步迫政府，回覆說：測量員的耐性有限度。

雙方繼續開會，政府採取消耗戰略，在會議上表現仍然誠意十足，對訴求的結果拖得就拖。這樣的拖下去，磨時間，正考驗工會的團結內聚力，會員的鬥志有機會被拖散，嚴重的話會出現內訌。如是私人機構工會在這個情況下會處於下鋒，因為他們只能在工餘時間進行工會活動，且大多數私人機構工會不獲承認，不能在工作時間內進行工會活動，壓力很大。公務員工會在這方面則比較好，可在工作時間內進行這些工會活動，沒有包袱。

會議期間政府鼓勵工務司署其他職級成立工會，甚至成立跨部門工會。政府面對眾多不同部門和職級的訴求，部分訴求相類似，甚至互相有牽連性，要順利拆解決問題，多數會選擇與代表性強的跨部門工會洽談，甚少花時間與單一職級工會洽談。如果與單一職級工會洽談，如測量員工會得到成果後，其他單一職級工會可能會鼓噪，接著上來提出相類似的問題，政府會應接不暇，終日忙於開會。

這時間情況下，政府藉職級檢討工作的進行，邀請所有有關工會提供意見，各工會就各自的職級提出意見，在這情況下，沒有工會的職級會好「蝕底」，沒法在這個途徑上提出意見。各職級為了本身利益爭取發言權，加上政府的鼓勵，紛紛成立工會。所以工務司署大部分工會都是在測量員工潮談判期間成立。

在測量員工會與政府談判期間，政府每次開會都做出小小的讓步，觀察形勢評估得失，這時職級工會陸續成立中。部分職級知道政府正醞釀做出一個大的讓步，如增加晉升機會，職級改名稱。會議內容不斷傳出外，其他職級加緊成立工會。黃偉雄估計，華員會是高評會成員之一，可能收到風知道政府會讓步，通知各職級的負責人，盡快成立工會，爭取發言權，可以分一杯羹。這些工會部分由華員會中的負責人出來組織的，華員會屬下很多助理職級會員，如4A會的阮澄波和郭錦林等。7月至11月這段時間，有5至7個協會成立。

談判一直到11月，測量員工會知道堅持立場的重要性，接著遊說舊員工不要著眼眼前益，堅持鬥爭。

最後政府正式公布《職級檢討報告書》，部分內部已經在談判會上談論過的，以建議方式提出，聲明不是最後決定。

《職級檢討報告書》出台，所有舊公務員都好像發達似的，一覺醒來，有人

升級加薪了，晉升為「首席測量員」（Principal Survey Officer），可以領取房屋津貼（Housing Allowance）。政府以一比三的比例增設了二十多個高級測量員職位，還新設了4至6個首席測量員職位。

《職級檢討報告書》沒有涉及測量員提出的改職稱和改組別要求，亦未列入考慮範圍，測量員工會表示不滿。

《職級檢討報告書》公布，舊員工是最大得益者，開始遊說新同事接受政府的建議，取消工業行動，以利落實政策享受權益。甚至有人說：「如此好的條件為何還不接受，機會難得不要錯失機會。如果你們現在不接受這個條件，接受條件的人就會升級先，再拖下去，已經沒有職位空缺留給你們晉升了。」測量員工會面對這個情況，審時度世，衡量輕重，認為全面勝利是不可能的，現在到了全面收兵的時刻了。如果不接受政府的條件，測量員工會可能會出現分化，影響團結內聚，對以後工會的長遠發展不利。理事會決定全面收兵，按程序召開會員大會提出結束工業行動議案，諮詢會員意見。

11月中，測量員工會召開會員大會，有220人出席，大會宣布對政府讓步，會員投票通過取消工業行動。工業行動進行了4個月，測量員工會好有體面地宣布復工。工潮令政府損失四百多萬元，主要是浪費是薪金和工程延誤費用。

早在二十年代海員大罷工談判期間，每一個重大抉擇工會負責人都會回廣州召開罷工者大會，得到罷工者同意後，才回港答覆有關方面。七八十年代的地鐵工潮和郵務工潮，工會的重大行動都依照這樣的民主程序行事，諮詢會員得到大多數人同意才進行。

工業行動期間尾期，很多高年資的會員退會，向部門負責人表態，爭取成為優先被考慮升級的人。這些人被測量員工會視為「有汙點的高級測量員」，與工會會員同在一辦公室內工作，雙方有點疏離感。黃偉雄認為這純粹是個別人的決定，對工潮沒有做成嚴重影響，我們都應該尊重他們。測量員工會面對將會出現分化的情況，不能不收兵。黃偉雄的經驗總結是，其他的工潮都是如此這般的，去到最後「得些好意須回手」，社會運動也如此的。

談判到了關鍵時刻，領導人要抉擇：是否接受對方的條件，做出讓步結束行

動，還是乘勝進擊爭取更大成果呢？如2013年的葵涌碼頭罷工，資方略做讓步，工會在未能爭取得最高目標下結束罷工。如果繼續罷工下去，工人的體力和精神能支持到底嗎？市民會認為工人貪得無厭嗎？罷工是一場多方面的博弈，不是一場簡單的振臂高呼的勇氣表演。

〈銓敘條例第611條〉

這宗工潮最大的收穫是，政府成立獨立調查委員會研究《職級檢討報告書》是否公道合理，開始諮詢所有有關的工會。委員會由香港大學法律系主任韋路比（P. G. Willoughby）負責，韋路比具有國際地位，是一位有份量能壓場的專家，調查報告書的認受性自然高。以往政府絕少委任一個獨立調查委員會做這樣的報告，黃偉雄認為：就算這可能是政府主導的一場戲，總比什麼也不做好。

韋路比調查全部職級，接見所有有關職級工會聽取意見，報告書認為政府處事大致公平。所有職位的名稱都是主任。郵政文員變為郵政主任，英文是Officer。

政府除了有懷柔政策的一面外，還有強硬政策的一面，就是〈銓敘條例第610條〉（Civil Service Regulations 610，簡稱CSR 610）。

政府處理測量員工潮為何沒有使用〈銓敘條例第610條〉呢？〈銓敘條例第610條〉列明，如果公務員沒有完成自己份內工作，可以按他沒有完成的份內工作百分比扣減工資。如測量員在工潮期間沒有外出工作1天，就可以扣減他1天工資，但這條例在測量員工潮執行存在一定的困難。

測量員的工作由戶外和室內兩大部分組成，戶外進行測量工作只是測量員工作的其中一部分，完成戶外工作後要返回辦公室繼續餘下的室內工作。戶外工作主要是測量，室內的工作有繪圖和計算。這兩部分工作不是五五或三七的整數對比的，因測量員的工作量不能簡單地以是戶外工作占五成，室內工作占五成來劃分。政府不知如何劃分每部分工作的比例，假設這項工程總共需時10天才能完成，其中有兩天是戶外工作的，餘下的8天返回辦公室計數和繪圖，亦不是如此簡單的八比二。再加上每份工程性質不同，難度不同，需時也不同，部分工程需時相差很大。不同

的工程，在戶外工作所花的時間也不相同。每部分工作的百分比是多少呢？戶外測量這一部分應占多少比例呢？政府難以判斷。

　　戶外和室內工作沒有明顯的先後程序劃分。假設測量員完成某一部分工作，返回辦公室進行計算工作，待完成計算工作才繼續做戶外工作。這樣，測量員不是沒有完成份內工作，而是正在進行工作中。加上上司不是逐一工程交給測量員去做，待測量員完成手上的一份工程後，才交給另一份工程。每位測量員都手持數份工程，交　進行工作。這是較有效率的工作安排，測量員可先完成所有戶外工作，然後返回辦公室一起計算，對人力物力的使用最符合經濟效益。測量員就可藉此拖延工作，政府無法肯定測量員手上的工作是沒有完成，還是正在進行中。在這個情況下，測量員就可以有藉口說，我只是尚未安排戶外工作，不是沒有完成份內工作。工潮中上司跟進下屬的工作進度是份內的工作，會問測量員為何不出外做測量工作，測量員回答說：「我正在進行計算工作，主任！你問我都無用架。我沒有說不出戶外工作，（加重語氣說）我沒有說不外出。現在我這些工作尚未完成，所以要留在辦工室完成它。待我完成先這部分工作吧。」測量員擺明是拖延工作，政府卻莫奈何，老鼠拉龜，無處埋手。

　　每份工程總有完成的時間，工潮進行了一段時間，測量員也應該完成某一份工程。但多份工作重疊在一起，測量員每天都進行多份工程的其中一小部分。「No Field Work」期間，未完成的戶外工作占總工作量多少比例呢？攤分到每份工程上又各占多少比例呢？政府未能準確量化，沒有準確的完整數值如何扣減工資呢？每天測量員都在工作中，假設政府要扣1天工資，測量員只是沒有完成其中一份工程，他卻做了另一份工程的一小部分，未完成的工程占這一天的工作比例多少呢？政府更不能推算出一個準確的整數。因此〈銓敘條例第610條〉在測量員工潮中不起作用。

　　測量員工會無意中擊中了政府的死穴，政府在這個關節上無計可施。既然無法扣工資，就要設法堵截以後會出現類似的情況，修補法例漏洞，制定了一條新的〈銓敘條例第611條〉，簡稱CSR611。政府在一宗小工潮的教訓下，銓敘科不敢輕視，拋出一條〈銓敘條例第611條〉出來。制定一條新條例要花很多功夫的，要諮詢各部門、高級評議會（簡稱「高評會」）和勞工組織等。政府因為要解決工潮，

偷步盡快通過條例，沒有諮詢高評會和華員會火速立法。華員會等深知條例影響深遠，紛紛提出反對。稍後的配藥員工潮中，政府祭出〈銓敍條例第611條〉，配藥員向法院上訴進行抗爭，經法院多次聆訊，最終上訴失敗，指配藥員不能只做職系內的工作，要做好檔面所有工作。

1976年地政督察工會發動全面罷工，政府引用〈銓敍條例第611條〉扣減工資，「公務員工會聯合統籌處」（The Pre-amalgamation Co-ordinating Team，簡稱PACT），協助地政督察工會控訴政府，政府卻引用《英王制誥》總督有權開除公務員，或中止其職權或處分，法院判政府勝訴。公務員面對參加工潮有重大經濟損失的情況下，權衡輕重，不敢輕舉妄動，政府成功擊退工潮。

〈銓敍條例第611條〉的精神是「停薪留職」：如果公務員不做任何部分工作（Part Duty），政府就可以停止他的工作。因此公務員不能挑選工作來做，如果公務員只是做其中一部分工作，不做其餘的工作，上司可以停止（Suspend）他的工作（Duty），暫停發放工資直至他回復正常工作（Refill Duty）為止，政府才恢復與他計算工資，支付全份工資（Full Pay）。以測量員工潮為例，即是說測量員不做戶外工作一天，上司可以通知該名員工要執行〈銓敍條例第611條〉，進行停薪留職處理，無須聽取員工的理由。員工聘請律師來辯解亦多數會徒勞無功的。〈銓敍條例第611條〉對進行工潮的公務員原有的職位沒有影響，只要他回復正常工作就一切照舊，變動的只是工潮期間的薪金而已。

測量員工潮期間，政府拋出〈銓敍條例第611條〉，各大公務員工會立即反彈，測量員工會則完全不知情，不知政府正部署新的反擊政策。測量員工會本著談判正在進行中，形勢對自己有利，而且測量員工會只是一個細工會，工潮對整個香港影響不大，沒有注意政府的新動態。政府在沒有諮詢數個大公務員工會的情況下，就推出〈銓敍條例第611條〉，以防其他公務員工會接著以測量員工潮為例發動工潮。〈銓敍條例第611條〉一出，正在工業行動的工會有點驚惶失措，會員在不了解條例情況下提出疑問：暫停工資是否以後不能返回工作崗位？或是我失去了工作？黃偉雄認為從一連串工潮來看，政府在這方面做法都算是公平公正的，依法行事，沒有嚴重濫權，今次的立過程只算是偷步而已。

政府一向的伎倆都是軟硬兼施的，〈銓敍條例第611條〉並不是萬應良丹，政府為長遠計，針對工潮起火的源頭，做出預防工作，及早滅火。港督於1978年10月11日在立法局的施政報告中說：「在下一年度內政府將特別致力於改善公務員人事管理及晉升機會、員工關係、訓練事宜及解決薪俸與組織問題的途徑。」1979年，政府成立獨立機構「薪常會」，成員由港督委任社會各階層獨立人士出任，使員方及管方均可就薪酬、職制、服務條件，以及其他有關事宜向其徵詢意見。薪常會就非首長級公務員（司法人員及紀律人員除外）的薪酬、服務條件及薪俸結構的原則和措施，向政府提供意見及建議。薪常會是一個常設機構，公務員有任何問題可以直接寫信給薪常會，以三邊會議方式檢討各職級的訴求。

薪常會考慮公眾利益，關注維持良好員工關係，高評會員方及第一標準薪級公務員評議會員方的協會，可聯合或個別地把有關公務員薪俸或服務條件的事項交薪常會考慮（有關薪常會詳情參本書的〈公務員薪級制度〉一文）。

政府既然強調委任獨立公正人士出任薪常會委員，公務員工會對薪常會的設立多採取觀望態度，批評薪常會9人中，4人是行政局、立法局和市政局委任議員，指他們早已被納入政府的權力體系內，而另外的5人中，兩人是大企業的高層管理人員和老闆，3人是高級專業人士，沒有勞工代表。

公工聯

測量員工會得勝後，計劃與集團工會聯絡增強公務員的團結力量。當時錢世年組織了一個「公務員工會聯合統籌處」，測量員工會第二屆主席與錢世年有聯繫，目標自然落在這個會上，第二屆主席離職後測量員工會與錢世年的聯繫中斷，黃偉雄得測量員工會授意找錢世年聯絡。

錢世年等於1970年初籌組公務員工會的聯合會，向職工登記局申請註冊。職工登記局於1971年回覆指牴觸《職工會條例》所以否決。錢世年等改為以個別會員為主於1973年成立公務員工會聯合統籌處，並於1978年註冊成立「香港公務員總工會」，接受公務員以個人身分加入，或工會以團體身分加入為盟會（詳情見本書

〈公務員工運史〉一文）。

　　測量員工會是時著眼於公務員運動，計劃聯絡公務員工會，加強溝通和團結，所以沒有設想去聯絡「香港基督教工業委員會」（Hong Kong Christian Industrial Committee，簡稱CIC）。黃偉雄當時印象中的CIC是組織藍領工人的組織，而測量員是白領工人，所以沒有想過去聯絡CIC。

　　CIC成立於1967年，是「香港基督教協進會」屬下一個行政及財政獨立的輔助小組，以推動「工人神學」為主要目標，後有感要擴大工作範圍，跳出小組的框框，發展成為具有高度自主權的教會勞工組織。出版《工人週報》提高工人意識，表達工人心聲。又舉辦工業福音研討營，及勞工教育課程，透過探訪工廠，扮演勞資之間的橋樑，同時遊說政府改善勞工法例和實施全面性的社會保障。CIC於1974年成立「勞工教育中心」，先後提供26項課程，有720位工友參加，活動不斷擴大，成為工人領袖訓練中心。1978年勞工教育開始在分區舉辦，催生地區性勞工組織。1975年《工人週報》停刊後另出版《香港工會》，由林澤負責。不久，林澤去了美國，梁寶霖加盟CIC接辦《香港工會》。一直以來CIC都無意識組織工會，梁寶霖只是以訪問工會資料編寫《香港工會》，又為個別遇上問題的工人提供意見。有些工會則借用CIC北京道會址開會，或者搞活動，CIC沒有與任何工會有實質合作。自香港工會教育中心成立，CIC開始積極參與協助組織工會工作，只有地鐵工潮較深入公開介入。

　　黃偉雄等一心找公務員工會聯合統籌處，竟然摸錯地方，走上佐敦渡船角文景樓41號3樓「勞資關係協進會」（簡稱「勞協」），遇上同校學長林華煦。當時黃偉雄不認識林華煦，後來始知大家同是維多利亞工業學院學生。林華煦讀F.5時，黃偉雄讀F.2。林華煦於六十年代起執教鞭，在官立中學任教師，說話動聽。1973年參與領導教師工潮，是華員會教師組成員，同年在勞協協助下創立「官立學校非學位教師職工會」，簡稱「官非會」，即今「政府教育人員職工會」（Government Educational Staff Union），職工會登記編號為495，2012年有會員610人。林華煦是教育署內13個工會和職方團體組成聯合組織的副主席，1982年出任勞協主席，現已移民加拿大。

左為梁寶龍、中為黃偉雄、右為林華煦（黃偉雄提供）

　　教師工潮由華員會教師組首先發難，錢世年思想較保守，且是華員會會長，不便帶頭領導工潮深入展開，華員會會員包括所有公務員，工潮若是由錢世年領頭，形象上有如由華員會帶領工潮，其他公務員會有何看法呢？且參加工潮的教師並不是全部都是公務員，華員會會長的身分有礙工潮的發展。林華煦等老師紛紛出來領導工潮，自始林華煦名氣日大，工潮開始擴大，香港教育專業人員協會前會長司徒華、官非會前顧問何國鏇等陸續加入領導教師工潮。

　　林華煦見到有工會負責人上門，向黃偉雄介紹勞協的組織架構和背境。勞協是六七暴動產物，孟家華（McGovern, Patrick Terence）神父認為要改善勞資關係，要加強勞資雙方的諒解，減低重大勞資衝突事件的爆發，於1968年創立勞協，強調政治中立，宗旨是：「提倡工會教育，使工人明瞭真正工會義意及作用，主張和平談判謀取勞資兩利，從而改善工人本身權益及促進繁榮。」勞協成立後協助各業

工人成立獨立工會,與「世界勞工聯合會」(World Confederation of Labour,簡稱WCL)和它的亞洲區部「亞洲勞工兄弟會」(Brotherhood of Asian Trade Unionists,簡稱BATU)有聯繫。這些海外勞工組織主辦的海外工會領袖訓練課程,提供不少名額給香港工會,並交由勞協物色適當人選參加,後來這項工作由「公務員工會聯絡處」接辦。勞協從實際接觸中,體驗到教育工人學習勞工知識,從而覺悟,積聚力量爭取自身權益。是一項重要和必須的任務。於是推出領袖訓練班、勞工教育班等課程,由組員尹慶源全力負責組織和策劃。1983年,勞協有會員60人。隨著香港經濟轉型勞協的角色亦轉變了,改為希望扮演扎根基層,重新聚合勞工大家庭的角色。因「向來關注基層勞工的處境和權益,致力推動他們肯定自己在社會中的價值和地位」,現仍「向勞工提供各種生活、文化知識和勞工、社會意識的教育,同時嘗試以不同的方式去把他們組織起來」。

教會從事工人運動的機構除了勞協和CIC外,尚有在官塘的「公教職工青年會」(簡稱「職青」),由達麗莎(Teresa Dagdag)修女主持。黃偉雄與職青的黃強生經常合作,宣傳勞工法例,學徒督察協會執委陳楚渠和職青合作開班教普通話。黃偉雄在職青認識社運人士唐婉青,唐婉青當時是鞋業工會會員,後轉為托派。當時職青尚有梁耀忠前妻黎紹珍,梁耀忠和黎紹珍都是托派。這些年輕人都投身工人運動,重視理論與實踐結合。

林華煦向黃偉雄介紹勞協正計劃擴大影響力,成立工會聯合組織,目標是聯合全港工會,邀請黃偉雄加入參加作籌組工作。

在勞協推動下,部分公務員工會透過勞協每年一度的研討營,於1980年成立「公務僱員工會聯絡處」(Liaison Office of Public Service Unions,簡稱LOPSU),主席為林華煦,副主席為黃偉雄,轄會有:測量員工會、官非會和「政府機電技工協會」等17個成員,舉辦工會領袖研討課程。後來演變成立了社團註冊的「香港僱員工會聯合會」和「香港公務員工會聯合會」(簡稱「公工聯」)。

林華煦要組織全港工會聯合會的目標,與工聯會和工團看齊。勞協的成立可算是針對工聯會的,要組織沒有政黨背景的獨立工會集團。

林華煦組織公務僱員工會聯絡處,得到何國鏇協助,世界勞工聯合會和亞洲勞

工兄弟會支持，這些國際關係都是通過孟家華拉上的。香港工會要加入國際組織是要經港督（行政長官）批准的，華員會和「政府機電監工技工職員協會」是「國際公務公用事業工會」（Public Services International，簡稱PSI）成員，UPOE是國際郵電總會成員。

黃偉雄加盟公務僱員工會聯絡處後，除了參與全港工運外，還有機會出國接觸國際工運。於1978年去菲律賓出席亞洲勞工兄弟會年會，這是黃偉雄第一次坐飛機，費用全免。與香港十餘位工會代表一齊去，黃偉雄共去了兩次，有一次勞工處高級勞工事務主任徐添福以官方身分出席，且在大會上發言。

1979年冬天，公務僱員工會聯絡處安排黃偉雄去拉丁美洲的委內瑞拉首都卡拉卡斯參加工會工作營，會議為期兩週。在該地工人大學開會，免費提供住宿。當地主要是講西班牙語，會議設有即時英語傳譯。出席者來自不同的亞洲、非洲和拉丁美洲等國家的工會負責人共二十餘人，如乍得（編按：台譯為查德）、塞內加爾、毛里裘斯（編按：台譯為模里西斯）和薩爾瓦多等。這些都是第三世界國家，當時香港的工會運動歸類在第三世界的水平。出席者以拉丁美洲代表為多，會議介紹世界勞工聯合會（World Confederation of Labour，簡稱「世界勞聯」或WCL）在拉丁美洲的活動情況。拉丁美洲大部分是天主教國家，當時國際政治標榜亞非拉地區。會議期間黃偉雄接觸了不同國家工會代表，當中有有律師和國會議員，始知世界之大。公務僱員工會聯絡處的出國活動多數是由黃偉雄前往，因為林華煦是教師，請假會影響教學進度，為了公事他不會輕率請假。公務員請假出席這些工會活動，政府都會給予有薪假期的。

林華煦冀藉測量員工會加入能提供鬥爭經驗，吸引其他公務員工會前來加入取經。前來的公務員工會面對寫信給政府不被理會，應該如何進一步迫政府坐下來談判呢？測量員工會能夠提供鬥爭實戰經驗，公務僱員工會聯絡處開始有吸引力，陸續有「警務處傳譯員協會」、「祕書職務人員協會」、「辦公室助理、文書總會」、4A會、「政府工程督察工會」、「學徒督察協會」和「勞工督察協會」等加入，很多都是工務司署的工會，具有影響力的工會領袖有黃偉雄、張國標、梁籌庭、蒙偉明和鍾偉民等人。

黃偉雄到南美參加工會培訓，照片右第4人是黃偉雄，與各地學員合攝（黃偉雄提供）

　　林華煦曾與錢世年和陸冬青一起組織公務員工會聯合統籌處，在組織上意見出現分歧，林華煦退了出來，錢世年和陸冬青繼續組織工作，後來發展成為公務員總工會。林華煦另外組織公務僱員工會聯絡處，後來發展成為公工聯，九七前工聯會成立「政府人員協會」，公務員工會分為四大集團，簡稱「四小」，即是公工聯、公務員總工會、政府人員協會和華員會等。

　　1984年7月，公務員工會聯合會成立，以工會作為會員單位，屬會有測量員工會、官非會、政府祕書職務人員協會、4A會、UPOE、「法庭傳譯主任協會」、「政府文員、助理文員及辦公室助理員協會」、「政府物料供應監督協會」、「警務處傳譯員協會」、「政府工場導師協會」、「司法書記協會」、「政府丈量員職工協會」、「助產士職工會」、勞工督察會、「屋宇署屋宇管理員協會」、「政府園務環境衛生華人職工會」、「政府工程督察及監督工會」、「港九拯溺員工會」、「香港義肢矯形師協會」、「香港康樂體育事務處會」、「政府產業測量員

協會」、「政府製圖人員協會」、「政府打字監督協會」和「官立中學學位人員協會」等25間，會員一萬五千人，主席為黃偉雄，副主席為梁籌庭，執委有何國鏇、蕭賢英和林華煦等15人。

工會教育中心

黃偉雄除了推動公務員的聯合工作外，還加盟工會教育中心，推動工業安全。

1984年，公務僱員工會聯絡處、測量員工會、CIC、官非會、「香港倉庫運輸物流員工協會」、「香港棉系產業職工總會」、教協、UPOE、、「香港交通運輸業職工聯合會」、「國際食品勞聯工會教育香港聯絡處」、「香港社會工作者總工會」、「政府文員、助理文員及辦公室助理協會」、「香港隧道有限公司督察會」和「地下鐵路公司員工協會」等14個工會創立工會教育中心（Trade Union Education Centre）。黃偉雄、林華煦、「港九水泥混凝土工程職業工會」章麟等參與工會教育中心工作，推動香港工運的發展。林華煦是勞協主席，又有世界勞工聯合會身分，不宜加入工會教育中心擔任職務，但有協助工作。工聯會屬下的「港九木匠總工會」、「香港海員工會」、港九五金工業總工會等都有參加工會教育中心的活動。CIC的劉千石、「港九勞工社團聯會」和林華煦等在這個基礎上發成立「香港職工會聯盟」（Hong Kong Confederation of Trade Unions，簡稱「職工盟」、HKCTU）。

工會教育中心成立前，地盤頻頻出現工業意外，每天都有工人死亡。在CIC主導下，各工會不論左中右走在一起舉行聯席會議，黃偉雄參與其事，與出席會議者：海員工會麥燦、港九五金工業總工會曾彬、香港棉系產業職工總會彭震海、章麟、木匠工會代表等，推動職業安全運動。遇有工業意外時，就發表聯合聲明，最多的一次有百多個工會聯署。聯席會議後來演變為「港九勞工團體聯席會議」，把香港工運帶上一個新里程碑。

職安運動後，工會教育中心協助成立了數間公務員工會，如：「消防處廚師職工會」、「香港消防處第一標準薪級員工會」、「政府司機職工總會」和「香港電

台工會」等。工會教育中心提供會章供有意成立工會者參考，講解工會組織結構、協助草擬會章等，黃偉雄直接參與，催生了這些工會。

勞顧會

八十年代左中右工會一起搞職安運動，在政府建制內亦掀起了新的一頁。工聯會開始加入政府建制架構，參加「勞工顧問委員會」（簡稱「勞顧會」）委員選舉。

勞顧會於1927年成立，成員包括大公司、政府部門和軍部代表，沒有工人代表。1946年發展成為一個由政府、資方和工人三方代表參與的組織，由勞工事務主任出任當然主席，而外資僱主、華資僱主及大公司僱員各有代表出任委員。上世紀二十年代，勞工事務要有軍部代表參與，亦反映香港是一個軍事要點和殖民地，武力的象徵不能減輕。另一方面，軍部僱用員人數不少，最大型的是金鐘海軍船塢（位於今金鐘廊），有員工三千餘人，已於五十年代關閉。1950年勞顧會重組並且首次以選舉產生委員，在代表工人的4名委員中，有兩名由工會以不記名投票方式選出，而其餘兩名則由政府委任。代表僱主的4名委員中，有兩名分別由「香港僱主聯合會」及「香港中華廠商聯合會」提名出任，另兩名則由政府委任，每名人選分別來自外資及華資僱主，不再設有軍方代表。一直以來勞顧會勞工代表都是由工團包辦，工聯會則不聞不問。

上世紀七十年代獨立工會開始冒起，實力日漸壯大。到了1981年工聯會與公工聯協商分配勞顧會席位，聯手搶奪工團的席位，公工聯派出黃偉雄，獨立工會派出教協司徒華，工聯會派出「港九石印業職業工會」潘子靖等參選。結果潘子靖以114票最高票當選，黃偉雄以109票尾隨第二位，司徒華以108票屈居第三位。工團代表敗北，政府則委任工團的彭震海和「港九集賢起落貨工會」李承礎為勞工代表，第六位勞工代表則是委任「大東電報局（非海外派來）職員會」陳鑑泉出任。上屆3位勞工代表都是以六十多票當選，這一屆多了兩路人馬角逐，把當選票數提高了近一倍，勞顧會選舉自此就熱鬧起來。

據勞工處資料，1981年時工聯會有屬會69間，親工聯會的工會有23間；工團有屬會70間，親工團的工會有11間，獨立工會有193間，全港僱員工會總數為366間。即是話總票數為366票，工聯會持有92票，工團持有81票，獨立工會的193票最能影響大局。公工聯屬會約有三十多間，即是有三十多票，在勞工處的統計資料內是列為獨立工會。

　　工聯會參加勞顧會選舉，把香港工運帶上一個新的里程碑。曾有一段時間大家拋開政治分歧，集中一個目標：為工人階級謀福祉而一起奮鬥。但面對回歸問題，民主理念的分歧，紛爭再起直至現今，全港勞工界大團結一致只是夢幻。

　　83年屆的勞顧會選舉潘子靖以103票仍居首位，司徒華則以97票上升第二位，黃偉雄則以94票屈居第三位。84年屆的選舉司徒華以114票居首位，潘子靖以100票下跌至第二位，黃偉雄仍以94票守在第三位。這3屆選舉中黃偉雄的得票變化不大，司徒華的得票則日漸上升，更登上首位，可見獨立工會實力的壯大，司徒華的聲望日濃。工聯會保持一定的實力不變，工團則日走下坡，但卻得到政府的眷戀，才得到委任席位，以平衡各方勢力。直至現今工團都有一席位。

　　到了85-86年屆的勞顧會選舉風雲突變，工聯會不滿黃偉雄在中英香港前途談判期間的表現，公開支持羅保動議。工聯會認為羅保動議是英方拖延中英會談的小動作，轉為支持公務員總工會搶公工聯的席位。結果司徒華以159票最高票穩得1席位，工聯會譚耀宗以135票尾隨第二，李承礎以126票屈居第三位，公務員總工會陸冬青以118票奪得1席位。黃偉雄以1票之差輸給陸冬青出局。這一屆當選者得票比上一屆多出二三十票，勞顧會成為兵家必爭之地。在各方勢力合縱與連橫的結合下，工團再以126票爭得1席位，已不只是政府的眷戀者。

　　羅保在立法局提出：在任何關係到香港前途的事務未有共識之前，立法局應該被視為討論的地方。雖然討論後的結果未必會落實，但這才是香港人真正意願和聲音。在政府主導下，民選成分不足的立法局討論香港前途，被稱為「這才是香港人真正意願和聲音」，有商榷餘地。但是香港人的意願和聲音應在何處反映呢？這亦得不是中英兩國重視的問題。筆者認為歷來不是民選的立法局議員，只是政府欽點御賜的民意代表而已。但是他們總愛自稱代表香港市民，大言不慚說代表香港市民

發言，沾沾自喜，絕不會撫心自問，看看自己的桂冠是「欽點御賜」的，這些人尤以鍾士元為甚。

接著的87-88年屆的勞顧會選舉再生變化，選舉委員由4人增至5人，競逐的候選人為公工聯黃偉雄、工聯會鄭耀棠、港九勞工社團聯會（簡稱「勞聯」）李鳳英、工團陳恩賜、教協潘天賜、「海事主任會及香港外籍公務員協會」林邦莊、「海事主任協會」鄭作群和公務員總工會莫家榮等8人。是年註冊工會總共有401間，登記出席選舉的工會有260間，出席率是64％，有效票255張。結果當選的鄭耀棠有129票居首位，得票過半數，黃偉雄緊接其後有124票，李鳳英有121票，陳恩賜有113票。黃偉雄以第二最多票重返勞顧會，公務員總工會因陸冬青離世，改由莫家榮上陣敗北出局。新當選的勞聯自此一直至今都占有1席位。鄭耀棠的票稍遜上屆的譚耀宗，教協換上潘天賜出陣結果出局，此後再沒有派代表參選。勞聯李鳳英初登戰場即有121票得第三位，實力不弱，一直連任多屆直至退休。坊間一直視勞聯為得到工聯會的祝福，但不要忘記當年它是獨立工會成員之一，職工盟的創會會員之一。

89-90年屆的勞顧會選舉，黃偉雄心知肯定得不到工聯會的支持票，在這個情況下必定然敗陣出局，為了保住公工聯席位，黃偉雄決定放棄參選代表資格，改派蒙偉明出陣。結果莫家榮以133票居首位奪得席位，公務員總工會重返勞顧會一直到現今，工聯會林淑儀以132票居第二位，蒙偉明以121票得第三位，李鳳英以114票得第四位，陳恩賜以112票得第五位。

八十年代的勞顧會選舉正是世事如棋局局新，近30年的勞顧會選舉變化不大，形成了一個定格，工聯會、工團、勞聯、公務員總工會和公工聯等五分天下的恆常局面，這五會一直連任下去，職工盟始終沾不上邊。從以上資料來看，勞顧會投票出席率只有三四成，表面上職工盟應有空間取得1席位，但從現今形勢來看，職工盟得到這些票的機會甚微。

這屆選舉公工聯內訌，黃偉雄被指不尊重公工聯決定，逼原被選為代表的梁籌庭自動退選，於同年選舉公工聯執委時誹謗候選人，影響他人投票。

國際勞工組織

　　勞顧會每年都會率團出席瑞士日內瓦舉行的國際勞工組織（International Labour Organization，簡稱ILO）大會，以前團員有勞資政代表各一人，現在則全部代表都去。2012年政府代表有6人，勞資代表各3人。國際勞工組織成員以國家為單位，香港不是國際勞工組織成員，九七前香港代表以英國代表團成員身分出席，以顧問身分附屬英國代表團隨行。九七後則以中華人民共和國代表團成員身分出席，亦以顧問身分附屬中國代表團隨行。

　　國際勞工組織是聯合國的專門機構，旨在提高世界各地的工作和生活標準，並以國際勞工公約和建議書的形式頒布勞工標準。現時，適用於香港特別行政區的國際勞工公約共有41項。這些公約所涵蓋的勞工事宜甚為廣泛，包括工作條件、就業政策、僱員補償、勞資關係，以及職業安全及健康等。香港特別行政區參與國際勞工組織的不同活動，包括國際勞工大會、亞太區域會議、地區研討會、培訓班及技術會議等。此外，香港特別行政區亦接待國際勞工組織的官員，以及透過國際勞工組織所舉辦的各項計畫，來自其他勞工事務行政機關的代表，並與他們保持密切的聯繫。

　　黃偉雄於1987年出席了一次國際勞工組織大會，國際勞工組織總部裝修豪華。黃偉雄等到埗時，香港長駐代表接機，職級是行政主任。機票和酒店都是貴賓級待遇，全部由政府付費。

　　同一酒店內有英國工會代表入住，香港代表跟隨英國代表一起出席大會，英國有投票權，香港沒有。英國勞工聯合會（Trades Union Congress）總祕書必定會出席，他們對香港代表態度傲慢冷淡，不會主動打招呼，沒有與黃偉雄交談，說話也沒有一句。黃偉雄單獨入場和離場，有關會場內的一切人和事，英國人沒有任何提點和介紹，所謂英國紳士風度蕩然無存。在這種氣氛下黃偉雄自覺沒趣，準備搬離酒店。是時CIC前主任馮煒文在瑞士日內瓦普世教會協會（World Council of Churches，縮寫：WCC，又稱「世界基督教協會或世界基督教協進會」）出任幹事。黃偉雄於出發前曾向CIC主任劉千石說：「可否聯絡馮煒文？若我在日內瓦遇

上問題，協助介紹住宿。」黃偉雄得到馮煒文協助安排住宿，即時搬離酒店。

在馮煒文辦事處，黃偉雄遇見郭乃弘牧師。郭乃弘正在向當地教會宣傳「八八直選」一事，爭取國際支持。郭乃弘持有八八直選資料，交了一份八八直選資料給黃偉雄。英聯邦工會於週日在酒店召開碰頭會，所有英聯邦代表都有出席。主席是加拿大工會代表（女士），黃偉雄要求在會上講述香港政治形勢，即場派給所有代表一份八八直選資料。各代表十分關心香港前途問題，詢問香港市民對回歸是否有信心。黃偉雄宣讀完郭乃弘的資料，乘機投訴英國工會。

黃偉雄直指英國勞工聯合會的不是，說：「1986年時以公工聯名義寫信給英國勞工聯合會，希望它能夠表態支持八八直選，英國勞工聯合會竟然沒有隻字回覆。」黃偉雄的言論令到在場的英國勞工聯合會代表十分尷尬，特意走過來搭著黃偉雄的膊頭說：「會後暫不要離去，可否和你坐下來談一談？」會後，英國勞工聯合會代表解釋說：「八八直選是中英外交問題，我們不方便表態，我們一定會回覆貴會的來信。」黃偉雄回港後，果然收到英國勞工聯合會的回信。黃偉雄回憶這段前塵往事說出一句：「好假！」

後來，黃偉雄跟「民主政制促進聯委會」（簡稱「民促會」）去了兩次英國倫敦，找門路聯絡當地工會，都沒有機會見到這麼高層的英國工會負責人。其中一次與八八直選有關，由李柱銘帶隊，同行的有民促會主席陳立僑、立法局直選議員林鉅成、立法局工程界議員陳濟強和區議員李順威等。黃偉雄在倫敦遇上盧龍光牧師，盧龍光在英有良好關係，進行組織工作，舉行記者招待會，通知在英國讀書的香港人團體出席，由HK LINK主辦「香港最新政策形勢分析公開論壇」。

當年英國勞工聯合會代表曾路經香港上大陸訪問，香港部分工會聞風即動，拉隊前往包圍請願，再次令英國勞工聯合會尷尬。

1984年政府發表《代議政制綠皮書》，提議立法局最終會引入直接選舉議席。1986年11月，民促會在高山劇場集會，發表宣言，其後制定「一九〇方案」，爭取八八直選。民促會於1986年1月組成，共有91個團體成員，其中的工會組織有：香港社會工作者總工會、公工聯、CIC和消防處救護員會等。到了1987年5月27日，政府發表《1987年代議政制發展檢討綠皮書》，向市民諮詢對1988年在立法局引

入直接選舉議席的意見。根據當時的多個民意調查，支持直選的市民約有六成至七成。同年9月，民促會在維多利亞公園舉行「爭取八八直選集會」，逾萬市民參加。11月，政府公布成立民意匯集處，並委託調查機構就八八直選進行的兩次民意調查，指簽名運動雖然贊成意見占絕大多數，但沒有參考價值，因而得出顯示有七成市民反對八八直選的結論。

1986年八八直選運動（黃偉雄提供）

在日內瓦期間，中國工會代表「好識做」[6]，特意走過來找香港工會代表打招呼，派名片，自我介紹，互相寒暄一番，提議以後大家多多交流。後來，這名中國工會代表訪港時，專程找黃偉雄敘舊。黃偉雄認為：中國工會代表的表現，可算是做足自己身分應做的事情，雖然是進行統戰工作，但令人十分舒服。黃偉雄雖然對中國工會有良好印象，但與工聯會關係卻日漸拉遠，隨著政治形勢的轉變，更成為中方不歡迎人物之一。

薪常會第八號報告

薪常會公布的第一至七報告書得到各工會的接受，內容沒有引起大的爭議。部分小型公務員工會寫給薪常會的信有詞不達意的情況，薪常會也回信會跟進，令公務員工會十分滿意。

到了《第八號報告書》出籠，內容涉及學歷基準、設有見習職級的職系、長期服務增薪點等，引起巨大爭議，社工最不滿是學歷基準，將入職起薪點調低，採取行動反對。

《第八號報告書》最大爭議是重整入職起薪點，中三是第1點，中四是第2點，中學會考證書是第5點，大學學位是第20點，專業資格是第31點，維持不變。報告書認為中學會考證書與大學入學試合格相差11點，差距太大。將大學入學試合格由第16點改為第14點，下調2點。新增理工學院高級文憑是第17點，理工學院文憑是第14點。註冊護士由原來的第18至25點，上調為為第18至28點，頂薪點提高了3點。技術職級起薪點多數下調，如配藥員和社會工作助理等，原是第17點至第24點，改為第14點至第25點，起薪點下調2點，頂薪點上調1點。

測量員共有962個職位，薪級原是第17點至第24點，改為第14點至第25點，起薪點下調兩點，頂薪點上調1點。高級測量員原是第25點至第33點，改為第26點至第33點，起薪點上調1點，頂薪點不變。

---

[6]　「好識做」是廣東話，意思是待人接物技巧高。

薪常會在報告書中對測量工會提出的意見作回覆，認為意見書指政府測量員因薪酬較私人機構低，引致離職他去要求改善薪級，薪常會經調查後認為現時測量員薪酬洽當。

由於起薪點低了，即是測量員受訓完成後的薪點是第12點，原來的是第15點，現在是第12點，工資比原來的少了千元，即是變相減薪，所以工會立即反彈。

政府將所有新入職的公務員的起薪點下調，所有中學入職者全部下調，護士、技工、社工和測量員等都是如此。舊人薪金完全沒有影響，新人的工資1年後才起變化。測量員工會認為新方案雖然只是影響新人，但新人將來也可能會是測量員工會會員，況且測量員工會是要維護職系權益，不能厚此薄彼，分新舊員工的，因此測量員工會要發聲。若不發聲，新人日後會對測量員工會不滿，指責是時的負責人為何如此自私，這樣測量員工會就會做成分化。政府一向的做法都是安撫舊人，向新人開刀，或者政府從整盤考慮，才會做出如此安排。

原本測量員的工資比護士高，但新方案下護士薪金和測量員平頭，但雙方工作不同，辛勞程度不同，因此不合理就存在。黃偉雄認為：測量員與繪圖員相比，測量員要外出工作，工作辛勞程度較大，繪圖員只是在辦公室工作，測量員比與繪圖員多兩個薪級點是較合理，新方案則不是如此。

測量員工會指新方案所謂最低入職要求，只是當局壓抑薪酬的一種手法。招聘一位三等測量助理的職位最低入職要求，美其名是中學畢業，實際上許多求職者已是具有大專程度。

工運經驗

黃偉雄的工運經驗是：「工會必須鬥爭才能長久生存下去。」與梁籌庭和郭錦林等經驗相類似，因他們同是在亞洲勞工兄弟會取經的。

黃偉雄認為八九十年代公務員人數高速增長，最後出現經濟起飛追不上就業人數增長，政府收入追不上開支。政府為了收支平衡，設法增加收入，將地價抬升，遺禍至今。

黃偉雄由公務員工運轉入全港工運，由白領工運開始，擴大為與藍領並肩爭取權益。測量員工會會員有何想法呢？這個工會可算異數，認為已經為會員爭得權益，能為其他工人爭取權益，而這些活動對會員沒有影響，會員覺得光榮。黃偉雄認為因為大家都有社會良心，對合理的事認同，不合理的就出聲。而且參與這些行動不是為了出鋒頭。

測量員工會參加的社會運動層面不斷擴大，自然會介入政治運動，部分會員有微言。測量員工會能介入政治運動是因為存有灰色地帶，當測量員工會參加全港工運時，與其他勞工團體接觸交往，這些勞工團體內有社工，與社工交往就會接觸到社運，進而觸及政治運動。

日後參與活動的面擴大了，運動一個接一個，幾乎日日都要動員人力。在大亞灣核電事件中，勞工團體每週都要動員人力搞街頭簽名，部分參與者開始有點煩厭，如CIC主任劉千石吩咐幹事跟進這個活動，幹事就去動員群眾在北京道口設街站，因而把一些迫切性不大的工潮壓下來，占去了部分處理工潮的時間，出現本末倒置的情況。筆者所見部分小型地區性組織人力有限，在這情況下，連會員到達會所申請續會也不能立即處理，建議會員稍後再到會所辦理。續會這樣簡單的工作也不能處理，可見這些組織的混亂和不成熟。

在組織全港性工會方面，林華煦曾進行這方面嘗試，計劃將工會分為3大類進行組織工作，藍領一類，白領一類，公務員一類。結果未能在藍白領內組織到工會，只是組織了一個菲籍外傭工會。黃偉雄認為林華煦的失敗，主要是領導核心在藍白領方面較弱，無負責人推動這方面的工作。公務員方面領導人多，成功組織了公工聯。當時勞聯和職工盟尚未成立。公工聯成立時，黃偉雄當主席，林華煦躊躇滿志發展鴻圖大業，繼續組織非公務員工會的聯合會，如果組織成功的話，聲勢可能會直迫工聯會，結果只是成立了香港僱員總會，再沒有進展。最後，林華煦意興闌珊，失意離場，移民加拿大。

黃偉雄從事測量員工會以外的活動，是得到測量員工會的授權和同意的。所有代表測量員工會的外出活動，必定定期回測量員工會作報告，否則黃偉雄在外面答應了一些事情，測量員工會表示不同意的話，問題就會很大。

參與社會運動各團體中以工會人力資源最大，如搞簽名行動設立街站，劉千石說每個會出若干個人。是時各獨立工會都以劉千石馬首是瞻，江湖義氣重，大家齊心，一呼百應。黃偉雄就去動員人力，電約各執委做義工飲早茶集合，各執委戲言：「雄哥請飲茶！」然後出勞力搬檯搬椅落街設立街站，當值邀請途人簽名。

　　黃偉雄的太太是護士，在黃太返工的時間內，黃偉雄大可放心從事這些活動，黃太放工時黃偉雄的活動已經完結，回家陪太太吃飯。退休後黃偉雄雖然沒有參與領導社運，仍然經常出席社運活動，所以現在常被黃太責備：「仲玩唔夠！你仲做唔夠！退休了！」

　　黃偉雄分析現在香港工會形勢，認為工聯會一支獨大，在勞顧會選舉中左右大局，公務員總工會的鍾國星明顯是靠工聯會的票上位，馬明煥和邱恩洪等舊人對鍾國星上任有意見。鍾國星雖以個人身分加入公務員總工會，但他的職位是房署經理，是高級公務員，故在會內能壓場。黃偉雄主張集團工會勢力多元化發展，希望工團爭氣振作，平衡工聯會的勢力。當年國際工會都靠攏工團，現工團仍與若干國際工會有聯繫，這對香港工會的國際聯繫有正面作用。職工盟則財力不足，無法擴展地盤，與工聯會積怨太太深，對發展有點影響。

　　黃偉雄體會香港工會普遍會員人數偏少的弱點，認為會員太少主席多勇也無用。主席不是要會員來壯膽，因為主席做事要有人支持，有會員授權才有價值。如果無會員支持你，幫你搖旗吶喊，當你用工會的名義到處表現一番時，只是唱獨角戲而已，最後都是徒勞無功的。黃偉雄欣賞港九拯溺員工會的郭紹傑，認為夠膽做事，工會能保持一定的會員人數。

加入政團勵進會

　　踏入八十年代，香港前途問題浮現，中國宣布收回香港，提出「一國兩制，港人治港」方針。政府開放政制，新一代論政團體「太平山學會」、「匯點」和「勵進會」會等冒起。

　　黃偉雄參與反兩電加價認識了浦炳榮，因而加入勵進會，時任副銓敘司的蕭炯

柱向黃偉雄說：「局勢已轉變，我們要多與議員接觸。」黃偉雄心說：「我已接觸並加入為會員。」

勵進會主腦人物是譚惠珠，譚惠珠身兼區議會、市政局、立法局和行政局等「四料議員」，鋒頭一時無兩。黃偉雄經浦炳榮介紹加入了勵進會，會內成員有永安集團郭志權、利氏家族利榮康、中型造船廠東主等。

浦炳榮經常參加紅磡聖公會聖匠堂活動，是反兩電加價領導人之一，從此而冒出頭來。浦炳榮乘勢競選1983年市政局議員，順利當選。浦炳榮入局後認識了譚惠珠，加入勵進會。浦炳榮四出找工會領袖加盟，吸納了黃偉雄、梁籌庭和勞聯李啟明等，使勵進會增加了中下階層成員，成為一個跨階層的政團，各階層的代表都有。

勵進會每週開一次例會，會上都會有一份文件拿出來給大家討論。中型造船廠東主和利希慎家族成員利榮康等經常出席例會。勵進會成立了一個委員會討論中央公積金方案，成員除黃偉雄和李啟明等工會人士外，尚有某鋼鐵廠負責人和利榮康等，有如勞資雙方洽談中央公積金方案。這些資方人士都支持設立中央公積金，大家一起討論草擬出一份計畫書，討論了大半年，準備以勵進會名義推出，最後不知為何石沉大海無影無蹤。

到了1986年大亞灣事件，黃偉雄投入反對興建核電廠行列，而譚惠珠則傾向支持核電廠計畫，為政府說話，令黃偉雄失望選擇離隊，淡出勵進會，不再出席例會。勵進會是沒有會費的組織，所以無須以不交會費方式退會。

反對大亞灣核電廠運動，各界成立了「爭取停建大亞灣核電廠聯席會議」，共有116個團體參加，當中不少是勞工團體，如公工聯、測量員工會、CIC和「勞工居民協會」等，黃偉雄是領導人之一，馮智活牧師和夏文浩都是發言人。運動進行了大半年，傳媒不停報導、索取資料日多，聯席會議提供的資料需時較長，未能滿足新聞界的要求，記者便直接找發言人取料，兩名發言人忙於應付。聯席會議認為如果兩人的談話不對口徑，將會對運動有壞的影響，最後協商兩人分工，馮智活是中文發言人，夏文浩是英文發言人。

爭取停建大亞灣核電廠聯席會議於7月13日發動全港市民簽名，反對興建核電廠，收集了104萬個市民簽名，透過新華社安排由聯席會議的代表送往北京。後來

北京邀請聯席會議派代表北上，到北京聽專家介紹核電安全問題，黃偉雄和馮智活是代表之一。北京安排有關專家以廣東話介紹浙江省嘉興市海鹽縣秦山核電廠，專家能夠滿足黃偉雄等的提問，聯席會議代表滿意回港。

基本法

　　能出席中英聯合聲明簽署儀式，可算是官方肯定政治地位的憑證，黃偉雄持有中英聯合聲明簽署儀式觀禮團合照的官方照片，照片是新華社的發給的，每一位出席觀禮的代表返港後都收到1張。黃偉雄認為被邀請純粹是當年政治形勢下的運氣，在工會工作上的成績，與許多前輩相比實在相差太遠。但為什麼黃偉雄會被邀請呢？首先，黃偉雄是公務員工會聯合會的主席。當時，中英在香港前途問題上剛頗順利，開始展開基本法的諮詢和起草工作，需要穩定香港人心，特別是十多萬的公務員。結果，公務員總工會主席陸冬青和公工聯主席黃偉雄都有被邀請出席，獨欠外籍公務員協會。連帶所及有些基層團體也在邀請之列。每年五一勞動節和十一國慶也就是進行統戰的活動時刻，這些活動所有人都是統戰對象。中英聯合聲明觀禮則不同，很多人捐了很多金錢或做了很多工作，甚至取得地方政協或人大身分，都沒有被邀請。五一和十一工會觀光團工聯會是團長，而公務員團的團長則是黃偉雄，蒙偉明是副團長。

　　北京有時會點名邀請某人上京，黃偉雄有一次接到新華社的電話，寒暄一番後，對方單刀直入說：「黃生，你很久沒有北上訪問了！」在這情況下，黃偉雄心領神會，當然不會拒絕，細心審視政治形勢，準備北上赴會。原來這次赴京活動只是普通的交誼活動而已，新華社的說話為何如此重呢？黃偉雄回憶前塵往事，再看當今政治發展，自中英香港前途談判開展後，北京一直強調維持穩定，爭取人心，這方面的統戰費用支出頗大，所以不要大驚小怪。黃偉雄出席這些維穩活動，接觸到的人層面更廣，一些經常質疑北京的都有出席。是時北京高層頗有氣量，反對中共的人照樣邀請赴京交流，甚至隆而重之，安排專人全程招待。中共在香港最長久的對頭人工團長期被邀請，只是現任主席李國強不為所動，加以婉拒，而工聯會在

香港舉辦的勞工議題活動他則會出席。

　　黃偉雄對比中國另一大政黨國民黨，發現統戰手法不相伯仲，每年雙十節由工團邀請工會組織雙十觀光團去台灣旅遊觀光，全程安排專人招待，這人與旅行團導遊無大分別。雙十團甚至連黃太也可以參加，減低政治氣息。台北曾邀請勞顧會組團訪問，全部勞顧會成員都有參加。所以工聯會的譚耀宗和工團的彭震海，兩人聯袂同行，一時成為佳話。訪問團在台北入住全台最豪華的圓山飯店，可見台北的統戰費用也不少。訪台後訪問團又受邀訪京，譚耀宗和彭震海再聯袂同行。

　　1984年12月19日《中英聯合聲明》簽署，其中第3段第12條表明，中國將以《基本法》確立香港為特別行政區，按照一國兩制方針，資本主義制度維持50年不變，香港維持高度自治。《香港基本法》由基本法起草委員會負責起草，成員包括香港和中國國內人士。

香港工會訪問北京（黃偉雄提供）

中國領導人姬鵬飛接見香港和澳門工會負責人，最左是黃偉雄（黃偉雄提供）

　　1985年8月，CIC與公務員工會聯絡處等28個勞工團體發起「勞工界基本法聯席會議」，強調港人參與起草基本法，爭取把退休保障和集體談判權列入基本法。共有近150個團體參加，包括不同政治背景的工會，如：工聯會下屬的印刷業工會和「香港洋務工會」等，洋務工會且是執委之一。

　　1985年「基本法諮詢委員會」（簡稱「基諮會」）成立，成員全部是香港人士，負責在香港徵詢市民對《基本法》草案的意見。基諮會預留1個席位給公務員，公工聯推薦黃偉雄加入基諮會。銓敘司霍德公開表示，政府鼓勵及會批准公務員加入基諮會，認為這是有好處的，沒任何衝突。

　　基諮會辦事處確定勞工界基本法聯席會議為界定團體，可推薦7名代表參加基諮會。勞工界基本法聯席會議選舉代表前，劉千石和黃偉雄約見譚耀宗，李啟明在場，劉千石和黃偉雄交給譚耀宗一份候選人名單，徵詢意見，內有CIC、香港僱員工會聯合會和勞聯等負責人。工聯會提出要求占有3個席位，由工聯會、海員

工會和「摩托車業職工總會」（簡稱「摩總」，今「汽車交通運輸業總工會」）各占1席。譚耀宗提議勞聯、香港僱員工會聯合會、劉千各占1席，獨立工會占有1席。但是工聯會屬會港九紡織染業職工總會等不同意劉千石占有1席，自稱不滿在工潮中遭CIC排斥，於是工聯會要求CIC換人，曾建議陳立僑，陳立僑和劉千石加以拒絕。

　　勞工界基本法聯席會議在協商基諮會代表名單上，李啟明提出大東電報局職員會占1席位，兩名公務員工會代表認為大東電局職員會代表性不足，改為提名章麟，黃偉雄支持劉千石占1席位，對香港僱員工會聯合會張世林占有1席位無異議。工聯會手握約有80票，劉千石約有60票，劉千石在無把握當選的情況下退出選舉和聯席會議，4間獨立工會同時表態退出聯席會議，指責工聯會排斥異己。黃偉雄公開指有人排擠獨立工會，操縱選舉。經過一番擾攘，勞工界基本法聯席會議一直運作至基本法諮詢工作完結。

　　11月5日，公工聯開會決定退出勞工界基本法聯席會議，同時退出的有公工聯的19個屬會，並議決通過執委會委員不能加入基諮會。但是10月底11個公務員工會已經推選梁籌庭加入基諮會，而梁籌庭正是公工聯的副主席，公工聯要求梁籌庭所屬的「文書職系公務員總會」從新考慮人選。

　　12月11日，公工聯計劃聯絡其他已退出勞工界基本法聯席會議的獨立工會及勞工團體等二十多個團體，商議成立一個關注《基本法》組織。黃偉雄指為了工會九七後的權益，不能不關注《基本法》的，所以要成立獨立工會及勞工團體關注基本法小組，為勞工發聲，但為免敏感，討論內容不限於《基本法》內，將會包括僱員權益及公務員權益。但這個基本法關注組始終沒有組成。

　　1988年4月，基本法起草委員會公布首份草案，諮詢工作則在1989年10月結束。公工聯與140個獨立工會和民促會聯絡，就〈基本法草案徵求意見稿〉內有關政制和勞工權益內容，交換意見。黃偉雄公開指《基本法》保障勞工條文例較弱，很多條文對帶有敏感性的問題沒觸及，如：九七後本港勞工團體與國際勞工團體的關係，將來的勞工組織應該用哪一種方式去爭取加入國際性的勞工組織，如何保障獨立工會的生存和發展等。認為《基本法》條文在國際交往方面上，宗教團體可以

加入國際性組織，為何工會不能夠呢？在政制方面，黃偉雄認為八八直選可銜接《基本法》。

1990年4月4日，全國人民代表大會第三次會議通過，正式頒布《香港基本法》。

現行的《基本法》有關勞工問題列入〈第6章：教育、科學、文化、體育、宗教、勞工和社會服務〉，當中

第147條　香港特別行政區自行制定有關勞工的法律和政策。

第148條　香港特別行政區的教育、科學、技術、文化、藝術、體育、專業、醫療衛生、勞工、社會福利、社會工作等方面的民間團體和宗教組織同內地相應的團體和組織的關係，應以互不隸屬、互不干涉和互相尊重的原則為基礎。

第149條　香港特別行政區的教育、科學、技術、文化、藝術、體育、專業、醫療衛生、勞工、社會福利、社會工作等方面的民間團體和宗教組織可同世界各國、各地區及國際的有關團體和組織保持和發展關係，各該團體和組織可根據需要冠用「中國香港」的名義，參與有關活動。

條例寫明勞工團體「可同世界各國、各地區及國際的有關團體和組織保持和發展關係」，但與國內工會組織的關係「應以互不隸屬、互不干涉和互相尊重的原則為基礎」，好似有自相矛盾。

現行法例第332章《職工會條例》第45條〈與外國組織聯結〉，規定加入國際工會組織要得到特區行政長官同意，殖民地時代則是要港督會同行政局批准。職工盟由於不是工會註冊，所以不受這條限制。

遭上司打壓

　　香港大部分工會領袖都有被上司打壓的經歷，1980年11月，黃偉雄被安排調往市區另一辦公室工作。翌年2月，黃偉雄更遭上司在每年職員報告中，寫上「極差」的評分。在12項評分中，工作熱誠、工作質素、工作數量、專業知識，與同事關係等6項被評6分，要督導8個月。

　　1981年5月11日，測量員工會到政府總部請願，爭取晉升機會，同時要求徹查黃偉雄被寫壞報告事件。

　　5月21日，工務司覆信測量員工會，認為黃偉雄沒有受到不公平對待，指根據記錄顯示，黃偉雄曾多次被口頭警告有關他的工作量，在1980年10月6日，黃偉雄接到有關他非因公事而過分使用電話的書面警告，黃偉雄調去寫字樓將會有機會在不同的督導下表現其工作能力。黃偉雄是工會主席，政府是容許在工作時間內處理工會事務的，工務司只是概括指其「非因公事而過分使用電話」，沒有指明是否私人事務，以混淆視聽。

　　測量員工會指工務司的覆信是處理不小心及不盡責的調查，測量員工會不能接受。測量員工會指按慣例一名上司對下屬做出一個極壞的報告前，應事前發出多次書面警告信，但今次事件沒有如此做。

　　6月，銓敘科兩名首席助理銓敘司與八名測量員工會理事開會，解釋黃偉雄因壞報告而需要調換工作地點，強調當局有權調配一名員工的工作地點，指壞報告乃屬個別員工問題，與工會事務無關。即是說測量員工會支持黃偉雄的行動是超出了工會的工作範圍，又說黃偉雄若認為上司處事不恰當，可以個人名義向布政司甚至港督提出上訴。如果測量員工會涉足其中，等同干涉管方行政。

　　測量員工會不同意銓敘科的意見，認為管方濫用職權，工會有權保障會員權益，使其免受不公平的對待。要求管方提出證明以支持壞報告符合程序，否則測量員工會會繼續跟進。測量員工會決定按計畫召開緊急會員大會商討對策，聲稱不排除會採取強烈行動的可能性，即是說可能會發動罷工。

　　管方以壞報告方式打壓工會領袖屢見不鮮，幾乎所有工會主席都有此遭遇。但

是絕大多數都是徒勞無功的，他們大多數都能夠做到「修身，齊家，治國，平天下」的準則，律己嚴格，工作絕不苟且。如香港消防處救護員會前主席屈奇安被同僚戲言：「跟工會主席開工無運行！」屈奇安工作嚴謹絕不鬆弛。食環署工會的李美笑更多次得到市民的公開讚賞，她／他們同樣遭上司打壓。

支聯會事件

　　《中英聯合聲明》簽署後，民間團體在紅磡高山劇場舉辦高山大會討論《基本法》的起草和未來政制問題，並要求政府在1988年立法局選舉中舉行直選（八八直選），收集到二十二萬個市民的簽名向政府施壓，但建議最後遭到港督否決。高山大會亦要求《基本法》起草委員會在《基本法》內容加入民主政制。

　　1986年的第一次高山大會，由「香港民主民生協進會」、太平山學會、匯點、公工聯和教協等多個團體合辦，提出「打造新香港，民主再啟航」的口號。高山大會提供了一個機會，把支持民主的人士集結起來，互相交流、聯繫和合作，共商香港民主發展的議程和關注點。同年由百多個社運和壓力團體領袖聯合發表《一九零人政制方案》，支持普選行政長官及1997年至少有半數立法局議席由直選產生。公工聯等11個團體亦以此為基礎於10月27日組成民促會，由《基本法》起草委員司徒華及李柱銘兩人領導，黃偉雄是核心成員之一。目的在爭取八八直選、爭取《基本法》建立民主政制和實現百分之百的「港人治港」。黃偉雄稱許司徒華就是民促會的精神領袖，教協有人力物力，故會議多在教協舉行。

　　1989年4月北京爆發學生運動，5月20日，民促會在維多利亞公園發起聲援北京學生運動，估計有五萬市民參加。翌日一百萬市民參加大遊行，在馬場靜坐時，民促會召集人臨時當眾宣布成立「全港市民支援愛國民主運動聯合會」（簡稱「支聯會」），由民促會祕書處負責籌組，支援北京學生，台下反應熱烈，彷彿市民授權民促會去成立這個新組織。事前民促會內部並沒有討論過成立支聯會一事。黃偉雄是民促會祕書處成員，也是這時始知有這一回事。支聯會的籌組會議由司徒華主持，黃偉雄全程參與出席，黃偉雄順利成章成為支聯會核心董事局成員之一。支

聯會創會時總共有225個成員團體，其中的勞工團體約有二十餘個，如：CIC、教協、官非會、公工聯、測量員工會、勞聯和社會工作者總工會等。

震撼全球的六四事件發生後，支聯會正式選舉常務委員，邀請鄭經翰、前「革命馬克思聯盟」領袖吳仲賢和演藝界的岑建勳等3人加入。司徒華不希望吳仲賢成為支聯會核心成員，認為吳仲賢太激進，透過身邊的人，動員黃偉雄等人不要投票支持吳仲賢。某政界紅人也來遊說黃偉雄，令黃偉雄十分反感。黃偉雄認為遊說拉票是正常的事，但講明不要選某些人就是違反民主精神，不可以接受。最後選舉結果吳仲賢落敗。

支聯會第一屆常委有：司徒華、李柱銘、何俊仁、張文光、朱耀明、陳志明、莊耀洸、夏其龍、郭少棠、李卓人、李永達、李啟明、李偉傑、劉千石、岑建勳、陶君行、麥海華、曾健成、楊森和胡露茜等。內有司徒華、張文光、李卓人、李啟明、劉千石、麥海華等工會領袖、黃偉雄和程介南兩人曾當選常委，一個月後兩人因不同理由請辭，所以支聯會的資料不把兩人列為第一屆常委。

6月12日，支聯會常委會（董事局）互選主要負責人，黃偉雄質疑6月11日的常委會選舉，指當晚共有199個合資格團體簽到，大會發出了202張選票，兩者相差多發了3張選票，投票後收回了199張選票，有3張選票不知去向。黃偉雄又發現有些簽到團體沒有在支聯會成員名單上。5月30日屯門區議員吳明欽一個人代表9個議員辦事處和地區團體簽到，另一名屯門區議員代表8個地區團體簽到，黃偉雄認為他們的行為是要為日後競選常委鋪路

黃偉雄又質疑6月9日支聯會的大會，只有一百六十多個團體簽到，何以6月11日選舉有228個團體有投票資格，一兩日之間多了六十多個團體。又質疑支聯會冷淡處理談綺華和游淑儀滯留北京事件，因而發生大爭論。

黃偉雄與司徒華爭持不下，宣布退出支聯會，李柱銘忍辱負重，半膝下跪要求黃偉雄以大局為重，不要離去，黃偉雄毫不讓步，堅持退出。因此，黃偉雄退出選舉，並起草了退出聲明，交代退出原因。支聯會內的公工聯一眾成員與黃偉雄行動一致，整隊人拉隊離開會場。黃偉雄返回公工聯後，就此事遭受各執委聲討，甚至指黃偉雄的行為是搞內訌。

黃偉雄認為「民主與獨裁」是大是大非的問題，這個問題處理失當，如何在中華大地「支援愛國民主運動」呢？！黃偉雄退出支聯會，公工聯另派3名代表進入支聯會。公工聯公開指責黃偉雄退出支聯會前沒有通知公工聯，是沒有盡道義責任的行為，對黃偉雄退出感覺可惜，認為對民主派和支聯會打擊很大。

　　黃偉雄公開表示是以公工聯身分加入支聯會的，以個人名義加入常委會，故退出常委會前沒有諮詢公工聯，只是道義和禮貌上知會該會。又公開表示因為個性率直不適合搞政治，所以拒絕重返支聯會。而測量員工會和公工聯仍會保留支聯會會席。測量員工會自加入支聯會一直都有出席支聯會會議，每年都有出席投票選常委，履行責任。

　　黃偉雄辭去支聯會常委職務，支聯會會議通過挽留黃偉雄，黃偉雄不為所動，處事絕不和稀泥，再沒有參與支聯會事務。

　　6月23日，黃偉雄得到黎則奮、陳嘉上和黃碧雲等六十餘人的支持聯署，在《大公報》刊登半版廣告，聲稱「支持民主、反對獨裁」，提出「慎防走上獨裁」的問題，矛頭直指司徒華。

　　支聯會對黃偉雄的聲明公開解釋說，6月9日前共舉行了9次大會，有些團體出席前9次大會。只是於6月9日沒到場，任何支聯會成員都有投票權，提名人次序是按提名先後排列。不是圈定20人放在前面。沒有冷淡處理談綺華等滯留北京事件。支聯會重申每個出席團體只能持有1張選票，同時所有資料公開，任何人都可以查閱。

　　司徒華公開表示，黃偉雄指他獨裁是侮辱了他本人和同他一起工作的人。反指黃偉雄的投訴不符事實，他本人沒有獨裁，獨裁只是黃偉雄等個別人士的印象，他沒有慫恿別人提名競選常委，亦不會反對其他人參選。

　　黃偉雄退會事件令全港輿論射向公工聯，公工聯不能承受這般壓力，公工聯召開執委會處理這個問題。會前梁籌庭等商談好，有足夠票數拉黃偉雄下台。會議動議罷免黃偉雄，結果黃偉雄被罷免，另選蕭賢英出任主席。

　　事過境遷，黃偉雄回想這一件事，自覺年少氣盛，認為支聯會中人一直支持國內人民的民主運動，可惜在節骨眼上出了問題，有人玩弄權術，有政治問題。在常委選舉問題上，黃偉雄認為不能限制某些人的參選資格。當時情況是這些人的人數

少必定會輸的，何妨做一場戲，讓他們參選，我們人多一定能在公平投票的情況下擊敗他們，讓他們「心服口服」地在我們指導下活動，而不是採取排擠方法。可是主政者驚輸，人為設置障礙阻止部分人參選，令到支持者認為當事人手法笨拙。支聯會常委選舉年年舊酒新瓶，都是這一批人主持大局，直至現在都是如此。2013年的第二十五屆選舉，二百多個有投票權的團體中，有不少已經已經恍如「冬眠」，甚至是不再存在的，或已不再公開支持「平反六四」！然而這些團體卻仍有投票選常委的資格。

黃偉雄擔任測量員工會主席一直做到2004年，交棒給李學文接任。

支聯會事件後，黃偉雄仍有為司徒華和李柱銘立法局競選工作助選。更曾任劉慧卿競選經理，及參加陸恭蕙、余若薇和陳方安生等競選工作。

政府測量主任職系資料

晉升途徑：

測量主任職系英文是Survey Officer (SO) Grade，晉升途徑：見習測量主任→測量主任→高級測量主任→首席測量主任→總測量主任。

按2021年資料：

總測量主任（Chief Survey Officer，CSO）是總薪級表第38至41點，月薪由85,870至97,745元。

首席測量主任（Principal Survey Officer，PSO）是總薪級表第30至37點，月薪由64,270至82,105元。

高級測量主任（Senior Survey Officer，SSO）是總薪級表第23至29點，月薪由46,655至61,415元。

測量主任（Survey Officer，SO）是總薪級表第9至22點，月薪由22,725至44,555元。

見習測量主任（Survey Officer Trainee，SOT）是見習職級薪級表第4至6點，月薪由14,935至16,945元。

入職條件：

申請人必須

1.持有香港任何一所理工大學／理工學院或香港專業教育學院／科技學院／工業學院頒發的估價及物業管理文憑或高級證書，或具同等學歷（註(1)）；以及

2.符合語文能力要求，即在香港中學文憑考試或香港中學會考中國語文科和英國語文科考獲第2級或以上成績，或具同等成績（註(2)）。

〔註：

    (1)如：申請人尚未具備入職條件(a)所述學歷資格，但正修讀有關課程，並將於2020/21學年取得所需學歷資格也可申請；申請人如獲錄用，必須在2020/21學年內取得所需學歷資格才獲聘任。

    (2)政府在聘任公務員時，2007年前的香港中學會考中國語文科和英國語文科（課程乙）C級及E級成績，在行政上會分別被視為等同2007年或之後香港中學會考中國語文科和英國語文科第3級和第2級成績。

    (3)申請人如額外取得地理科的學術資格，以及具備工業繪圖及／或一般電腦應用軟件方面的知識，可獲優先考慮。

    (4)為提高大眾對《基本法》的認知和在社區推廣學習《基本法》的風氣，政府會測試應徵公務員職位人士的《基本法》知識。申請人在基本法測試的表現會占其整體表現的一個適當比重。〕

    獲取錄的申請人通常會按公務員試用條款受聘3年。通過試用關限後，或可獲考慮按當時適用的長期聘用條款聘用。

測量主任（土地）主要負責：

1.進行測量工作，包括實地測量、計算及標繪工作；

2.進行與土地信息系統有關的數據輸入及更新工作；以及

3.查核圖則。

（註：可能須調派至其他政府部門工作、不定時工作、在本港任何地方工作，以及在交通繁忙、陡峭及偏遠的地區和惡劣天氣情況下進行戶外工作。）

為第一標準薪級工友打拚的馮兆銘

訪問日期：2012年11月21日下午5時至6時30分
地點：旺角砵蘭街450-454號炳富商業大廈9樓C室潘兆平議員辦事處
被訪問者：政府機電監工技工職員協會會務顧問馮兆銘先生
列席：香港特區政府文書職系人員協會鄺漢泉先生
訪問員：梁寶霖、梁寶龍
整理：梁寶龍

左起馮兆銘、梁寶霖、梁寶龍、鄺漢泉（筆者提供）

【馮兆銘簡歷】

　　馮兆銘於1949年在廣州出生，1971年加入公務員行列，曾任第一標準薪級評議會主席，現任香港特區政府公務僱員總工會主席、政府機電監工技工職員協會會務顧問，2001年獲頒榮譽勳章，2002年曾任反對公務員減薪的全場總指揮。

公務員生涯

　　在普羅市民心中，公務員都是具有相當教育水平的人，從而忽視了一批中下層的公務員，尤其是第一標準薪級，有關公務員的學術著作亦甚少提及他們。馮兆銘就是第一標準薪級工會領袖之一，他的工運路就是為第一標準薪級的工友打拚。

　　馮兆銘於1949年在廣州出生，是年廣州解放中國政權易手，不久馮家就移居到香港。馮兆銘是香港培正中學學生，讀完中三課程就離開學校，因為馮父認為馮兆銘應該學門手藝，一技傍身，才能解決以後的生活。因此馮兆銘進入了一間機器廠做學徒，學習有關機械製造知識。馮兆銘對此興趣十分濃厚，學師過程中，雖然工作時間冗長，每天由早上8時開工一直工作到晚上8點止，由朝到晚足足做了12小時。餘下的12小時用作上下班和睡眠休息，私人可以使用的時間極有限，就此失卻了返學的機會。日後馮兆銘有機會進修的時候，卻遇上其他因素始終無法完成中學學業。

　　舊式的學徒訓練為期約為3年，部分行業會稍長。學師期間要跟著某行業的師傅工作，由該名師傅教授有關工作知識，學徒期間除了工場上的工作外，尚要料理師傅的私人事務，如洗衣和煮飯等，甚至要服侍師傅的個人起居生活。

　　目前政府制定了香港法例第47章《學徒制度條例》，成立「學徒事務署」，旨在促進及管理學徒訓練。根據條例指定了45個行業，在這些行業工作而年齡介乎14至18歲之間的年輕人，若未曾完成學徒訓練，則須與僱主簽訂學徒訓練合約。合約必須送交學徒事務專員註冊。受僱於非指定行業或18歲以上的人，亦可自願註冊學徒訓練合約。學徒的訓練期通常為3至4年，如在參加學徒訓練計畫前，已取得合適學歷，如職業訓練局訓練中心的基本技術課程，可獲縮減訓練期多達12個月。

六七年暴動剛過去，馮兆銘學師期滿，轉到了另一間機器廠做技工。工作了一段時間，於1971年5月17日加入「機電處」做公務員，在土瓜灣宋皇台維修站上班。與私人機構比較，即時領「皇家工」[1]的優點，時間好，標準工時，下午5時已經可以離開工作崗位，每天工作8小時，比工廠工時少4小時。馮兆銘工餘時間多了，可是已經沒有繼續學業的意欲，是時港人讀夜校進修風氣盛行，馮兆銘回想自嘲說：「自己唔長進，沒有繼續學業。」

機電處成立於1948年，隸屬「工務司署」，1982年機電處與電氣處、機械處和運輸處合併為布政司署轄下的工務科，初期負責車輛管理和運輸，為操作維修機電裝置等方面提供簡單的服務。1982年工務司署重組，成立機電工程署（簡稱「機電署」）。1996年機電工程營運基金成立，分為6個業務單位，分別是機場及車輛工程部、綜合工程部衛生工程部、市政工程部、工程策劃部、運輸、保安及中央工程部等6個策略業務單位，為本港超過80個政府部門／局及公共機構提供服務，在部分涉及機電裝置的意外及消費者案件上提供化驗及建議，部分亦須就氣體、電力、升降機及自動梯、纜車及機動遊戲等制定安全條例。宋皇台維修站現已取消，遷入九龍灣機電工程署總部大樓。

馮兆銘加入公務員行列要由基層做起，職位是最低的二級技工。馮兆銘對自己技術充滿信心，入職前每月能夠賺取的工資不少，對主持招聘的督察說：「喂！你俾二級技工我點做。」督察解釋說：「唔可以一入嚟就係呢啲職位架。」馮兆銘隨意說了句：「咁樣我唔做啦。」真正有技術的人是必定得到賞識的，機電處竟發信通知馮兆銘上工。馮兆銘已不計較職位的高低，到宋皇台維修站上班。

馮兆銘踏入機電署大門時，做了一段時間第一標準薪級員工，職位是「二級技工」，月薪為470元，後來升為「一級技工」，屬總薪級表員工，月薪有513元，另有35元生活津貼。

機電署技工職系的職級依次分為二級技工、一級技工、高級技工，高級技工（俗稱三級管工），現已改變。

---

[1] 「皇家工」是香港俚語，指在政府部門工作，如說「皇家飯」，則是指被囚在監獄內。

第一標準薪級

馮兆銘研究過公務員薪級表，政府原來設有10個薪級表，到了1979年後，政府將所有薪級表組合一起，第一標準薪級仍然保留不變，其餘9個薪級表合併為一個總薪級表，因公務員工種繁多，以一個薪級表來釐定所有公務員的薪金，情況有點混亂。

自1979年起公務員薪酬結構一直沿用學歷比較法，目前各職系可歸納為12個資歷組別，因應不同的需要制定了12個薪級表，如下：總薪級表、第一標準薪級表、警務人員薪級表、一般紀律人員（指揮官級）薪級表、一般紀律人員（員佐級）薪級表、首長級薪級表、見習職級薪級表、技術員學徒薪級表、技工學徒薪級表和廉政公署人員薪級表等。

各個薪級表內設有若干個薪級點，各職級薪級由本身職系所屬薪級表上某一系列的薪級點組成。一般來說，如非有重大過失，公務員會按其所屬薪級每年獲得加薪一次，直至到達其職位薪級的頂薪點。

第一標準薪級員工為技術、半技術和無技術的普通工人，職系是工人（Labour）和技工。工人分為兩個職級，最低級的是二級工人（當時英文名稱是Labour），上一級是一級工人（Senior Labour）。現一級工人英文是Workman One。

第一標準薪級員工（MOD 1 Staff）雖是屬於公務員，亦被稱為「打皇家工」，卻是非設定職位，是以按月聘用條款受聘（Month-to-Month Staff），稱為「乙類人員」。第一標準薪級員工有自己的薪級制度、特定條款、附帶福利及紀律安排等，由〈銓敘條例第306條〉（CSR306）規管，稱為臨時按月聘用。第一標準薪級表薪級由第0點至第13點，分為14級，2013年每月工資金額是由港幣10,555元至13,745元。

九七之後政府將公務員按不同聘用制，分為「甲類人員」和「乙類人員」。甲類人員是指擔任設定職位的員工，合約制、長期聘用制、按月聘用制，並獲實任常額編制內設定職位的員工。而乙類人員則是以按月聘用制擔任非設定職位，或以合

約制擔任設定職位的員工，即未獲實任設定職位的員工。所有第一標準薪級職位均為非設定職位，員工是以按月聘用制受聘，因此全部都是乙類人員。乙類人員沒有長俸，不屬於總薪級表，即是不是中央編制員工。兩者比較，甲類人員除了享有較大的職業保障外，在透過內部聘任轉任其他職系方面亦有較佳的安排。

馮兆銘認為政府對第一標準薪級員工非常歧視，公務員年屆55歲可以稱「食糧」[2]，第一標準薪級表的長俸因子較總薪級表為低，第一標準薪級表的長俸因子以八百分之一計算，總薪級表的長俸因子以六百分之一計算。在不同的因子影響下，第一標準薪級員工領取的長俸金額必然較總薪級表員工為低。第一標準薪級的服條件非常苛刻，服務條件寫明，政府可以運用「簡易治罪條例」，即是無須任何理由，提早1個月通知，就可以解僱任何員工，無須任何補償，幸好政府很少使用。在這個情況下，形成第一標薪級人員處於一個長期性被歧視的地位。馮兆銘不滿地形容這個情況：「政府將佢哋當為一個次級公務員。」甚至在評議會上大聲疾呼抨擊這種不公平制度。

長俸計算公式：長俸因子x服務月數x年薪

踏上工運路

馮兆銘在機電署工作了一段時間，加入「政府機電監工技工職員協會」（簡稱「機電職員會」），該會於1979年成立，英文名稱是「Government Electrical & Mechanical Works Supervisors, Craftsmen & Workmen Association」，註冊編號是581，是勞聯屬會，2006年有會員2,114人，一直保持有二千餘名會員直至2012年。凡受僱在機電署的監工、高級工程技工、工程技工、一級工人、二級工人和合約工程人員均可加入。

馮兆銘加入工會後，正值風雲激盪的公務員工運高漲期，各職系都在爭取本身權益。在公義和理想的驅使下，馮兆銘於1984年決定參與工會工作，在工運路上逐

---

[2] 「食糧」是香港俚語，或稱為「食長糧」。意思是指享用退休後每月領取的退休金。

浪，為工友爭取自身合理的權益而奮鬥。他稱許當時三大公務員集團工會領袖：公工聯前主席黃偉雄、華員會前會長郭元漢和香港公務員總工會前會長陸冬青等都是表表者，參與他們發動的聲討行動和爭取運動，是時運動一個接一個，忙個不了。

馮兆銘認識了陸冬青一段時間後，十分欣賞陸冬青的工作能力，而陸冬青亦有意栽培他，對馮兆銘說：「你幫吓手啦[3]！」當時馮兆銘的工會意識有限，只是簡單地覺得要爭取權益而已。如此兩人就開展了師徒關係，馮兆銘自認是徒弟，跟隨陸冬青在工運路上打拚，尊稱他是師傅，甚至有點自豪。同期一打拚的尚有香港政府文員會的范顯光。

馮兆銘回憶前塵往事，指政府面對各公務員集團工會，比較「驚」公務員總工會，好「驚」陸冬青。稱讚師傅陸冬青是一位「好叻」[4]的工會領袖，令到銓敍科官員好「驚佢」。陸冬青於1986年離世，與陸冬青同期的工會領袖稱讚他為人樂觀、聰明、能幹、爽快，善於跟政府談判，處事得體，受人尊敬，是一位出色的工運人才。陸冬青是市政總署衛生總督察，曾任公務員總工會主席，勞工顧問委員會委員和基本法諮詢委員會勞工界委員等。

七十年代時，陸冬青與華員會前會長錢世年等籌組公務員工會的聯合會，職工登記局指牴觸《職工會條例》否決申請。陸冬青於1978年註冊成立香港公務員總工會，成員改為以個別會員和工會。創會成員有錢世年、陸冬青和消防處救護員會李永康等17人。發展至2012年共有會員13,629人，盟會成員51間。

第一標準薪級評議會

馮兆銘擔任「第一標準薪級公務員評議會」（簡稱「一評會」）勞方主席長達十餘年，有關方面甚至修改條例來遷就馮兆銘，希望他能繼續連任。是時馮兆銘職位是「科文」（Foreman），工作性質是監工（Supervisors），工作了約10年，已不是第一標準薪級員工。政府的治港手段一直以來，喜歡用以華制華的統治方

---

[3]　「幫吓手」是廣東話，意思是協助。
[4]　「叻」是廣東話，意思是聰明和屬害。

式，以統領第一標準薪級員工的人來做評議會勞方主席，覺得如果馮兆銘離開，可能會有意想不到的事情發生，些微的變化也不希望會出現。馮兆銘雖然已不是第一標準薪級員工，唯有繼續做多幾年。

評議會勞方主席由勞方代表互選產生，只負責在會上發言，沒有其他特權。一評會年年進行投票選主席，馮兆銘年年當選。郭元漢對馮兆銘說，一評會應該好似高評會一樣，輪流替換勞方主席人選才是最理想的。馮兆銘十分贊成，可是無人肯擔任主席職務。馮兆銘離開一評會前，訓練了一些接班人，可惜事實與理想落差好大，勞方主席的質素未能令人滿意。

評議會是政府的一個諮詢機構，作為與公務員溝通的橋樑，政府早於1968年設立了第一個評議會「高級公務員評議會」，除了評議會外，政府還加強各部門的勞資溝通，在各部門設立部門協商會或稱協商會，或稱職員代表會議。

一評會成立於1982年，規定入會申請者是根據《職工會條例》登記的工會，會員人數超過一千人。1987年時第一標準薪級員工總共有四萬二千三百人，工會有26間，合共會員人數有二萬一千五百人，其中華員會、公務員總工會、「香港政府水務局華人職工會」、香港市政事務署職工會、「市政事務署九龍職工總會」、「政府園藝環境衛生華人職工會」等7間工會有代表席位。這7間工會代表中，其中兩間屬跨部門工會，5間是部門或職系工會，合共代表一萬二千五百名會員，其餘沒有席位的工會有19間，會員合共有九千人，而沒有加入工會的第一標準薪級員工有二萬零八百人。再加上部分員工同時加入兩個工會，員工工作場所分布廣泛，做成一評會成員組織不均衡，一些部門員工在一評會內有超過1個代表席位，加上部分部門的第一標準薪級員工不足一千人，不合資格選派代表。

一評會員工代表資格現改為：（1）任何工會擁有一千名或以上屬第一標準薪級人員的會員，可派出最多兩名代表；（2）超過一間工會聯合組成一個單位，合共擁有一千名或以上屬第一標準薪級人員的會員，可有兩名代表。

2013年代表是：政府僱員工會的賴方、李惠儀；政府人員協會的陳鳳玲、林榮松；「政府市政職工總會」的李秀娟、唐鈴珊；華員會的周耀光、謝映強；公務員總工會的梁達華、葉志成；「政府產業看管人員協會」、「漁農自然護理署職工

會」及「香港政府水務署職工會」的李煒、盧耀等。代表總共有12位，來自8間工會，分為6個單位，5個單位是單一工會組織，1個單位是由3間工會聯合組成的。

馮兆銘當年是以公務員總工會的代表身分進入一評會的，傳統上公務員工會組織由評議會主導，就算叱咤風雲一時的公務員總工會、公工聯，在政府眼中都沒有地位，馮兆銘毫不諱言地說：「講得粗俗啲，當佢臭四。」各工會不停地提出意見，政府必定會看的，只是閱讀備案而已，而「態度照舊」，一切沒有改變，稍進一步的動作是回覆信函說：「Thank You Very Much！」

馮兆銘指出在蓬勃的公務員運動中，低下層的第一標準薪級員工長期被忽視，而且他們缺乏一些大型橫向組織，團結所有同一級別的員工去爭取權益。有權有勢有力的人，通常只會為上層的人去爭取權益，如專業人士、中上級以上的人。只要翻查薪常會的資料就能了解這個情況，整個公務員運動比較著重中上層以上，少人為中下層公務員發言，集團工會亦是如此。馮兆銘曾在一評會上倡議成立初級公務員評議會，在劃分範圍上，不要只以第一標準薪級來區分，要包括總薪級表內的下層員工。

馮兆銘對政府歧視第一標準級員工十分不滿，在評議會上大聲疾呼抨擊〈銓敘條例第306條〉，說：「點解我做咗30年，你1個月前通知我，無須任何理由將我辭退嘅呢！」官員無法正面回答這個問題，只好搪塞說：「政府沒有使用該條例，只是條例寫有這些內容而已。」但是〈銓敘條例第306條〉始終有如尚方寶劍，放在員工的頭上，政府有權隨時使用，而且是合法的行為。當時總薪級表的中下級公務員如被解僱，總薪級表內設的敘用委員會會進行紀律程序研判，員工可以提出申辯。在紀律聆訊中要證據確鑿，才可以開除該名員工。

經過馮兆銘多年來努力不懈的爭取，政府終於將〈銓敘條例第306條〉修改為〈銓敘條例第306A條〉，訂明第一標準級員工工作超過10年等同總薪級表的員工，必須要在有理由，和有自辯機會下進行聆訊，才可以解僱。但不足10年的員工，政府仍然可以使用簡易條例開除。馮兆銘經過一番審慎考慮後，認為無法取得進一步的成果，無奈地勉強接受。

談判經驗

八十年代，公務員總工會的政策認為所有公務員應該一視同仁，全力支持馮兆銘不停地在這方面的強烈爭取。馮兆銘認為雖然有部分第一標準薪級員工的薪金，高過總薪級表中的低層員工，不可以說因為他們薪金低就應該如此，總之，問題就出在制度本身上。他認為任何職位的薪酬應該以其在政府部門的重要性來釐定，或者按其價值。他向政府提問：「你們是如何評定該職位的價值呢？」這個薪級如何制定呢？官員一直以來無言以對，隨口說這些條例都是殖民地時代制定的。當採用簡易治罪條例的方法解僱員工時，就是一句「唔用你」，這麼簡單就可以開除一名員工了。

馮兆銘具體的建議是，希望政府將第一標準員工合併入總薪級表內。整合後，只須將公務員簡單地分為文職和紀律部隊兩部分，日後處理有關問題更為簡單，無須有第一標準薪級存在。馮兆銘進一步問政府：「何謂第一標準薪級呢？你怎樣去界定、釐訂呢？用什麼價值觀去量化他們呢？為何總薪級表內部分薪級點的薪金低過第一標準薪級？」官員東張西望，無法解釋箇中原因。殖民地時代的外籍高官抓抓頭，無法直視問題。總之，政府無法自圓其說。任何正式的提問政府都會回覆的，在這個問題上，政府只能以一些似是而非的解釋回答，或反駁馮兆銘的提問。

每次出席一評會，馮兆銘都針對以上問題「狂砌」[5]政府。最後政府做出小小讓步，雙方有小小妥協。馮兆銘提出一個轉彎方法，採取循序漸進方式來合併。以政府賺取員工假期來換取3年時間轉制。第一標準薪級員工工作崗位分布範圍很廣闊，職位繁多，在政府部門內所占的比例不小。如果首先將一半員工，約兩萬餘人轉入總薪級表內，工會做出有條件的退讓，以有薪假期入手，讓政府賺取員工的假期。總薪級表員工的假期比第一薪級員工為多，合併初期，政府可以分期付款方式來改變併入總薪級表員工的假期。合併第一年員工得到的假期少些，第二年曾加多些，到了第三年才將餘下的工友全部才轉入總薪級表內，這樣所有公務員的待遇、

---

[5]　「狂砌」是廣東話，意思是猛烈抨擊。

地位就會劃一，第一標準薪級也不需要存在了。

在這個情況下，馮兆銘把政府逼到埋牆，有關官員徵詢各部門首長意見，對部分條件內容有所保留，認為政府應該保留簡易治罪條例。覺得在第一標準薪級內，政府要掌握住生殺權，要保留〈銓敘條例第306A條〉。

馮兆銘經過縝密考慮，多方推敲，認為管方若使用〈銓敘條例第306A條〉來解僱一位公務員並不容易，就算是該員工明顯觸犯了「死罪」，只要不是刑事罪行，要解僱可以說是非常困難的。按法規政府解僱員工必定要經過多個程序，員工才正式被解職。部分傳媒也曾報導有害群之馬的公務員，夠鐘返工，夠鐘放工，在辦公室內有如行屍走肉，終日詐傻扮懵，上司真是「吹佢唔脹」[6]的。馮兆銘諒解管方的憂慮，本著將第一標準薪級員工轉入總薪級表內的目標，與管方多番「講數」[7]，進行交易，開出條件，準備在〈銓敘條例第306A條〉問題上退一步，讓管方保留使用〈銓敘條例第306A條〉的權利，繼續可用簡易治罪條例解僱員工，換取管方將第一標準薪級員工轉入總薪級表內，管方毅然口頭答允。

終於達成目標，馮兆銘滿心高興，內心有點自滿，在一評會上向各人宣布這一消息，8個工會代表中大部分工會都OK，其中有一個工會表示異議。四萬餘人選出來的代表，人多必然意見多，職位高低不同，工作性質不同，各自為自己的工友爭取權益，意見難以統一。有人說：「嘩！馮主席，你唔係嘛！佢哋又得，呢個又唔得。」一時無法擺平，難以統一意見。

馮紹銘遊說工會領袖說：「我是主席，超然的，不能提出意見。如果你們認為不公平，堅持自己的主張。這個問題已經無彎轉，外籍高官不肯讓步的。如果不準備做出妥協，錯失了這個機會，以後可能永遠都無辦法轉入總薪級表內。」

最後終於達成一個妥協性的結果。馮兆銘鄭重向二級工人和一級工人承諾：「合併第一步邁出後，下一步就是將你們轉入總薪級內！」最終將所有代表說服，各人都肯退讓一步。員工代表達成共識，就是用這個方法，將第一標準薪級一半人轉入了總薪級表。其後繼續為一二級工人爭取，道路更加艱難。3年後，世局改

---

[6] 「吹佢唔脹」是廣東話，意思是無辦法解決。
[7] 「講數」是廣東話，意思是交換條件。

變，功虧一簣。

政府在2008年宣布，經考慮對第一標準薪級公務員隊伍的長遠需要後，同意准許在職第一標準薪級員工選擇由乙類人員轉為甲類人員，即是由合約工人轉為長期聘用。截至2009年4月30日共有4,998人轉為甲類人員。

當初主持討論這個問題的銓敘司是羅能仕[8]，接任的是霍德[9]，踏入九十年代的是屈珩[10]。馮兆銘的體會是殖民地時代，布政司或者銓敘司的權力非常之大，當時的立法局議員絕大部分都係應聲蟲而已。香港的運作由布政司主持，銓敘司的地位非常之高，僅次於財政司。

馮兆銘先後與多位華洋銓敘司共事，認為英國人有他們的長處，只要你能提出重點（Point），指出問題所在，能一針見血指出有關當局的失誤，他們無法回答，會想一些方法來解決問題。他們亦不會一次過答應工會的要求，而是斬件式地滿足工會的要求。馮兆銘有了這個體會，總結經驗認為，作為一個工會談判代表，要取得最大權益，未必能夠一步到位，要有退讓的部署，甚至準備好交換的條件。每個人的理念不同，退讓時可能會遭人臭罵，指責「你出賣工人」！談判技巧有多種，馮兆銘一直使用這個方法，認為有效。談判遇上死結時，通常都要做出一些妥協，令到大家有彎轉，有路行。在這個情況下，馮兆銘早有心理準備，情願大家當他是「狗熊好過係英雄」。如果在談判桌上只會一味說：「「唔得！唔得！」對方也回敬：「唔得！唔得！」結果問題原地踏步，一事無成。每個人做工運的理念不同，馮兆銘以持份者的權益作為大前提，並不以著眼於自己能否成為一個英雄人物。

一評會運作了一段時間後，很多工會要求加入一評會，規章訂明要有一千會員才可加入。馮兆銘建議，無論任何工會，只要3個間工會合共總會員人數有一千名，就可以申請加入一評會。管方應承了，結果改動規章，不論多少間工會聯合一起，其合共總會員人數有一千名第一標準薪級員工者，就可以申請加入一評會。

---

[8]　羅能士（John Martin Rowlands, 1925-2004），1978至1985年任銓敘司。

[9]　霍德（David Robert Ford, 1935- ？），1985至1988年任銓敘司，曾任布政司。

[10]　屈珩（Edward Barrie Wiggham, 1937- ？），1990-1991年出任銓敘司。

馮兆銘退下一評會後，各工會在一評會上斷斷續續接續進行他未作完的工作，都是朝向加入總薪級表的目標前進，最後都是無法達至目標。到了千禧年，有了阿Q精神的改變，改稱為長期聘用，任何內容不變動，原地踏步。馮兆銘退出一評會，接任勞方主席職務的是高素英。

　　馮兆銘置身工運圈中，對這一件事一直耿耿於懷，認為談判未能把握機會，錯失時機，目標就不能完成。

評價勞聯

　　在群體社會中，一貫是兩頭小、中間大。為何在香港的工運方面卻是中間最弱呢？這是一個值得研究的問題，勞聯正是這個情況的活生生例子。

　　馮兆銘是勞聯立法會議員團隊的成員之一，以前協助勞聯前立法會議員李鳳英的議會工作，現在協助勞聯現任立法會議員潘兆平。

　　馮兆銘指勞聯的現況，正是「兩面不是人」，最難做的是處於不左不右的處境。馮兆銘自嘲，勞聯最好下決心，選擇做奸或是做忠，「唔奸唔忠，好麻煩」。李鳳英曾有一個有趣的經歷，某天在立法會食堂午膳，坐在某民主派人士的同一檯側準備進餐，某君竟然離去，坐在另一張檯上進餐。

　　馮兆銘認為勞聯在勞工事務上，不要理會這個議題是由哪一方面提出來，一定要支持勞方的權益，因為勞聯本身是一個代表勞工權益的團體，是勞工界的一分子，所以在勞工事務議題上一定要站在勞方的立場上，不要理會其他的問題，對準目標。如最低工資可能與公務員無關，但公務員一定要支持。男性侍產假為何只是公務員可以享有？整個香港勞工界為何不能享有？這方面的問題勞聯都要出聲。

　　勞聯與其他集團工會比較並不弱，只要保持不引入政治因素。當工會引入政治因素後，會萌生長官意志：「阿爺[11]吹雞[12]全部跪低！」這樣就「仆街」，等同自廢武功。馮兆銘覺得作為公務員工會，在這方面要保持政治中立，也是勞聯要守住

---

[11]　「阿爺」是香港俚語，意思是指北京政權。
[12]　「吹雞」是香港黑幫用語，意思是召集人馬。

的底線，若非如此，將會失卻自主權，成為扯線公仔，任人擺布，這樣就悲哀！

工會需要有政治影響力，不是要有政治傾向性。工會與政黨的關係，講得難聽是互相利用，講得好聽是大家團結一起。如何將工會的聲音帶入議會，擔任公務員總工會副主席時的馮兆銘，面對政治中立問題時，無論民建聯或者民主黨，任何政黨提出的議題，不應用自己的觀點去思考問題，以自己的政治傾向去認同或不認同這個議題，或視為屬於我自己的事。作為一個公務員工會或者公務員，應該執行政府制定的政策，按香港法例和部門的指示去執行職務，服務市民。這是公務員的使命，就算不認同政府某個方面，在職務上都要執行政府下達的指示。

面對香港工會政治立場的分野，馮兆銘希望出現平衡的局面。有段時間，愛港愛國工會好風光，大部分工會都向工聯這邊傾斜。馮兆銘力主要平衡，與工團保持聯絡，亦有出席工團舉辦的雙十酒會。現在工團日漸式微，可能會塌下來，馮兆銘不希望出現這個情況。

公務員工運前瞻

馮兆銘多年的工運心路歷程中，看見工會運動日漸式微，覺得香港工運現正在沒落中，這個情況不只是香港獨有，而是全世界都是如此。不要單看2011年時香港工會會員的入會率高達23%，以及香港有八百多間工會註冊登記，尤其是公務員工會的數量，就誤以為香港工運興旺。

由於公務員總人數多達十六萬八千餘人，公務員工會的數量多，會員人數也不少，所以得到很多政治團體的垂青，紛紛爭取公務員的支持。若以一家四口來計，最少的都有兩票，最多的有4票，在選舉上影響力非常之大，能左右大局。

近年公務員工會甚少提出一些爭取權益的議題，只有一些零星落索的工業行動，沒有具體的行動。現在整體工運正沒落，取代工運的是社會運動，而工運只是社會運動中的一個小元素而已。

現今香港社會，作為一個勞工持份者，遇上疑難都未必會向工會求助。工人提出疑難，遍布各區的各級議員會排隊到來，爭先恐後的來幫助你解決問題，爭取業

續。在現今的這個環境下，工會尚有多大空間去解決問題和爭權益。原則上作為工運有兩個環節，一個是硬件：如薪酬服務條件、職業保障之類，這是主要的；另一個是軟件：如福利、旅遊和購物優惠等，這是次要的。絕大部分「會仔」[13]必然問的一句是：「我加入工會有乜著數[14]。」部分工會為了維繫會員大搞福利主義，恍如「百佳超級市場」，會員只會視為一個提供優惠的地方，有點本末倒置。在這個現實環境下，令到香港工運參與者的工作越來越困難，接班人更難求。

其實現今政府是會在壓力下更改一些政策，只是香港工會不夠團結。還有另一個問題，政府需要提升自己本身作為一個全港最大人力市場的吸引力，如何去吸納最好的人材進入政府部門做公務員。這個是政府本身責無旁貸的行為。因為同一道理，公務員有許多不同的工作種類，政府如何在同一人力市場中，吸納到上四分位直線的人加入政府部門，作為公務員服務市民呢？若非如此，政府只是聘請一些「咖喱啡」[15]，不稱職的公務員。這樣會直接影響本身的統治威信，如何能提高服務質素，都是空談。執政者不要忘記，市民對政府的服務要求與日俱增，再不是七八十年代的世界，見到官會「驚」。現今公務員服務市民稍有差池，隨時會被臭罵一頓，遇上蠻不講理的人，做得好也會挨罵。

馮兆銘建議政府要去請一些上四分位直線的人，加入公務員行列，確立政府本身的威信。現行政府為何是弱勢政府呢？威信日漸下沉。為官者「官不聊生」不是假的。所以政府應該檢討本身的公務員政策，和整個公務員制度，設法去改善，重新議訂如何提升自己的統治質素，將公務員的效率提高，如何加強培訓公務員，這方正是現今所缺乏的。在非公務員合約方面，不要再剝削工人，寧願精簡人手架構，不要過分外判。有些職位外判是合理的，有些則大有問題，如掃街和清潔等外判是對的，但也不是所有都對的，要好好檢討。

機電署是最後一個部門推行營運基金的，結果被馮兆銘「隊冧」[16]了，馮兆銘

---

[13] 「會仔」是香港俚語，意思是會員。
[14] 「著數」是廣東話，意思是利益。
[15] 「咖喱啡」是香港俚語，意思是擔任不重要角色的人，原是電影業術語，指臨時演員。
[16] 「隊冧」是香港俚語，意思是擊倒。

形容為「打到佢八彩」[17]。

在國際工運層面上，公務員工會的國際組織是國際公務員工會，它在香港只有3個屬會，分別是機電工會、華員會和香港消防處救護員會等。回歸後，按《職工會條例》加入國際工會組織要得到特區行政長官同意，否則是觸犯了嚴重刑事罪行，所以機電工會好珍惜這個會籍。

工運理念

馮兆銘是學徒出身成為技工，工會知識是從陸冬青身上學回來的，經歷了數十年的工會經驗，馮兆銘指出這樣的不正式的師徒制，侷限了香港工運的發展，認為香港應該有一個學院派的工運進階，香港工運才能健康蓬勃發展下去。

馮兆銘身為一位公務員工會領袖，為了會員，為持份者的利益，工作上持有一份公平、公正、法治的精神，來保衛工會會員的既得利益。這是工會領袖的天職，也是公務員應該有的本份事。如2002年反對公務員減薪運動，馮兆銘認為這是一個動搖自己權益的問題。公務員入職時是這樣的，也就是勞資雙方的共識，若外部環境起了巨大的改變，資方提出凍薪要求尚可商議，政府單方面立法來減薪則是大問題。工會當然要帶領會員起來反抗。公務員這樣的行動便有違政府制定的政策，等同沒有執行管方安排的工作。但是在這個問題上，不可以和政治中立混為一談。工會有責任去保衛會員權益，這是工會工作的大前提，起來反抗是必要的。如果讓政府開此先例，怎能估計政府下次會否再來一次。公務員減薪後，資助機構會跟隨，對全港工人的打擊面會擴大，工會為何不應該去反抗呢？！現時私人機構員工有返工無放工，公務員都是如此，工會為何不出聲呢？！公務員領取公帑應該為市民服務，責無旁貸。但要對準目標，公務員不是為政府服務，是要為市民服務。其餘的政治爭吵，公務員應該保持一個超然的地位。

馮兆銘有感而發說：「作為工會運動者，都有自己道德規範。」有一個問題，

---

[17] 「八彩」是香港俚語容詞，在此意思是全面擊倒。

工會領袖不是利用團體的角色來進行「蝦蝦霸霸」[18]，應該更加要做一個榜樣，以身教來感染會員，什麼是守法，如何去為市民服務，這個亦都是工會其中一個要素。工會不是幫會組織，以非法手段來保護會員，甚至訴諸武力，為求達到目的不擇手段。消防處救護員會的屈奇安就是一個榜樣，工作嚴謹自律律人，在工作上是同僚的榜樣，在家是兒女的榜樣。

集體談判權

工運人的天職、理想和理念是什麼？馮兆銘的就是要爭取集體談判權。這是所有工會工作者的終極目標，馮兆銘念念不忘這個目標，努力不懈地追求，誓要終有一日能達到。馮兆銘認為在邁向這個目標的道路上，公務員可以起帶頭作用，可以作為一個先驅者。因為政府較容易推行集體談判制度，可惜公務員工會太多，做成各自力量細小，加上各工會之間互相爭鬥，「個個你插我，我插你」，未能團結一致，形成一股強大力量。

馮兆銘縱觀工運歷史，一路不斷演變的過程，以現在工會運動的訴求來看，認為自從全球一體化之後，在泛資本主義下，工人能夠提出訴求的手段不多，集體談判權現在來說是奢望，好遙遠，遙不可及，現今香港工人是絕對無可能得到的。雖然集體談權判在外國是非常之霸道，非常之理想化。

所謂集體談判權，就是勞方集體性地透過工會與資方談判僱傭條件，資方必須參與，談判結果具有法律約束力，目的是希望勞資雙方能在一個較平等的情況下訂立僱傭條件，以保障勞方應有的權益。

香港政府自認一向採取符合香港情況的措施，鼓勵及推動僱主與僱員之間及有關組織自願性質的集體談判。相信任何協商或談判，必須是雙方自願方可成功及有意義。政府這一段自述，在近5年的勞工處年報中，都一模一樣地重複敘述一次。

國際勞工組織於2013年要求香港政府與社會夥伴協商，採取必要的措施，包括

---

18 「蝦蝦霸霸」是香港俚語容詞，意思是以強欺凌別人。

立法性質的，以鼓勵和促進工會和僱主及其組織之間的集體談判。

在香港只有國泰、港龍、英航、可口可樂、雀巢和紮鐵業等少數工會享有集體談判權。政府的評議會只是諮詢機構，勞方只是提供意見，不是平等談判的集體談判權。

回歸前，李卓人以私人條例草案形式提交《僱員代表權、諮詢權及集體談判權條例》，主權移交後，臨時立法會隨即廢除該法例，工聯會投下了贊成票。

馮兆銘提出一個集體談判權先行建議，公務員可以先決先行採用一個初階集體談判模式，作為一個楷模，帶動社會各方面討論，共同認識，了解集體談判權。為何公務員工會可以起帶頭作用呢？因為公務員工會與政府已經有一個約定俗成，洽談薪酬及服務條件的機制——評議會，而且已經制度化了，運行了數十年。公務員工會一直在評議會機制下爭取權益，如政府計劃於2000年實施3+3公務員入職制度，新入職公務員須經過3年試用期，及3年合約期才可轉為長期聘用，原來公務員只需要經兩年試用期便可轉為長期聘用。政府聲言要解決長聘制公務員「易請難送」的問題，因此制定了3+3制度。結果被各工會團結一致，槍口對準同一目標，把3+3制度「隊冧」。結果公務員只須試用3年，就可以轉為長期聘用，成為正式公務員。這是各工會共同團結一致，爭取得來的成果。

公務員總工會於1993年藉與港督彭定康開會時，提出在公務架構內實施集體談判權，建議任何工會只要會員人數超過該職系總人數的一半以上，即是50+1，便應享有集體談判權，但不得要領。

團結力量

一直以來衡量一個地方的勞動權利是否彰顯，是以勞動三權能否得到落實來定斷，所謂勞動三權是指勞方的組織工會權、集體談判權和罷工權，涉及的法律則是工會法、團體協約法和勞資爭議處理法，又簡稱為「勞動三法」。集體談判權是要先得到組織工會來支撐和實現的。沒有工會組織是無法參與集體談判的，無團結一致的工會如何有效使集體談判權及罷工權。

組織工會就是把工人團結一起，保護自己的應得合理權益。馮兆銘目睹2012年消防處工會爭取工作時數事件，有理由相信處方推動有些人，令到「香港消防處職工總會」、「香港消防控制組職員會」和「香港消防處工時關注組」等內訌，自己人打自己人。在策略層面上來看，不同的人或者可能會有所保留，故不宜過分批評這些工會的爭取方法，或爭取目的。這件事反映香港工會不夠團結，有如一盤散沙，有些飄飄然，終日都想做盟主，有一統天下的意圖，卻沒有一個道德、量度，去整合各工會。相反，我們應該把眼界擴闊，觀察外國工會，整合各工會是一個共同的目標。整合之後，發揮團結力量去影響政治，令到執政者和國會方面要聆聽自己的聲音。香港工會兩者都做不到，這是香港工會的悲哀！

有了團結一致的工會，更要有一代接一代的領導人輪替，才能令工會有效地向前發展。目前公務員工會接班人缺乏，辦工會日趨困難。

2021年技工職系資料

技工職系文是Artisan Grade，技工（Artisan）屬總薪級表第5至8點，月薪金額是17,675至21,340元。

職系實際人數為3,202人，各職級編制為技工3,636人。

機電工程署技工（機械）（Artisan (Mechanical)）主要負責安裝、操作、保養、維修及大修各類工程裝置及設備，包括汙水處理設施、後備發電機、鍋爐或索具，以及製造及打磨附件或備件。

技工職系申請條件：

申請人必須

1.（1）完成一項認可的機械工程學徒訓練或其他認可實務訓練課程；或

（2）有最少4年擔任機械工程的工作經驗；及

2.完成小六課程，或具同等學歷；及

3.具備相等於小六程度的中英文語文能力

（註：申請人均須通過適當程度的技能測驗。申請人如擁有機械工程範疇的相

關工作經驗,將獲優先考慮。)

入職條件:

1. 提高大眾對《基本法》的認知和在社區推廣學習《基本法》的風氣,政府會測試應徵公務員職位人士的《基本法》知識。只有在兩位申請人的整體表現相若時,政府才會參考申請人在基本法知識測試中的表現。

2. 獲取錄的申請人,可能會獲調派至其他部門工作,以及可能需要:

 (1)執行輪班／緊急／上班候命／隨時候召職務及不定時工作;

 (2)在偏遠地區或在惡劣環境下工作;

 (3)根據自行駕車計畫駕駛部門車輛;

 (4)穿著制服／保護衣物;及

 (5)攜帶傳呼機／手提電話。

不涉政治的工會領袖鄺漢泉

訪問日期：2012年11月21日下午5時至6時30分
地點：旺角砵蘭街450-454號炳富商業大廈9樓C室潘兆平議員辦事處
被訪問者：香港特區政府文書職系人員協會主席鄺漢泉先生
列席：政府機電監工技工職員協會會務顧問馮兆銘先生
訪問員：梁寶霖、梁寶龍
整理：梁寶龍

【鄺漢泉簡歷】

鄺漢泉於1952年在香港出生，英文名Peter，1973年投身公務員行列，做了四十多年。1998年加入「政府高級文書主任協會」，二千年出任華員會文書主任分會主席，後創立「香港特區政府文書職系人員協會」，出任主席職務。

政府文書職系

回歸後政府曾一度暫停招聘公務員，相隔15年後於2010年恢復招聘文書助理，原本預計招聘四百人，結果吸引了共四萬四千人來申請，當中有25％具大專以上學歷，反應非常踴躍，結果有1,150人獲聘，引來一片譁然。這種高學歷降級求職的情況在七十年代時有發生，招聘郵差因出現這情況而成報刊新聞。

2020年招聘助理文書主任有34,289申請人數，聘用了2,522人。

鄺漢泉正是七十年代以高學歷降級求職者之一，以預科畢業生學歷投考政府文書職位。是時文書入職學歷要求只須F.5畢業便可，而鄺漢泉卻是F.7（中七）預科畢業生，中學會考的成績也不錯。預科生多是準備上大學的學生，是時香港大學學

位有限，政府開辦的只有香港大學和「中文大學」，學位競爭劇烈。鄺漢泉未能被大學取錄，唯有投身社會工作。

鄺漢泉以高學歷申請這個職位，有關官員也許認為這是難得的人材，迅即被錄用。鄺漢泉連日翻閱求職廣告，綜合比較，「貪」公務員職位相對穩定，決定投身公務員行列。

鄺漢泉剛剛考完「高級文憑試」不久，遂於5月1日就上工，出任「二級文員」（Clerical Officer II，簡稱CO II），現在改稱為「助理文書主任」（Assistant Clerical Officer，簡稱ACO）。工作了一段時間，鄺漢泉體會到公務員的晉升級機會是比較好的，工作了10年升做一級文員（Clerical Officer I，簡稱CO I），現在改稱「文書主任」（Clerical Officer，簡稱CO），到93年再升級為「高級文書主任」（Senior Clerical Officers，簡稱SCO）。至於薪酬方面亦是不錯的，高級文書主任的工資等同一位「二級行政主任」（Executive Officer II，簡稱EO II）。

按資料：2020年**高級文書主任**屬總薪級表第22點至27點，月薪為44,555至55,995元。**二級行政主任**屬總薪級表第15至27點，月薪為31,750至55,995元，兩者起薪點相差7點，頂薪點相同。

政府文書職系員工由公務員事務局下的「一般職系處」集中管理，工作場地遍及各決策局及部門，主要的工作是一般支援及前線服務。一般職系處下設「文書及祕書職系」管理這些員工，下轄8個文書及祕書職系，分為16個職級。屬於文書職系的有文書主任（Clerical Officer，簡稱CO）、文書助理（Clerical Assistant，簡稱CA）、辦公室助理員（Officer Assistant，簡稱OA）等3個職系。文書主任職系分為高級文書主任、文書主任和助理文書主任等3個職級，文書助理職系只有個文書助理職級。辦公室助理員職系只有辦公室助理員1個職級。以上職級或者全部統合分為5級，由下至上依次是辦公室助理員，文書助理，助理文書主任，文書主任和高級文書主任等。文書的入職條件必須是中學畢業，在香港中學文憑考試5科考獲第2級或同等或以上成績，其中一科為數學，或具同等學歷；符合在香港中學文憑考試，或香港中學會考中國語文科和英國語文科考獲第2級或以上成績，或具同

等學歷；以及中文文書處理速度達每分鐘20字，及英文文書處理速度達每分鐘30字，並具備一般商業電腦軟件的應用知識。

　　文書職系員工總數約有二萬餘人，占公務員總人數的七分之一，遍布不同部門接觸不同員工，每一個行業都有接觸。通常文書員工在一個部門工作了一段時間，或者某位同事在希望轉去另一個部門學習，就可以申請調職，由一般職系處統籌處理，安排申請者轉到另一個部門工作。

踏足工運路

　　鄺漢泉於1998年加入「政府高級文書主任協會」，開始參與工會工作。整個政府部門內，約有五百餘位高級文書主任。鄺漢泉做了兩年會務工作，負責祕書職務，聯絡各會員，與全數五百餘位高級文書主任都熟絡。高級文書主任的晉升機會比較低，所以政府高級文書主任協會能夠真正可以爭取的權益不多。以員工最重視的權益薪金問題來說，在公務員方面是「大圍事」[1]，某一個職系提出要求改變薪級點時，在學歷比較法下，相同學歷的公務員的薪級點也要跟隨改變。鄺漢泉以自己主政的「香港特區政府文書職系人員協會」（簡稱「文書協會」）為例，在工資方面能夠發言的機會不多，會務方面多數都是以組織一些聯誼性質的活動為主，來維繫會員。

　　踏入二千年時華員會進行改選，其下轄有一個文書主任分會，這個分會的前主席邀請鄺漢泉一起組閣去參選，結果順利當選，上場主持大局。經過一段時間後，鄺漢泉更進一步坐上主席職位。鄺漢泉做了4年華員會文書主任分會主席一職後，和一班志同道合的文書同事萌生另組一個獨立的工會的念頭。鄺漢泉等認為一個不隸屬於華員會的工會，更加能夠為文書職系的同事發聲和辦事。經過一番工作後，於2005年成立了香港特區政府文書職系人員協會，英文名是「HKSARG Clerical Grades Staff Association」，職工會登記編號為1086。

---

[1]　「大圍事」香港俚語，意思是全部人的事情。

文書協會的會員對象是政府文書職系內的高級文書主任、文書主任、助理文書主任、文書助理和辦公室助理員等。宗旨是謀求將政府僱用的所有文書職系員工完全組織在會內，「共同爭取及維持公平與合理的工資率，工作時間及其他僱傭條件，並廣泛保障會員的利益」，爭取目標以工資問題排在首位。

　　文書協會「盡量採取和善及修好的辦法協調會員與香港特區政府之間、會員與會員之間，或會員與其他僱員之間的關係，及解決他們的糾紛」。強調處事方法是「和善及修好」。要「促進本會與香港特區政府之間相互尊重及了解」，突出「相互尊重」。長遠的目標是「成立永久性的機制為香港特區政府承認作談判的對象」，即爭取集體談判權。

　　鄺漢泉曾加入的政府高級文書主任協會是勞聯的成員會，所以文書協會也都順利成章加盟了勞聯。

　　鄺漢泉解釋，為何加盟勞聯，而不是加盟工聯會呢？主要是文書協會是走中立路線，如果加盟工聯會給人的印象是親建制的。如果加入職工盟就要經常上街遊行和示威，這些激進活動未必是公務員工會希望做的事。鄺漢泉認為加盟勞聯給人的印象比較中立，雖然勞聯被稱為工聯會B隊，即也是親建制，只是面目相對模糊。這條路線較適合文書協會這支數目龐大的公務員隊伍，鄺漢泉自嘲說：「如果我們加入工聯會可能更加飛黃騰達。」

　　勞聯成立於1984年，現（2016）已發展至96間成員會，16間贊助會員，共有112間屬會，內有職工登記局工會89間，整體會員人數已經超過六萬人，工會會員為576,060人。宗旨是：「團結勞工階層，爭取合理權益，參與民主改革，促進社會繁榮。」勞聯確立採取獨立、持平、務實的路線。

　　勞聯為了方便聯絡和發展會務，將各成員會按不同行業分為6個行業委員會：飲食、機電、運輸、公務員和資助機構、服務行業、資訊電子等事務委員會。公務員工會列入「公務員和資助機構事務委員會」，2016年共有26間成員會，贊助會員兩間，純公務員工會組織約有20間。

工運理念

鄺漢泉的工運理念是，工會第一要務是為會員爭取權益，第二是凝聚會員，組織旅遊活動和康樂福利等，讓會員更多機會接觸工會，加深對工會的了解。文書協會留意文書的仕途發展機會，認為一般職系處對文書的培訓不足，所以工會著重在培訓方面下功夫，開辦職業講座充實會員的工作技能，提高晉升機會。與同類職系工會比較，這方面的工作是文書協會的強項。文書協會會員很多是高級文書主任，工會因利成便邀請他們出來講課，教導師弟師妹如何應付升級試，及處理好每天上班的工作實務。所以工會能夠在短短的八年內，會員人數增長到一千五百餘人，增幅近50%，在公務員工運低迷之際，算是一個不錯的成績。

按勞工處的資料文書協會的會員人數如下：2006年會員人數為1,061人，2009年會員人數為1,380人，2010年會員人數為1,313人，2011年會員人數為1,402人，2012年會員人數為1,503人，2016年會員人數為2,021人。文書協會的會員人數一直在增長，近3年的會員人數每年都有過百人的增加。

鄺漢泉對工會工作的輕重次序排列如下：第一，爭取權益；第二，培訓課程；第三，康樂福利。這三項工是文書協會的「主打」[2]，其中的培訓課程能夠幫助工會「箍到」[3]好多會員。

鄺漢泉認為現在文書協會要努力的工作目標有3點，第一個目標是爭取員工的服務條件的改善。政府在不同的年代有不同的政策推出，以退休方面來說，有舊的長俸計畫和新的長俸計畫，現在更取消了長俸計畫，改用公務員公積金制度。大家都是同一辦公室內的同事，都是做同一樣的工作，竟然出現「一國幾制」的現象。文書協會認為這樣是對新同事不公平的，所以要爭取所有員工要有相同的待遇。文書協會知道這個目標雖然很難達到，但仍要朝著這個方向前進。第二個目標是改善醫療福利。市民普遍認為公務員醫療福利很好，其實當你深入了解後，就知道「認

---

[2]　「主打」是香港俚語，意思是主要項目。
[3]　「箍到」是香港俚語，意思是把握住。

真麻麻」[4]。私人機構的僱員可以到私家醫生求診，憑單據報銷取回費用。公務員就一定要到政府醫生處求診，按現在的公共醫療需求情況，整天坐在電話旁也未能預約到一個看病時間，最後只好無奈地自掏腰包去找私家醫生求診。如果需要找專科醫療的時候，與普通市民一樣，排隊兩三年都未必取得專科醫療的預排期。針對這些問題，文書協會正積極透過勞聯，聯繫公務員和資助機構事務委員會內的十幾間工會，團結一致，向政府反映意見，要求必須改善醫療福利。

另外有一件文書協會正在爭取中的工作，就是外判工的問題。現在政府的外判制度極有問題，外判合約員工太多，大部分合約工工作了數年，當中部分甚至工作了十年八年，身分仍是合約工，事實上他們的工作與公務員沒有分別。鄺漢泉認為：應該將這些長期有需要的工作崗位撥回給公務員去做，不應給機會讓無良商人去刻薄合約工。這就是第三點，也就是文書協會正在追求的工作目標。

至於學歷方面，現在相對好了。在董建華時代約有10年無請新人，引致文書職系出現斷層的現象，員工老齡化浮現。近數年政府重新聘請新的員工，因為相隔長時間沒有僱用新人的原因，新入職的助理文書主任的學歷水平都提高了，差不多有四成是大學畢業生。文書協會當然希望能夠長期留到這班同事在政府內工作，這樣有助維持公務員的質素。要留住這批高學歷的新人，必須給予培訓及具備升職的誘因，這些問題，有待考驗高官的治港能力和意願。

集團工會

大部分公務員都會在同一時間加入多間工會，既加入文書協會，又加入華員會文書分會，同時又是公務員總工會的會員，甚至同時亦加入工聯會屬下的政府人員協會。公務員只要認為對自己有利，可以同時加入無數間工會，沒有任何限制，工會亦不理會會員有否跨會籍，純粹是個人的抉擇。在這個情況下做成會員會籍重疊。如公務員總工會和政府人員協會，既有個人會員又有團體會員，就會出現集團

---

[4]　「認真麻麻」是廣東話，意思是一般水平以下。

工會內的會員會籍重疊。如郵差以個人身分加入政府人員協會，同時又加入香港郵務職工會，因為香港郵務職工會是政府人員協會屬會，這名郵差在政府人員協會的會籍就出現重疊情況。這樣，政府人員協會的總人數就有很大滲水成分。政府人員協會的總會員人數是將會內的個人會員總數，加上屬會會員總數。這名郵差的會籍在政府人員協會的會員總數上出現了兩次，政府人員協會正在處理這個問題，運用電腦覆核會員的身分，統計真正準確的會員人數數值。

鄺漢泉指文書協會和華員會的會務有小小的重疊，而理念不盡相同，他個人不宜加入華員會。鄺漢泉與華員會曾發生小糾紛，已經不是華員會會員。

華員會成立於1914年，以個人會員為主，按不同的職系分為不同的分會。如文書申請加入華員會，繳交60元入會費後，華員會會按該申請人的職系，自動將他撥入文書分會。如司機交六十元入會費，就會自動撥入到司機分會那裡，如此類推。

華員會現有47個分會，28個盟會，2012年會員人數有67,056人。華員會盟會會員不會獲發個人會員證，沒有華員會內部職位的選舉權和被選舉權；不會因個人冤情而獲得華員會的協助。

文書協會與公務員總工會、公工聯沒有直接聯繫，遇上大家要共同面對的問題時，就會一起舉行聯席會議，團結一致，站在同一陣線上奮鬥。公務員總工會屬下有一間「香港政府文員會」，可算是文書職系工會的始祖，當時文書職系工會不多，如果要加入工會的話，多數都會參加這間工會的。公工聯下屬亦有一間「香港文書職系公務員總會」。文書職系雖有數間工會，都是代表文書職系，談判對象同是一般職系處長，所以文書職系工會設有一個聯席。當各工會遇上要爭同一樣東西的時候，大家必須要統一口徑，才會有更大的勝利把握，就召開聯席會議。

公務員工運前瞻

鄺漢泉認為八十年代初是公務員最好環境的時候，政府不斷擴充編制，於七十年代入職的鄺漢泉等人，大部分工作了10年或20年都能夠晉升一級。至於現在的環境是否轉壞了，以文書職系為例，鄺漢泉認為不算太差。現在政府亦開設了很多職

位，將部分合約工轉為正式公務員，這樣等同增加了很多工作崗位給公務員。

另一方面，七十年代入職的公務員都年屆退休年齡，意謂會有大量職位空缺出現。相對來說，餘下來的公務員的晉升機會就會大增，轉換另一個角度來看，文書職系的前景轉壞亦是事實。文書職系不是一個獨立部門，員工分散在各個部門內工作。通常每一個部門只會關注自己部門職系員工的權益，有時對待文書職系的人有如「二奶仔」[5]，沒有予以重視，有任何利益都會安排給自己同一職系的同事優先享受，剩下來的才會考慮是否分給擔任文書工作的同事。

七十年代入職文書職系的人以男性比較多，現在入職做文書的人，甚至做行政主任的人，倒過來以女性為多，相差幾乎達到九比一，即9位女性對1位男性。普遍來說，女性的工會意識無男性強，而且女性的流動性比較高。

文書協會開辦的培訓課程很成功，具有吸引力，部分會員入會純粹是因為要參加培訓課程。至於能否藉工會爭取到更多權益，不是他們考慮的要點，他們亦不會重視這一點。他們重視的是工會能否幫助自己爭取到好多晉升機會，在這方面，文書協會亦能滿足他們的要求。

在會員流失方面，華員會近年會員流失率頗大，政府文員協會、香港文書職系公務員總會的流失量都很大。文書協會算是一間比較年輕的工會，幹事和理事的積極性比較好，能夠吸引了很多同事參加文書協會的培訓課程及康樂福利活動。文書協會會員的入會率很理想，逐年穩步上升（見上文資料）。在眾多文書職系工會中，文書協會的會員人數排在前列。

香港工會現在面對的一個重大問題，就是所謂「承先啟後」，如何培訓第二、第三梯隊，為未來的接班工作做出準備。明年（2015年）鄺漢泉要退休，離開公務員隊伍，不能再出任文書協會主席。退休後，鄺漢泉一定不會再做主席，安心卸任，早已做好接班的工作。鄺漢泉早已經訓練了其他的委員準備接班，這些接班人有六十後的、七十後的，甚至連八十後的都有。鄺漢泉很重視培訓他們的團隊精神，認為團隊精神是工會工作的支柱。

---

[5]　「二奶仔」是香港俚語，意思是次要的。

鄺漢泉組織工會表明不會介入政治化事務，但事實上工會事務不可能完全不牽涉入政治，因為政治是眾人之事。政治立場上，鄺漢泉持中間路線，不想太左走親共路線，亦不是激進的人，以激烈行動的方式來爭取要求。

鄺漢泉作為一個公務員工會領袖，不會加入民建聯或民主黨等任何政黨，不會以會員作為個人政治本錢，加入政黨圖一己私利。

四大與四小

公務員集團工會有所謂「四小」，勞聯的工作目標之一是向「五小」進軍，希望有機會成為第五間公務員集團工會，當勞聯的公務員屬會和人數與四小不分伯仲時，就有機會爭取到一個渠道去同政府談判，代表公務員同政府洽談薪酬條件和醫療福利。

另有所謂「四大」是指政府的4個評議會，分別是高級公務員評議會、第一標準薪級評議會、「警察評議會」和「紀律部隊評議會」等4個評議會。

律己律人的工會領袖屈奇安

日期：2012年11月19日下午3時30分至5時30分

地點：旺角砵蘭街450-454號炳富商業大廈9樓C室潘兆平議員辦事處

被訪問者：消防處救護員會屈奇安先生

列席：政府機電監工技工職員協會會務顧問馮兆銘先生

訪問員：梁寶霖、梁寶龍

整理：梁寶龍

公務員口述史2013年碰頭會。圖左站立者是港九工團聯合總會李國強，梁寶霖，坐者黃華興，站立者周奕，郭錦林，坐者梁寶龍，李美笑，屈奇安等。時間是完成第一階段訪問，2013年9月，地點在亞洲勞工通訊中心，即大部分訪問地點（筆者提供）

【屈奇安簡歷】

屈奇安於1955年在香港出生，中二學歷，1974年加入「香港消防處」，任職救護員36年，2010年退休。曾出任香港消防處救護員會主席，新民黨中常委，2011年參加區議會選舉落敗，2012年退出新民黨。同事好友愛以諢號「髦哥」來稱呼他。

救護員生涯

數十年工會生涯，屈奇安視工運為一條不歸路。路是由人走出來的，屈出奇踏上這條不歸路，緊抱律人律己的工作態度，無悔無怨，換來兒女和妻子的認同，一家人更融洽互相支持，得到朋友的尊重。

屈奇安於1973年以中二學歷投考消防處救護職系，任職救護員（Ambulanceman），現今的入職條件已經提高了。

入職後屈奇安加入了香港消防處救護員會（簡稱「救護員會」），體驗一種自強不息精神，救護員會於1994年建議消防處提高救護員的入職學歷至中五程度，從各方入手提升職系的專業水平，以改善服務市民的質素（下文會詳細闡述這一事件）。

消防處於1868年成立，原隸屬警隊，1941年脫離警隊，並於1961年改稱為「香港消防事務處」。早於1914年緊急救護服務已是消防隊的工作之一，1953年政府將所有救護資源（包括非緊急救護服務）亦交由消防隊來管理。1966年救護服務重組，成立消防的救護組。現今由消防處救護總區提供緊急救護，急切轉院運送，以及處理離島的非緊急轉院運送等服務。救護員的職責主要是負責緊急救護服務、送院前護理服務、執行與救護相關的職務。救護員須受紀律約束，並須輪班工作及穿著制服。

現今又進一步做出分工，由「醫院管理局」負責處理大部分非緊急救護車服務，而來自私家醫院、「社會福利署」及「衛生署」的非緊急救護車服務，則由「醫療輔助隊」負責。

救護組設有兩個職系和10個職級，救護主任（Ambulance Officer）和救護員

職系的規定工作時數分別為每星期44小時和48小時，並須輪班工作。在所屬職級服務滿1年，可獲1個跳薪點；服務滿5年並通過晉升為高級救護員的檢定考試後，可再獲得1個跳薪點。取錄後在救護總區訓練學校接受為期26星期的留宿初級訓練。獲錄用的救護員按適用的試用條款受聘，試用期3年，試用期滿轉為長期聘用條款受聘。

2020年救護員資料

救護員屬一般紀律人員（員佐級）薪級表第4點（每月22,405元）至一般紀律人員（員佐級）薪級表第14點（每月31,005元）。

職責：

救護員主要職責是提供緊急救護服務；執行院前護理和救護相關職務；以及駕駛救護車、汽車和客貨車。救護員須受紀律約束，並須輪班當值，穿著制服及在部門安排的體能測驗中取得令人滿意的成績。

入職條件：

1.學歷要求：

（1）在香港中學文憑考試五科考獲第2級或同等（註(1)）或以上成績，或具備同等學歷；或

（2）在香港中學會考5科考獲第2級（註(2)）／E級或以上成績，或具備同等學歷（上文所述的5科可包括中國語文科和英國語文科）；

2.符合語文能力要求，即在香港中學文憑考試或香港中學會考中國語文科和英國語文科考獲第2級（註(2)）或以上成績，或具備同等成績；並能操流利粵語；

3.通過體能測驗和模擬實際工作測驗（詳情請瀏覽消防處網頁或致電招募熱線查詢）；以及

4.通過能力傾向筆試。申請人如持有有效的香港駕駛執照會是有利的條件。

〔註：

(1)政府在聘任公務員時，香港中學文憑考試應用學習科目（最多計算兩科）「達標並表現優異」成績，以及其他語言科目C級成績，會被視為相等於新高中科目第3級成績；香港中學文憑考試應用學習科目（最多計算兩科）「達標」成績，以及其他語言科目E級成績，會被視為相等於新高中科目第2級成績。

(2)政府在聘任公務員時，2007年前的香港中學會考中國語文科和英國語文科（課程乙）C級及E級成績，在行政上會分別被視為等同2007年或之後香港中學會考中國語文科和英國語文科第3級和第2級成績。

(3)申請人在本職位截止接受申請當天（即2021年1月28日），必須已經取得上述所需學歷資格。

(4)如果符合訂明入職條件的申請人人數眾多，招聘部門可以訂立篩選準則，甄選條件較佳的申請人，以便進一步處理。在此情況下，只有獲篩選的申請人會獲邀參加遴選面試。

(5)為提高大眾對《基本法》的認知和在社區推廣學習《基本法》的風氣，政府會測試應徵公務員職位人士的《基本法》知識。申請人在基本法測試的表現會占其整體表現的一個適當比重。〕

聘用條件：

1.獲錄用的救護員，會按當時適用的試用條款受聘，試用期為三年。如在試用期工作表現令人滿意，試用期滿後可轉為按當時適用的長期聘用條款受聘。

2.在通過試用關限之前，獲取錄的人員須

（1）在基礎訓練課程結業試及格；

（2）持有有效的消防駕駛執照；

（3）在確實聘任前六個月內，通過體能測驗；以及

（4）試用期滿，表現令人滿意，並完全符合職係的要求和服務需要。

2020年救護主任資料

救護主任屬一般紀律人員（主任級）薪級表第5點（每月32,370元）至一般紀律人員（主任級）薪級表第21點（每月66,230元）。

職責：

救護主任主要負責：

1.主管救護站；

2.執行與訓練救護員相關的職務；

3.指揮和領導救護車隊員在緊急事故中提供送院前護理服務和執行救護職務；

4.執行管理和行政工作，例如員工管理、質素保證、救護車隊管理、資源管理、社區關係和策劃職務；以及

5.出動處理緊急召喚。

（註：救護主任須受紀律約束，並須輪班當值，隨時候召工作及穿著制服。）

入職資料：

1. （1）持有香港任何一所大學頒發的學士學位，或具備同等學歷；以及符合語文能力要求，即在綜合招聘考試的兩張語文試卷（中文運用和英文運用）取得「一級」成績（註(1)），或具備同等成績，並能操流利粵語和英語；（月薪36,540元）或

　　（2）持有香港任何一所大學頒發的學士學位，或香港大專院校頒發的認可副學士學位，或香港的理工大學／理工學院／香港專業教育學院／科技學院頒發的高級文憑，或註冊專上學院在其註冊日期後頒發的文憑，或具備同等學歷；以及符合語文能力要求，即在香港中學文憑考試或香港中學會考中國語文科和英國語文科考獲第2級（註(2)）或以上成績，或具備同等成績，並能操流利粵語和英語；（月薪34,480元）或

　　（3）(i)在香港中學文憑考試五科考獲第3級或同等（註(3)）或以上成績，或具備同等學歷；或

(ii)在香港高級程度會考兩科高級程度科目考獲E級或以上成績，以及在香港中學會考另外三科考獲第3級（註(2)）／C級或以上成績，或具備同等學歷；以及

(iii)符合語文能力要求，即在香港中學文憑考試或香港中學會考中國語文科和英國語文科考獲第2級（註(2)）或以上成績，或具備同等成績，並能操流利粵語和英語（上述(i)項及(ii)項的科目可包括中國語文科及英國語文科）；（月薪32,370元）

2.通過體能測驗和模擬實際工作測驗（詳情請瀏覽消防處網頁或致電招募熱線查詢）；

3.通過能力傾向筆試；以及

4.通過能力傾向實務測驗。

〔註：

(1)考生在綜合招聘考試的中文運用及英文運用試卷的成績分為二級、一級或不及格，當中以二級為最高等級。政府在聘任公務員時，香港中學文憑考試中國語文科第5級或以上成績；或香港高級程度會考中國語文及文化、中國語言文學或中國語文科C級或以上成績，會獲接納為等同綜合招聘考試中文運用試卷的二級成績。香港中學文憑考試中國語文科第4級成績；或香港高級程度會考中國語文及文化、中國語言文學或中國語文科D級的成績，會獲接納為等同綜合招聘考試中文運用試卷的一級成績。香港中學文憑考試英國語文科第5級或以上成績；或香港高級程度會考英語運用科C級或以上成績；或General Certificate of Education (Advanced Level) (GCE A Level) English Language科C級或以上成績，會獲接納為等同綜合招聘考試英文運用試卷的二級成績。香港中學文憑考試英國語文科第4級成績；或香港高級程度會考英語運用科D級成績；或GCE A Level English Language科D級成績，會獲接納為等同綜合招聘考試英文運用試卷的一級成績。在International English Language Testing System

(IELTS)學術模式整體分級取得6.5或以上,並在同一次考試中各項個別分級取得不低於6的成績的申請人,在IELTS考試成績的兩年有效期內,會獲接納為等同綜合招聘考試英文運用試卷的二級成績。IELTS考試成績必須在職位申請期內其中任何一日有效。

(2)政府在聘任公務員時,2007年前的香港中學會考中國語文科和英國語文科(課程乙)C級及E級成績,在行政上會分別視為等同2007年或之後香港中學會考中國語文科和英國語文科第3級和第2級成績。

(3)政府在聘任公務員時,香港中學文憑考試應用學習科目(最多計算兩科)「達標並表現優異」成績,以及其他語言科目C級成績,會被視為相等於新高中科目第3級成績;香港中學文憑考試應用學習科目(最多計算兩科)「達標」成績,以及其他語言科目E級成績,會被視為相等於新高中科目第2級成績。

(4)持有學位的申請人如在獲發聘書時持有綜合招聘考試英文運用及中文運用兩張試卷所需的成績,或同等成績,便符合資格獲取學位持有人的起薪點。

(5)申請人在本職位截止接受申請當天(即2017年5月4日),必須已經取得上述所需學歷資格。

(6)如果符合訂明入職條件的申請人人數眾多,招聘部門可以訂立篩選準則,甄選條件較佳的申請人,以便進一步處理。在此情況下,只有獲篩選的申請人會獲邀參加遴選面試。

(7)為提高大眾對《基本法》的認知和在社區推廣學習《基本法》的風氣,政府會測試應徵公務員職位人士的《基本法》知識。申請人在基本法測試的表現會占其整體表現的一個適當比重。〕

聘用條件:

獲錄用的救護主任,會按當時適用的試用條款受聘,試用期為3年。如在試用期工作表現令人滿意,試用期滿後可轉為按當時適用的長期聘用條款受聘。在通過試用關限之前,獲取錄的救護主任須

1.在基礎訓練課程結業試及格；

2.在試用期間，通過各項能力鑑定和考試；

3.在確實聘任前六個月內通過體能測驗；

4.持有有效的消防駕駛執照；以及

5.試用期滿，表現令人滿意，並完全符合職系的要求和服務需要。

工會明星

屈奇安工作了19年，於1992年晉升為救護總隊目（Principal Ambulanceman），俗稱「兵頭」。屈奇安做了救護員一段日子後，體會到整個救護職系在消防處內得不到公平的對待，這些事例罄竹難書。加入救護員會後，體會到理事們已踏上一條不歸路，仕途無望，晉升機會渺茫，甚至可能永不超生。他目睹救護員會兩位前主席胡錦城和李永康在這個情況下，沒有退縮，繼續為公義打拚。

屈奇安十分仰慕李永康，指李永康為救護員眾兄弟出了很多力，甚至放棄前途亦在所不惜。以李永康的學歷、能力和各方面的知識，仕途上絕對可以更上一層樓，甚至連升幾級。但是，李永康願意犧牲仕途，為救護職系爭取合情合法合理應有的權益。在這些工會領袖感召下，屈奇安對工會的任何號召都積極響應。只要工會「吹雞」，屈奇安等一班救護員立即行動。救護員對工會的支持和信任，不會有任何置疑的。

救護員會屬員佐級，救護職系另一個工會是「香港消防處救護主任協會」。

救護員會登記編號為469，於1970年成立，2006年有會員2,280人，2009年有會員2,477人，2010年有會員2,640人，2011年有會員2,850人，2012年有會員2,895人，會員入會率達95%。

屈奇安參與救護員會一段長時間後，擔任總隊目後萌生加入理事會的念頭，在理事會門口徘徊了一段時間，反覆盤算，是否要踏上這一條不歸路。加入理事會等同於棄仕途，準備與管方消防處「戰鬥」，將會名列黑名單。屈奇安回家向妻

子說:「我要加入工會幫手。」屈太問:「入工會幫手有乜筍嘢[1]。」屈奇安回答說:「無筍嘢架。」進一步不諱言說:「講句唔好聽,出錢出力出時間,拋妻棄子,放棄前途,即係乜都無架。」屈太低頭說;「咁你都做。」屈奇安簡單直接地向妻子說:「我想為兄弟做啲嘢。」這就是屈奇安為公義打拚的動力,也就是救護員會歷任領導的簡單目標。

屈奇安回顧自己的工運道路自嘲說:「其實講得好聽啲係理想,講得唔好聽係戇居。」

路是自己行出來的,屈奇安於1995年加入理事會,決心放棄仕途,永不言悔。多年工運的煉歷,屈奇安認為放棄仕途是值得的。要在工運路上有所發揮,一定要放棄一些東西,心無雜念,才能在工運路上揮灑自如,完美完成自己的目標。

進入理事會的屈奇安,有較特別的經歷,迅即登上副主席職位,更跳過執委的階段,連最初階的聯絡員也未曾出任過。是時副主席按九龍、香港和新界等分區設立,屈奇安是九龍區副主席。更重要的是年資,屈奇安出任救護員已經超過20年,而且是一位老總,救護員的總隊目。所以雖然在工運上屈奇安是新手,但是在工會以外,已經建立了一定的江湖地位。這方面的優點,對工會工作有一定幫助的。公務員傳統上是論資排輩,紀律部隊更重視這方面。沒有江湖地位,不能壓場。要求與管方會面時,上司會看官階,按規格程序辦事,沒有以上優勢,行事就會諸多障礙。

在紀律部隊職系中,屈奇安認為官階不算是一種階級歧視。問題是當你有了一定的職級、級別和資歷等,對推展工運有一定的幫助,這是不用爭議的事實。再加上時機的造就,適逢其會。時機就是,「無線」[2]製作了一個現場直播節目,內容是討論緊急救護服務,理事會委派屈奇安代表工會出席現場辯論。節目出街後,眾兄弟對屈奇安在辯論中的表現一致好評,稱讚不已。屈奇安以前未曾出席過這些場合,在整個辯論過程上都能夠據理力爭,論點能反映救護員會與及職系的立場。自此之後,救護員會的對外對話,都安排由屈奇安負責。經過幾次這類

---

[1]　「筍嘢」是廣東話,意思是好東西。
[2]　「無線」是港人對「香港電視網絡有限公司」的俗稱。

的公開辯論，在即場回應方面表現良好。這樣救護員認為屈奇安在公開談話的技巧，在聲線、語調和速度上掌握得恰到好處，現場反應表現極佳。由這時開始，屈奇安成為了工會的對外的發言人，負責應付所有媒體的訪問，尤其是電視台。所以屈奇安就憑這些職位上的強項和機遇，踏入理事會大門迅即成為副主席。

屈奇安被稱為「工會明星」，並不是因為曾參加電視台的辯論節目，而是有另一個故事的。從1995年開始踏上工運路，直到2010年退休止，屈奇安這15年的工運歷程中，在香港社會上也算是薄有名聲，成為新聞人物。一個薄有名聲的公務員工會主席每次出現，即是說有工潮發生，勞管雙方存在的矛盾難以解決，可能會對市民的服務做成影響。回顧這15年，救護職系發生了太多事情，一件接一件，多不勝數。在這情況下，屈奇安頻密在傳媒中出現，勞工界中的人都說屈奇安是一位「工會明星」。屈奇安自嘲說：「如果俾人話你係一個工會明星，係一個悲哀㗎架！真係悲哀㗎架！」為何在工運上出名，街知巷聞是悲哀呢？因為這就說明這人一定是經常搞事，而且大部分都能夠成功的。這樣即是說明職系內不斷出現了很多不公平的事情。屈奇安指這些成就多數是時勢造成的，英雄被迫應戰，在眾兄弟齊心團結一致的力量支撐下，英雄就能造時勢。

香港政府紀律部隊人員總工會

1997至2009年期間，屈奇安代表救護員會出任紀律部隊評議會（簡稱「紀評會」）代表。紀評會於1990年成立，由消防處、「香港海關」、「香港懲教署」和「入境事務處」等4個紀律部隊共11個工會及協會組成，英國空軍撤退後將工作移給「政府飛行服務隊」，政府飛行服務隊4個工會也加入紀評會。

出席紀評會，屈奇安要維護的權益已超出救護職系的單一範圍，目標是全體紀律部的合法合理權益，全力以赴，衡量輕重，仗義執言，準備可能要放下救護職系的單一利益，爭取大眾的利益。在會議上維護權益時，亦不應本著與政府對著幹的心態。

在紀評會上，各工會成功爭取成立紀律部隊體育中心；反對政府以津貼取代宿舍，將居屋轉為部隊宿舍，將公務員薪酬水平調查結果納入為內部對比，爭取在2008年進行紀律部隊職系架構核對等。失敗的有：1997年警察員佐級增薪事件，1999年公務員改革，2002年立法減薪和削減紀律部隊入職起薪點等。

回歸前夕，「香港警務處協會」代表在紀評會上向政府提問：指回歸之後警察員佐級人員的工作與回歸之前必定會有所改變。如果香港有事發生，解放軍會否派人協助，以往政府會調派英軍出動的，如鎮壓六七暴動和救援大型風災的工作等。如果解放軍只是負責防務工作，不涉及其他方面，警務人員就要獨力負責這些工作。

屈奇安不諱言指：警察提出這些問題是藉著當時政治形勢改變的機遇，為自己警察員佐級人員爭取一些福利。作為一個部門工會，這是正常不過的行為，是工會的份內事。

屈奇安在紀評會中發言：指出警察的工資已經與一般的紀律部隊有一段差距，如果紀律部隊不共同面對這問題，妥善處理這個問題，日後兩個者的薪酬差距將會越拉越遠。於是紀評會產生兩種意見，一邊覺得：因為回歸，所以我們要維持穩定，就算要爭取，都不應該採用激烈的行動，我們應該將這個問題放在談判桌上，與有關當局去商談如何公平處理這個問題；另一邊意見以屈奇安為代表，認為警察正藉著這個維穩的政治形態，提出加薪要求，作為掌權的政府，或者將來掌權的特區政府，雙方都會好重視這個維穩問題。如果只是在檯面與政府商談，政府可能會拖三五年，甚至拖三五十年都有可能。商談就是取共識，長時間的商談屢見不鮮，紀律部隊如果要在這個問題上得到合理的對待，是否要採取一些談判桌以外的行動，來表達自己的意見。當時紀評會代表有很大的分歧爭議，最後出現了第一次以舉手來表決。紀評會從來沒有任何議題需要代表以舉手來決定共識的，是次15間工會代表第一次舉手表決。投票結果是5對10，否決了屈奇安的建議，贊成通過以商談方式來爭取加薪。最後結果是爭取加薪失敗，警察獲得加兩個起薪點，紀律部隊員佐級的薪酬與警隊的距離進一步拉遠。

九七之後，屈奇安等紀評會代表，加上一群現任或前任工會負責人，如黃廣

松、「香港懲教人員總工會」的黃偉雄[3]、「入境事務主任協會」的趙士偉等深覺談判只是一個局而已，亦體會到紀評會只是一個互相交換意見的諮詢架構，而不是一個獨立的法人團體，在其組織及財務安排上，未能以獨立工會模式運行，發揮工會集團性的功效，和得到應有的法律地位及保障。故在團結紀律部隊人員、促進福利和推動工會運動等各方面，均受到很多限制。有見及此，屈奇安等遂倡議成立一個集結各紀律部隊人員的集團工會。於1998年成立「香港政府紀律部隊人員總工會」（簡稱「紀總」），英文會名是「Government Disciplined Services General Union」，登記編號為919，2012年登記會員人數為9,349，屬會11間。救護員會不是紀總創會會員，於2000年理事會才議決加入紀總。

凡是受僱於香港政府紀律部隊人員（其薪酬屬於紀律部隊薪級表以內者），均可申請加入為會員。因年老或健康欠佳而退休的亦可申請加入，成為退休會員。凡職工會登記局登記的紀律部隊員工組織，可申請加入成為屬會成員，而在2014年紀總已修改會章，取消個人會員資格，只接納以工會為單位。

宗旨是團結各紀律部隊，爭取及維持公平與適當之薪酬及服務條件，促進工會與管方間之互相尊重及了解，並設法成立永久性之機制為管方承認作協商之對象。

很多人指評議會是一個橡皮圖章，屈奇安則有不同的看法，認為評議會不是一個橡皮圖章，只是受到一些規範所限制，如採取工業行動，在評議會上討論是比較難的。評議會始終是一個諮詢架構而已。不同的武器在不同的場合上使用，各自能發揮不同的作用，要看使用者如何發揮而已。

放棄眼前利益換取長期發展

八十年代初，按消防處救護車職責的法例，救護服務包括緊急及非緊急的服務，在提供緊急服務時，必須迅速快捷，在提供非緊急服務時，要和其他機構合作。當時啟用的救護站甚少，救護員會向消防處長建議，大量興建救護站使緊急服

---

[3] 這位黃偉雄與前公務員工會聯合主席同名，曾任職懲教署主任、紀律部隊人員總工會主席。

務的行車時間由10分鐘降低至6分鐘，但非緊急服務仍占用大量救護資源，濫用救護員，因此他們建議消防處應摒棄此項服務，交由其他機構負責。

摒棄非緊急服務可算是救護員會的一項德政，1983年時由李永康出任主席職務，救護員會發覺救護員的知識水平只屬一般，與一位聖約翰救傷隊員無任何分別。兩者訓練內容大致相同，救護員只是工作經驗較多。李永康等洞察有危機潛在，如果救護員還是維持這個服務水準，不求進取，最終會爆發大危機。救護員會將這個問題上升至整個職系的存亡來考慮，設法提升救護職系的質素。認為工作範圍內容的非緊急服務，與質素提升會做成衝突。

經理事會深入討論和研究，組團前往新加坡、日本、英國、美國、澳洲和加拿大等國家考察，訂下長遠發展目標和向部門提出意見。從外國的經驗中，目睹科技日新月異之下，香港的緊急救護服務水平正落後於世界先進國家，同時因應香港人口的增長，市民的要求提高下，定下了兩個方向：第一將緊急救護服務提升至緊急輔助醫療（Paramedic）層次，以便與世界先進國家接軌；第二將非緊急救護服務摒棄，交與其他部門處理，換取消防處集中資源，引入外國的先進訓練模式，讓救護員學習輔助醫護員知識，提升緊急救護服務水平，從而改善服務質素。

正值1985年，政府委任Health Operational Research Unit（臨床研究組，簡稱HORU），全面檢討救護服務，救護員會成立專責小組，徵詢會員意見，編撰詳盡報告書，建議非緊急服務由其他團體負責，送交HORU，及消防處長，保安科和行政局及立法局議員等，更廣泛向外發表。摒棄非緊急服務不是HORU的檢討範圍，但獲政府接納，研究由其他機構接辦非緊急救護服務。消防處表示，如將非緊急服務交與其部門處理，消防處必須交還部分資源給政府，亦即是要削減部分救護車輛和人手。雖然救護員會據理力爭，希望不削減人手和車輛，但始終要抉擇是否接受處方條件。這是一個痛苦的決定，如果接受的話，救護員將會在一段時間內沒有升職機會，同時亦將會因救護車減少而工作量大增。為了緊急救護服務長遠發展，和救護員的專業被認同，李永康決定帶領理事會接受這個交換條件。

理事會隨即就上述決定召開座談會，和代表大會解釋理事會的抉擇原因，要求會員諒解和接受，指這種情況只是過渡期，經過一段時間後，由於服務需求增加，

車輛與人手必然再會重新增加，但說明這段時間有多久，無法準確說出來。李永康更公開表示來屆退出理事會，以示對這決定引致部分會員的短期利益受損負責。

政府經過一連串的嘗試後，醫院管理局於1995年接辦政府及補助醫院的搬運服務，醫療輔助隊亦1996年接手負責私家醫院及其他機構的非緊急服務。

救護員會這個決定「好痛苦」，因為接著的7年內，救護職系沒有聘請人手。救護職系的工作量減少了，等於人手多了出來。消防處採用自然流失的方法來達致供需平衡，要自然流失當然不能招聘人手，這就影響晉升機會，損失最為嚴重。但救護員會能得會員齊心支持，眾兄弟咬緊牙關共渡這7年難關。1993年，第一批輔助醫救護員開始為市民服務，至2005年救護職系轉向全面輔助醫療服務發展。在這個過程中，香港救護員的水平全面提升，救護員會發揮了很大的推動力作用。除了工會大力推動之外，亦都出現一個契機。

就是「凌富福事件」，當時有位外籍人士進行健身運動，不小心撞向了一塊玻璃，被玻璃鎅穿大腿的大動脈，引致死亡。死因庭指，救護員為何不給傷者一支「活命水」來駁住條命。原來當時救護員沒有這種知識。再加上時任立法局議員的葉文慶醫生大力支持，推動香港施行輔助醫療服務。就在這個契機下，救護員會的前瞻性建議得到議會的支持，成功使到消防處引入輔助醫療服務，令到救護員的水平全面提升，達到全面輔助醫療服務。救護員會除了爭取會員目前的合理權益外，更能對本身職系提出前瞻性計畫，洞察危機及早銷除。

工會經驗

屈奇安總結工運經驗，指出鬥爭能夠成功，除了得到會員的支持，理事會團結一致之外，對外建立良好關係亦都十分重要。

屈奇安舉出自認為最漂亮的一仗來說明，就是消防處計劃將救護服務中的緊急轉院搬運外判，救護員會立即提出反對，乘消防處於2006年2月18日至25日，在添馬艦總部舉行「第九屆世界消防競技賽」，就在大會門口進行24小時絕食抗議。絕食行動非常成功，除了15位理事參與絕食行動外，亦得到公務員團體：紀評會、紀

總、公務員總工會、港九拯溺員工會、香港懲教人員總工會、政府機電監工技工職員協會等聲援；立法會議員陳婉嫻、李鳳英、鄺志堅、王國興和李卓人等，以及職工盟和勞聯等各方面的團體到現場支持。最終，透過這次行動，消防處的外判計畫不了了之。

最近成功的例子就是2009年的救護車服務分級制，消防處計劃根據傷病的緊急程度，把緊急救護服務的召喚分級和訂定調派救護車的優先次序。屈奇安認為消防處這計畫是透過分級制，將救護職系的發展收窄，以長時間慢慢地將救護職系邊緣化。救護員會亦都是透過立法會議員的協助，在立法會上通過動議，否決了消防處的分級計畫。

屈奇安簡單地從政治上去解釋這個策略，指出在工會運動的歷程中，好難避免政治介入的，只要工會在這個問題上，本著不論左中右政治團體都是朋友，工會都要與它們建立一個良好關係。在這個位置上企得正，站得穩，在政治層面上就不會有任何敵人。這個策略的最大好處就是，今天在這件事上這個朋友不能幫手，不是代表他明天在另一件事上不能幫手。

救護員會的歷屆主席在接班的時候，都會清楚說明這個策略的要點：第一，救護員會千萬不可以讓別人插旗；第二，也不能夠自己插旗。屈奇安不反對政治，認為每個人都有自己的政治理念，但這個理念應該在放自己心中。如果作為公務員工會，尤其是紀律部隊工會，在政治議題上不應該有任何公開的表態。紀律部隊工會的關注點應該集中在本身職系上，及紀律部和公務員議題上，這樣才能真真正正發揮職系工會的功能。同時指出，若要做到這一點事實上有一定難度，在工運路上很難避免被政黨、團體，或者風雲人物所影響，不知不覺把這些政治理念帶回工會，成為工會運作的路向，甚至宗旨的內容之一。這樣，工會就變成不是工會。

救護員會歷任主席和理事會都能澈底執行這個方針，在這個問題上站得穩，企得準。救護員會歷史上，每次運動都會透過多方面，得到眾多工會兄弟，和很多政團和政黨領袖的協助，救護員會才可以無論在建制內、建制外和議會內，都可以發揮工會應有的影響力，這樣工會才可以維護到會員的權益。

大部分人指屈奇安不怕死，屈奇安認為，如果你全身去投入工運，有些東西

你一定要放得低,面對一些變化你亦要接受。工會領袖遇上任何變化,如果行得正,企得正,做任何事都只是為了職系,為工會,為會員爭取合法合理權益,何懼之有。

屈奇安相信香港是一個講道理的地方,從鬥爭經驗得知當權者亦都不能為所欲為,始終在某個程度下,他們都要和工會進行談判,若無法說服工會,自己理窮詞屈,在不情願的情況下或會接受工會的道理。公務員工會總比私人機構的工會好,政府無論如何都會維持一個良好僱主的樣板,尊重有關法津條文訂明的勞工權益。

所以公務員工會在鬥爭過程中,可以根據這些條例的內容來爭取本身應有的權益。同時工會承受各方面的壓力,相對來沒有私人企業工會大。

大消防主義

屈奇安經常向同事分享的經驗,希望大家記住一句話:「道理雖然在我口,權唔喺我手。」即是說,工會如何將口中的道理化為影響力,令到當權者要接納工會的建議。屈奇安從經驗總結得出,工會要透過多方面的因素才能發揮最大的功效,令到當權者願意坐下來洽商。當權者大權在握的時候,可能不會與工會講道理的,尤其是紀律部隊。以消防處為例,屈奇安經常用「大消防主義」去形容他們。

從歷史來看,救護車一向以來都隸屬消防處管轄,這是政府沿用英國的制度,或許是特區政府要遵守50年不變的承諾,而早在二十多年前英國救護已脫離消防成為獨立部隊。六七十年代時香港救護只是消防其中一個細小的隊伍。隨著社會的變化,這種大消防的做法正在改變中。整個社會的發展不斷向前,市民的知識水平的提高,生活用品的先進,法例的完善等,對火警和救援的各方面需求量正在下降中。其實這個情況不只是香港獨有,全世界都是如此。但救護服務則相反,隨著社會先進發達,市民對生命健康的重視,對救護服務的質素要求會不斷提升,需求量會不斷擴大。在這個此消彼長的情況下,消防處可能會認為救護職系對消防產生威脅。消防和救護是兩個不同的專業部門同在一個部門內,在各方面的發展上,容易產生互相爭奪資源的情況。面對這個問題,屈奇安理解作為消防出身的消防處處

長，或者高層管理者，他們或會對消防採取一些較為重點、重視的因由。

　　但問題就是，在兩個專業部門發展過程中，如何可以令到兩者取得協調，均衡發展，這個就要看有關部門首長的領導智慧，或者胸襟，及政治視野。如果繼續沿用「我話事，我揸權，我想點就點」的殖民地心態來辦事，問題就永遠無法解決。

　　屈奇安指救護與消防之間發生了這麼大的摩擦和衝突，就是這種大消防主義心態作祟。如果消防當救護如自己的親生仔般，就不會發生這些事情。最低工資立法前夕，浮現了一個「用膳時間」的問題。救護員的用膳時間問題已經爭拗了十數年，直到今天仍未能解決。救護員會向消防處提出質問，現今消防處安排消防員有75分鐘「食飯」時間，而救護員只有30分鐘「食飯」時間，兩者相差45分鐘。這些規定都寫在文件，作為命令（Order）寫出來。救護員會據此質問消防處為何會如此安排，消防處不做解釋，亦不跟進處理。這30分鐘用膳時間，救護員會經長時間的鬥爭才能爭取回來的。以前，救護員是沒有用膳時間的，文件沒有寫上有關用膳時間，後來爭取到有15分鐘用膳時間，並寫在文件上。救護員繼續爭取，進一步爭取到20分鐘用膳時間。

　　用膳時間的鬥爭沒有停下來，救護員會已經不談30分鐘是否能食一餐飯的問題，集中談命令上的用膳時間問題。為何消防的用膳時間是75分鐘，而救護的用膳時間是30分鐘。一路以來消防處都不回覆這個問題，從這些微細的事情來看，背後就是大消防主義作祟。救護員會早已做出部署，準備行動，對抗消防處的大消防主義。消防處對待員工採取雙重標準，一定會引起到兩個職系的衝突。屈奇安申明，問題不是消防員身上，完全在消防處管理階層上，他們處理這問題的手法、態度上。

　　從另一個角度看用膳時間問題，據《公務員事務規例》第541章列明，政府僱員有1小時用膳時間，是為工作時數之一。若救護員只有20分鐘用膳時間，即是政府欠救護員40分鐘，這40分鐘如何處理？可否索償？救護員會就此問題在紀評會上向公務員事務局提問，要求跟進。

　　救護員會於2010年就用膳時間向法院控告消防處，法院認為有關申請須影響公眾才受理。救護員會一面徵詢律師意見，並請立法會議員李卓人協助。

回歸後香港是中國的一部分，救護員會為了食飯問題寫信給國務院總理溫家寶，投訴政府和消防處未能為救護員安排合理用膳時間，罔顧人道。這個行動可能是首創。工會亦去信國際公務員工會投訴。

受驚的妻子

在屈奇安出任救護員會主席期間，救護員會可說是公務員工會「上街」最多的工會，其中一次較為特別的行動，上街就是為了支持屈奇安本人，出席人數達五百人。話說2005年世貿會議在香港舉行，消防處指控屈奇安在會議期間，向傳媒透露有關部門的部署，屬於洩露機密文件的違規行為。當局為此開設了一個屈奇安個人的紅皮檔案（FILE），進行調查工作。指屈奇安涉嫌違反公務員守則，不得在未獲授權下把因職務所得資料披露予他人。

絕大部分公務員都沒有見過紅皮檔案，洩露機密文件是一單嚴重罪行，事態嚴重。

屈奇安被誣洩露機密，深入來看，屈奇安所謂洩露的資料均是引述其他報章，而在世貿會議期間，身為工會主席的屈奇安從來沒有簽署過任何保密條款。屈奇安在報章發表的講話，全部都是以工會主席身分去發言的，按法律來說，有關當局要屈奇安以老總的身分去解釋這些言論，是否有違法治精神。屈奇安對上司說：「阿SIR，你完全違反一切正常做法，我發表嘅任何言論係得到工會認受，我代表工會發言，如果部門對我嘅發言有任何不滿，你絕對可以要求我哋工會解釋。」

屈奇安是日向傳媒透露的是，當局將採步兵策略，在區內安排16個救護點、各有3名救護員駐守，方便發生衝突時救護員可即時步行前往救援。這些內容就是當局所指的「部門機密」，認為會令到示威者知悉當局的駐守點的保安安排，會增加示威者採取針對性行動的機會，但其實這些資料早已被其他傳媒公開披露，屈奇安只是再次引述而已

救護員會理事會就事件召開特別會議，認為處方行動對救護員會造成極嚴重的影響，有公然打壓工會言論及活動的嫌疑。又去信勞工顧問委員會投訴，促請勞工

顧問委員會關注及維護工運權益，並決定發動遊行，喚起各界正視，號召休班會員參加，減少對公眾的影響。有救護員在網站發言，表明將於世貿期間罷工以示不滿。

保安局長李少光承諾跟進事件，但表示不相信消防處會用這理由打壓工會，並指有關洩密問題公務員事務局已有指引，消防處本身亦有法規，若有人犯規應採取紀律行動，至於這是否屬打壓，則說「公道自在人心」。

勞工顧問委員會勞方代表對今次投訴表示非常關注，認為屈奇安作為工會主席理應受到法律保障，其所表達的憂慮亦是市民所關注的，希望政府清晰界定機密的意義，以免工會人士因定義不清而遭到不公平對待。

消防處處長林振敏表示，罷工行為危害市民，實是與民為敵的做法，意圖挑起市民對救護員會不滿的情緒。

一直以來，消防處對救護員會在報章上發表言論不滿，都是發出一封信給工會表達意見。救護員會對處方在報章上言論不滿，亦會發出一封信給處方表達意見。發言的代表不會因其言論而令個人遭受質詢，為何如此，因為發言者的談話內容不是代表個人的，而是代表其背後的授權機構，所以這些談話內容若有問題，理應由其背後的機構來負責。

這次消防處的做法較為罕見，要屈奇安以僱員身分去解釋其代表工會發表的言論。屈奇安按一貫做法，透過工會運動來取回公道，包括屈奇安本人去立法會示威，當時得到各大集團工會表態支持，體制內的4位勞工界立法會議員，勞顧會勞方代表全部到立法會支持屈奇安。最後消防處長覆函救護員會主席屈奇安，表示經調查後不會再作進一步行動。

事過境遷，屈奇安回憶前塵往事說：「如果佢真係能夠扣成我呢個帽子，炒得我架！長糧都無架。其實嗰次我老婆驚架。我老婆驚架！我老婆驚架！喂！洩露機密喎！連份工都無，長糧都無埋。」屈奇安加入理事會前曾對屈太說，加入工會可能會面對拋妻棄子、前途盡毀的局面，這次正就要面對可能被炒這個問題。屈奇安憶述這件事內心帶點歡意，多次重複說：「我老婆驚架！」一位律己律人的工會領袖，嚴守本份，爭取到勞工界團結一致的支持，定能昂首闊步繼續前進。

屈奇安自覺一生最大的成就，就是贏得兒女親口說一句：「嗲D係我做人嘅目標。」這就是中國儒家的精神「修身，齊家，治國，平天下」的理念。屈家的成員不只是體諒屈奇安行公義，而是全家支持屈奇安建設社會公道。屈奇安為會員服務無物質欲念的追求，自覺兒女的這一句是最大的回報。兒女看到父親辦工會不是為了個人的私利，出錢出力出時間。工會主席是可以支取電話費的，但屈奇安從不申領，車馬費也不申領。根據會章規定申領電話費和車費，是一件普通合理的事，但不申領的話，更加顯示個人的無私奉獻行為。

做工會最大的壓力不是來自部門，而是家庭，屈奇安娶得賢妻，屈太明白事理，知道屈奇安喜歡工會工作，向屈奇安說：「如果我反對你嘅話，你唔開心，我又唔開心。不如我支持你啦。咁，你又開心我又唔難過。」表態支持屈奇安加入理事會，安心在家中做家庭主婦，照顧子女料理家務，讓屈奇安無後顧之憂上場戰鬥。屈太只是簡單地希望全家開心地過日子，屈奇安能否大富大貴已不重要，退休生活的保障敵不過丈夫的開心快活，羨煞旁人的平淡且快活的家庭。

屈奇安加入理事會時，兩名兒女已是中學生，十幾歲了，開始學習自我照顧，相對來說屈太的家庭工作壓力不大，但不至於要屈奇安多留在家幫手照顧兒女。所以屈奇安可以多抽時間從事工會工作。屈奇安投身工會工作，日又去，夜又去，如果要兩邊兼顧，定必分身不閒。做工會工作，不只是做自己工會內的事務，還要依賴出面的網絡來輔助，令到工會的政策得到支持，不是單靠本身個人的力量。個人力量有限，得到外面的朋友幫一把的話，就可以令到整件事水到渠成。

救護職系獨立

2005年救護員會舉行會員大會，議決通過爭取救護職系脫離消防處獨立。由此開始，救護員會每年都致函行政長官要求獨立，年復一年重複這個訴求，一直至今仍未有結果，但救護員會不會放棄。為何會發展到一個職系要求脫離一個部門獨立的情況，消防處從來都沒有認真檢討這個問題。

這個問題並非單一事件，是由於很多事件未能妥善處理好，最終觸發這個問

題。事緣2+1方案，所謂2+1方案就是，香港正值經濟低迷，救護員人手短缺，未能應付現有工作量，而未來的服務不斷增加，人手不足日見嚴重，救護車數量又未能增加，救護工作捉襟見肘，救護員已經忙於工作無暇吃飯，如何繼續提供優質服務呢？而消防處提議施行兩位救護員夥拍一位「聖約翰救傷隊」（St. John）隊員，或者「醫療輔助隊」（Auxiliary Medical Service，簡稱AMS）隊員，來解決人手不足問題。建議救護員到場後，即時把工作交給聖約翰救傷隊跟進，這樣便可以騰出人手和車多走幾轉。屈奇安對上司說：「阿SIR，你唔係咁同我哋講嘢喎！你叫兩個救護員拍一個AMS。咁即是你不顧水平質素下降。」人手不足理應增加人手，多購車輛，為何罔顧人命，以兩位救護員拍一位醫療輔助隊員。返過來說，如果消防人手不足，是否可以調「民眾安全服務隊」[4]隊員來協助，就能解決問題呢！屈奇安進一步不客氣說：「唔係嘛，你作為部門首長，你點樣可以講呢啲咁樣嘅說話架。」以上2+1方案事件，再加上服務外判、分級制等，救護員會認為只有脫離消防處獨立，救護服務才能有更好的發展。

當時消防處已經有收費計畫，在一連串事件下，終於催生了救護員會透過會員大會提出獨立的要求。

如果救護車的需求不斷上升，救護員的質素繼續上升，最終消防處難以控制救護職系。因為救護的需求不斷上升，救護員人數就不斷增加，如今救護員與消防員的比例大約是二與一之比，消防員約有五千餘人，救護員約有二千餘人。這個比例正不斷收窄中，消防可以增設的職系不多，不能藉此擴大部門。全世界的消防部門都在收縮中，但是救護部門卻在擴展中。現今香港救護員的個人質素位已居世界先列，救護員說笑地自稱是「半個醫生」。救護員到達現場後，先了解求助者的情況，遇上長期病患者，會按情況在現場施藥，甚至要進行插喉、打針或靜脈注射等醫療程序。其實這些工作都是由醫生進行的，進一步來說，救護員要進行的部分工作，連護士都不能做的。普通來說，要證實一個屍體（Dead Body），香港只有兩種專業人士可以證實，就是醫生和救護員，護士都不能證實，亦可見救護員專業質

---

[4] 民眾安全服務隊是香港的業餘輔助紀律部隊。

素要求之高。當救護服務需求不斷增加，救護員質素不斷提升的話，救護員的薪酬、福利和服務條件會各方面不斷提升，對比之下，消防員的薪酬、福利和服務條件等各方面繼續維持不變，把現時的情況倒過來。其實在外國，輔助醫療人員的工資一般高過護士，因為他們要承擔的個人責任好重，訓練要求嚴格。為何香港的救護員情況不是如此呢？因為救護職系隸屬消防處，一個政治現實，就是救護員的工資和各方面條件不能高過消防員，就算你日後能夠做到醫生都是如此，這是一個不成文規例。

救護員會為何與消防處形成強烈的對抗性呢？甚至大家關係去到決裂，要提出獨立。因為作為工會，當然要盡力為本身職系去爭取應有的合理權益，加上救護可以提升的服務水準尚有很大空間，而消防處則設法去阻止，如將部分救護工作外判，令到救護職系人手不會快速增長；亦透過行政手段壓抑救護質素的提升，從而令到救護員的薪酬、服條件不能夠凌駕消防員。

救護員甚至認為薪酬應該凌駕警察，消防處更加覺得危機的存在，如果有朝一日，重新評核救護員的薪酬時，其他的獨立團體認為救護的工資應該高過消防員的話，消防處處長如何是好？！作為消防處的附屬職系的救護員，會否出現莊閒不分。閒家的工資在莊家之上，這個情況是無可能存在的。

在這些不利的因素下，救護員會從來不會要求在消防處內得到五五對待，自覺不少過七三已經可以。但是現今的情況八二都不如。

公庵路事件

2008年又發生一宗消防處針對屈奇安個人的事件。是日Donald（指特首曾蔭權）發請帖邀請屈奇安到禮賓府出席酒會，早上屈奇安照常返早更，開工之前要將資料輸入電腦系統，通知上級這架救護車由誰人來當值。屈奇安完成早更工作後，於下午前去禮賓府。到了夜更同事到來接班，準備上崗位當值，在雙方交接更的時候，而夜更尚未輸入資料，電腦上的資料尚未更新，夜更就接到命令要立即開車去現場。此時電腦的當值人資料仍未更新，依然顯示這架救護車是由屈奇安主管的。

翌日屈奇安返到救護站，上司向屈奇安說：「喂！上面有啲嘢查緊你。」屈奇安丈八金剛摸不著頭腦，泰然處之，照常工作。

　　其實這輛救護車奉命到元朗公庵路，因為需時23分鐘才到達現場，處方竟然指責屈奇安無盡力去救人，這又是一條死罪。再次令妻子受驚的死罪！屈奇安已經下崗，為何會被指責無盡力救人呢？從消防處公布的案情資料得知，原來電腦資料未更新當值人的資料，上級誤以為這項服務由屈奇安主持的，一口咬定屈奇安無盡力去救人。消防處把歷來監視屈奇安的資料打印出來分類入檔，疊在一起厚達2至3吋厚，還有一隻是日工作對話的光碟。屈奇安在消防處工作了幾十年，第一次見處方如此大陣仗調查一位僱員，因此屈奇安才知道一路以來遭消防處高度監視。當屈奇安的名字或號碼在電腦上出現，就有專人進行監視，捕捉屈奇安工作上的錯漏。最後公庵路事件無法證實與屈奇安有關，事件亦根本與屈奇安無關。亦不是當值者的錯。

　　原來錯在消防處沒有更新這套電腦系統的地圖，結果烏龍百出，自我揭露了更多消防處第三代調派系統的漏洞。從這宗迫害事件中，得知消防處在世貿事件後，可能已安排一組人日夜地監視屈奇安的上班情況。

　　屈奇安踏入理事會早已有此心理準備，有如黑道中人：「出得嚟行，預咗要還。」屈奇安工作態度一向事事小心謹慎，律己律人，與屈奇安一起工作的同事都知道，同事個個都說：「跟得『髦哥』嗰日你都無運行嘞，樣樣都要揸到正，正一正咁嚟做。」屈奇安說：「無辦法嘞。你拍住工會主席。無辦法嘞。所有嘢都要執到正一正嚟行。」工會主席除了能帶領會員，更應能為會員表率。

　　屈奇安認為從這一連串件事來看，消防處一路是用一些低劣的手法與工會溝通，只會以強權打壓。屈奇安進一步說，如果消防處要做一個強者，能夠做到恩威並重，亦不會有問題發生的。

　　有一次，屈奇安以工會主席身分與消防處長郭晶強一起，面對數百名消防員和救護員公開對話，郭晶強以長官身分指住屈奇安說：「我嗌你開會，你唔同我開會。我嗌你食飯，你唔同我食飯。」屈奇安回覆說：「阿郭SIR，你係消防處處長，你戴住呢頂帽，我係工會主席，我都戴住呢頂帽。你嗌我開會，唔係我就會

開，你嗌我食飯，我唔係一定會食架。我一定要我啲會員授命我同你開會，我味同你開會。我啲會員授命我同你食飯，我味同你食飯啦。如果我哋會員唔授命架，我唔會做呢樣嘢架。阿郭SIR，你第日除低處長呢頂帽，我除低主席呢頂帽嘅話，大家出嚟飲杯茶，食個包，傾吓偈，絕都無問題。」這又是一單消防處只會用強權，毫無技巧的辦事手法。屈奇安認為消防處只是識得威，而不識得報恩，只會令到下邊的同事不會對上司有好感的。消防處作為一個管理階層與職工會無互信與溝通的基礎。面對如此惡劣情況，屈奇安謔說，消防處是一個好部門，對夥計好好，不過不是救護員。

消防處一直以來採取雙重標準引致好多問題發生，制定的政策沒有顧己及人。所以就迫出一個工會明星出來。屈奇安無奈地認為這是香港的悲哀，屈奇安的遭遇更加是悲哀的經典中的經典，被有關當局以死罪針對兩次，在嚴於律己的工作態度下都能安然度過。

或者有人說：會否同背景有關，消防員可算是武官出身，不善於處理員工關係，而其他文職部門銓敘科會調人過去做員工關係組的。

屈奇安指消防處是一個較為獨特的部門，很多紀律部隊，如懲教、海關和入境等，都會有機會由行政主任調去做部門首長，這樣就會帶來一些新文化。另一方面來看，作為部門中人當然反對從外面調行政主任入來掌權，阻礙了內部晉升的機會。外面來的行政主任會對部門帶來新構思、新文化和新作風等好處。但是消防本身是一個技術官僚，去到處長與副處長這兩個職位，就不會由救護職系的人出任，一定是消防的人。即是說，在整個決策階層和權力中心，救護只是一個附屬品而已。

救護員會歷屆主席都遭消防處以這樣手段去迫害，如果加入工會是有其他目的，如為了個人利益，甚至將政治或各方面的東西帶入工會，面對壓迫終日提心吊膽，難免有朝一日會引火自焚。

吞占救護資源

救護職系的發展一直以來都受到消防處的掣肘，甚至有一些瞞騙行為。消防處將部分政府撥給救護員的資源，放在其他用途，而不是用在救護職系上。救護員會從政府的公開文件中發現了這一情況，立即展開行動，透過立法會帳目委員會，和各方面的途徑去討回公道，取回職系的資源。

消防處現今有個說法，這數年消防處都對救護員是好好的，增聘了很多救護員。屈奇安指稱這是零和的把戲。在2003年時，政府在緊縮開支政策下仍破例批准消防處增聘前線救護員73名，消防處在內部招聘10名公職人員轉為救護員，尚餘63個名額。消防公開招聘70名人員時，宣布只請28名前線救護員，其餘用來招請消防官和消防員。就此吞占了救護員的名額。救護員會有見及此致函特首董建華和有關官員，及立法會員譚耀宗和涂謹申等，揭發這醜聞。

消防處長曾運用權力將原本隸屬救護的資源撥走，4年後的2007年救護員會進一步揭發保安局亦是如此，透過一些手法來吞占救護員的名額。

政府加105人給救護職系，保安局即時扣起50人，將這50人撥給第二個職系，餘下的55個名額，不知去向。保安局玩把戲，將這55個名額分3年撥回給救護職系。這樣，即是未來3年救護職系都不能入紙增加人手。補充完這55人後，到了第四年救護職系才可以入紙申請增聘人手。就此情況屈奇安在立法局帳目委員會上清楚地指出來，領導階層無話可說。屈奇安對時任保安局局長的李少光說：「阿局長你有無搞錯？你作為局長，你竟然串同消防處用呢啲咁樣手段！」直斥其非。

團結和財政

屈奇安回憶救護員會昔日的戰鬥歷程，以「僥倖」來形容戰鬥成果，減低個人主義的色彩。認為在各大戰役上，工會兄弟團結一致，都能夠守得住陣營，守得住職系權益。

救護員會在發動工會運動上表現十分團結，工會運動成功與否，數人頭遊戲是

重要的一環。工會近十數年發動的運動，數人頭遊戲未曾輸過，更未衰過。救護員會入會率高達95%以上。工會在號召會員參與運動的過程中，一路來說，得到會員積極支持。這個先能夠令到工會在談判桌上有代表性，真正有力量與管方談判，亦都不容易被管方做成分化。部分紀律部隊，一個職系內有幾個工會，這種分化行為在救護職系不能成功的。曾有一位文先生試圖組織另一個救護員工會，結果完全失敗，該會只得十數名會員，代表性不足。

工會除了能夠團結會員外，健全的財務亦十分重要。這兩方面的工作救護員會都好重視。屈奇安終日說，做工會要成功，無財不行。財政上，救護員會有賴前輩有眼光，早年發動會員募捐購下兩個會址，一個現在由救護員會使用，一個變賣了。因些，救護員會的會計帳目好理想。現有百多萬現金，另外會費又貴，180元年費，絕大部分自動轉帳，所以一年會費收入可有三十幾萬元，再加上平時出售一些小物品，每年財政盈餘都不錯，可以聘請兩位全職職員去處理會務，減輕理事處理文件的辛勞。

大部分工會都舉行研討會，但救護員會與其他工會較大的分別是，除了舉行研討會和發動爭取權益運動外，每年都有3個運動比賽，分別是足球、籃球和乒乓球賽等，並得到工會顧問的贊助，各區會員熱烈參加，這些體育活動對會員的團結和凝聚有很大的幫助。

每年6月中救護員會都舉辦一次會員和退休人員聚餐，年年都筵開70席，而在年尾前後則舉辦退休人員聚餐，聯絡維繫所有退休會員，令到工會有延續性，薪火相傳下去。

1999年政府推出公務員體制改革計畫，各公務員工會齊集商討對策，決定發動全港公員遊行。在這個問題上，救護員會與公務員總工會出現嚴重分歧，最後公務員總工會議決不參加遊行，救護員會與政府機電監工技工職員協會、4A會等4間屬會表示不滿，決定退出公務員總工會。最後只有救護員會和政府機電監工技工職員協會退會。這事屈奇安一直耿耿於懷心中不快。

當時形勢可算是風頭火勢，連一向不會上街的華員會都行動起來，公務員總工會為何不乘勢行動呢？是否當事人怕死呢？在這複雜形勢下，屈奇安當年退出公務

員總工會是一個好痛苦的抉擇。

救護員會和政府機電監工技工職員協會是公務員總工會會員最多，最大的屬會。屈奇安回顧這件往事，認為退會行動對救護員會，公務員總工會來說都是損失。救護員會是公務員總工會的創會會員之一，公務員總工會在公務員事務上，曾發揮了很好的影響力。他無論如何都不能接受站出來表達訴求都不做，認為這個最基本的行動。面對這個局只有兩個抉擇，一是默認，一是退出，救護員會選擇了退出。公務員總工會不上街，屈奇安和政府機電監工技工職員協會的馮兆銘與其他公務員團體等，自行帶領數萬公務員上街遊行示威。馮兆銘是現場總指揮，屈奇安是副總指揮。

屈奇安的工運路喜怒樂全有，覺得是多姿多彩的。

前瞻

屈安認為部門使用那樣的態度去處理危機，其背後有一套既定方針。因為救護員會與消防處一直以來關係惡劣，輪替了多任處長都是如此，足以證明消防處由頭到尾都有一套既定的策略，如何去處理問題。屈奇安與多位消防處長共事，認為許競平是一位較好的處長，原因是其任內是以「無為而治」的方式去管治。去到今天，救護員會終日說一句話：「唔好期望佢會幫你，搞少啲已經係一個好官嚟架。」雙方發展到這樣的心態，根源是大家都沒有互信的基礎，亦談不上可以坐下來商談。

屈奇安覺得救護員與消防處的對抗會只會一直延續下去，始終在思維上雙方沒有一個好的改變。屈奇安曾經試過為改善工會與管理層的關係而遭會員指罵，屈奇安覺得加入理事會以來，同消防處不停鬥爭，究竟工會是不是凡事都要以舉手舉腳來爭取的，是否可以有一個非正式的渠道來溝通，去解決問題。工會是否可以與部門坐下來洽談，改善雙方關係。有如周星馳在電影中的對話，大家坐下來飲杯茶、食個包，甚至可以飲杯紅酒、來一客羊扒，亦都是解決問題的辦法。

救護員會一直以來都不介意使用哪一種方法，只是想要一個好的結果。救護員

會沒指定使用哪種方法去達致結果，在效果與結果兩者中，屈奇安只會選擇結果。工會嘗試退後一大步之後，亦希望管方都要退後一步，大家才有空間。原來結果不是如此，工會後退一步，管方卻向前走多一步，所以在2003年，消防處推出消防先遣急救員計畫，工會與消防處的關係再度破裂。

所謂先遣急救員，只是接受1星期緊急救援訓練及在救護站進行3星期實習的消防員。消防處指消防員較空閒，設立先遣隊可幫輕救護員的工作，在救護車未能及時趕赴現場的情況下，總部派先遣部隊出動，盡量維持情況危急的傷病者的生命，待救護員到來就可以送個病人走。問題是否如此簡單，這是否有濫竽充數的嫌疑呢？以昏迷病人為例，先遣員沒有足夠的知識了解病人昏迷的原因，故只能為病人提供氧氣，不能提供其他援助。救護員在現場施藥並不簡單，有些藥食多了會死人的，食錯了又會死人的，食量不足夠又救不到人。況且香港的救護服已不只是提供急救服務，早已提升為輔助醫療服務，為何消防處仍有這個構想呢？

屈奇安向上司說：「阿SIR，消防員無乜嘢做，救護員做到阿媽都唔認得。如果你要改善呢個問題，你係咪要應該增加救護資源。」增加救護車、增聘救護員才能澈底解決問題，救護車就能依時到達現場。可是消防處卻反其道而行，將資源放在消防這一邊，用來成立先遣隊，結果就是先遣隊不能救人，又救不到人。如果消防員工作清閒，是否應該多外出巡樓檢查防火設備，教導市民做好防火工作。而不是去搶另一個職系的工作。這樣雙方都走上了一條不歸路。

救護員會加入國際公務員工會多年，了解這個組織除了是國際公務員工會運動一員之外，尚是一個國際政治組織。工會曾考慮是否要維持這個會籍，以現今的政治環境來看：我們會否被別人冠以勾結外國政治勢力的帽子，救護員會一直以來的辦會方針都是不涉政治，只會出席國際公務員工會與公務員事務有關的會議，緊守這個方針就會無所懼的。

當世界貿易組織在香港開會時，國際公務員工會呼籲救護員會參加活動，救護員會緊守宗旨，審議這些活動是否純粹的公務員事務，來決定是否出席。若是公務員事務議題，救護員會定必參與，樂意表達意見。除此之外，救護員會完全不會去接觸或者參與，這樣就可以避免被人冠以勾結外國組織的罪名。有關反對梁振英，

平反六四的議題，救護員會都不會參加。工會有一個清晰的定位，因此仍然保留這個會席，希望藉此在國際工會層面上，有機會反映香港公務員事務。

如用膳時間問題，救護員會向國際公務員工會投訴，完全沒有超出公務員事務的範圍，而且用膳時間是一個人道問題。

維持國際公務員工會會籍是一個龐大的經濟負擔，會費頗貴。救護員會認為脫離會籍容易，從新加入困難重重，所以不會輕言退會。

救護員提升為輔助醫護員，質素只是達到第二級，尚可以去到三級，外國三級輔助醫護員同醫生的水平看齊。在提升會員工作質素方面，並非所有工會都會重視。馮兆銘曾經協助房署工會大聯盟，安排立法會議員與他們會談，提出房署職員不想被淘汰的話，應設法去提升本身職系的社會價值。結果馮兆銘被臭罵一頓。房署工會說：「有無搞錯，我哋點解要做呢啲咁嘅嘢，我哋點解要兼做其他嘢。我哋依家做呢啲嘢已經嫌多，已經好多嘢唔係我哋做㗎。」文員工會也持這個觀點。馮兆銘在機電工程署早已設法提供同事的服務質素，自我提升本身的價值，令政府覺得這些員工物有所值，甚至物超所值。這樣就能夠進一步令到自己的薪金提升。

工會應該是雙面教材，工會領袖要高瞻遠矚，帶領會員提升自己職系在整個社會的地位，在政府中的地位，令自己物有所值，令到自己升格向上流動。持有這種觀念的屈奇安和馮兆銘被人視為另類異端。

屈奇安在一個研討會上提出如何提升員工質素的問題，點名提及房署和文員兩個職系，舉打字員為例說：「依家已經係電腦化啦，仲係打字員，係咪要諗吓點樣去Upgrade（提升）自己，令自己係政府架構裡面仍然保留，點樣令到佢轉化為一啲嘅編制上嘅職系，點樣令到現有嘅同事可以延續嗰個編制。」立即遭人攻擊，自鳴得意地說：「請我番嚟打字嘛，除咗打字我乜都唔做。」

屈奇安談到房署職員提升質素的問題，先說負責工程維修的人，尚未談到管理員已經被人圍攻。屈奇安有話直說：「你一日返8個鐘頭，做幾多個鐘頭嘢呢。其實只是做2個鐘頭。」他們大條道理解釋為何只是做2個小時工作。屈奇安指出房署員工面對的危機，政府正將房署的工程外判，為何要外判呢？理由不會多，第一，工作量多，你們未能完成所有工作，要外判來完成；第二，你們沒有效益，所以

要外判。事情是否如此？對不對？究竟你們是無法完成工作，還是沒有效益？如果工作量大無法完成，應爭取增聘人手。沒效益令到政府要外判，就要自我提升工作質素。

工會工作要與時俱進，舉個例來說，機電署推行「技術性授權」時，建議電錶跳時掣，你自己打掣恢復供電。如房署管理員面對屋邨通道跳掣，電召有關人員到場處理，維修員到場必定有一段時間的，在這段時間內，居民怨聲載道。假設加裝一個電掣，管理員只須簡單地打掣一下，電力立即恢復，解除了市民的怨氣。可是，他們說：「超！我點解要做埋呢啲嘢。」

如果管理員能夠打掣，消除民怨，已經不只是一個管理員，好不威風。如此下去，可以看見管理員的崗位正逐漸被護衛員取代。員工能夠要將自己增值，轉化為第二種功能，才能夠迎合整個社會需要。七十年代的救護員去到現場，從車上拉張床下來，放個病人上去，關門開車走，如何談得上專業？現今要檢查、評估，然後行水、落藥，甚至插喉，責任重大。這個可見救護員會前輩李永康、張劍帆、趙國勳和伍兆祺等人的前瞻性。奠定整個職系在香港的專業地位。令到救護員會出外談判時有一定的實力。

屈奇安退休後還擔任救護員會總幹事職務，於2011年5月準備以總幹事身分代表救護員會與消防處副處長開會，消防處指這個會議是商討在職屬員的福利事宜，屈奇安非現職人士，不宜出席會議。消防處亦不讓屈奇安為同事做申辯人，指明屈奇安不能做申辯人。

但救護員會卻委任屈奇安為代表出席會議，面對如此局面救護員會眾兄弟當然好燉，認為代表應由工會自行委派，立即去信公務員事務局、紀評、紀總、勞工界立法會議員和新民黨葉劉淑儀等投訴。

救護員會認為今次先例一開，其他公務員團體亦會受到影響。十多年前救護員前輩有先見之明，建議救護員會修改會章，准許聘請熟悉救護事務的人出任總幹事輔助會務，且有權代表救護員會出席會議發言，不過註明年薪只有1元。

這件事擺明是針對屈奇安本人，已經退休的馮兆銘經常出席同類的會議，未見管方提出異議。所以在「公務員紀律聆訊祕書處」馮兆銘的名字無人不知，亦可算

是一位知名人士。整個公務員界能夠經常出任申辯人，首指香港懲教人員總工會潘志明、馮兆銘和屈奇安等3人。申辯人有如辯方律師，若指明不准屈奇安出任，會觸犯法律的。最後消防處不得不開放申辯人這個工作讓做屈奇安出任，但仍堅持不准屈奇安出席會議。

消防處為何可以明顯地針對屈奇安，因為紀律部隊內另有條例規範，警察有警察的內部條例，消防有消防的內部條例。所以除了公務員內部管理命令外，還有一套警察內部條例、消防內部條例和懲教內部條例等。如以前懲教內部條例規定職員在外面註冊西醫看病取得的醫生紙，得不到承認的，要在懲教處入面的西醫取得的醫生紙才有效。後來經過工會多年的爭取才有所改變，外面註西醫取得的醫生紙也有效。

香港工會教育缺乏如何正統地去傳承。現行的《職工會條例》經修訂，退休的人可以根據各自的會章，經競選後可以出任總幹事，以前是不可以的。所以現在有些眷戀權位的人，就有藉口繼續留在工會核心內，以傳授經驗為藉口，在沒有傳承制度下繼續眷戀權位。

屈奇安初加入理事會雖然掛住副主席職銜，但始終是一位工運新丁，沒有工會常識，很多工運基礎常識要學。在沒有正統學院培訓的情況下，跟隨救護員會的前輩學習，走一條不正式的師徒制的道路。即是師傅帶徒弟，師傅有幾多功力，傳給徒弟幾多功力。屈奇安感嘆說：「香港沒有一個完整的系統去培育工會幹部，做好接班的準備工作。大部分都是依賴師徒制去教新人，師傅盡量全力去教徒弟，徒弟能吸收多少呢？是否可以青出於藍呢？」屈奇安自豪說：「我亦都好彩，跟住康哥，幾位主席：張劍凡、趙國勳和伍兆祺等，有啲老前輩帶住我哋一直去做。」

屈奇安善於把握機遇，跟隨前輩學師，磨礪以需，抓住機遇，及鋒而試，要站出來為兄弟出力。回歸大業在眼前，很多政治議題的紛爭，都會牽扯到公務員身上，甚至紀律部隊身上，前路如何走呢？

俠義之士古聖光

訪問日期：2013年1月22日下午3時至4時30分
地點：亞洲專訊資料研究中心（AMRC）
地址：大角咀塘尾道66號至68號福強工業大廈9樓
被訪問者：古聖光先生
訪問員：梁寶霖、梁寶龍
整理：梁寶龍

【古聖光簡歷】

古聖光於1946年在香港出生，1966年加入醫務處做雜工，1974轉職銀行任信差。八十年代組織「香港消防處第一標準薪級員工會」，後轉去「地政總署」做測量工作。2006年退休。

踏上工運路

《孟子・公孫丑》有云：「自反而不縮，雖褐寬博，吾不惴焉；自反而縮，雖千萬人，吾往矣。」

古聖光視工運為一條不歸路，決定踏上這不歸路後永不言悔。古聖光從小面對各種不同壓迫，有點《水滸傳》的「官迫民反」而走上工運路的味道。

古聖光的工運鬥爭在消防處開始，任職消防處二級工人，即是「雜工」，屬第一標準薪級表員工，不屬於紀律部隊成員或職級，屬於文職部門職級，現在消防處已沒二級工人。當時二級工人只有一個職級，沒有晉升機會，做到退休領取長俸都是二級工人。現政府已加設一級工人」的職級，二級工人可以晉升為一級工人。

九七之後政府將公務員按不同聘用制，分為甲類人員和乙類人員。在紀律部隊方面，甲類人員也獲得較大保障，因為當局在決定懲罰甲類人員，或為公眾利益著想而著令甲類人員退休前，須先諮詢公務員敘用委員會。

　　古聖光就此問題約銓敘科開會討論，並得到公工聯前主席黃偉雄協助，帶領古聖光等前往開會，官立學校非學位教師職工會的何國鏇也有出謀獻策。古聖光有理有據的批評官員說：「你們指責英國殖民地政府壓迫公務員，這是事實，歧視就是其中之一。到了回歸，你們又在歧視低層公務員。為何要將公務員分為甲類和乙級呢？為何不是全部都是長俸制呢？」官員啞口無言，無法回答這個責難。

　　按政府的薪金分類，二級工人不是長俸制，按月計算工資，英文是Month to Month，中文可以翻譯為「月薪長散制」，即是長期的散工。古聖光問官員：「為何會有這樣的分類呢？」指出快將九七回歸，英國政府為何不協助第一標準員工爭取應有合理權益？英國歸還香港已是必然的事實，送個禮給第一標準薪級員工，給我們一些甜頭，必定會有一句多謝，英國政府始終都沒有如此做。

　　九七前夕，警務人員提出要脫離總薪級表。要求獨立檢討薪酬，設立了警務人員薪級表。引起了連鎖反應，所有公務員工會輪流約見銓敘科官員。不滿警務人員為何得到何如此特別待遇，紀律部隊獲得的待遇特別好，而其他公務員則沒有，第一標準員工更被忽視。

　　如政府設立了「特級司機」職位，專責為處長駕駛車輛的司機。特級司機都是車輛駕駛者，政府認為他們的工作「特級」，所以開設了這個職位，待遇上增加了津貼，提高了1個增薪點。不能晉身為特級司機的起來鼓噪，批評政府不公平，結果政府擴大領取津貼的層面，二級工人因此扳車邊獲益。

　　古聖光為何走上這條工運路呢？就是八十年代，在工作上受到消防處的無理苛求，要二級工人於年初一、初二假期上班。古聖光問：「二級工人不是紀律部隊人員，更不是半紀律部隊人員，為何假期要上班？」處方解釋說，假期都會需要二級工人協助工作。古聖進一步問：「有沒有補償？」這樣調動假期是沒有補償的，只是當普通的假期調動而已。

　　表面上來看假期調動是一件平常事，但是在華人社會中，年初一放假與初七放

假是有很大的分別，與平日的假期分別更極大。二級工人受聘時沒有說明有這一個需要，或要求接受紀律部的規條管制，突然間增加了這個要求。二級工人上班時，只是要求不定時工作而已。不定時工作不等同年初一要上班，而是指有需要時會突然要加班，或者提早於早上7時上班，或者延遲時間放工，甚至要下午3時始上班，直至完成工作才下班。古聖光等就在面對這個不合理的情況下醞釀成立工會，進行抗爭，爭取自己應有的合理權益。

　　古聖光等首先找同在消防處工作的廚師黃彼德詢問，黃彼德等廚師已經成立了「消防處廚師職工會」，黃彼德介紹古聖等去CIC詢問。古時光在CIC遇見黃偉雄，黃偉雄即時熱情講解組織工會要訣，指出七個人就可以註冊成立工會。「香港消防處第一標準薪級員工會」（簡稱「消防第一薪級會」）就如此宣布成立，會址就借用CIC的會址：九龍尖沙咀北京道57號國都大廈3樓，工會電話則在傳呼公司開設戶口，作為通訊用途。現在消防處已經沒有第一標準薪級員工，該會亦不存在。原消防處的第一標準薪級員工大部分已經退休，部分調到其他的部門。原來二級工人的洗車工作已經由洗車機器取代。

　　在部門諮詢會議上，消防第一薪級會向消防處提出要求，認為不能依正日放假是一種損失，這個損失應該如何補償。古聖光斬釘截鐵地向處方說：「我嚟打工係『發錢寒』[1]。」要求以金錢來補償損失。最後工會成功爭取到補償金額，年初一開工當作超時工作（OT）計算酬勞。

童年生活

　　古聖光自言是受壓迫而走上工運路。

　　1946年古聖光呱呱落地，來到一個生活受壓迫的香港家庭。四十年代香港小學學位嚴重不足，古聖光只能報讀夜校，沒有經濟能力完成小學課程。

　　古聖光母親在「海軍船塢」工作，但不是正式僱員，沒有正式工資。工作完

---

[1]　「發錢寒」是廣東話，意思是重視金錢利益。

成後，船長會給她一些船上的剩餘物資或食品，由船長出具證明，以作可出售的憑證。

香港有位獲英女皇頒發大英帝國獎章（British Empire Medal）勳章的傳奇女子——吳珍妮，工作性質與古聖光母親相同。吳女士於1928年起開始與一班靠艇運輸為生的女子在海軍船塢工作，且為訪港戰艦服務，工作包括清潔、髹油和駕駛駁艇等，最鼎盛之時有三四十人之多。吳女士除了日常工作之外，還會免費提供送報紙和鮮花服務，遇到有將官到任或者離港，她又會送上「紀念禮品」。吳女士從中獲得售賣艦上飲料專營權，及艦上棄用物料出售專營權，包括床單、洋酒、舊衣物、菜腳和器皿等。八十年代代訪港戰艦目銳減，吳女士亦隨著時代變遷而退休，現已離世，享年92歲。另有蘇瑪麗女工班（Mary Soo Side Party），領頭人是蘇瑪麗（Cheung Soo Mui），與吳珍妮的工作性質相同，不同的是她們為美軍提供服務。

生活壓人，古聖光12歲時已經投身社會工作，踩單車送報紙。單車上的報紙疊起來比古聖光還要高，這位小童如何送報紙呢？

古聖光家住銅灣舊唐樓，樓高3層木結構。凌晨4時報紙檔老闆就在樓梯大叫「光仔起身」，聲音直達3樓。古聖光立即起床下樓，推出不能騎上去的單車（當時沒有小童單車）。細路²踩大人車，古聖光如果坐在座位上，雙腳未夠長度放在腳踏上駕駛單車前進。只好一隻腳踏在腳踏上，另外一隻腳穿過單車架踏在另一邊的腳踏上，站立在單車腳踏上踩單車，不停地踩腳踏使單車前進，直達當時設在銅鑼灣的成報報館。取得報紙捆好，紮好在單車尾的貨架上，載回報紙檔。然後把報紙分拆出來，插入好，疊為完整一份，繼續在報紙檔幫手賣報紙。賣到早上九點零鐘，於十時就「散檔」，把東西收拾好收工。

當時的茶樓的門前必有報紙檔，工人於早上5、6點已經到達茶樓飲茶，食碗牛肉飯或者食個大飽，然後去開工。

經過一段長時間，已經是年輕人的古聖光，沒有正當職業，同屋住板間房隔鄰

---

² 「細路」是廣東話，意思是小孩子。

的住客，在政府皇家倉做技工，負責修理打字機，對古聖光說：「喂！你橫掂³無嘢撈，寫封信去希慎道醫務署嗰度喇。」古聖光回答說：「咁都好喇，始終係政府工。」

　　古聖光依指示寫求職信到「醫務衛生署」（Medical and Health Department，簡稱「醫務署」）申請做雜工。六十年代香港貪汙問題嚴重，古聖光有賄賂的心理準備，但不知道應該賄賂哪位人士，只好在家中呆等消息，一年過去無回音，第二年又無回音。古聖光靈光一觸，心想呆等不是辦法，不如找人用打字機打一封英文信寄往醫務處，查詢為何寄出求職信這麼長時間仍未有回覆。當時打封英文書很困難的，首先要找一位識英文的朋友，而懂英文的人已不多，尚要懂得打字的更難求，再找一部打字機來打字更加困難。當時很多人未見打字機，甚至未聽聞有這樣的東西存在。

　　原來古聖光的求職信來來去去都仍在文件盤內，每天新郵件到來，都放在古聖光的求職信上面，這樣求職信無法上到面，一直積壓在文件盤底。英文打字信發揮了效力，醫務署終於回覆古聖光，通知於指定日期時間去「瑪麗醫院」見工。瑪麗醫院有一名管事，負責分派工作人員到那裡工作，安排古聖光去「西營盤醫院」。在整個求職過程中，古聖光賄賂無門，結果最後都無須進行賄賂，獲得一份政府職位。

　　醫務署於1939年成立，今另成立醫院管理，負責管理全香港公立醫院。西營盤醫院位於醫院道34號，今菲臘牙科醫院位置，是昔日的「國家醫院」建築群之一，建築群占用東邊街東面的一大片土地，南面是醫院道。西營盤醫院原是專為妓女而設的性病醫院。英國占領香港不久，英軍和海員隻身飄洋來到香港，為了滿足生理和心理上的需要，催生性服務行業，引致性病在香港橫行。於是政府於1857年通過《防止性病傳播條例》，開徵「妓捐」以興建性病醫院，每隔10天政府醫官為在註冊妓院工作的女性進行身體檢查。醫院名稱為Lock Hospital，驗出有性病者將會被關起來治療，直至康復為止，防止她們接客，阻止性病傳播，所以俗稱「入

---

³　「橫掂」是廣東話，意思是反正。

Lock」。沒多久英國不同意政府以發牌制度規管妓院，Lock Hospital停止運作，政府改在西營盤成立海員宿舍治療染上性病的海員。日後香港性病再趨嚴重，妓女數目日增，政府於1861年在醫院道興建一座較大的性病醫院落成。但國家醫院此時禍不單行，先遭颱風破壞，復遇火災損毀，因此接收了這座新醫院作為院址，性病醫院被迫租用別的地方。1867年政府以《傳染病條例》取代《防止性病傳播條例》，1887年《傳染病條例》亦被取消。1894年性病醫院關閉，病人轉到公立醫療求診。

西營盤醫院的門診部設在皇后大道西高陞戲院對面。當時醫治傳染病只有兩間醫院，另一間是「荔枝角醫院」，位於荔枝角青山道800號，今「饒宗頤文化館」。荔枝角醫院附屬瑪麗和九龍兩醫院管理，是留院療養性質，沒有門診。是時香港只有兩名傳染病醫生，一名是歐人駐西營盤醫院任院長，另一名是華人駐荔枝角醫院。

在傳染病醫院工作的人，所有流感防疫針都必須注射，並在院長監督下注射，護士也要接受注射，有時院長會親自操刀。傳染病醫院工作人員不幸染病，病假比其他公務員長，有時會多一倍。

醫院什工

1966年古聖光開始在政府做公務員，工作證職位寫上Labourer，中文是「什工」，現稱二級工人。古聖光每月除領取底薪外尚有「補水」[4]，1971年時每月領取35元補薪，1972年時補薪加至48元。

入職後古聖光安排服侍院長，院長房門外設有一張辦公檯，供信差（Messenger）使用，該名信差只為院長和護士長工作，信差身穿灰色制服，釘上五粒有皇冠徽號的鈕扣，由一名年輕人出任。什工則穿黃色唐裝式制服，上衣有四個袋。

---

[4]　「補水」是香港俚語，意思是指津貼和加費班等。

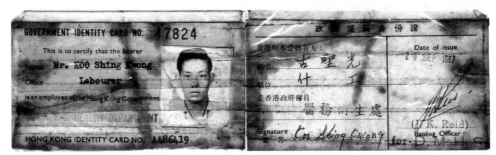

古聖光的政府僱員證（古聖光提供）

　　古聖光每天在房門口聽候院長差遣，為院長沖茶、沖咖啡。先將茶杯消毒，然後用來沖調咖啡，沖調好後放在托盤上，拿給院長享用。女性的護士長則不同，有一位「阿瑪」[5]專責來服侍。古聖光只是聽候院長一人差遣，無須做其他工作。工作了兩三個月，信差辭職，院長將古聖光升為信差，薪金不變，仍是月薪長散制工人。

　　院長是印度出生的英國人士，曾經是軍醫，銜頭是傳染病專家。院長對待屬下很好，鼓勵古聖光繼續讀書，古聖光報讀英專夜校，每週上課3晚，於下午4時上課，只修讀英文一科，學費20元（1969年）。院長容許古聖光提早收工，到般含道某夜英專上課。後期去了「軒尼詩官立小學」上課，一直讀到F.3為止。在政府資助的情況下，古聖光由小學4年級一直讀到F.3為止。人長大了，活動多引致心散，未能專注學業，古聖光才結束學業。公務員可以向政府申請資助讀書，申請者要自己先繳交一季的學費，讀完一季可以升學的話，就可以拿成績表去雪廠街政府合署西座庫務司署（俗稱庫房）領取學費，取回已經繳交的學費。第二年又繼續讀，照樣先繳交學費，完成學業後到庫房取回學費。

　　工作初期，院長以英語說出單詞「Cup」，吩咐古聖光取一隻水杯，古聖光不明白院長的要求，「擘大個口得個窿」[6]，不知如何應對。上學一段時間後，古聖

---

[5]　或寫作「亞嫲」，發音Amah，源自葡文Ama，意思是指女傭，亦稱為「馬姐」。葡文意為護士。

[6]　「擘大個口得個窿」是廣東話，意思是不知對方的提問。

光英語有所進步，明白院長的英語工作指示，院長更加鼓勵古聖光讀書。而且通融他於辦工時間內做功課，古聖光在功課上遇有難題時，更可直接請教院長。

　　當時在醫院工作的什工大部分都有一份兼職，如為殯儀業東主通風報訊，提供病人彌留的消息，或向苦主提供殯儀業資料，可以得到1或2元的報酬。古聖光是信差可以外出，更方便賺取這份酬勞。

　　古聖光出任信差一段時間後，護士長經常要求古聖光星期六下午上班。是時公務員每週5天半工作，星期六下午休息。整個寫字樓的工作人員星期六下午都放假，只有古聖光仍在上班。在這工作安排上，護士長又不能提出具體的理據，古聖光覺得受到壓迫，心中憤憤不平。這時有位親友對古聖光說：「唔好做政府喇，銀行嗰度做個Office Boy（辦工室什工）喇。」古聖光受落了這番話，辭退政府什工職位，由親友介紹轉到「廣東銀行」做信差。

　　這時古聖光加入了「香港政府醫務署華員總會」，曾出任理事一職。香港政府醫務署華員總會現名「香港醫務衛生華員總會」，Hong Kong Medical & Health Chinese Staff General Association，成立於1948年，職工會登記局註冊編號為40。現今的宗旨是：（1）聯合香港醫務衛生各機構華人職員，成立一純粹合法組織；（2）增進會員間感情，交換知識，互相扶助，以謀共同合法福利；（3）求取及維持公平正當工金率，工作時間及工作條件，又廣泛保障會員利益；（4）調整會員與僱主間，會員與會員或其他工友間之關係，及盡量採取融洽辦法，調解各方面互爭之糾紛；（5）使會員獲得下列全部或部分，及本會各會議所議決之利益：一、會員因職務關係，所需要法律上之指導及幫忙；二、疾病、殘廢、罹災、失業、退休、死亡等之救濟。入會資格：凡在香港醫務衛生機構服務華人職員，不論性別，其品行端正，願遵守本會規章者，得由本會會員介紹，加入本會為會員。由於會資格並無職系或職位限制，所以該會會員除了低層員工外，尚有專業人士如藥劑師、醫生等。是時新界區的會員比市區的還多。

　　是時該會是工團屬會，於1971年加入「國際公務員協會」。七十年代時會址設在西營盤水街7號3樓，九龍分會設在弼街42號，福利部聯合辦事處設在灣仔道136-138號4樓，新界屯門青山醫院亦設有聯絡處。現已於2009年加盟勞聯。

古聖光的會員證（古聖光提供）

　　該會1969年有會員454人，2006年有會員153人，2009年有會員146人，2010年有會員120人，2011年有會員115人，2012年有會員120人。

銀行信差生涯

　　古聖光以補償1個月薪金給政府的代價，換取即時離職到廣東銀行上班，在文咸西街分行工作，每年有16個月工資，而公務員只有12個月工資。利之所在，銀行信差月薪雖然比政府什工少，但年薪16個月工資，總計每年收入比公務員多，以1個月工資換取即時離職也划算。

　　廣東銀行於1912年由李煜堂、陸蓬仙創辦，是香港首間全華資銀行，現已併入中國建設銀行。

　　銀行信差的工作壓力很大，每天到了去支票交換所交換支票這段時間，中環四周嚴重塞車，只能徒步由西環行去中環「匯豐銀行」的支票交換所，必須限時5時前到達。如果遲了的話，公司交給你的支票明日才能過數，可能會令公司蒙受重大的金錢損失。在這情況下，只有步行才能保證依時到達，因為於這段塞車時間內乘車肯定會遲到，就算銀行找部私家車載你去，也肯定無法依時到達。只有做步兵，由上環街市一路行，行到去新填海的三角碼頭，繼續一路前行，行上去中環匯豐銀

行。這種無形的工作壓迫，令古聖光難以透氣。古聖光回憶前塵往事，覺得當時趕路時整個人戇居居的，好似機械人一樣。這種壓迫感，再加上學歷低，一起工作的信差大部分都是中五（F.5）畢業，比較之下，古聖光的自卑感作祟，不自覺地就有點「慌失失」[7]。

工作不足1年後（1971年），美國太平洋銀行接管廣東銀行，銀行轉制改為年薪13個月工資，所有僱員全部解僱重新聘用。按照《勞工法例》被解僱者補償1個月工資，然後重新聘用簽新合約。古聖光年資只有1年，補償金額不足一千元。當時一千元都算是一個大數目，但人生長路如何走下去？有朋友介紹古聖光去跑馬地某公司做信差，古聖光不想再過這種有壓迫感的生活，婉拒朋友的好意，再次投身公務員行列。

古聖光離開公務員行列正值1973時年香港股災，恆生指數於1年內大跌超過九成，數以萬計的市民因此而破產，甚至自殺。事前市場出現一些如「魚翅撈飯」、股民辭工全職炒股、「鮑魚煲粥」、「用老鼠斑做魚蛋」、「用大牛（港幣五百元鈔票）點煙」和教師上堂聽股票節目等瘋狂現象。踏入1974年世界性的第一次石油危機爆發，石油輸出國組織為了打擊以色列及支持以色列的國家，宣布暫停石油出口。香港經濟環境受到打擊，政府宣布燈火管制。

離開職銀行的三幾年內，古聖光的生活可以用「攞命」來形容，曾經一日食兩個波蘿包當一餐。已經工作數年的古聖光，不敢把自己的境況說出來，告訴家人無飯開，恐怕家中老人家擔心。

返回政府工作

到了1979年，古聖光再走回政府部門工作，這樣古聖光的年資就斷開了，以前的年資不能計算在長俸中，一直工作了28年退休。

這時政府職位的招聘開始交由勞工處集中主理，古聖光到勞工處查詢職位空

---

[7]　「慌失失」是廣東話，意思是慌張。

缺，向工作人員登記求職。職位空缺有回音，勞工處約見古聖光，講述政府有哪幾個部門職位適合應徵者。古聖光選擇在消防處任職二級工人。上工兩三日後，再接到勞工處來電話說，機電工程署也有二級工人空缺。古聖光認為兩個職位都是二級工人，沒有任何分別，尚不知道在仕途問題上則有很大的差別。機電工程署設有技工職位，按工作能力二級工人仍可以晉升到這個職位，甚至是高級技工職級，消防處的二級工人則沒有職位晉升。古聖光成立工會後，曾就這個問題向政府反映意見，爭取改善晉升機會，黃偉雄主持公工聯時，協助消防第一標準會爭取改善晉升機會，未能成功爭取政府設立高級（Senior）職級，連技工職位都沒有這個職銜。

　　老一輩的二級工人說，二級工人曾經爭取設立中央公積金制度，政府說：如果施行中央公積金制度，即是轉入總薪級表編制，要扣除「遺孀及子女恩俸計畫」（俗稱「孤兒寡婦金」）金額。老一輩的二級工人認為：「我哋依家咁樣嘅人工，入咗去總薪級表後，無人工加仲要扣錢，幾大都話唔制。」不肯轉制。古聖光慨嘆地說：「咁就『HIGH咗嘢』[8]喇。」如果當時能夠轉入總薪級表編制，不單止是長糧的問題，尚可以享受很多福利待遇，假期立即增多了。古聖光認為人的見識淺薄是很大問題的，所以有書讀的人與無書讀的人有很大的差別。如在計算前途問題上，政府雖然說要扣孤兒寡婦金，公務員個人有任何重大事情發生，政府都會要揹番上身的。如公務員身故，他的太太仍舊可以領金錢的，如果尚未結婚，該筆錢會一筆過支給公務員的，女性公務員的稱為嫁粧費。1979年時古聖光月薪為990元，另有生活津貼30元，每月要扣幾十元都算是一個很大的數目。

　　孤兒寡婦金是一項由政府負責管理的供款計畫，參加計畫的人身故後，為其遺孀及遺孤提供撫恤金福利。此計畫的運作由香港法例第94章〈孤寡撫恤金條例〉規管，並由孤寡撫恤金計畫管理委員會負責管理。在1993年2月以前，所有在1978年1月1日或以前按可享退休金條款受聘的男性人員，除少數例外情況外，均須向此計畫供款，以確保在他們身故後，其遺孀及遺孤可得到適當保障。供款人必須以月薪的4%作為每月供款，如其月薪的4%超過125元時，則可選擇以每月125元或以上金

8　「HIGH咗嘢」是香港俚語，在這裡意思是中招。

額作為供款上限。隨著政府在1978年推出「遺孀及子女恩俸計畫」（現改稱為「尚存配偶及子女撫恤金計畫」），孤兒寡婦金計畫已被取代，並於1978年1月1日起不再接受新供款人加入。

孤兒寡婦金計畫自1993年轉為一自願參與的計畫，於1993年2月1日起，所有公務員按可享退休金條款受聘的，均可選擇參加此計畫。在1993年2月1日前已開始供款者，可在1993年2月1日至7月31日期間選擇停止向計畫供款。而繼續參與此計畫者，必須以月薪的3%（或4%，如該參加者之前曾做此選擇）作為每月供款。而在1993年2月1日或以後選擇加入計畫的人，則要繳交月薪的3.5%作為計畫供款。

到了退休的時候，第一標準薪級員工計算長俸的因子比總薪級表的員工低很多，如古聖光在消防局做了十多年，後來轉到地政署，政府將消防這一段年資撥到總薪級表內，1年只得9個月年資，扣起了3個月。政府解釋說，長俸是斬件計算的，如果某人曾在多個部門工作，每一個部門工作的年資當一件計算，不是簡單地以該員工於何年入職，一直計算到退休為止。古聖光在消防處工作了10年，總共只得90個月年資。被扣去的每年3個月年資不得異議。

消防第一標準工會成立後，在年初一假期上取得第一場勝利，往後與消防處並沒有重大糾紛。會員約有一二百人，入會率約為80%，在消防處內未得到應有的位置，經過一段日子後，消防處更輕視工會的價值，不聞不問。部門祕書直情不當有這工會的存在，政務主任也是如此。古光認為他們歧視二級工人。

古聖光指出這個情況的出現，因為二級工人的重要性不足，若有任何工業行動對處方沒有威脅性，這個職位可有可無。例如二級工人被派去救護這一邊工作時，本應只是負責清潔救護車，救護員將車上的儀器清理好，空車交給二級工人進行清潔和消毒工作。但事實卻不是如此，二級工人主要的工作變為服侍長官，簡直浪費公帑，消防第一標準工會據此提出質詢。面對消防處的壓迫，消防第一標準工會沒有正式的途徑去投訴，在無計可施的情況下，曾去廉政公署投訴，申訴一宗與貪汙無關的勞資糾紛。部分工會在投訴無門的情況下，也曾使用這個方法，只是藉把事情鬧大，吸引上級注意，處理有關問題。

爭取制服

　　古聖光最回味的鬥爭是爭取制服一役，消防處二級工人本來是沒有制服的，政府只是下發一套工作服給二級工人就算數。1年發1套，尚要工人自己負責洗，古聖光認為不合理，決定進行爭取合理權益鬥爭。首先不洗自己的工作服，尚要1年內都穿上這套衫，令工作服發出陣陣惡臭，留待高官到來巡視時穿上。就這樣折服了消防處，多發了一套工作服更換，但仍是要自己拿回家洗。

　　二級工人清潔救護車時，不知道救護車曾經做過的工作內容。床單上不論是否有嘔吐物，都要浸一種俗稱「偏陶」的消毒藥水。雖然二級工人戴上黑色的普通勞工手套，但工作服有機會會沾染細菌的。拿工作服回家洗，有機會將細菌帶回家傳染給家人。如果是「沙士」（SARS）如何是好？！當時雖然沒有沙士，尚有許多種傳染病。愛滋病肆虐時，古聖光向處方說：救護車是否接載過愛滋病人無人知曉，救護員不能將病人資料告知別人，甚至救護員出車時也不知病人的病歷。救護員工作完將床單交給二級工人拿去洗。是時病人的病發原因尚未知曉，要醫生驗血結果出來後才知，如果病人有愛滋的話，二級工人可能已經感染了病菌。接觸這病人的救護員處方會安排去驗身，如果是肝炎的話則安排食藥，二級工人則沒有任何跟進工作，有如任由自生自滅，沒有生命保障。處方面對這樣的質詢啞口無言。

　　消防員和救員的制服由政府負責洗，在消防第一標準工會據理力爭下，政府亦開始負責洗二級工人的工作服。消防第一標準工會進一步提出爭取，得到波褲、「笠衫」[9]和T恤等，冬季時政府更發給長袖工作服。消防第一標準工會更曾計劃爭取工作鞋，這些合理福利如果不去爭取，政府不會自動自覺給工人的。工會經常注意會員工作的需要，缺乏物資就提出爭取。古聖光認為這就是工會能夠團結工人的動力，將一盤散沙分散在各分局的二級工人團結在一起。工會就是用這個方法聯絡各會員。工會爭取到可以到全港各分局探訪二級工人，將通訊和宣傳品派給他們。

---

[9]　「笠衫」是廣東話，意思是汗衣。

工運經驗

　　香港公務員中二級工人數量很大，工會數目也不少，各自按不同的部門、職系和職級組織自己的工會。消防第一標準會沒有與其他第一標準薪級工會聯絡。古聖光甚至覺得某些大會存有看不起小型會的現象，甚至連打招呼都視若無睹，覺得自己高高在上。第一標準薪級評議會的代表都是如此，他們覺得自己高人一等。

　　消防第一標準會在消防處評議會中沒有席位，在任何政府的評議會中也沒有席位。按理古聖光等屬消防處管轄，消防第一標準會應在消防處的評議會中占有一席位。古聖光認為自己是反對派，政府肯定不會委任的。

　　消防第一標準會與公工聯聯絡密切，與處方洽談時，不知如何據理力爭時，便找公工聯協助，公工聯前主席黃偉雄便與古聖光等一齊去與處方開會。黃偉雄的出現能夠壓住這些官員，要處理消防第一標準工會的訴求。這就是小型工會的弱點，需要加入集團工會以壯聲勢。古聖光指出香港工會太散，工會數目眾多且細，同一行業有多個工會，力量有限。勞資糾紛是雙方的力量的比拼，工會的互相支持是很重要的一環。

　　古聖光贊同以產業來組織工會，如消防處的員工，不論任何職系、職級，全部加入同一個單一的工會。古聖光指香港工會的分散是英國人的分化政策，但是香港人明知如此卻又中計。中了計還自鳴得意！這些人好有趣，政府給他一些MBE（大英帝國員佐勳章，Member of the Order of the British Empire，縮寫MBE）等名銜就飄飄然起來。

退休

　　古聖光於2006年退休，政府規定60歲一定要退休，私人公司大部分是65歲退休，為何公務員要60歲退休呢？不與私人機構看齊。60歲尚未有資格申領政府的車船優惠，要到65歲始有資格申領。如果能夠65歲退休，古聖都會做下去。他又從大處看問題，認為如果足齡不退休會阻礙年輕人的機會，古聖光回頭看地政署，測量

員全部是香港理工大學的畢業生，如果在地政署繼續做下去，面對學歷問題，真是問心有愧。古聖光在地政署任職「車文」[10]，負責度尺和拉尺。現在招聘「車文」都要理工大學畢業。古聖光認為現在是人材氾濫，戲言日後掃街都要大學畢業。為何會如此氾濫呢？因為政府的政策嚴重脫節。高學歷是必須的，可是現在過了頭，出現大專生大材小用的情況。

古聖光曾計劃向政府提出建議改善退休制度，面對等特區政府，古聖光有點兒心淡，覺得這個政府尸祿素餐，「嘈[11]佢都無用」。

在六四民運衝擊下，古時光也參與有關活動，李卓人滯留北京，謠言四起，各人恐懼心理油然而生，古聖光的心態開始轉變。向黃偉雄說：「你要小心一點，因為我們的身分是公務員，有些環境對我們是不適合的，不要勝利沖昏了頭腦。」

黃偉雄主持公工聯時，跳出了公務員的範圍，直接參與全港工運。1985年葵涌精工表廠罷工，黃偉雄代表公工聯到場支援，反對打擊工會。在這個問題上，古聖光覺得現今鬥爭已經不能超出公務員的範圍。在九七問題下，港英政府要撤回祖家才會如此放縱工會，現今特區政府就要收緊政策了。如果英國人繼續管治下去，肯定會如特區政府一樣收緊政策。

與各工會集團關係

古聖光回憶前塵往事說，消防第一標準工會在CIC掛單後，當然會參加它領導的全港工運活動，與CIC主任劉千石關日趨密切。古聖光以江湖話語形容與劉千石的關係。「我開始傍住石哥[12]，石哥叫我哋出馬，竟係要賣命喇。」古聖光認為這是正常的事情，可以說是互相利用，工會借用CIC的會址，CIC組織活動需要人手，擺街站需要人手資源的，消防第一標準工會當然義不容辭，提供人力支持，如此就成為CIC的積極分子，出席八八直選和六四等活動。

---

[10] 「車文」是香港測量業術語，英文Chainman的音譯，意思是丈量員。
[11] 「嘈」是廣東話，意思是投訴。
[12] 對劉千石的尊稱。

六四後期，一位消防第一標準工會理事向古聖光說，劉千石邀請他辭退政府職位，到劉千石這邊做全職工作。古聖光回答說：「你自己諗清楚囉。噂！如果佢肯俾個護照你呢，你唔怕瞓身埋去。佢唔肯俾個護照你呢，你就千祈唔好試。」古聖光說：「你石哥撐到咁行，你背後乜嘢環境我亦都唔知，摸唔到。真係摸唔清！唔敢，唔敢掂。」直到現在古聖光仍認為無法清楚了解劉千石的背景。

古聖光回憶前塵往事，理直氣壯地說：「佢肯俾個護照有乜所謂喇，最緊要呢樣之嘛。」有了海外護照就等同有了安全門，如果有任何不利的事情發生，仍可以出境離開香港。回歸大局已定時已令到香港出現移民潮，六四槍聲更促成香港人對中國政府失信心，大規模移民海外，持續5年直至1994年。在移民潮的高峰期，甚至非洲西岸的大西洋島國維德角共和國（República de Cabo Verde），也在雜誌上刊登廣告宣傳可以申請該國的護照。

六四槍聲響起人人熱血沸騰，李卓人被扣押令到人心寒。中國政局塵埃開始落定，但前景仍是迷濛，政局仍是混亂不清，誰勝誰負難以預測。是時古聖光結婚不久，有家庭，兒子剛剛出世，做事有所顧慮，不敢輕言豁出去。事過境遷，古聖光冷靜地回想過去說：「如果我係無家庭嘅話，都唔同諗法，思想都唔同。」帶有江湖氣質的古聖光的血總是熱的。黃花崗七十二烈士林覺民在〈與妻訣別書〉哀痛地寫下：「又何不幸而生今日之中國？」這正是古聖光的心境。

六七暴動前，古聖光在醫院工作，已經知道政府醫院內另有一間「政府軍部醫院華員職工會」的存在，政府軍部醫院華員職工會是工團的政治對頭人工聯會屬會。古聖光與香港政府醫務署華員總會的人友情較好，經常邀請他加入該會。

在這個政治意識籠罩工會的年代，古聖光一直都是沒有政治派系立場的，直到現在都是如此。古聖光沒有因六七暴動對工聯會有恐懼，反而同情左派工會，覺得這批幹事好慘，十分同情他們。六七年暴動時，古聖光親眼目睹警員如何用暴力搜查左派工會。政府軍部醫院華員職工會在西營盤醫院東邊街對面，警員到場後立即封路，包圍政府軍部醫院華員職工會所在的樓宇。古聖光從醫院三樓往下看，正是政府軍部醫院華員職工會唐樓的天台，被捕者全部蹲在地上，警員手持頭盔朝背部打下去，一直不停地打，打到落樓下街道仍未停止。再打到上警車，在警車內又被

打一輪。據資料顯示，左派人士有數人在警署內被打死，傷者不計其數。

　　古聖光回憶童年的往事，對工聯會的幹事有一份敬意，說：「問良心講喇，我做細路哥嗰時，好敬重班左派。點解呢！佢嗰啲宣傳我覺得好足夠。你知啦，住嗰啲舊樓，板間房得幾間架。譬如你失業，嗰個印刷業架，印刷工會有人嚟噓寒問暖，直情噓寒問暖架！你點樣呀！」是時古聖光約8至10歲，覺得這班人真心關心工人。灣仔駱克道有多間左派工會，經常利用天台放電影，搞文藝表演，免費為工友提供文娛活動，間接進行意識形態宣傳。任何人都可以參加享用。隨著經濟環境的改變，左派工會辦合作社賣年貨，令古聖光對左派會的印象改變了。為了擴大年貨的銷售，左派工會註冊成立銷售公司營業處理有關業務。有公司就有股東的存在，若處理不好就會因財失義。一批工會管理人自然就是股東，持有銷售公司的股份，普通會員與銷售公司的股權無任何關係。正如當時國內的流行用語「向前（錢）望」，古聖光深有體會，就在一個利益問題下令人腐化。

　　古聖光認為如果不是九七問題，公務員的福利絕不會如此多且高，到了現在大部分都削減了。實際上英國從來沒有設想增加本地公務員的福利，英國只會替外籍公務員謀取更多的利益。外籍公務員領取一大筆退休金回國，可以坐郵輪返回英國故里。本地公務員受益於水漲船高，以前公務員退休時還可以領取房屋津貼和子女讀書津貼。現今新入職的公務員已經不能享用這些福利，什麼也沒有。有時還要自己掏腰包睇醫生。回歸後，公務員福利本應比以前更好，為何現在竟倒返轉頭，比港英時還差。在如此對比下，市民如何信服特區政府呢？古聖光向特區政府進言，「甜頭」無須多，只要對公務員好些，沒有長俸的可以領取長俸，這樣已經足夠了。特區政府以強積金代替長俸，以現時強積金的現況來看，等同哄人去死。

民主先導的民族主義者郭紹傑

訪問日期：2013年1月25日下午4時至5時分
地點：香港職工會聯盟
地址：旺角彌敦道永旺大廈19樓
被訪問者：郭紹傑先生
訪問員：梁寶霖、梁寶龍
整理：梁寶龍

中間背後背包者是郭紹傑（郭紹傑提供）

【郭紹傑簡歷】

郭紹傑於1963年在香港出生,高中學歷,二十世紀八十年代20歲時赴美,在餐館工作,後從事珠寶業。1992年回港長居,投身救生員行列,加入港九拯溺員工會,2004年任職工盟副主席,2007年參選區議會落敗。2017年被拯溺員工會指違反公務員必須保持政治中立原則及誠信,宣布永久刪除會員資格。

在美國認識工會

郭紹傑因六四而走上社運的道路,近年更參加保釣運動,被同輩冠以「民族主義者」之稱號。近代民族主義之父盧梭認為,主權和政府是人民的,只有人民才有權掌握國家的命運。美國研究民族主義的學者漢斯・庫恩(Hans Kohn, 1891-1971)指出:「民族主義沒有人民主權觀念作為先導是不可想像的。」法國大革命的著名口號「自由、平等、博愛」和〈人權宣言〉的原則,被郭紹傑奉為圭臬。

在二十世紀七十年代,7歲半的郭紹傑參加童軍活動,十多歲的時報考拯溺專科獎章。這個章要求嚴格,隊員要獲得「香港拯溺總會」發出的有效拯溺銅章或以上級別的證書,才可以購買一枚拯溺獎章配戴在制服上。郭紹傑先後考了3次才能合格過關,獲得佩戴此章資格。到了大約17歲時,已是八十年代,郭紹傑參加義務救生員的工作,或在政府泳池做兼職,賺取零用錢,亦有在酒店當值。不久之後,郭紹傑在母親和姑姐的安排下去了美國,在姑姐的餐館做洗碗工作。他工作了3個月後走出廚房在大堂做「企堂」[1]。在美國時,郭紹傑曾在當地讀過兩年書,之後轉讀夜校。

就在這時發生了八九民運,令身在美國的郭紹傑產生很重大的影響,牽動了民族情緒,更大的是對「民主」的探索。擔任企堂工作的郭紹傑看著電視機的畫面,震撼心靈。美國與香港的時差為12小時,每當黃昏新聞報導時,大堂的電視機前坐

---

[1] 「企堂」是廣東人對食肆大堂侍應生的俗稱。

著中國人和外籍人士，聚精會神留意事態的發展，血腥的畫面令中外人士都淌下淚，郭紹傑是其中流淚者之一。

在八九民運衝擊下，郭紹傑閱讀報章多了，關注中國時事新聞，關心香港的發展。餘閒時與朋友談論台灣的政治、香港的前途，反覆自問：中共為何如此？！

朋友中有一位偷渡到美國二十多年的老闆，經常與郭紹傑爭拗，稱讚中共如何好。郭紹傑反問他：「你既然支持中共，為何要離鄉別井偷渡來美國！」兩人爭論了一段時間，互相不能說服對方。兩人祖籍都是福州人，他是在大陸出生的福州人，郭紹傑則是香港長大並循正當途徑來美的福州人，而該人是偷渡客。這位同鄉年約六十餘歲，在美國捱了近30年。郭紹傑始終不能理解這位同鄉的思路，總覺得他的思維古怪。郭紹傑直指他的思維不合邏輯，你都是因為不滿中共而離開這個地方，因而偷渡來到美國的，已說明中共有缺失。在八九民運之後，這位朋友對中共開始有小小改觀，對中共有點失望。這些轉變對郭紹傑的人生有所改變。郭紹傑開始對國家民族或者社會的看法，有了一個深刻的體會。

在美國工作了數年之後，郭紹傑取得了「綠卡」[2]，轉到大西洋城的酒店工作。赴美前郭紹傑也曾在酒店工作，是在西貢外籍人士開設的餐廳兼職做企堂。在大西洋城高級餐館工作，工時短，福利好，人工高。工作了一段時間後，晉升為領班，就在這時人生的轉捩點又出現。

有一位朋友介紹新的工作崗位給郭紹傑，他因而對工會有了第一個印象。見工時，僱主見應徵者時，問應徵者是否已經加入了工會。郭紹傑始知要先加入工會才可以受聘，美國的工會勢力就是如此這般強大。

這期間酒店業工會發動罷工，要求提高工資2至3個百分點，有十幾間大酒店職工參加，牽涉幾千人，完全沒有人上班。這件事情之後尚有一些工業行動，郭紹傑都有參與。酒店業工會在每個地方都設有工人代表，架構完善，給郭紹傑一個初步的工會概念，認識工會是什麼。

2　「綠卡」是指美國公民及移民服務局發出的永久居民卡。

回港加入工會

到了九十年代，郭紹傑協助朋友經營珠寶生意。1991年首度返港遊玩了2個月，接著1992年再度回港，住了大半年不願離去，最後決定返美國辭工繼續留在香港。將在美國的私人物品全部放在姑姐家中，留在香港與弟弟、未來的舅仔等共三人回國內，在江門市從事販賣機器的工作。工作了一段時間後，發現合作夥伴有問題，涉及金錢，只好退股返美國。結果於1997年10月返回香港，計劃遊玩個多月後始返去美國。在香港期間左思右想，母親年紀大了，弟弟長大成人，心中泛起了不想返美國的念頭，託朋友將在美國的汽車等財物全部變賣。

九七前部分港人不惜千金投資移民離港，郭紹傑卻反其道而行，頗為奇怪！當時有多少人會做出如此重大的抉擇呢？可以說是萬中無一。郭紹傑在香港閒蕩（hang around）了約1年，靠積蓄過活，這時人生的另一大轉變開始了。

郭紹傑找到了終身伴侶，成家立室，暫在酒吧做兼職，仍無正式職業。為了生活遂於1989年補考拯溺證書，接著申請政府救生員職位，在政府部門做兼職救生員。第一年做兼職救生員時，尚未加入工會，但工會則開始影響郭紹傑。

「香港拯溺總會」是香港唯一負責考核及頒發拯溺資格的機構，所頒發的資歷獲政府及各私人機構認可。若干證書更透過「國際救生總會」的資格評審機制，確認達國際水平。每年均安排各級別拯溺考試，以確保本地有足夠合資格人士參與拯溺工作。2003年起，康文署規定所有公眾泳池救生員必須持有有效的泳池救生章，私人泳池其後也陸續跟隨。

2014年，康文署招聘「季節性救生員」，要求**入職條件：**

1. 持有香港拯溺總會頒發的有效泳池救生章或沙灘救生章或以上級別證書；
2. 持有聖約翰救傷會、香港紅十字會或醫療輔助隊的有效急救證書，可獲優先考慮；
3. 中英文程度達小學六年級水平或具備同等學歷；
4. 通過游泳與技能測試；以及
5. 通過視力和顏色分辨能力測試。

季節性救生員主要在康文署轄下泳池、泳灘及水上活動中心執行拯溺任務。每週標準工作時數是45小時。每天工作7小時半（不包括用膳時間）。須按照所屬主管人員的安排，在上午6時15分至晚上10時15分期間輪班當值，或須超時工作，並須在星期六、日及公眾假期當值。

救生員的職責：

1.在康文署泳池、泳灘及水上活動中心照顧泳客的安全；

2.拯救遇溺泳客；

3.維持秩序；以及

4.保持場地清潔。

　　獲聘者按非公務員合約條款聘用。非公務員職位並不是公務員編制內的職位，獲聘者並不是公務員，將不會按公務員聘用條款和服務條件聘用，並不會享有獲調派、晉升或轉職至公務員職位的資格。

福利：

　　在適當的情況下，僱員可根據《僱傭條例》的規定而享有休息日、法定假日（或代替假日）、年假、產假及疾病津貼。受聘不少於3個月的季節性救生員如圓滿完成整個合約期，並且在職期間行為及表現良好，可獲得一筆約滿酬金如下：

1.連續受聘3個月或以上但少於4個月，該筆酬金加上政府按強制性公積金計畫條例（第485章）所做的供款，應相等於有關受聘期實得薪金總額的10%；或

2.連續受聘4個月或以上，首3個月的酬金加上政府按強制性公積金計畫條例（第485章）所做的供款，應相等於該首3個月實得薪金總額的10%。至於第4個月及其後每個月的服務期，酬金加上政府按強制性公積金計畫條例第485章所做的供款，應相等於有關受聘期間實得薪金總額的15%。

　　2013年救生員薪酬是總薪級表第5至8點，即每月港幣13,600元至16,425元。

　　2000年發生了一宗未能支取工資的事件，政府的兼職救生員是由4月工作到9月的。1999至2000年期間，郭紹傑都是每年做兼職救生員，當時郭紹傑在西貢區上班，直到月底26日仍未能領取工資。郭紹傑覺得奇怪，翻查勞工條例，法例訂明7日內要出糧，政府竟帶頭犯法，於是找港九拯溺員工會（簡稱「拯溺工會」）主席

鍾偉民詢問，鍾偉民找李卓人來處理這宗勞資糾紛，報章亦有報導。當時在西貢區工作的同事都知道郭紹傑正為這件事正進行鬥爭。他的鬥爭方法可以說是有小小高調，郭紹傑當時覺得奇怪，同事為何會指他搞事呢？工資是個人應得的合理報酬，爭取於法定日期內支取工資，是員工應有的基本權利。被指搞事道理何在？擺明政府犯法在先，郭紹傑是被迫以高調方式爭取應得權益在後，普遍的人卻視他為搞事分子，道理何在？

郭紹傑認為當時香港人的思想行為十分保守，遇事啞忍，甚至任人魚肉，認為「遲啲就遲啲囉！」沒有保護自己權益的意識。他經過一番鬥爭後終於取回應得權益，署長還要道歉。自此，兼職救生員都能如期出糧。郭紹傑的高調鬥爭，為一眾兼職取得權益。他乘勢問拯溺工會主席：兼職救生員能否加入拯溺工會？當時是不可以的。

後來拯溺工會修改了會章，兼職的短期合約和長期合約救生員都可以加入拯溺工會。

當年政府的救生員中，部分是市政總署或區域市政總署聘請的，與管方簽訂獨有的合約種類。與政府聘請的救生員工資相同，有晉升機會，增薪點相同。不同的是福利方面，市政總署另外有額外的醫療保險，有病時無規定一定要到政府診所治療。可以到任何政府註冊西醫看病，所得的病假紙有效。再者，每兩年合約期滿可以續約，與現今公務員比較，待遇更理想。現時救生員長工無晉升機會，超時工作無金錢補償。

按政府職業分類，救生員屬「技工」，不是專業，這是一個頗奇怪的現象。

拯溺工會成立於1969年，英文名為Hong Kong & Kowloon Life Guards Union，登記編號為457，2011年有會員651人，2012年有會員663人，是職工盟屬會，會員對象只限是政府救生員。

2001年郭紹傑轉為長工，長工屬NCSC，即非公務員合約制（Non Civil Servant Contract）。於4月入職，有了長工身分就可以正式加入拯溺工會，成為會員。郭紹傑一直以來都有留意香港工運情況，成為工會一分子後更覺有切身關係。2002年時，郭紹傑工作的泳池有一位拯溺工會理事，與郭紹傑經常討論政治問題和

社會大事。這位同事於2002年退出理事會,並建議郭紹傑加入理事會。郭紹傑決定競逐他留下的理事職位,得到會員的支持,出任理事一職。一位新會員能輕易晉身理事會,可見香港的工會文化,老職工並不積極參與工會事務為會員爭權益。

理事會設有15個理事職位,這時正值當中有12位理事離職,老職工全部離去,恍似大地震。但拯溺工會內沒有重大事情發生,更沒有派系爭吵,郭紹傑不知發生了什麼事情。兩年後,郭紹傑看到了一些眉目,估計他們得知政府要施行外判制度,認為難以對抗,怕這場鬥爭輸在自己的手上。如果鬥爭失敗對拯溺工會有多大打擊,負責人不知如何面對失敗。部分理事甚至離開這個行業。

民主的工會

2002年政府計劃實施外判制度,以大埔泳池作為試點,拯溺工會號召救生員到大埔泳池對面集合,示威表示不滿。接著寫信去康文署抗議。當時雖然新聞沒有大肆報導,但在拯溺工會的抗議行動後,康文署沒有進一步行動,外判計畫暫時沒有進展,或者康文署只是試水溫而已,看一看各方面的反應。外判消息不停傳出來,指康文署會於2003年將8個泳池外判。

康文署的行動造就了郭紹傑的冒起。當時理事會討論對外工作安排,派人負責出席集團工會的會議,郭紹傑認為自己適合出席職工盟的會議,願意代表拯溺工會去開會。郭紹傑進一步參加職工盟的學習班,學習工會理事技巧。第一次到職工盟開會,認識了郭錦林,日漸與他熟絡。於2003年的外判事件中,郭錦林協助郭紹傑領導這場鬥爭,起了很大的作用。所以,郭紹傑自認是郭錦林的徒弟,視郭錦林為師傅。

2002年尾工會收到8個泳池外判的消息,拯溺工會理事會就這個問題不斷開會研究對策,討論了幾個月,首先證實了這將消息是事實。接著在春夏之間,開始進入熱烈討論,這時有四五位理事晉升為高級救生員,最後有1位繼續留任,有3位辭去理事職位。

康文署解釋說,因為自願離職計畫政府將這些職位從政府編制中長期刪除,所

以要將這8個泳池外判。

　　康文署在科學館召開第一場勞管對談會，郭紹傑聲言要提問肥雞餐和外判的問題。拯溺工會號召了很多救生員到場，是日郭紹傑擔任拯溺工會發言人，工會主席是鍾國華。由於郭紹傑「夠薑」[3]，在會上盡領風騷，發言據理力爭，駁斥康文署。郭紹傑質問康文署為何將救生員納入做一個「例假」（Vacation Leave，簡稱VL）！康文署指這是剩餘的人手。郭紹傑即場據理反駁，認為救生員正面對人手不足的問題，現在管方卻說是剩餘人手！在這情況下，為何安排救生員放例假呢？沙灘服長期的存在，市民長期有拯溺服務需求的存在，郭紹傑提出反建議，救生員不放例假，換取康文署取消外判。

　　這是郭紹傑第一次面對傳媒。接下來幾個月，拯溺工會不斷舉行示威，開理事會。一連串鬥爭行動後，郭紹傑與郭錦林設定一個計畫，首先舉行示威然後準備罷工，並召開會員大會通過上述行動，決定於10月1日國慶日舉行罷工，同時在維多利亞港進行渡海泳以壯聲勢。拯溺工會向海事處申請在維多利亞港海域舉行渡海泳，海事處竟批核申請。拯溺工會原來預計海事處不會批核，或許有關部門誤以為拯溺工會的行動是慶祝國慶的活動，才有這一驚喜。

　　這一驚喜反令郭紹傑呆了一呆，轉過頭定下神來，隨即部署行動，印製了二千頂泳帽，準備進行渡海泳。踏入9月，郭紹傑於上班期間突然吐血，接著是胃痛，去了醫院檢查，證實是胃出血。在醫院期間，理事游新群與鍾國華打電話給郭紹傑說：「康文署副署長蕭賢彬約了他們兩人食飯。」席間，蕭賢彬進一步邀約拯溺工會幾位理事一齊食飯。郭紹傑立即質問他們：「你們出席飯局是否已經通知理事會？你們未通知理事會私下代表拯溺工會出席飯局，是否有問題？」

　　郭紹傑認為這是一個大問題，於是晚通知其他理事去食飯開會，討論這一件事。但無通知游新群與鍾國華兩人出席。事關重大，郭紹傑的病情尚未好轉，立即簽名離開醫院，處理工會內部的事宜。

　　討論會上有3位理事提出辭職。有一位提議，面對泳池外判，拯溺工會不如反

---

[3]　「夠薑」是廣東話，意思是有膽量。

建議給部門，首先由沙灘實施外判。郭紹傑怒火沖霄，以粗口責罵他。「喂！你知唔知最難判係沙灘吖嘛，最危險吓嘛。如果你自動獻身，判咗最難嗰啲，我哋最後嘅橋頭堡先俾咗人，你係咪痴線。」結果這人也辭任。

在這情況下，餘下的理事繼續開會。在這件事之前，拯溺工會約了部門於9月尾再次開會，會議如果沒有進展就準備行動。

9月29日，拯溺員工會召開理事會，游新群與鍾國華兩人在會上聲言不會罷工。郭紹傑聞言動議罷免游新群與鍾國華兩人，指出工會以民主程序，公開召開會員大會，已經按會章通過罷工行動，身為主席應該執行罷工決議，否則是違反了會章。主席不按會章辦事，郭紹傑動議罷免鍾國華的主席職務。會上各理事以舉手來投票表決，通過了罷免鍾國華的主席職務。副主席吳偉傑隨即動議郭紹傑出任代主席職務，郭紹傑立即走馬上任主持會議。游新群與鍾國華兩人堅持沒有犯錯，提出辭職來討回面子。郭紹傑義正嚴詞說：「你唔係辭職，係我哋依家罷免你。」另外3位理事亦在會上辭職，他們沒有犯錯，有辭職的權利。但游新群與鍾國華兩人沒有履行職責，不通知理事會，私自與管方食飯，這就犯了錯誤。

接著拯溺工會號召會員到康文署示威，有幾百人出席，手牽手圍住康文署。工會代表與管方開會，部門暫時擱置了外判計畫。拯溺工會還要求部門寫信給工會，部門說來不及打字，拯溺工會說：「不必打字，手寫亦可以。」結果部門手寫了一封信給拯溺工會，事情就此結束。鬥爭期間得到李卓人的協助，及公工聯、UPOE和職工盟等亦大力支持。

這行動是郭紹傑第一次帶領會員進行抗爭，全程得到郭錦林指導，如何部署行動及每一個步驟的先後程序。郭紹傑在一邊學一邊實踐的情況下，贏了這一仗，贏得十分漂亮。

鬥爭剛落幕，郭紹傑心情輕鬆，與李卓人講笑說：「照游囉！」李卓人說：「游乜鬼嘢。」這一仗不用交鋒已經勝出。部門是否認為罷工、游渡海泳是一件大事，被迫暫時退忍，答應工會的要求。事實如何呢？現仍未有一個準確答案。

新的鬥爭

　　2003年尾助理署長張國基計劃削減人手，於10月開始派人到各場地視察，計算可以減省多少名救生員。拯溺工會亦已經收到小小風聲，察覺風暴將會到來，但不知是暴風還是暴雨，影響有多大呢？

　　到了2004年4月1日，新泳季來臨，拯溺工會始發現救生員人手與上年比較有很大的距離，少了30%，人手由二千三百餘人減到1,580人。同時兼職的工資一刀切削減了25%。署方這次行動又減人又減薪，事情發展下去，政府聘請的游泳教練和風帆教練都有如此遭遇，在機房工作的工友都被削減工資。但這件事與是年的公務員減薪方案無關，對全職的救生員沒有影響，只是針對時薪、日薪和兼職的救生員。是時政府的政策要節約所有部門的開支，這個政策的後遺直到現在仍存在。在這措施影響下，兼職救生員一個月少了幾千元收入。

　　暴風雨已經殺到來，拯溺工會知道這些政策已經是無法取消的，身為工會仍要應付，站出來維護會員權益，開會研究對策，與部門商討。拯溺工會部署了一連串行動，按步驟首先進行前期工作，加緊聯絡會員，解釋政府政策的影響性，分析利弊，對外宣傳，爭取支持，活動進行了幾個月。一直在「煲」[4]，為示威、遊行和罷工等行動作事前準備工作。

　　拯溺工會一直觀察會員情緒，準備號召行動。恐怕「煲」得唔夠，會員情緒不夠高漲，號召行動時只有兩三人響應。如果大部人都沒有行動的話，如何是好呢？

　　大約到了5月，離島區因為未能請到足夠救生員，部門要上調工資來吸引救生員到離島應聘。2001年政府撤銷市政局和區域市政局之後，也削減了救生員工資600元，變為11,115元月薪，2002和2003年時維持不變。一刀切政策下變成8,300元月薪，所有兼職都是如此。

　　在離島區和西貢區救生員不足的地方，部門自動提升月薪至一萬元。因此鬥爭機會就來了，本來拯溺工會一直都無法「煲」起會員的情緒。正值部門提升部分救

---

[4]　「煲」是香港俚語，意思是鼓動。

生員的月薪，這一不公平措施令到港島區的兼職大為不滿，約有一百幾十人向拯溺工會投訴表示對部門不滿。問工會會否協助追討本身應有權益，更激烈地表示，如果工會不協助的話，他們自己會發動罷工，進行串連將行動擴大。拯溺工會乘勢食住上，在這件事的基礎上「煲」會員的情緒，聲言兼職都起來行動，長工也應該是行動的時刻了。加上減人的議題，可以做「殺」到兩邊的效果。減人手對長工有直接影響，加重了長工的工作量，工作辛苦程度大了，長工有點「肉痛」。普遍上來說，兼職是不怕辛苦的，但是長工怕辛苦，拯溺工會大力「煲」這個議題。聲言兼職自己搞行動有風險，不如由拯溺工會協助兼職，召集兼職到來商討如何行動。拯溺工會建議由工會帶頭搞，首先通知所有救生員召開會員大會，動議今日開始行動。「煲」了幾個月之後就開始罷工，於7月和8月先後發動兩次罷工。參與罷工的救生員占整體編制員工的三分之二，參加者穿上藍色工會背心及紅色短褲，以示拯溺工會會員團結一致。

第一次罷工有九百人參加，第二次罷工有1,250人參加。行動中拯溺工會號召了逾千名救生員包圍康文署總部，罷工期間約有10個泳灘及4個泳池被迫全日關閉，其餘五十多個泳池泳灘只能局部開放，有逾萬名泳客受影響。郭紹傑代表拯溺工會透過傳媒爭取市民同情，公開呼籲市民暫時不要到泳池及泳灘游泳，並向市民表示致歉，希望市民可以明白罷工背後的意義。

康文署署長發出最後通牒，強調署方有權扣減罷工救生員的薪金，更不排除會處分個別罷工員工。拯溺工會則批評署方的行動近乎「恐嚇」，表明如有足夠證據便會訴諸法律。

第一次行動地點在康文署，第二次行動在淺水灣游渡海泳。今次渡海泳沒有向有關部門申請批准，救生員環繞泳灘游了一個圈。立法會議員李卓人、梁國雄和陳偉業等數人到場支持，很多工會朋友亦有到場，場面好大陣仗。至此，拯溺工會有信心再繼續罷工，曾計劃連續罷工下去。可是部分理事思想較保守，有「輸唔起」的心態。害怕參加者越來越少。郭紹傑則充滿信心，斬釘截鐵地說：「唔會！依家越嚟越多人！」鼓動大家的鬥心。郭紹傑認為面對這個大好形勢，參加者越來越多，罷工應該繼續進行下去。在沒有統一的意見下，拯溺工會以民主方式來決定路

向，徵詢會員的意見，決定是否繼續支持拯溺工會的罷工行動。在沒有統一意見的情況下，事情就不了了之。在如此大好形勢下未能乘勝追擊，擴大成果爭取更大利益，郭紹傑認為輸在自己的理事會內。他亦注意到，連串的罷工對各人都會產生一定的壓力，堅信各人都能承受到這種壓力的。

拯溺工會雖然沒有其他的大規模行動，但透過李卓人繼續與管方斡旋，在罷工這段時間內，李卓人與署方商討工資問題。翌年管方增加了工資，但沒有增加人手。

紅蟲事件

到了2005年尾，拯溺工會收到消息，新落成的大角咀泳池將會外判，工會立即進行部署，首先「煲」會員情緒，發動了兩次罷工，約有七八百人站出來，最後又是理事會意見分歧，部分理事對群眾缺乏信心，在郭紹傑大力爭取下，只是舉行了一個燭光晚會，算是有所交代。

大角咀外判事件期間，於2004年8月發生了一單更大的紅蟲事件。事件首先在九龍公園開始，《蘋果日報》搶先報導，記者跟進新聞訪問郭紹傑。問郭紹傑為何泳池會出現紅蟲，郭紹傑的救生員生涯年資閱歷尚淺，不知箇中原因，未能解答這一個問題。數年後郭紹傑始略知因由，年資較長的救生員說，一直以來紅蟲都在泳池存在，不是突然間出現的。

至9月初共有大環山和官塘等9個泳池先後發現紅蟲，康文署公開堅稱沒有足夠證據證明紅蟲在泳池滋生，而食環署的調查結果與康文署的言論出現矛盾，令事情撲朔迷離。

8月25日，康文署舉行記者招待會，副署長表示綜合各專家意見，不排除紅蟲是從外面被人帶進泳池的可能性，因此該署已要求警方協助調查。

紅蟲事件正值救生員工潮進行中，署方的言論容易使人聯想到署方暗指救生員可能是肇事者，製造事端向政府施壓。社會輿論矛頭直指拯溺工會，傳媒紛紛致電工會詢問。商業電台邀請拯溺工會接受訪問，郭紹傑代表工會發言，主持人單刀直

入地提問：「啲紅蟲有無可能有人放架？」這一提問更讓聽眾覺得拯溺工會在「搞嘢」[5]。郭紹傑回答說：「如果有啲人自己做咗啲唔應該做嘅嘢，我哋工會都無辦法㗎！」在不知情的情況下，郭紹傑只能這樣回答，知就是知，不知就是不知。

事實上，郭紹傑亦都不能肯定是否有人放紅蟲落泳池。身為工會代表不能護短，指鹿為馬，為一己之私扭曲事實，否則如何取信於社會，得到市民的支持。在沒有真憑實據的情況下，郭紹傑不會輕言反駁署方言論，只能啞忍攻擊，承受來自各方的壓力，亦不希望出現與署方唇槍舌劍的情況。

9月1日局勢出現轉捩點。

早上，斧山道泳池的救生員在室外嬉水池中間平台的假山旁的人造草皮下發現紅蟲。泳池職員把人造草皮拉開後，發現更多紅蟲。管理人員立即通知康文署總部。署方命職員把人造草皮拆除並切割成小塊，放在塑膠袋內，同時收集紅蟲樣本送交食環署化驗。當天下午，泳池職員清洗假山平台上的「汙物」，然後把汙物倒入明渠，一連串的行動全部都有違法規，汙物怎能倒入明渠？

是日早上郭紹傑照常到泳池報到上班，正在工作中，斧山道泳池的同事打電給他說：「斧山道泳池有幾萬條紅蟲。」剛好這天早上一位記者約了郭紹傑做訪問，他亦收到這個消息。郭紹傑打蛇隨棍上，建議他先去斧山道泳池取一樽樣本。記者拿著斧山道泳池紅蟲樣本去找郭紹傑，郭紹傑看見載滿一樽的紅蟲，立即安排好自己本身的工作，向上司請假跟進這一件事情。

郭紹傑到達斧山道泳池時，看見泳池內的地毯、膠草和假山等全部都有紅蟲，約有幾萬條。康文署職員將整個泳池封閉，進行全面清洗。郭紹傑認為康文署的行為等同銷滅證據。事發初期康文署指這是人為事件，並報了警。既然報了警，這件事即是有刑事成分。接著大環山、官塘等泳池發現紅蟲都有警察到場調查，為何斧山道泳池未見警察到場呢？如果這件事情是屬於刑事的話，署方亦已經報警備案，今次的事情亦應通知警方到場跟進。署方是否還未知會警方到場跟進呢？警方尚未到場，署方將證物「紅蟲」清除。移動現場的物件，是否涉嫌妨礙司法公正，影響警方

---

[5]　「搞嘢」是廣東話，意思製造事端。

的調查工作？署方未能配合警方調查工作的進行，郭紹傑則盡良好市民責任，打電話報警，然後安排救生員圍住尚餘的證物——紅蟲，等待警方到場搜集證據開展調查。

這時斧山道泳池已經聚集了過百位傳媒工作者，將這新消息傳遍港九。康文署原安排於是日開記者招待會解釋紅蟲事件，斧山道泳池紅蟲的出現打亂了康文署的部署，署方不知如何解釋是好。

下午5時警方接到一名救生員致電報告發現紅蟲，隨後又接到康文署職員的電話，不久警員抵達斧山道泳池。記者招待會後，康文署助理署長指示職員打電話聯絡負責調查紅蟲事件的警務人員。晚上7時負責這宗個案的警員到達現場，他亦已從電視新聞獲悉此事。

是日有傳媒指康文署隱瞞事實。9月2日，傳媒更進一步以顯著篇幅報導斧山道泳池發現紅蟲，部分標題更指康文署毀滅證據。

康文署、食環署和警方進行聯合視察後，當晚表示食環署初步化驗收集的紅蟲樣本中有大約五千條幼蟲、三百個蟲蛹和30隻搖蚊，相信搖蚊在泳池範圍內自然滋生。

9月4日，康文署發出修訂指引，指示職員若發現紅蟲，必須通知警方，並且要關閉泳池和保存現場的環境，即是不能移動任何證物。

數日後，署方公開說紅蟲事件不是人為的，康文署正副署長、助理等全部鞠躬謝罪。拯溺工會乘勢到申訴專員公署投訴，又到警局指控康文署毀滅證據和妨礙司法公正。大埔泳池的情況亦都是如此，拯溺工會沒有乘勢擴大打擊面，因為理事會就是否乘勝追擊未能取得統一意見。

申訴專員調查紅蟲事件後，在報告中指「泳池發現紅蟲時，剛巧遇上康文署與救生員之間有某些爭拗，誠屬不幸。康文署要求警方協助，又不斷堅稱泳池發現紅蟲並非由於泳池系統有問題，而可能是人為因素引致，這使事情變得更複雜，也令傳媒窮追不捨。因此，當傳媒顯然已獲悉食環署的報告後，加上康文署對事件所做的回應，以及在斧山道泳池發現紅蟲，這些情況使市民質疑康文署的誠信，實不足為奇。對於這次事件，本署最關注的是有關部門在公布消息時的透明度、各部門之間的協調工作，以及是否能夠妥善地管理和有效地監察公眾泳池的著生情況。」

部門協商會

最近的部門協商會代表選舉中,政府增加多了一個救生員代表席位,拯溺工會代表擊敗其他救生員工會勝出,取得席位。

郭紹傑認為部門協商會沒有實質用途,因為它本身只是一個諮詢機構,不是一個集體談判制度。另一方面,協商會上工人代表在提出的問題,全部寫在會議記錄上,部門一定要做出答覆的,是否會繼續討論下去則是另一回事。

拯溺員工會是公工聯屬會,鍾偉民任主席期間,公工聯在協商會上收到料,間中有通知拯溺工會。現在雙方仍有聯絡,但沒有就協商會討論的議題交換意見。

約在2000年,港島東泳池已經無聲無色地外判了,拯溺工會沒有任何行動。外判商與大角咀泳池同一集團。約在2008年發生了一件大事,外判商嚴重犯規。港島東泳池有基本人手4人,所謂基本人手,就是指泳池開放所有設施的話,至少要有4個人,這是最低的安全標準,政府泳池有這樣的標準指引的。港島東泳池的同事打電話給郭紹傑,投訴港島東泳池欠1個人,但外判商沒有將泳池部分設施封閉,竟然找一位文員坐在救傷站充當救生員。一位普通文員,沒有救護常識的職員坐在救傷站,如果真有事發生,這文員有能力去應付嗎?若處理不當,責任由誰來負擔呢?資方的行為視人命如草芥,危害泳客安全。

根據國際標準:50米標準池及副池要求每更要有4至6名救生員,不包括救傷站,但資方卻削減至只有3名救生員當值。人手不足令人擔心會否在意外發生時,是否有足夠人手應變,及會增加意外的發生和風險。

除此之外,外判公司還將大角咀一位主管的救生牌填寫在報告書上,頂替缺失的人手,等同偽做假文件。外判商雙重犯法,被拯溺工會知悉。郭紹傑立即向《東方日報》揭發外判商的罪行。得到該名救生員站出來作證,並讓記者拍照登報作實。郭紹傑同時去報警投訴有人偽做假文件,拯溺工會迫使署長承諾會盡快回收外判合約,不會將這兩個泳池外判。經過一段長時間後,署方都沒有回收外判合約的行動,拯溺工會乘勢把事件擴大,拉隊去立法會抗議,署方始回收外判合約,再次承諾不會將該泳池外判。今次鬥爭得到全勝。早在2003年署方已經承諾現有泳池不

會外判，這事件後，署方再說所有泳池都不會外判。偽做文件的經理刑事罪名成立判緩刑。按合約規定，外判商如果觸犯了這條例只是罰款幾萬銀了事，這樣的罰則有足夠阻嚇作用令外判商不犯例嗎？如果外判商封閉了部分設施，合約規定要罰錢的。資本家權衡各方面金錢損失的輕重，若法例沒有足夠阻嚇力去阻止犯法，犯法行為會不斷再來。

拯溺工會繼續提出合理訴求，要求署方每年增聘公務員。經過兩三年的爭取後，署方於2008年開始聘請公務員，第一批約有三百餘人，接著兩年又聘請了二百人，直至現今約增聘了五六百人。現今政府全職救生員約有一千一百人，拯溺工會會員約有六七百餘人。拯溺工會會員人數最多時約有千餘人，罷工期間入會率較高，達八九成。曾在美國加入工會的郭紹傑對這個成績仍表示不滿，認為公務員工作穩定，場地容易通訊，應有更好的成績。郭紹傑指拯溺工會維繫會員的工作未達理想，各方面的工作仍有待改善。現今香港拯溺行業除了拯溺工會外，尚有「香港救生員總工會」、「香港游泳拯溺教師總會」和「香港政府拯溺員總工會」等。

負責管理救生員的是「康樂助理員」（Amenities Assistants，簡稱AA）。康樂助理員分為三級康樂助理員、二級康樂助理員、一級康樂助理員和高級康樂助理員等4個級別。康樂助理員除了管理救生員外，主要職務是負責管理康文署轄下康樂活動場地，工作範圍包括花園、苗圃、泳池、泳灘、室內體育館、室外運動場地及樹藝／園藝等。康樂助理員有一間「政府康樂助理員工會」（Union of Government Amenities Assistants，簡稱AA會）。拯溺工會發動的工潮，該會有小小幫手，在背後表示贊成鬥爭行動，沒有任何公開行動支持。救生員與康樂助理員的關係有點唇齒相依，如果政府將泳池外判，康樂助理員哪裡有地方管理，升職機會都減低了。

職工盟副主席

2004年職工盟副主席鍾松輝準備競選立法會議席，得不到職工盟的支持，因而向職工盟請辭後轉到「社會民主連線」陣營競選議席。因此郭紹傑補選入職工盟執

委，接著當上副主席職位。初進入職工盟時郭紹傑在福利部工作了數年，接著轉入社會事務委員會，擔任這職務正合郭紹傑的民主理念的追求，工作如魚得水，有很好的發揮機會。

鍾松輝現是「新世界第一巴士公司職工會」會長，已經退出社會民主連線，並加入工黨。新世界第一巴士公司職工會是職工盟屬會。

職工盟當時九十多間屬會，代表超過十七萬名會員，當中有公務員和其他行業、企業工會等。每兩年互選一次執委會，下設勞工事務委員會、婦女委員會、社會事務委員會、康樂及福利事務委員會、財務委員會和工會教育中心等。另設有工作委員會以便統籌不同事務：籌款委員會、公務員事務委員會、資助機構工會委員會、新界西地區委員會、集體談判組、參政組和組織組等。現職工盟架構與上資料略有變動。

郭紹傑是社會事務委員會主席，每間工會都會派1名代表到來開會，每年的六四和七一遊行由社會事務委員會負責統籌。五一勞動節的活動則由勞工事務委員會負責。

公務員事務委員在郭錦林主持時期頗有聲勢，現已大不如前，除了郭錦林的高組織能力外，UPOE淡出又是一個因素，再加上4A會又淡出。郭紹傑認為自己亦要負一定的責任。當時郭紹傑太忙，找一名理事代替出席職工盟的會議，不久連會議也不出席。

郭紹傑認為公務員工會應該介入香港整體勞工會運動中去。工會是社會團體之一，作為社會團體應對社會有責任。因為社會唔穩定，物價高漲間接或直接對公務員都有影響。公務員是社會的一分子，應該要關心社會事務。社會事務有兩種，一種是民生議題，一種是政治議題。在公務員政治中立的問題上，華員會擺明車馬不涉政治議題。職工盟則不單止關心社會事務，更長期跟進全民退休保障，注意醫療保障議題，政改議題更是一定參加的。

公務員政治中立應該只是規範高級公務員，因為他們有決策權。而基層公務員都可能是一位間接受到剝削的人。社會階層有如金字塔，在金字塔底下的人永遠都是受剝削者，就算公務員都是一樣的。現今新聘的公務員大假日數少了，很多福利

都被刪減了，長俸改為強積金，退休後的醫療福利取消了。現今的情況，基層公務員最需要的基本福利被刪除了，沒有子女津貼，每次減薪政策出台，基層公務員是首先開刀的對象。

郭紹傑認為所謂「公務員要政治中立」，有決定策權的高層公務員才應該受此規範。基層公務員沒有決策權力，只是單向為市民提供基本服務。為何基層公務員工要辭職才可以參選區議員呢？基層公務員沒有決策權，為何不可以參與政治？郭紹傑認為首長級公務員一定不能夠參選。在示威遊行活動中，郭紹傑曾見過有C級與S級公務員以個人身分出席，沒有對該活動的議題做公開發言。練乙錚於任職中央政策組全職顧問期間，不公開地低調出席爭取民主的公開集會，2004年7月5日突然被政府革除職務。

郭紹傑進一步指出，如果公務員不可以公開表達對社會議題的訴求，家人與朋友都會有反響。有些政策是影響自己的下一代，為何不能公開表示意見？在外國，如西班牙、英國和希臘等，罷工抗爭最激烈的是公務員。2010年2月10日希臘公務員舉行為期一天的罷工，抗議政府提高汽油價格、減少養老金和凍結工資的削減財政赤字的財政緊縮計畫。在美國當一位公民覺得社會不公義時就會站出來，對自己有直接影響的政策出台亦會站出來。為何香港人不會站出來呢？郭紹傑覺得這是工運意識和社會意識差的結果。悲哀地說：「中國人，好奴性囉！」

以七八十年代風起雲湧的公務員工運來看，都是以非政治議題為主，爭取本身的權益，為自己的職系、職級而鬥爭。

2007年郭紹傑代表職工盟出選沙田廣康選區落敗，郭紹傑按選舉條例規定辭工，退出公務員行列。按規定就算參選者做一日兼職公務員都不可以。總之，選舉條例規定，政府僱員就不可以參選。

按政府公布的聲明，公務員參選和參與助選活動的指導原則是，一方面要讓公務員享有市民應有的公民和政治權利，另一方面要保持公務員隊伍公正無私，避免出現實際或潛在的利益衝突，並力求在兩者之間取得平衡。政府制定了防止公務員利益衝突情況，和規範公務員與外界通訊的規例與指引，規定公務員必須獲得批准才可參與外間活動。

郭紹傑舉例來說，區議會是參與管理文康事務的，救生員是康文署管轄的職工。區議會討論泳池的問題時，如果我本身是救生員，又出任區議員的話，是有利益衝突存在的。但可以有一個緩衝方法，如參選的公務員停薪留職，他就可以兩邊都為社會服務。

　　公務員應該有一個本身的政治權利。按國際勞工公約《公務員組織權利的保護和確定其任職條件程序公約》第9條規定：公務員應與其他勞動者一樣，享有公民權利和政治權。根據國際勞工公約《組織權及團體協商權公約》第6條規定：不涉及從事國家行政公務員絕不應損害其權利。條約清楚指出基層公務員的工作不涉及國家行政，所以應有參政權。

　　2014年4月，郭紹傑以工黨代表身分為民主做出抗爭，參加「雞蛋抗高牆絕食為普選」活動，絕食超過380小時。工運人士組黨是為香港工運尋找另一出路。

　　郭紹傑本著民族的精神加入了「香港保釣行動委員會」，本來的設想是，眼見保釣出現老化問題，希望能拋磚引玉，拉一些年輕人加入香港保釣行動委員會。

　　郭紹傑以香港保釣行動委員會成員身分，和另一成員楊繼昌於2012年12月13日「南京大屠殺七十五週年紀念日」，前往日本東京靖國神社抗議，要求日本就屠殺中國人道歉和賠償。兩人表示，該行動是要「讓全世界的人知道軍國主義如何屠殺人民」。兩人在靖國神社前高呼「打倒日本軍國主義」口號，然後試圖進入靖國神社，燒毀日本軍國主義旗幟及自製的甲級戰犯東條英機神主牌。兩人在靖國神社門口被大批日本警員攔截並拘捕。在接受警方簡短質詢後，兩人安全返回住處。中國駐日本大使館發言人表示，兩名港人是在靖國神社門前進行合法抗議。

　　2019年12月郭紹傑再到日本靖國神社，燒毀仿製甲級戰犯東條英機的神主牌，又舉起關於「毋忘南京大屠殺」字句標語，而同行的嚴敏華就拍攝整個過程。日本警方將兩人拘捕，指他們涉嫌擅闖建築物。日本最高法院分別判處兩人監禁8個月和6個月，緩刑3年。

工運理念

郭紹傑認為工會教育要培訓獨立思想，多討論。有不同的意見要提出來，開會討論。

拯溺工會於2012年發起的罷工是爭取增加人手的延續，進行了1個月後，最尾發現部署不足，主席做得太急，無用時間去「煲」會員情緒。拯溺工會評估時勢，拯溺員總人數約有一千九百人，工會只能動員三百人罷工。在如此弱勢的情況下，拯溺工會認為不能硬撼，輸的機會很大。而部門增加了94人，拯溺工會立即收貨，以勝利姿態撤兵。人手不足問題，拯溺工會會長期跟進。

郭紹傑指香港工人不願意行使罷工權，香港人的工會意識不夠，工會號召罷工，會員雖然支持，卻「走精面」，以請病假和事假來代替罷工，雖然這些行動也會癱瘓泳灘、泳池，但其抗爭意義就不一樣。香港的走精面文化，結果自我矮化了自己。

郭紹傑認為抗爭不只是表態，而是要有行動的，要犧牲的，你要爭取到某些東西，就要付出，這就是等價交易。有些地方（如南美），因為面對超嚴重的剝削，會選擇暴動。

反外判制度罷工期間，郭紹傑發現有救生員人乘機做齊上下兩更，大賺加班費。郭紹傑向他說：「依家生3個仔，你水上人嚟架，你文化少，仔女你一定教佢唔掂架，以後做你呢份工機會好大。如果你唔幫手反抗不特已，仲幫對家嘅話，如果真係外判，你個仔都係幫外判商做。」為免自己的兒女將來做外判商的奴隸，所以現在我們要為未來的人設想，改變外判制度。

拯溺工會現在最主要爭取，是將救生員脫離技工職系。多年前，拯溺員的工資與消防員、救護員相差不大。隨著歷史發展，康文署將拯溺員納入技工職系，幾十年前拯溺員的職位名稱是二級工人。

香港早在1928年時，青年會、南華體育會及華人游泳會分別開辦免費拯溺班，考試由來自英國皇家拯溺總會的考官主持，是時海浴場有一位善泳者負責救生設備，未必具有拯溺常識。及至1931年，當時由一群志願人士組成拯溺隊，提供拯溺

服務，成員來自警察、童軍、學生和市政事務署的救生員。1940年代中市政事務署開始在公眾泳灘提供救生員服務。如淺水灣、深水灣和石澳等。

後期有些外籍人士教本地人如何在沙灘做救生員，進行拯溺工作，香港拯溺總會成立後，設立了一個考試制度去評核拯溺標準。屬於一二級工人的拯溺員經考核後可以晉升為技工。但是拯溺工作是一項專業，或者是半專業，同救護員無分別。政府應獨立另設一個拯溺職系，但是政府的職級檢討從未提過這一個問題，而且當時拯溺工會亦沒有設想過這一個議題。最近拯溺工會曾上立法會爭取設立拯溺職系，政府沒有檢討個議題。前公務員事務局長俞宗怡說：若考慮你們的建議，除非出現聘請救生員非常困難，或者拯溺行業有了根本性的改變。

在國際工運層面上，郭紹傑本身在美國開始參加工會，在職工盟與不同國家的工會人士接觸多了。親身到外國開會，去韓國開會兩次，代表職工盟去印尼開會。參與國際會議，到當地觀摩外國的工會，看見了比香港更加壞的情況，或者比香港更加先進的情況，兩者都有，令郭紹傑眼界擴闊。

郭紹傑最難忘是2005年，「世界貿易組織」在香港開會，郭紹傑代表職工盟出席會議。世界貿易組織正是公營事業私營化鼓吹者，這也正是與拯溺工會極力反對的外判制度有關的。

會議期間韓農跳海示威，郭紹傑本著職業本能，除去衫褲，冒著12月的寒風，著條「孖煙通」內褲就跳落海去救人。郭紹傑回顧前塵往事，幽默地說：「佢唔同我講，我帶條泳褲著係裡面啦。」一位熱血漢子，敬業樂業，意識上經常準備去拯求遇溺者，為了去救人，都不知「凍」是什東西。上岸的時候人山人海，人聲鼎沸，更是熱氣騰騰。郭紹傑最不快的是，要著住條「鹹濕濕」的孖煙通在裡面，穿回自己的衣服回家，渾身不自在，頗為難受。

韓農跳海是有身穿救生衣的，為何郭紹傑仍要落海救人呢？問題不是他們不懂游泳，而是他們不懂穿救生衣。不懂穿救生衣而跳海後果十分嚴重，當年陳毓祥的死與此有關。因為穿著救生衣不適當的話，跳海的人向下墜時，他的救生衣會向上移走的，甚至離開身體。拯溺工會參與社會事務方面，曾經3次協助民主黨和泛民要求普選的跳海示威，世界貿易組織開會期間，組了幾十人參加糾察、救傷隊。每

年的六四、七一遊行，拯溺工會都有會員出任糾察隊員，理事更積極參與其事。

郭紹傑認為這次世貿會議，就讓香港工會成員認識到其他地方的抗爭手法和態度。置身世貿週的抗爭行動中，香港人恍如在球場旁邊執波。

世貿週拯溺工會選擇以糾察的身分參與遊行，這與考慮輿論效果有關，工會估計即使呼籲會員參加，亦不會有很多人參與活動，而且工會的任何活動都要向會員負責。在國外，有實力的行業工會在組織行動時不用考慮輿論有何反應，說罷工就罷工，因為整個行業的工人均是其會員，只要認定自己的理念就去做。香港的工會實力不足，就只能靠宣傳，爭取公眾的支持。例如，拯溺工會要將香港的救生員人數比例與國際水平比較，說明外判制度會影響服務質素，勞工權益等來爭取市民的同情。不是提出自己的理念，做自己認為要做的事。

郭紹傑總結過去的經驗，覺得若行動不成功，不是輸在輿論方面使然，而是會員的持久力。輿論是會改變的，當事件拖得越長，行動一方有決心有毅力，輿論會慢慢轉變過來。2004年的罷工，大部分主流報紙的評論都頗為負面的，但隨著罷工的持久下去，輿論慢慢就出現轉向。行動越持久政府所面對的壓力就越大。香港工人算是有罷工權的，郭紹傑認為罷工的代價最多是損失幾天的工資，我們為什麼不使用呢？面對罷工政府的政治代價會更高。

所以說到底，工運的成敗在於工人的意識。而工人意識的提升，又視乎集體行動的組織。拯溺工會過去幾年的行動，使會員的膽子大起來，不過到現在為止，大家關心的仍是自身利益。去年的外判事件，因為是一個新建的泳池，如影響不是特別大，一般的會員不會鼎力支持工會的行動，因為他們還不大會從原則和理念的層面去進行抗爭。

拔萃的百厭仔郭錦林

訪問日期：2013年2月5日中午11時至12時30分
地點：天水圍香港職工會聯盟培訓中心
被訪問者：郭錦林先生
訪問員：梁寶霖、梁寶龍
整理：梁寶龍

左起郭錦林，梁寶龍，梁寶霖（筆者提供）

【郭錦林簡履】

　　郭錦林於1947年在香港出生，拔萃男書院F.5畢業，1965年加入公務員行列，1976年創立4A會，後出任第三屆主席。公務員高級評議會華員會代表，2003年退休，出任職工盟組織幹事，職工盟培訓中心副經理，2013年8月在職工盟再度退休。現主持工盟退休組，組員以「郭老爺」尊稱他。

拔萃求學

　　自稱「百厭仔」[1]的郭錦林小學就讀官立小學，小學會考成績優異，獲派「拔萃男書院」（Diocesan Boys' School，簡稱「拔萃」）。拔萃位於九龍加多利山，學校占地約五萬平方米，是全港校園面積第二大中學，成立於1869年，舊名「拔萃書室」（Diocesan School and Orphanage），原校址在港島般咸道，於省港大罷工後期遷至現址，孫中山曾入讀拔萃書室。

　　拔萃是一所貴族學校，郭錦林進入拔萃後即面臨經濟考驗，郭父當時約有80元月薪，而當時香港尚未實施九年免費教育。拔萃F.1每月學費高達50元，占郭父月薪的一半有多。郭家租住板間房的中間房，月租要18元。再加郭家住在港島，而拔萃則在九龍旺角。郭錦林每天要舟車勞動，搭船搭車才能回校上課，因而交通費支出也不少。面對50元學費郭家如何解決難題呢？郭錦林如何捱過這5年中學時光？當時郭錦林見識有限，尚未知道拔萃是名校，只知名校有皇仁書院、英皇書院和庇利羅士女子中學等。更不知拔萃是名副其實的貴族學校。郭錦林偶爾得知齡記書店設有獎學金，可以申請每月20元資助。郭錦林滿心喜悅回校，將表格交給校方，請校長簽名證明自己在拔萃就讀。校長施玉麟牧師召見郭錦林，當面將申請表撕爛，說：「你入嚟我度讀，申請呢啲獎學金。申請呢啲獎學金通常佢要你有好嘅成績表現，通常只有頭5名至10名才合資格，唔係就無資格。你能夠喺我間學校考頭5名嗎？」郭錦林聽後怒火中燒，始知拔萃「真係貴族學校」。心想：「有無搞錯呀，

---

[1]　「百厭仔」是廣東話，指調皮、淘氣、搞蛋的意思。

睇小我哋。」

施玉麟繼續說：「你係出邊坐一陣。」

不久，學校書記走過來對郭錦林說：「校長就話你申請獎學金其實想幫助學費啫，如果要我哋間學校完全免費就好難架。你知道啦，我哋學校50蚊學費，其中有32蚊係由政府津貼，有18蚊係行政費用嚟架。你知我哋學校咁大地方，有草地球場、健身房嗰啲咁樣設備，開支好大。所以校長就話啦，同你免咗嗰32蚊，你每個月只要交18蚊，你O唔OK呀。」

郭錦林立即轉怒為喜，迅速肯定回覆說：「OK。」

郭錦林升讀到F.5時，雖然仍然是豁免了32元，但每月仍要繳交22元學費。學費增多了4元，加上午膳和交通費，問題仍是一大堆。當時巴士和渡海輪都有學生月票，巴士月票6元一張，渡海輪月票則要4元，總共要10元。如果不是豁免了32元，郭錦林根本無法在拔萃完成中學課程。

施玉麟於四十年代為解決兒童入學問題，曾參與籌辦「勞工子弟學校」工作，多多少少是了解低下階層的生活情況，對郭錦林的苦況有所體會，所以就會有此決定。

進入官門

1965年郭錦林F.5畢業，如果要繼續升學就要讀兩年預科，Lower Six和Upper Six，才能報考大學。假設繼續在拔萃讀下去，困難更大。郭父的月薪雖然上升至120元，但是郭家哪裡有充足金錢讓郭錦林繼續學業。郭錦林亦因申請獎學金事件，認為大學不會接納窮家子弟入學，亦自知學業成績並不優異，中學期間被視為一名「百厭仔」，自覺能進入大學機會不大，所以無準備報考大學。再加上郭錦林不知可以報讀香港的工業專門學院，繼續過校園生活。

在等候中學會考放榜期間，郭錦林既無心繼續學業，出外工作是必走的道路。郭錦林遞交了兩份申請政府職位表格，首先遞交申請助理文員職位表格，稍後再遞交申請GCSⅢ（General Clerical Services 3，三級文員）職位表格。GCSⅢ即現在

的CO2（Clerical Officer II，二級文書）。

　　8月初中學會考放榜，郭錦林於8月尾已經加入公務員行列做三級文員，在市政事務署下屬的「房屋事務組」上班，月薪370元，比郭父工資還要高，好不威風。郭家認為郭錦林不升學的抉擇正確，當時甚少人讀預科，大學更是高不可攀，這個情況到七十年代始有變化。

　　郭錦林的工作負責做廉租屋。六十年代政府推出廉租屋協助市民解決居住困難問題，市民以1元代價向政府買一張「飛」（抽獎券），等候搞珠結果，與搞珠結果號碼符合的家庭，有關當局會安排工作人員進行家訪。申請者要符合入息和居住面積等要求，合資格者可獲分配廉租屋。

　　廉租屋與徙署區7層大廈有分別，石硤尾、大坑東和樂富等是徙置區，主要是用來安置受火燭，天災和人禍等影響而失去居所的市民。黃大仙上邨、長沙灣邨和山谷道邨等是廉租屋，是用來舒緩市民居住擠迫問題。

　　廉租屋全稱「政府廉租屋計畫」（Government Low Cost Housing Scheme），是政府於1962至1973年推行的建屋計畫，由工務局設計及興建，建成後交「香港屋宇建設委員會」（簡稱「屋建會」）負責管理，如山谷道邨、長沙灣邨、黃竹坑邨、何文田邨、白田邨和黃大仙上邨等。至1973年，「香港房屋委員會」（簡稱「房委會」）成立，廉租屋被歸入新成立的房委會管理，統一命名為公共屋邨，同時將所有前廉租屋及所有前屋建會廉租屋邨列為「甲類屋邨」管理。

　　香港屋宇建設委員會（Hong Kong Housing Authority）是政府早期的公共房屋機構，於1954年成立，主要職責是為當時的「白領階級中的低薪者」，例如教師、記者、公務員以及文員等人士，提供一些水準較高而租金較低廉的住宅單位。屋建會於1973年解散，由新成立的房委會取代，但英文名稱不變。

　　廉租屋的服務對象與徙置區和屋建會廉租屋不同，是為一些入息低微而不合徙置資格，又不合屋建會申請標準，居住於惡劣環境的人士提供穩定的居所，1970年代的申請資格為家庭月入不超過九百元。另外，政府亦會抽出15%的單位分配予低薪公務員居住。另外，為簡化和加快廉租屋的申請和分配手續，屋建會自1969年起將政府廉租屋和屋建會廉租屋的輪候冊合二為一，即將兩者統一處理。

最早期興建的廉租屋樓宇為長條H型，樓高約7至8層，公共廁所設在大廈中間突出的部分，俗稱七層大廈。隨著黃竹坑邨於2009年及葵盛東邨第12座於2011年清拆後，廉租屋大廈正式走進歷史。

在貪汙盛行的六七十年代，郭錦林無須行賄就可以做公務員。郭錦林是在公開公平的情況下，遞交申請表，就可以加入公務員行列。當中內部甄選過程如何郭錦林無法知曉，但總覺得如此順利快捷，應該與自己就讀拔萃有好大關係。或者有關人士一看見是拔萃學生，另眼相看。香港官場是名校生天下，郭錦林的想法自有道理，但真相如何就無法揭曉。香港職場一向存在名校效應，當時投考政府文員的都是「番書仔」[2]，全是按正常程序取錄，未聞有行賄之事。

郭錦林做了廉租屋工作約兩年，就調去總部人事部工作。不久，郭錦林認為文員不應是終身職業，申請轉調工作崗位，轉調到工務局屬下的「地政及測量處」上班，當三級測量員助理（Survey Association Ⅲ），參與城市規劃工作。新工作需要思考，不如文員工作般呆板，較適合郭錦林的性格。郭錦林首先做了4年見習生，後轉為正式職員，一直做到退休。回想這段日子郭錦林有點後悔，認為如果當時自己「生性」[3]，用工餘時間進修，報讀有關課程考取學歷，可以轉為專業人士。但工作了10年人就有點惰性，提不起勁再讀書，再加上升為正式職員後，月薪調升至一千二百元。以七十年代來看，這個工資頗高，不用進修按年資還可以繼續升職加薪。因此沒有考取更高的學歷，仕途就如此停留下來。

當時香港無城市規劃課程報讀，進修有關課程就要到英國或澳洲留學，有了學歷再獲相關會員資格，就可正式成為規劃師，做專業人士，政府亦會保送有潛質的員工出國進修。

當時英國有一個規劃師學會「皇家規劃師學會」（Royal Town Planning Institute），其屬下有一個專為測量員而設的學會「Society of Town Planning Technical」（STPT）。總是不能停下來的郭錦林，在香港極力慫恿同事加入該會，並發起在香港搞一個分會。

---

[2]　「番書仔」是香港俚語，意思是以英文授課的學校學生。
[3]　「生性」是廣東話，意思是懂事。

郭錦林既是拔萃的百厭仔，「搞搞震」[4]就是他的生活。當時郭錦林的職級是專業人員輔助職級，負責將上司交下來的設計概念具體化。

郭錦林不斷向英國總會爭取，終於取得總會同意在香港成立分會，可以在港招收會員，收取會費。雖是分會每年例必向總會繳納會費。郭錦林細心一想，年年向總會繳納會費，總會沒有回饋，等同白交會費。郭錦林把心一橫，計劃要求財政獨立，財政獨立不是與總會脫離關係，只是擴大自主，分會繼續向總會繳納會費，保持直屬關係，而部分所繳會費則要扣留在香港，作為香港分會發展所需。最後更脫離總會，在港註冊為「香港規劃技術員學會」（Hong Kong Society of Town Planning Technical）。

創立4A會

郭錦林起初進入城市規劃部門工作時，共有12位同事，進入七十年代尾，部門發展到有二十餘人，整個公務員部隊擴大了。1971年時，全港公務員人數總共有84,565人，1976年時增至共有104,157人。政府決定進行公務員職級檢討。1970年政府公布《公務員薪俸調查報告書》（《摩立比報告書》），導致七十年代此彼落的公務員工潮，先由護士爭取同工同酬開始，及後教師罷課、丈量員、消防員和文員等紛紛提出要求，所有公務員都蠢蠢欲動。在這個情況下，郭錦林心想，職級檢討可能會將自己的職級降低，因為政府總支出是固定的，如何分配直接影響自己的工資，現在政府對自己的職系重視不足，如果我們默不作聲，不表態，政府就會在其他部門分配多些資金，削減自己部門的資金，等同蠶食自己的工資。

公務員中所有專業部門都有專業人員輔助職級，主要分布在路政署、房屋署、水務署、建築署、土力工程署和拓展署等15個部門，當時設有4個助理職位，包括建築設計助理（Architectural Assistant）、製圖助理（Cartographic Assistant）、工程助理（Engineering Assistant）和測量助理（Survey Assistant）等，數量多達

---

[4] 「搞搞震」是廣東話，意思是生事。

二十多個行業。

　　郭錦林的同事中有一班工程助理是華員會會員，他們主動聯絡各助理職系，提議聯合一起行動，阻止政府降低自己職系的等級。當時教師和護士正進行工業行動。郭錦林設想，如果教師的職級被下調會如何呢？自己的職級和工資與教師及護士相差不大，極大機會同樣會被下調。

　　寫字樓內郭錦林是最多說話的一個，年紀最輕。因為他說話多，性格活躍，就主動問老臣子：「喂！有無興趣去聽吓華員會佢哋搞啲乜嘢，睇吓我哋搞唔搞？」老臣子回答說：「你鍾意咪去囉。」

　　郭錦林早已有赴會的打算，只待同事們的認同。現既取得老臣子的口頭同意，師出有名，可以自稱代表自己的職系出席這個論壇。有了一個好的開始，於1975年中就在論壇成立了一個籌備小組，成員有朱紀文、鄭富文、郭錦林、愈浩、鄧榮順、黎國樑及謝建國等7人，研究及策劃組織助理員工會。後來加入梁華基協助工作，且擴大為籌備委員會，互選朱紀文為籌委會主席，郭錦林為義務祕書，鄭富林為義務司庫。1976年5月「政府建築、工程、製圖、工程及測量技術員協會」正式註冊成立，現名「政府工程技術及測量人員協會」，英文名稱Association of Government Technical and Survey Officers，註冊編號為534號，是年會員740人，2010年有會員1,954人，2012年有會員1,922人。由於會員來自17個行業，分為4個不同組別，分別是：建築設計助理（Architectural Assistant）、製圖助理（Cartographic Assistant）、工程助理（Engineering Assistant）、測量助理（Survey Assistant）等，助理英文是Assistant，有個A字行頭，故簡稱「4A會」，會員遍布路政、房屋、水務、建築、土力工程和拓展等部門。水務局小部分員工背後貶稱4A會為「爛仔會」，正好反映了該會勇於爭取員工利益的行為。

　　4A會成立典禮新界民政署長鍾逸傑、工務司麥德霖和房屋署長代表羅文等親臨出席，UPOE成立大會郵政司也親臨出席。工會成立典禮高官到場祝賀，這是否可視為政府對工會的重視，有人認為這是受英國當時執政的工黨影響所致。

　　雖然4A會源自華員會一個論壇，但不是華員會屬會，而是盟會，與華員會無從屬關係，是一個獨立工會，4A會成立初期的組織和活動方法跟隨華員會的做

法，由於尚未有會址，要借用華員會地方開會。

4A會除了早期與華員會關係密切外，亦加盟了公工聯和香港公務員總工會。郭錦林回想當時公務員工會目標清晰，沒有敵我之分，大聯盟內沒有特別問題。

由於4A會初期沒有固定會址，但活動頻繁，一名會員的家屬在旺角開設棺材鋪，遂借出閣樓給4A會開會。每次入去開會時要經過棺材，恍如電影中的間諜進行祕密會議。在這裡開會有一個好處，就是鄰近「中南圖書文具有限公司」[5]，如果有緊急文件要付印的話，可以立即寫蠟紙，然後拿去中南印刷，方便快捷。

第一屆主席由老臣子朱紀文當選，4A會除了執委會外，設有多個小組，如：康樂、福利、談判和學術等。

工業行動

七十年代公務員工運是香港工運的主流，薪酬調查委員會以「職系比較法」來釐定各職級薪酬，在相互比較氣氛下，各職級公務員紛紛成立本身職級工會，4A會就在這個情況下成立，爭取改善薪酬，重新定位。又由於大多數職級建制於部門下，即所謂部門職系，所以當時直至現在，大多數公務員工會仍以職級性工會為主。

4A會成立前，個別行業技術助理員要求改善薪酬及晉升制度。政府針對助理員分布範圍廣泛，提出要求者只是代表各自的部門員工，就可以藉詞說，助理員是一個整體，不能以個別部門問題來考慮，加以拒絕處理。在這個情況下，助理員的薪酬和待遇維持不變，其他職系員工則得以改善，此消彼長下，助理員的待遇與其他職系員工比較顯得每況愈下，加強了助理員加入4A會的意欲，邁向團結一致爭權益。

由於以職系比較法釐定薪酬引致工潮一浪接一浪，政府於1976年成立一個工作小組，全面檢討工程助理員職級結構、薪酬等問題，成員全部來自銓敍科和工務司

---

[5]　中南圖書文具有限公司當時在旺角西洋菜街2號Q地下。

署，工作期間僅諮詢了部分工會，便做出決定建議：

　　1.將技術員由四級改為三級，即見習技術員、技術員和高級技術員等；

　　2.增設首席技術員和總技術員兩個職級；

　　3.訓練期由4年改為3年。

　　上述建議尚未公布，原準備於1977年8月生效，但各工會於6月底知悉建議內容，無不譁然，紛紛發動工業行動表態，以示反對，向政府施壓，4A會發動集體休假，靜坐抗議兩天。政府面對壓力，於9月委任港大法律系教授韋路比成立1人委員會，對工務司署職管雙方關於技術職級薪級的分歧做出調查及仲裁。

　　因不滿政府腰斬與4A會協商新編制的會議，並突然委任韋路比調查，認為這是違反民主協商原則，蔑視職工會的地位，企圖推卸強行新制的責任。通令會員於9月12日展開為期兩週的按章工作，包括：（1）不做額外工作；（2）拒絕超時工作；（3）不擔任會計工作；（4）無專業人士同行下，不執行戶外工作。行動持續至另行通知為止。工業行動以靜坐來表態，靜坐行動前首先在寫字樓張貼標語，然後才進入靜坐階段。

　　4A會動員會員於9月16日前往布政司署靜坐，同時向韋路比提出意見，質疑薪酬調查的獨立性，及作為調查基礎的工作內容的全面性，要求改善薪酬及晉升機會。4A會第一次搞工業行動，因為會員來自不同部門，遍布香港、九龍、新界，4A會為了行動能順利進行，預訂十幾部旅遊車接載同事去中環美利大廈集合，同時又說服所有老臣子全力支持工業行動。當時公務員論資排輩，老臣子在部門內有一定影響力，且多是主任級，搞工業行動一定要老臣子協助。身為主任的老臣子號召下屬去靜坐，下屬才夠膽外出靜坐，否則無人響應參加工業行動。結果有九百人參加靜坐，行動把香港、九龍和新界同職系的人聯合在一起。

　　韋路比於11月1日發表《韋路比報告書》，關於組織事項，韋路比認為是管方主權，不妄下評語，管方要注意與職方溝通的程序。建議設立協調制度。關於薪酬方面，指「該等薪級是大致公平」，如低級員工要負起額外責任，應發給特別津貼。

　　4A會認為《韋路彼報告書》明顯偏離事實，偏袒管方，純以薪俸調查小組所製造的資料作為根據，用以搪塞工會合理的要求，懷疑是政府早有的安排，決定於

短期內召開會員大會，商討再次發動工業行動，以表達不滿。

工業行動主要要求有兩個，增加工資和開設高級職位。提出這個要求主要的理據是：工作量增加，工種改變，會員完全不清楚，如果繼續使用舊有合約，等同削弱員工的利益。4A會立即通知所有會員，逐一在所屬部門召開會議解釋，收集意見，得到大部分會員同意後，在每個部門選出代表出席逢週二召開的代表會議。

初步能團結了大部分會員後，4A會決定將行動升級，在寫字樓停工靜坐（SIT-IN）。4A會計劃周詳，派出巡視員到各寫字樓觀察工業行動實施情況，同時恐防同事參與行動受到上司影響而動搖，甚至被上司出言恐嚇。巡視員在加路連山寫字樓發現工會執委（前主席）朱紀文正在繪畫圖則。巡視員問朱紀文：「點解你做嘢架！」朱紀文回答說：「老細叫我做咪做囉。」巡視員只說了一句：「OK！」然後離去，通知各執委發現這個情況。

4A會立即召集執委開會，處理朱紀文的違紀行為。執委會上，年輕的執委理直氣壯地質問朱紀文：「你身為執委亦是第一屆主席，點解唔帶頭響應工業行動。」朱紀文回答說：「我都要為我嘅仕途著想架。老細叫到唔通唔做嘛！」朱紀文當時的職位是高級技術主任，就快可以上升一級。郭錦林直斥其非說：「你咁做違背我哋工會利益，違背會員利益嘛。你身為執委兼前主席應該身先士卒響應工業行動。」

當時正值工業行動，執委仍在會上通過革除朱紀文的執委職務，並通知所有會員，同時知會部門。朱紀文深深不忿地離去，用眼尾橫掃了這一班年輕人，心中可能說：「呢班友仔真係乜都夠膽做。」

郭錦林認為革除朱紀文職位行動效果很好，對工業行動沒有影響。對會員卻有一定影響，部分會員可能不贊成他們的做法，認為「這班死靚仔無大無細」。工會成立初期，大部分會員認為這批年輕執委能力有限，看見朱紀文被革職，認為年輕執委不是鬧著玩的，對郭錦林等開始敬畏。

當時「地政督察工會」正進行按章工作。政府指丈量員既然做七成工作，要扣三成工資。4A會得悉後甚為困擾，郭錦林心中十五十六，苦苦思量應否繼續工業行動。4A會會員在特別會員大會問：「如果政府真係扣我哋人工，你哋工會有無

嘢補償返俾我。點樣補償我嘅損失！」4A會啞口無言，無法回答。工會當然無法做出承諾，假設會員被扣半日工資，八百餘名會員，每天支出數以萬元計，工會哪裡有這麼多錢支付呢？面對這個嚴重打擊，郭錦林一籌莫展，無計可施。郭錦林心中盤算，行動已進行了一段長時間，如果就此取消行動，未免可惜，且有損聲譽，日後怎能號召會員參加行動呢？問題解決不了，郭錦林唯有「瞓醒[6]先算啦！到時見招拆招」！

　　郭錦林尚未上床睡覺，轉機出現了。是晚政府透過電台解釋為何要扣丈量員三成工資，因為丈量員宣布做七成工作，政府已向他們提出警告，宣稱如果丈量員繼續只做七成工作，政府會有相應行動的。按丈量工作量七成，餘下有三成工作未完成，所以扣三成工資。

　　郭錦林見招拆招，心想：「咁樣掂囉！現在我們進行工業行動，政府尚未發出警告書給我們，我們可以辯稱不知情，可以理直氣壯與政府爭論。」郭錦林立即將消息通知所有執委，要準備好通告。是晚，郭錦林思前想後，不能入睡。心想如果今次行動失敗，會員鬥志必定渙散，4A會形同虛設。

　　翌日早上，4A會通知所有聯絡員，要他們留意當晚電台新聞，4A會準備在會員大會後召開記者招待會，宣布工會有行動。同時召集各執委和部分熱心會員，籌備所有行動細節，當晚在會員大會上，即時通過由翌日開始實行工業行動。

　　這次工業行動經過1年努力最終有所突破，政府在壓力下於1978年10月成立管勞聯合工作小組，接受員方共同參與各技術職級的薪酬和晉升前景檢討工作。官方代表分別來自布政司署、銓敘科、工務司署、房屋司署、新界民政署等，而勞方代表則由4A會正副主席及4位談判組執行委員為代表。

　　由於4A會會員分布廣，聯合工作小組便在各部門成立輔助小組，成員包括部門代表及員方的各職業代表。檢討工作先從各技術職級實際需要負擔的工作和責任入手，擬定雙方認同的職務範圍，然後將之與1977年的釐定結果做出比較，發覺無論質量方面或責任方面，新的都比舊的為多，為重。而且需要更廣、更新的科技知

---

[6]　「瞓醒」是廣東話，意思是睡覺完起床。

議。因此可以證明政府用以釐定技術員職級的資料有所遺漏，欠缺準確。

輔助小組的比較結果，經由聯合工作小組再度審閱，直至1979年5月才完成工作，於12月中呈交銓敘科審批。可惜在討論薪酬及職務津貼時，官方代表指有關待遇問題，必須提交新成立的薪常會，而拒絕做出實質建議。

4A會認為聯合工作小組的工作在改善待遇方面未如理想，但令政府沒有下調工資，更開設了二千多個高級職位，不同職級員工全部得益。郭錦林等除對收穫滿意外，更難忘的是鬥爭期間，在毅力和鬥志下產生的對內凝聚而成的「手足情」，對外確立工會的威信，令政府正視工會的地位及尊嚴，為4A會以後的發展打下良好基礎。

郭錦林的工運生涯中，以這次工潮所受的壓力最大，有一次郭錦林與蕭炯柱和曹孟泰等開會，雙方談不合攏，不歡而散。某次郭錦林不能自控地，憤怒地拍檯離去。

工業行動期間，4A會設立鬥爭基金，向每位會員收取一百元。最後行動成功，鬥爭基金有大量剩餘，4A會決定轉用來買會址，不足之數進行籌款募集。部分會員得益於工業行動，獲得升職加薪，尤其是老臣子，他們捐款額高達五百元，共籌得三十餘萬元，足夠購買會址，香港九龍新填地街249-253號3樓A及B室。

薪常會第八號報告書

1982年薪常會公布《第八號報告書》，引來公務員的強烈抗議，4A會就報告書的建議提出不滿的有：

1. 報告書第2章學歷基準：報告書認為高級證書和證書課程的價值，與修讀該等課程時所獲得的工作經驗是不可分別衡量的，拒絕就該等課程的表面學歷釐定基準。同時參照理工學院文憑課程的基準，將技術員和測量員的薪級點由原來的第17至24點，改為14點至25點。

2. 報告書第4章設有見習職級的職系：建議設立一個新的「見習職級薪級點」，所有見習職級員工只可支取相若薪級表64%至82%的薪酬。

7月，4A會聯同「政府製圖人員協會」、測量員工會，及「華員會工程技術員組」等3個技術員和測量員工會，共4個會組成「技術員及測量員聯合行動委員會」（以下簡稱「聯合行動會」），團結一致行動，向政府表達不滿，準備發動工業行動。

7月6日，聯合行動會召開聯合緊急會員大會，有1,024名會員出席，議決通過採取工業行動，首先召開記者招待會，在辦公室張貼標語，繼而罷工2天，最後由7月10日開始進行1個月的怠工行動，聯合行動會聲明關乎市民安全的危險斜坡工程不會受影響。

7月7日，聯合行動會開始在寫字樓張貼標語。

7月8日，4間工會一千餘名會員分乘21部旅巴到工務司署靜坐抗議，聲勢浩大。聯合行動會原來向警方申請二千人集會，警方恐怕人太多地方擠擁，容易發生意外，只批准一千人集會。

7月9日早上，4間工會繼續分別以旅巴載一千餘名會員到工務司署靜坐抗議，顯示力量。中午16名工會代表往港督府遞交請願信，下午3時開始，首席助理銓敘司張福洤、曹萬泰、副銓敘司蕭炯柱、施祖祥等與12名工會代表進行6小時會談，雙方交換了意見，會談沒有達成任何協議。

同時，社工，理工社工學系和「東華三院護理人員協」會亦有反對《第八號報告書》活動。

7月10日，4間工會會員進入怠工行動，行動一直去到8月底才結束，但始終未能影響殖民地政府的決定，思量檢討或修訂《第八號報告書》。

9月10日，聯合行動會向銓敘司提交有關私人機構的入職要求及薪金水平的資料，但銓敘司一直沒有與聯合行動會舉行會議。公務員工會聯絡處指政府採用這種拖延手法並不明智，極可能再次引起糾紛。

退出華員會

郭錦林創立4A會時，亦加入了華員會，既是4A會代表亦是華員會談判組成

員。八十年代中，郭錦林甚至是高評會華員會代表。

高評會的華員會代表中以黃河為主力，香港外籍公務員協會代表是盧維思，其餘成員有政務主任林煥光，公務員事務司施祖祥等。1986年港督尤德逝世是日，高評會準備開會，陳方安生到場宣布會議改期。為何不預早通知改期呢？

經過一段時間，華員會培育了很多新人上位及加入談判組，郭錦林便部署淡出華員會。

在諮詢架構問題上，4A會批評諮詢架構不健全，華員會則持正面意見。有人認為4A會不應如此表達意見，這種行為會打擊華員會，華員會遂與4A會脫離盟會關係。

4A會第二屆主席上任後不久，抵受不住各方壓力，半年後辭職，由郭錦林接任，連續做了兩屆半主席，接著由阮澄波上場，郭錦林轉任副主席。

八九十年代部分工會領袖都有參加社會運動，甚至擔任領導工作，郭錦林亦有出席八八直選等活動，但不算是積極分子。

職工盟成立時，4A會是創會成員之一。當時4A會內部分工，郭錦林負責內部會務，主力在談判組工作；阮澄波負責對外聯絡工作。

九十年代開始，工會出現青黃不接現象，部分老資格的工會領袖開始意興闌珊，他們的拍檔部分開始退休，遇上年輕人的衝擊，自忖無欲無求，因此忍受不住年輕人的衝擊，深覺前景不理想，加上面對工會一盤散沙，心萌退意。

九七後，公務員工運冷淡下來。公務員工會出現斷層，郭錦林等這一代工會領袖退休，或者移民，接棒的新人不多，參加工會活動的人減少，澎湃洶湧的公務員工潮一去不返，除了「二二一減薪行動」，公務員再沒有聯合一致行動。

郭錦林把4A會的棒順利交給阮澄波和湯偉佳等，工作量減少了，萌生了一個新主意。心想：畢業後一直做公務員，沒有在私人機構上過班，總是有點缺失。於是計劃50歲退休，退休後到私人地產公司做經紀，買賣樓宇。郭錦林想當然覺得地產經紀極適合自己，工作時間雖長，但可經常與人交談，是否取得成交並不重要。於是到「香港管理專業協會」報讀相關課程，考取經紀牌，準備50歲離開政府部門轉做物業代理。在沒有壓力的情況下，郭錦林的惰性再次浮現，忘記了第一次考牌

試日期，沒有如期赴考。到第二次考試，郭錦林已經無心在這方面發展，意興闌珊，也沒有去赴考。現今地產市道走俏，郭錦林是否走寶呢？郭錦林回想，自覺做物業代理「唔係我個性嚟架」。

郭錦林於2003年退休，隨即在職工盟出任組織幹事，統籌公務員工會工作，培訓了郭紹傑等一批新公務員工會領袖。郭紹傑公開說「阿郭係我師傅」，並引以為傲。

組織工會的個人得益

郭錦林做了38年公務員，搞了28年工人運動，認為主持工會這段時間好充實，結識了很多朋友，知道多了很多事情，尤其是，不同部門的處事手法，如何控制屬下員工等，眼界擴大了。這段時間真誠幫助會員，為他們爭取到職位，妥善處理投訴，滿足感很大。

三十多年公務員生涯，郭錦林有一定的儲蓄，卻沒有投資股票或賣買外幣等，沒有任何投資。全身投入工運的郭錦林，哪裡有時間研究投資工具。郭錦林每晚放工後，全部時間花在與執委開會上。開完會後，一大群人去食飯飲酒，飲飽食醉已是10時多，郭錦林與阮澄波等尚未有回家意欲，人數共有4人正合適開檯打麻雀，於是拉隊到其中一人家中耍樂去，繼續食煙飲酒……。

工會談判組

郭錦林總結組織工會經驗，認為工會的談判組很重要，很多工會缺乏一個談判組，專門負責處理有關會員投訴事宜。

在處理投訴事宜上，單一部門工會會員認為，如果我向工會投訴，上司會否秋後算帳。部分會員有很多事情不便公開，認為向工會投訴後，等同把自己的私隱公開，還是不投訴吧。4A會在這方面較優勝，4A會會員來自不同部門職級，假設投訴者來自路政署，4A會會安排一名非路政署員工的會員當談判員，與路政署負責

人談判，避開談判員要與上司爭拗的場面出現，減低談判員的壓力。單一部門工會的談判員與上司日夕相對，雙方感情良好，談判時會受感情影響，未能盡全力爭取。或者出現談判員與上司談判時，顧忌多多，甚至會擔心仕途問題，未能全心全意擔任談判員，為會員個案盡力，據理力爭。

4A會不是盲目附和投訴者，會員有事申訴，工會不會不問情由立即寫抗議信。郭錦林認為絕對不能這樣做！談判員會與投訴者詳細談話，了解投訴個案詳情，研究上司為何如此指責投訴者。談話內容越來越深入，部分投訴者越說越興奮，不經意道出真相來，把自己的錯誤行為也說了出來。談判員婉轉地指出他的錯誤，然後向他表明工會一定會支持他的，替他出頭，安撫和爭取他的完全信任，順勢勸喻他戒除不良習慣，誘導他為前途著想，不要重蹈覆轍，否則覆水難收。指出日後如果他的壞習慣不改，被上司依規章登記下來，到時就啞口無言，無人能夠協助脫困，所以壞習慣一定要改。投訴者開始有悔意，談判員鼓勵他，指出他以前所犯的錯誤如果能夠改正過來，工會為他寫封解釋信給部門求情，說明這宗投訴不能以反對方法來處理，只能向部門解釋一下這件事情，在求情之中若找出缺口，便順便指部門亦要負上責任。例如指部門一直沒有通知員工有這樣的規例，員工不知有這規例存在。最後表明投訴者現在知道有這條例正在執行，他會注意自己的行為，不會再犯。談判組就是使用這個方法來處理投訴。郭錦林認為這個方法對投訴者是好的，如果投訴者日後升了級，底下有數名屬下，對他如何教導屬下有小小的幫助。當然亦有部分投訴者表示不滿，心想：「超！我有嘢上嚟搵你，你仲係度訓話。」轉換另一個角度來看問題，如果投訴者是自己職級的主管，工會處事能夠做到公平、公正，大家都明白4A會不是「爛仔會」，除了會員向4A會申訴之外，部門主管也可能會向4A會申訴，要求協助。

郭錦林組織工會的宗旨是，工會除了要顯示出會員團結之外，還要公平公正。不是有理無理，只有會員求助就採取行動。郭錦林主張商討無法進行後才部署行動。郭錦林回想八十年代政府進行電腦化時，政府主動聯絡4A會商討，詢問工會是否贊成，邀請工會協助推行電腦化。因為4A會會員全部都是做畫圖工作的，以前是用鴨嘴筆來繪圖的。4A會知道電腦化是不可避免的，為會員前途著想，審時

度世，認為一定要接受電腦化，迎接新的挑戰。4A會總結會員面對的問題，提出3個條件，第一，不能即時推行電腦化，要求用2年至10年時間來部署，所有員工要有一部個人電腦，不能在寫字樓只擺放一台電腦，讓員工輪流使用；第二，要安排現有職員在職培訓，以上班時間去學電腦；第三，年紀大的員工未必能學會使用電腦，政府不能因此而解僱他，亦不能調配職業，只能安排他在部門內處理檔案。同時4A會亦向年輕會員宣傳，認為會員要向前看，現在政府推行電腦化，提供免費在職培訓，要努力學好電腦，學識電腦後會發覺十分有用，如果有機會到外面發展更見優勢。

加入職工盟的利弊

郭錦林認為公務員工會九七前加入職工盟弊多於利，大部分會員對職工盟有戒心，認為職工盟太激進，「搞搞震」。現在則未必會有如此看法，香港的政治氣候轉變了，社會民主連線比職工盟更激進。加上公務員認為現行制度、班子有問題，有職工盟發聲是件好事，不會對職工盟反感，但個人是否加入工會成為會員，則又是另一回事。

郭錦林比較加盟職工盟與工聯會的優劣，認為職工盟在爭取屬會加盟方面不及工聯會，加盟工聯會後會員獲得的福利比職工盟多，可以享有更多各方面的福利。例如可以在「工聯優惠中心」廉價購買油糧食品，報讀「香港工會聯合會業餘進修中心」課程有優惠，平價在「香港工會聯合會工人醫療所」看醫生，多方面照顧會員生活所需。香港人一向都是現實的，經常問：「我俾會費你，你有乜嘢著數俾我先。」香港人加入工會，最主要是要取得福利。郭錦林慨嘆，香港工運的前途就是被福利主義扼殺了。以往香港人政治冷感，做人的宗旨是：懶理外面風吹雨打，總言之我安居樂業就是了。看見別人的不平事，明知有人以強權欺凌弱小，甚至自己無故被貶低工資等，心中總是自我安慰說：「算啦！我都夠飲夠食啦！」

郭錦林認為職工盟與外國工會聯繫密切利多於弊。如果從表面上看，未必能發現它的好處。我們翻看過往的事例，職工盟向國際勞工組織（ILO）投訴政府，國

際勞工組織寫封信給政府，政府一定會回應的，多多少少會對投訴的事情有所幫助。總括來說，總比自己人「栓埋」[7]門來討價還價好。

談判高手

　　郭錦林面對的談判對手中，人稱「肥龍」的許仕仁令郭錦林說個「服」字。1992許仕仁出任運輸署長，4A會提出在運輸署增開一個「總技術員」（Chief Technical Office）職位。許仕仁新官上任，4A會本來設想，一位新任政務官上場，與部門員工無任何感情蓼轇，只要我們準備充足，你必定會處理一下。認為新官上場必定會順應工會的要求，安撫一下工會，博取工會歡心，減少工會有所行動，可以安安樂樂地工作下去。工會部分行動，是利用滋擾的方法去折服對手，在多番滋擾下，部門負責人不為自己的仕途著想，也要抽出大量時間來應酬工會。如果工會提出的要求有理據，就算理由唔多夠充分，負責人都會答應要求，以免節外生枝，但求大家相安無事。4A會有時會根據這個策略去做部署行動，甚至借題發揮。當時好多部門都開設有總技術員職位，只是運輸職系仍沒有開設總技術員一職位。部分專業部門開設的這個職位，並不是一個正式辦公室職位。

　　郭錦林等工會代表上寫字樓見許仕仁，提出要求。許仕仁說：「我知你想要乜嘢，好簡單話你知，我唔會開，我唔會開嗰個位。我都知道嘅，我咁樣答你，你就要發動工業行動，唔緊要，我明白架。你哋搞嘢啦，你哋靜坐，搞一日好，兩日好，三日好，照舊啦，搞完就得嘞，你有交代嘞。」

　　郭錦林等聽完許仕仁的答覆後，如意算盤落空，即刻「收皮」[8]，不敢挑戰許仕仁，認為與許仕人鬥必定輸。許仕仁早已看透公務員工會的底牌，讓你們玩一陣，你們可以玩多長時間呢？

　　3年後，許仕仁離開運輸署上升為財經事務司，號稱「鐵蝴蝶」的任關佩英上場，郭錦林等再上寫字樓，繼續向任關佩英提出增設總技術員職位一事，得到認

---

[7] 「栓埋」是廣東話，意思是關閉。
[8] 「收皮」是廣東話，意思是結束活動。

同。4A會提出這個要求有一定理據的，部門內有這麼多員工上班，設立一個專責處理行政工作的職位，減輕部門主管處理行政工作的負擔，部門主管多數是由專業人士出任，缺乏處理行政經驗。設立總技術員，可以讓部門主管有更多時間處理專業工作，總技術員只是多兩個增薪點，這樣可以令整個部門工作更加正常化。

許仕仁是同僚眼中的「橋王」，他的「軟皮蛇」態度令郭錦林無計可施，鑄鐵的任關佩英反而坐下來與4A會商討，兩個截然不同處事作風的人，是否因受政府既定政策影響而做出截然不同的決定？政府曾推行私有化、裁員減薪，數年後要補充公務員。許仕仁是否配合政府削人政策而不開職位，而任關佩英配合政府補充人手政策而樂意商討？許仕仁於1992年出任運輸署長，任關佩英於1995年接任，私有化和裁員減薪政策於2003年推出，看來二人處理這件事情沒有受政府政策影響，截然不同的決定純是個人作風問題。

會費問題

郭錦林認為收繳會費是工會面對最大的難題。每年收繳會費時就煩惱。真正的獨立公務員工會財政絕不健全，缺乏金錢來源。獨立工會收繳的會費不能貴過其他工會，4A會創會時年費40元，現在才是60或80元，金錢來源有限，獨立工會經營困難就在此。

新人入會後需要每年跟進，聯絡感情，定期收取會費。收繳會費的方法，4A會也曾試過使用自動轉帳，但行政費用很大。自動轉帳每個月都要交一份帳目表給銀行，4A會是收取年費的，所以每年都要做一份帳目表，要有人專職去跟進每位會員是否在職，工作量頗大，最後只好放棄。

收繳會費時，部分會員會提出一個問題：「工會有乜著數俾我。」這是一個切身利益，亦是一個現實問題。加上會員工會意識不高，增加工會經營困難。部分部門上司帶頭組織聯誼會，拉攏一班人來為自己撐腰，所以郭錦林認為現在組織工會困難多多。八十年代組織工會，議題多多，今日爭取這個，明日爭取那個，目標清晰。現在議題不多，挖空心思也想不出要爭取的目標，左思右想也想不出有什麼活

動。如果這時工會要提出加薪，籌備工作就特別辛苦，要加倍進行部署醞釀工作，等待時機來臨。醞釀未夠火候時，可能要臨時要拉伕上陣。

工會意識

　　郭錦林總結自己的工運經驗，認為公務員工會意識低，因為一來公務員認為自己的職業有保障；二來覺得「嘈乜嘢，嘈咗，可能啲屎忽鬼[9]上咗去」。可能會變成為他人抬轎，利人未必利己；三來大部分公務員思想狹隘，愛斤斤計較，認為自己沒有任何事情請求工會協助。況且當工會爭取到任何利益時，不是工會會員但照樣可以享受。在這情況下，繳費加入工會對我有何「著數」呢？

　　郭錦林認為八十年代公務員工會領袖工會意識較高，用心去做工運，雖然會員好冷淡，「有事鍾無艷，無事咪搞我」[10]。接近九七時，部分公務員領袖出現患得患失現象，接受了北京的攏絡，飄飄然地出席五一酒會，自覺地提高了身價。

　　以4A會談判組為例，會員來自不同行業，談判員要清楚投訴者的工作性質，部門如何運作，談判員經過細心思考投訴個案後，始可決定如何協助投訴者，再加上談判員每天要上班，利用工餘私人時間來做這樣細緻的工作，如果沒有工會意識，不是真真正正的用心去做工會，處理這些工作儼如苦差，自討苦吃。

　　會員雖然對工會冷淡，但4A會成立初期聯絡功夫做得很好，老臣子工會意識高，對工會工作很盡責。每當新人上班時，立即向新同事宣傳工會。新同事在前輩不斷遊說下，多數會加入工會的。老臣子對待新同事，恍如師傅對徒弟般教導，新同事在「師傅」遊說下，多數會樂意加入工會。再加上這段時間有議題去爭取，更能激動人心加入工會。

---

[9]　「屎忽鬼」是廣東罵人俗話，意思是拍馬屁的人。

[10]　這話借用俗語「有事鍾無艷，無事夏迎春」，民間故事說，春秋戰國時期齊國國君齊宣王的正宮鍾無艷相當有才幹卻長得醜，寵妃夏迎春則美而無才。所以，齊宣王平時寵愛著夏迎春，需要幫助時則懇求鍾無艷，從而流傳「有事鍾無艷，無事夏迎春」的典故。此角色出現在戲曲和影視作品。

以「愛心」行公義的李美笑

訪問時間：2013年2月18日（週一）下午4時至5時30分

地點：旺角何文田文福道垃圾站

被訪問者：李美笑小姐

訪問員：梁寶霖、梁寶龍

整理：梁寶龍

穿制服的是李美笑，旁邊是訪問員梁寶霖，地點在李美笑工作的垃圾站門外（筆者攝）

【李美笑簡歷】

李美笑於六十年代在香港出生，大專學歷，1982年入職公務員做小販管理隊，2004年組織「食物環境衛生署管工職系工會」，2007年另組「香港食物環境衛生署職工權益會」。

第一批女性小販管理隊隊員

李美笑一生喜愛花草，青年時的工作志願是看管花園，愛護植物。於八十年代初的勞工處就業展覽，李美笑正在尋找工作，站在市政局（Urban Council）的展板前，看見有管理花園工作，喜上眉梢，報名投考。

市政局於1936年成立，負責港島和九龍區食物衛生、清潔街道、文娛康樂設施、管理食肆等市政服務工作，1985年成立執行部門「市政總署」（Urban Services Department）接管原市政事務署、康樂文化署和康樂體育事務處的工作，隸屬文康市政科。新界則由「區域市政局」（Regional Council）負責。2000年，市政局和區域市政局解散。兩局的決策工作分別由新成立的「環境食物局」和原有的「民政事務局」接管；兩局的服務工作由新成立的康文署和食環署接管。

一心想以愛心照護花草的李美笑按時面試，考試內容與植物知識無關，李美笑以為美夢落空。數日後喜從天降，她收到取錄通知，安排在小販組工作，是為小販管理隊第一批女性隊員，編號是第3號。

見工時，管工見李美笑是女性而且具有學歷，就安排她在寫字樓工作，試用期兩年。李美笑當時正在夜校進修，計劃就在此段時間完成兩年試用期，然後申請調去其他的部門做自己喜歡料理花草工作。工作了一段時間後，李美笑得知不能申請調去做愛護花草的工作，因為這是另一個職位的工作範圍，但可以正式上工後再去投考，試用期的兩年年資繼續有效。如試用期滿後才再去投考，年資則由零開始。年資是公務員計算長俸的一個重要因子。

香港開埠初期已有小販的存在，政府於1873年開始施行發牌制度管理小販，隨著二十世紀三十年代香港經濟不景，小販人數增加，政府於1935通過《公眾衛生及

市政條例》立法規管小販，由警察執法。1958年政府成立專責的「小販管理隊」，取代警察的管理小販工作。及後，市政總署及區域市政總署成立「一般事務隊」負責管理小販。到了七十年代初，政府認為小販販賣阻塞街道，造成滋擾，影響市容，決定停發新的小販牌照。八十年代香港經濟再度不景，政府認為小販可舒緩失業，在通菜街設立小販認可區。

小販牌照基本分為：固定攤位小販牌照和流動小販牌照兩類。截至2013年12月底，市區共有5,711個固定攤位和226個流動小販牌照，新界區有268個固定攤位和229個流動小販牌照。而無牌小販約有1,460名。

小販管理隊專責管制小販販賣活動，其執法依據是基於法例規定：任何人未持有小販牌照而在街邊擺賣屬於違法行為，小販管理隊隊員可以提出檢控。管制小販活動的法例有：《公眾衛生及市政條例》（第132章）第83至86D條）、《小販規例》（第132章附屬法例）、《食物業規例》（第132章附屬法例）；以及《簡易程序治罪條例》（第228章）第4A條等。

小販事務隊的職責是在分區及總區兩個層面上管制販賣活動，共編有191支小隊，其中包括總區特遣隊27支。小販事務隊的工作範圍包括：確保持牌小販按其牌照所訂的條件經營，並且遵守《公眾衛生及市政條例》（第132章），及其附屬法例，以及其他有關法例的規定；以及管制持牌小販所引致的街道阻塞和環境滋擾情況。小販事務隊人員定期巡查持牌固定小販攤檔，整頓街頭的流動小販，並在適當情況下，就違規行為採取執法行動。

政府一向聲言主張管控街頭小販，以減少街上的非法販賣活動，同時安排合資格的小販遷入新建的街市，從而減少持牌小販在街頭販賣，達到美化市容的效果，但社會上仍有不少聲音支持香港的小販文化。

食環署的執法策略是，對於售賣禁售／限制出售食物或熟食的無牌小販，小販事務隊會嚴厲執法；在主要通道、行人絡繹不絕的地方（例如使用者眾多的行人天橋、港鐵線／西鐵線／輕鐵線出入口、碼頭廣場、巴士總站、遊客區及行人專用區等），以及因販賣活動而經常被投訴的地方，致力確保沒有小販販賣；及在不影響食物及環境衛生的情況下，小販事務隊會先發出口頭警告；如口頭警告無效，隊員

會執法及檢取行動。

在通菜街小販認可區出售的貨品不少是女性衣物,有很多女性小販。原來的小販管理隊屬全男班,在這區內使用女性隊員,在執行檢控工作上有一定好處。

性別歧視

小販管理隊增聘女隊員引起很多小浪花,在訓練學院上課時,男隊員經常違反課室條例,隨意在課室內更衣,旁若無人,令李美笑十分尷尬。當時訓練學院內尚未設有女性專用更衣室,學院臨時安排一間房讓李美笑更衣。訓練期間,男隊員習以為常隨意食煙、講粗口。充滿「愛心」的李美笑難以忍受,坐在課室外無聲抗議,為自己應有的合法合理權益作做出抗爭。教官見狀,問李美笑發生了什麼事。李美笑向教官投訴有學員違規在課室內吸煙。教官向學員訓話,要學員遵守課室規矩。教官訓話後,部分學員胸襟不足,恍如小學生般杯葛李美笑,坐車出外時時故意令李美笑一個人單獨坐,說話語帶揶揄,整個訓練課程都是如此。在嚴重性別歧視下,一向以「愛心」待人的李美笑難以忍受,多次想中途掛冠離去。其實性別歧視問題並不止存在學員間,課程完結時,班主任給李美笑的評語是「不好」。李美笑是一位工作認真審慎、一絲不苟的人,這也是一個成功工會領袖的共同點。從李美笑二十多年來的工作表現來看,這個評語怎令人信服是「公正」的呢?

進入工作崗位後,重男輕女的情況更加嚴重。升職評核時,上司無視公平公正、用人唯才的守則,偏袒男性職工,在報告中指李美笑的工作不及男職工好。李美笑直斥其非說:「『幫辦』'你明知他不懂的知識要來問我,為何你寫他的工作知識比我高。」幫辦振振有詞地說大道理,認為男性是家庭支柱,要養妻活兒,所以在報告評語會寫他們好些,讓他們能得以晉升,改善生活。而女性不是家庭支柱,不能升職對家庭影響不大。

八十年代以前,香港整個工作環境以至社會環境都是由男性主導,女性仍被視

---

¹ 「幫辦」是香港人對「督察」的俗稱。

為無須享有同等的薪酬及福利。1981年政府始公布香港女公務員可享有與男公務員同酬待遇，即同工同酬。

　　李美笑的上司所說的那一番「男性是家庭支柱」的論調，是一貫以來政府統治階層的「男女同工不同酬」的主調，有深厚的歷史基礎。在部門中，基層人員大部分都是男性，李美笑還要忍受他們隨意吸煙、講粗口的壞習慣。某潮洲籍下屬是位大男人，不喜歡被女性管，語帶諷刺地說：要讓女兒多讀書，將來可以出任管理人員。或語帶不滿地說：「俾個靚妹管。」歷史巨輪不斷地前進，女性的地位日漸提高，食環署上下多了僱用女性，工會的女性領導人也日多。資料顯示政府首長級公務員歷年的男女比率，儘管男性仍占較大比例，但女性人數上升的趨勢相當明顯。在1981年，女性只占整體公務員的4.9%，至2011年已升至32.9%，升幅近七倍。

　　女小販管理隊員在小販區站崗，常遭小販大聲指罵：「乜都唔識做，只會『企街』。」揶揄她們是站立在街頭的妓女，令女小販管理員尷尬得想離去，可是又不敢擅離崗位，獨個兒站著又對小販沒奈何。女小販管理隊員常嗟嘆：這是什麼社會服務呢？其他部門執法，市民報以掌聲，小販管理隊執法，市民卻報以噓聲。這是誰的錯呢？圍觀的市民通常不會支持小販管理隊員，有時還罵小販管理隊冷血無情，說：「捉賊唔見你咁叻！」甚至指責小販管理隊屈人，高聲要求放人，實在令小販管理隊員沮喪。當時部門認同管工執法的工作性質極度厭惡、環境危險，發給厭惡性津貼作補償。小販管理隊員謔稱這是「喪失尊嚴津貼」，道盡那份傷感失落的情懷。這些情況都是因為部門沒有清晰向市民交代政策，是「只控制非打擊」，引至市民以雙重標準看待這班文職執法的管工。

外判制度

　　李美笑工作了一段時間後晉升為管工，食環署認為食環署管工屬文職人員，但管工的職務與一般文職工作有很大的分別。一般文職人員工作時間朝九晚五，每週工作44小時，包括食飯時間，於假期正日放假。管工則要執法，進行檢控工作，每天外出工作4小時50分，每週工作51小時，不包括食飯時間，假期輪休，假期正日

要上班，24小時輪班，與一般文職工作性質截然不同。

九七前政府引入外判制度，認為外判制度可以提高服務質素和經濟效益，加強提供新增服務或擴展現有服務的能力，使管理層能更集中處理核心服務及善用資源，同時可為私營機構創造職位，及累積經驗和專業知識，從而推動整體經濟發展。可惜，這一切都是政府的一廂情願的設想，結果對整個勞工市場造成極壞的衝擊，外判制度百病叢生，如苛扣工資、僱用黑工、違規判上判、虛報人數、涉嫌騙取公帑、慳成本用禁藥、蛇王偷懶、貪汙回佣和公帑貼外判等醜聞層出不窮。

食環署於1992年開始將街道潔淨工作外判，苛扣工資問題立即浮現，外判商以極低的時薪7元、10元來聘用工人掃一條街等。除清潔工人的薪酬待遇受盡各式各樣剝削外，公共衛生服務亦因外判而響起警號。1999年農曆新年的清拆花市工作，外判商竟然臨時爛尾，要由食環署包底執手尾。2003年沙士期間，外判工怕感染生病拒絕進入疫症大廈工作，政府要抽調兩區工人應付疫情下的清潔工作。2004年長洲外判清潔工罷工抗議待遇太低，令到長洲6日無人掃街。2006年外判商疑用10元一樽的平價噴蚊禁藥，代替政府規定的質量較好但價錢較高的殺蟲劑。沙士期間，港大教授袁國勇嘆息香港過分追求效益，不留半點安全系數，引致沙士迅速傳播。這句話正直插外判制度陋弊的要點，可是政府沒深切反省，繼續讓外判制度為禍香港。

外判初期，李美笑等管理職系人員認為：外判是一件好事，以後不用監管工人，工作量減少了；外判後工人多了，晉升監管職位的機會自然增加，支持外判制度。李美笑現在回想，不禁大笑自己幼稚。直到加入職工盟後，李美笑吸收了外國工會經驗，工會意識進一步提高，了解到這種剝削工人的政策是政府一手造成的。明白到如果公務員不反對外判制度，外判會蠶食長工職位，所以公務員不要反對外判工，反過來要支持外判工，爭取外判工支持公務員爭權益，與外判工團結一起反對外判制度，才能根本保障自己的利益。

二千年時，李美笑調派到港島東區工作，負責監管外判工，通過直接接觸，親眼目睹苛扣工資問題，進一步了解外判制度的弊病。李美笑所接觸的外判司機被嚴重剝削，連人帶車每日只能收取六百餘元。政府司機月薪有萬多元，兩者差距很

大。外判司機要自備車輛，包括車輛的保險牌費、汽油損耗、泊車和維修等費用，加上自己的工資等開支，每日六百多元怎能應付支出。估計外判推行一段時間後，在價低者得的競逐情況下，將會出現越判越低的競價惡果，現在的合約是六百多元，下一個合約可能會只有五百多元。香港的物價天天向上，外判價卻向反其道拾級向下，服務質素如何提高呢？

李美笑雖然了解外判工的苦況，但認為這些事情對自己沒有影響，只是影響服務質素而已。本著「愛心」為宗旨的李美笑感覺香港是進步社會，自己的工作環境一向理想，為何突然間工作場地周遭退步了。當時只是空嗟嘆。

外判施行了一段時間後，李美笑接觸的下屬都是老弱殘兵，沒有議價能力的人。以「愛心」對待下屬的李美笑覺得外判商的行為太過分，最令李美笑感受深刻的是管理廁所問題。李美笑極不滿外判商聘用阿伯、阿婆來招呼市民上廁所，年老的外判工每天要工作14小時，月薪只得三千多元，認為這是不人道的行為。李美笑對外判商的行極為反感，農曆年假或者病假，外判商要外判工支付請替工的工資。這種變相剝削行為合約沒有註明規管，外判商是沒有違反合約。勞工法例在這方面亦沒有規定，苦主只可當外判商扣人工來投訴。在工會和社運人士的壓力下，以上情況已稍有改善，支付請替工的工資的問題，不止是存在外判制度內，部分服務行業也有這況。

李美笑將外判商的行為向主管反映，主管輕描淡寫漠不關心地說，這是一件小事而已，食環署不會理會外判商聘請什麼人，部門要的只是服務，外判工把街道打掃乾淨就可以了。工資問題應由勞工處來處理，與食環署無關。黑工問題是入境處處理的，亦與食環署無關。管工不需要處理這些問題，亦不能干預外判商聘請什麼人，這是外判商內部的行政工作。管工指外判合約沒有規定外判工時薪多少，而僱用非法勞工不是嚴重違反合約行為，部門只可以對有關違約外判商處以罰款，如果是觸犯嚴重違約行為，可以提出與外判商終止合約。合約終止後，簽署新合約最少要花上三個月時間才能完成有關程序，在這3個月內該區將會沒有工人負責清潔街道。主管權衡輕重，訂出最有利自己的方法，指外判商違約罰款了事。

在一連串醜聞下，食環署進一步擴大外判，部署逐區施行，當時正值政府推

出自願離職計畫，李美笑的工作量日漸增加。自願離職計畫第一批於2000年7月推出，2001年食環署開始停止聘請管工職位，同時亦準備推出自願離職計畫，許多人申請提早退休。李美笑工作的部門由一千六百人減至1,140人，員工少了三分之一，但是提供的服務量沒有減少，李美笑的工作量必然大增。李美笑指派負責外判工工作，外判工不能完工或質量有問題，上司會指李美笑未能完成工作。面對這情況，李美笑深知問題所在，根源就在外判制度，因為政府沒有向外判工大力施壓，她慘做夾心人。

政府提出以擴大外判來減少公務員職位，帶來了新問題。政府對每個管工職位監管的人訂有標準，每一位管工最多管理14至16名工人，最多不會超過20名工人。擴大外判後，部分地區餘下的工人多了，食環署重新調配人手，將多出來的工人調配給減少了工人的管工。這樣簡單的調配工作竟產生了新的問題，東區有一位管工，下轄工人包括清渠、洗街的水車和清井等，總共有四十至五十餘人，超出了政府所訂標準1倍以上。

李美笑等按程序將外判引致的問題向地區上司反映，同時向政府市政職工總會和香港市政事務署職工總會等傳統工會反映。

地區上司簡單地回覆：我們曾經將這個問題向上面報告，上面認為，不推行如何知道這計畫的可行性？把問題推開。李美笑繼續向上一級地區主管反映，提出管工轄下工人太多，已經無法管理工人。上級地區主管無奈地說：這是政府的既定政策，我們改變不了。建議李美笑找議員投訴。

李美笑細想這確是辦法，決定去找勞工界立法會議員。李美笑隨手拈來工聯會陳婉嫻的電話，與陳婉嫻的助手談了一輪，耐心等候對方進一步聯絡；對方一直沒有任何回覆，投訴石沉大海。工聯會的對手職工盟是一個愛上街鬥爭的工人團體，李美笑就在街頭遇上了職工盟的立法會議員李卓人，李卓人正在街頭做宣傳。李美笑上前問李卓人會否協助外判工，李卓人表示可以，並寫下李美笑的電話做聯絡。不久，李卓人來電回覆李美笑，李美笑進一步指出公務員存在的問題，李卓人表示可以代表李美笑等與食環署開會，但卻要有一個可以代表李美笑等的身分，食環署才會接受。無名無份，立法會議員也不能任意闖進食環署。李卓人建議李美笑等在

職工盟協助下組織一個工會，招攬同事入會。有了工會，李卓人就師出有名，名正言順地以工會代表身分，代表李美笑等找食環署開會。如此，李美笑於2004年組織了食物環境衛生署管工職系工會（以下簡稱「食環管工會」），登記編號為1075。食環管工會授權李卓人代表工會去食環署開會，部門不敢輕視有立法會議員身分的工會代表，下令各區主管認真調查投訴事件詳細情況，針對問題重新調配人手。將每位管工下轄的工人人數調整恰當，並增設了一兩個管工職位。

在各工會和社會各界的壓力下，政府為解決苛扣工資問題，於2004年5月進一步制定強制性薪酬水平規定，規定外判商支付的工資不得低於招標期內統計處最新一期《工資及薪金總額按季統計報告》中所列相關行業／職業平均每月工資。在人手問題上，政府宣稱不會因外判而裁減員工，隨著外判合約數量增加，公務員編制亦同時有所增加，部分公務員會獲調派管理合約工，其他則獲調派負責其他核心服務，以升職加薪來安撫公務員。

找立法會議員向食環署施壓這一招果然奏效，能夠爭取成功，工會發揮了一定功效。李美笑從此欲罷不能，走上了工人運動的不歸路。

扣減厭惡性津貼

基本工資未能全面反映工人的勞動所得報酬，所以政府會發給員工津貼，以補償工人在特殊條件下的額外勞動消耗，或額外費用的支出，與工資一起支付給員工，被視為工資的一部分。政府的「工作相關津貼」是發放給公務員的額外報酬，作為執行額外工作的補償，這些工作並非有關人員所屬職系或職級的一般工作，並且是於釐定其薪酬時沒有計算在內的。工作相關津貼並非附帶福利。

財政司司長於1999至2000年度的預算案中，宣布將會邀請薪常會和「紀律人員薪俸及服務條件常務委員」就公務員工作相關津貼進行檢討。薪常會於2000年6月公布《第三十八號報告書——相關津貼檢討》。2002年，公務員事務局就公務員工作相關的津貼進行了檢討建議，認同政府帳目委員會因應1999年發出的《審計署署長第三十三號報告書》，政府應設立一個機制，定期檢討公務員各項津貼的理據，

並在考慮審計署署長的關注、衡工量值的因素、對公共開支的問責性、私營機構在人力資源方面的普遍做法，以及員工的反應後，建議及早廢除那些不合時宜或在現今環境下不再合適的津貼。

《第三十八號報告書》對於領取津貼的大部分現行原則予以確定，但建議修改其中3項原則：第一，降低工作相關津貼的申領津貼截分點；第二，刪除「有關職務須占一位職員相當多時間」的原則；第三，澄清有關「固有職務」的原則等。

報告書建議修訂第一項原則的原因是，各個部門在引用這個原則時很難保持一致，而且有需要讓部門靈活地運用工作相關津貼，來作為對員工的激勵，以便提供快捷及高效率的服務。公務員事務局則另有看法，認為在考慮應否發放工作相關津貼時，執行有關職務的次數或所占時間仍是考慮的因素。公務員事務局收集到的意見，認為如果刪除這項原則，則某一項簡單的非經常性額外職務應否獲發放工作相關津貼，可能會不夠清晰及惹起爭論。有見及此，決定不刪除「相當多時間」這項原則，而將之修定為：「除非管理層因應工作的需要和運作效率，而需要員工執行該額外或特殊職務，並認為時間和次數均屬恰當，否則不應發放工作相關津貼。」

2003年初，公務員事務局促請各部門進行工作相關津貼檢討。食環署於2月19日公布《辛勞津貼（厭惡性職務）的初步檢討建議》，建議全部現時合資格領取厭惡性津貼的員工，將會被刪除全數津貼661元，或削減為半數331元。受扣減辛勞津貼（厭惡性職務）（以下簡稱「厭惡性津貼」）影響的員工共有6,131人，食環署表示扣減津貼主要是回應公務員事務局的要求，及向市民交代。檢討建議的諮詢截止日期訂為3月3日，由2月19日至3月3日的諮詢期內，扣除首尾兩天及星期六日，諮詢期實際只有7個工作天。7天能做多少諮詢工作呢？

食環署建議區分領取厭惡性津貼多少的準則，是「直接處理厭惡性物品」與「身處厭惡性環境」。如果員工有不少於50%的日常工作時間須直接處理厭惡性物品，如：撿拾垃圾、清掃地段、防治蟲鼠、移除屍體和撿拾遺骸等，可獲發放全數津貼。如果員工無須直接處理厭惡性物品，但有不少於50%的日常工作時間須身處厭惡性的環境，如監督清潔服務、監督防治蟲鼠工作、管理街市等，則可獲發放半額津貼，受影響職系有：地區潔淨組、防治蟲鼠組和街市組的管工及高級管工等，

尚有墳場及火葬場組的管工及高級管工。食環署解釋原因是該等員工於執行職務時，需要直接處理各類厭惡物或身處厭惡環境的工作時間少於50%。

按《第三十八號報告書》訂立的領取厭惡性津貼的資格是：「該津貼是發放給那些需要在他們相同職系或職級的員工通常不會遇到的工作環境裡工作的員工。而該等工作環境可能會引致他們身體受到損傷或殘障。」與《辛勞津貼（厭惡性職務）的初步檢討建議》的內容比較來看，署方訂立的發放厭惡性津貼準則，是「直接處理厭惡物」才可以獲發全份津貼，如果「身處惡性環境工作」只可以獲發半份津貼。但眾所周知，細菌傳播途徑大多數是透過空氣，只要身處該處便有機會感染。而《第三十八號報告書》清晰訂明厭惡性津貼發放原則是：「工作環境可能會引致他們身體受到損傷或殘障。」發放前題在能否提高公共服務效率，而非拘泥於硬性計算執行有關職務所需的時間多少。再加當時政府有意緊縮財政開支，各工會認為食環署藉檢討厭惡性津貼為名，而去削減基層員工的津貼，配合政府的財政政策；認為署方不應自訂標準，以接觸厭惡物的形式及時間，無理削減津貼額或取消發放津貼。

食環署內的工會面對扣減厭惡性津貼，無論左中右、任何階層和職系工會群起反對。傳統工會召集各工會組織成立「食物環境衛生署工會大聯盟」（以下簡稱「食環大聯盟」），成員有：「香港食物環境衛生管理級職員工會」、「小販管理主任工會」、「香港政府華員會小販管理主任分會」、「政府巡察員及小販管理主任工會」、政府市政職工總會、香港市政事務職工總會、「香港食物環境衛生署人員協會」、「香港政府華員會食物環境衛生署管工分會」、「香港政府華員會巡察員分會」、「香港食物環境衛生署職員會」和「香港環境衛生督導職系及工人協會」等11間工會。冀各工會團結一致，研究如何部署聯合行動，保障工友應有合理權益。各工會亦可各自行動，但大方向要一致。

食環大聯盟的成立應是工人階級爭取應有合理權益的最佳方法，但是食環大聯盟未能發揮應有的力量。李美笑認為食環大聯盟在某些行動上有拖後腿的情況，處事方法有針對個人的現象，李美笑是食環管工會代表，黃華興是政府第一標準薪級員工總會代表，兩間工會同是職工盟屬會，食環大聯盟明顯要排斥黃華興，兩人待

遇大大不同。食環大聯盟鬥爭了一段時間後和署方和解，李美笑和黃華興則繼續鬥爭下去。

食環大聯盟就削減厭惡性津貼向所有會員發出問卷調查，收集意見。會員大都反對署方以檢討為名，實質上要削減低層前線員工的津貼。食環大聯盟將所收集的意見分析整理，撰寫意見書於3月3日致函給署長及有關官員，並要求署方修改現行領取津貼標準前，「先安排與（食環）大聯盟代表坦誠磋商，訂立管職雙方共識的基準，共同締造良好的夥伴關係，努力維持現有對市民的服務水平」。

食環署收到意見書，表示知悉員工的處境和反應，答允現階段暫緩執行《辛勞津貼（厭惡性職務）的初步檢討建議》，並詳細考慮食環大聯盟的意見。

就在這時香港爆發沙士疫症及禽流感，公務員事務局只好把檢討延期。

食環署於2005年2月14日舉行厭惡性津貼簡報會，會上有員工向署方提問：為何管工完全符合《第三十八號報告書》訂立領取厭惡性津貼的資格，即「自上次津貼批核後，工作性質，工作環境無改變，及要在特別的環境工作可能引致其他職系或職級的員工不會遭受到的身體損傷或殘障」，署方仍要扣減半份津貼呢？署方回應說：因為他們未能符合署方自訂的準則，管工只是身處厭惡性的工作環境時間超過50%，並非直接處理厭惡物。

員工進一步指出：《第三十八號報告書》清楚說明津貼「發放前題是否能激勵員工，提高公共服務的效率，而非硬性計算執行有關職務所需時間的多寡」，質問署方為何食環署要引用50%的工作時間作為標準呢？為何不是跟隨《第三十八號報告書》的指引做出檢討。

食環署副署長回答說，部門是依公務員事務局建議以50%工作時間作為準則的。

食環管工會認為食環署扣減厭惡性津貼理據牽強，管工身處與直接處理厭惡物與否同樣會感染細菌，指責署方的建議以檢討為名，向政府交數為實，對合符領取厭惡性津貼資格的員工也要扣減或取消津貼。認為署方沒有依據《第三十八號報告書》的指引辦事，全面檢討厭惡性津貼，要求將津貼納入底薪。

食環管工會指出食環署只是片面選擇性檢討厭惡性，不考慮危險性對員工引致的身體損害。《第三十八號報告書》指「辛勞津貼的發放原因並非為補償員工的

『不喜歡』而是補償員工可能遭受的損傷或殘障」，「發放辛勞津貼（厭惡性職務）與（危險職務）及（酌情發放）的著眼點大致一樣，三者所不同的只是員工所遭受的損傷或殘障的程度不同而已」。薪常會提議取消3個辛勞津貼的副類別：厭惡性職務、危險性職務及酌情發放，劃一統稱為辛勞津貼。食環管工會認為在劃一準則下，檢討應統一考慮厭惡性及危險性，並對員工所遭受的損傷或殘障程度做全面考慮。指署方多次宣稱只檢討厭惡性，不考慮危險性，理由是員工一向只領取厭惡性津貼，正正是違背了薪常會檢討準則。

食環管工會進一步講述現時員工工作的情況，自從兩次自願離職計畫後，管工職系人數銳減五百人，人數由1,088人下降至654人，人手嚴重不足。環境衛生問題的投訴已經由兩萬多宗增至近年八萬宗，工作量有增無減。認為今次檢討不但沒有體恤員工的辛勞，而且在工作性質沒有改變及承認管工須身處厭惡的工作環境情況下，還將僅有的補償性津貼也要巧立名目來扣減，令到基層管理人員強烈不滿。

年初一凌晨5時，市民尚在酣睡中，管工便要摸黑迎戰花市垃圾，在黑雨、打風的日子，管工冒著風雨到街道上視察渠道淤塞水浸情況；垃圾站、廁所地面濕滑，臭味充斥，市民掩鼻而過時，潔淨組管工每天經常出入巡視；登革熱高峰期間，蚊組管工要爬天台水箱，到地盆找蚊蟲；鼠組管工卻要深入鼠穴，調查鼠蹤。禽流感時，街市管工要協助殺雞，每天盤點雞隻數量及取雞屎化驗。沙士疫潮，外判工寧失業也不進入疫區工作，食環管工負責帶隊入疫區消毒。

防治蟲鼠組管工尋找鼠蹤時，隨時會被老鼠突襲，分分鐘染上鼠疫或漢他病（漢坦病，Hantavirus），死鼠屍臭味已令人欲嘔。鼠藥令老鼠爆血管而死，血水塗地，屍蟲從腐肉中鑽出來更叫人嘔心。管工的工作是要點算死鼠數目，以評估落藥的成效。晚上回家，工作情景偶爾浮現，有時真的吃不下飯。此外，潔淨組管工經常要出入臭味和細菌充斥的垃圾站和廁所，汙水橫流的後巷和垃圾黑點；在禽流感、沙士、日本腦炎等病毒肆虐的日子裡，工作時感染病毒的風險更高。管工在如此工作環境下討生活費，食環署尚要巧立名目，指「管工只是身處而不是直接處理厭惡物」為藉口，扣減壓惡性津貼，道理、良心何在！

食環管工會針對食環署著眼於員工身體的損害，重提署方的工傷紀錄，指出由

2004年1月至9月，管工的工傷紀錄分別有：遭尖銳物品物刺傷，或踏上尖銳物品受傷、車輛引致受傷、在地面滑倒或跌倒、遭動物或昆蟲傷害及受市民襲擊等共有30宗。比較嚴重的傷亡個案有：1998年11月11日元朗潔淨組管工梁德明在元朗公廁巡查時，被外判清潔工狂斬5刀，治療後腦部經常痛楚及手指無力。1999年11月12日機械潔淨組管工石偉明，及工人鄭定國在龍翔道執行深宵吸渠工作時，石偉明慘被馬路上的汽車撞死，鄭定國重傷。2002年6月25日黃大仙潔淨組管工黃素珍票控垃圾蟲時，被毆打至尾指永久傷殘。

食環管工會指食環署措施亦認同管工的工作有危險性，因而對管工發配防狼器、口罩和蚊怕水等，並打防疫針及安排上自衛術課程。

署方回應為何檢討不考慮管工的危險性時，多次說因為管工一向只領取厭惡性津貼，所以不考慮其危險性，後來又說管工執法的危險性已經在薪金內反映出來。

食環管工會針對署方的解釋，指出管工的危險性不只在執法方面，所有管工入職之初，全部要做小販管理工作。但只獲發給金額較小的辛勞津貼。1995年小販組分家，小販組因要檢控小販而獲將檢控的危險性納入底薪內，增加3個薪點。反問署方，如果說管工入職時已經把執法的危險性反映在底薪內，為何要加小販組3個薪點呢？反觀現時的管工工作，在人手嚴重不足的情況，經常要在手無寸鐵下，單槍匹馬工作，危險性比小販組還要高。例如：最近地區主管要旺角夜更高級管工執行〈一〇四非法街招條例〉，清理旺角色情場所前的花牌，單人匹馬挑戰黑社會人馬。食環管工會指責署方要管工賣命，還說他們危險性不值得考慮，這是全面檢討嗎？

食環管工會進一步提出，所有管工皆符合領取厭惡性津貼，政府應考慮根據《第三十八號報告書》的薪酬政策，將該津貼納入底薪。

「香港食物環境衛生署管理及執法人員協會」反問食環署長，倘若日後有類似沙士或禽流感之類的事情出現，員工可否不要惡性津貼而不參加對抗疫症的工作。

署長斷然說：「不可以！」可見署方處事的態度就是「有事鍾無艷，無事夏迎春」。

政府人員協會批評政府未充分諮詢員工意見就決定削減津貼，有先斬後奏之

嫌，促請政府收回有關決定。

工聯會立法會議員王國興對政府倉卒行動，極為不滿，認為此舉不近人情，直斥削減津貼理據不充分，因為大部分員工的工作性質十分厭惡、環境汙穢、存在工作風險。他亦批評削減津貼會予人，政府帶頭削減員工薪金的感覺，準備於立法會公務員及資助機構員工事務委員會會議上提出動議，要求政府押後削減津貼，並促請政府制定相關政策時，須進行詳細諮詢。

2005年2月立法會公務員及資助機構員工事務委員會開會討論扣減厭惡性津貼一事，各議員在聽取員工代表陳情後，一致認為食環署的肥上瘦下行為不當，通過動議，要求公務員事務局押後執行扣減厭惡性津貼的決定。可惜立法會決議對政府並無約束力，公務員事務局長王永平堅持於原定日期2006年4月1日，由食環署方會宣布實施扣減厭惡性津貼。食環署前線員工抗爭了兩年，雖然取得輿論及議員的支持，但政府不執行立法會的決議，我行我素，員工的抗爭只贏得掌聲，空手而回。

最終厭惡性津貼雖然被扣減，但部門認真地逐個職位檢視，最後將津貼打個折扣給回員工。以前領取全份津貼的，現在可領取一半，工會成功保障部分員工固有權益。勞資談判是實力的比拚，這場鬥爭大聯盟的組成，把一盤散沙的公務員工會組合起來，部門官員們不敢掉以輕心。

政府完成檢討公務員文職職系工作相關津貼後，決定於2005年4月1日起停止向503名任職衛生署、食環署及醫院管理局的公務員發放厭惡性津貼，而1,321名無須直接處理厭惡性物品的員工，只可獲發半額厭惡性津貼，政府預料每年可節省860萬元。5,272個衛生署、食環署及醫管局的職位，將可繼續獲發全數厭惡性津貼，這些職位包括清洗街道、收集糞便及處理汙穢衫被等。

離開職工盟加盟街工

李美笑加入公務員初期，因是部門首批招聘的年輕女性管工，立刻被邀加入市政事務署九龍職工總會，當上理事，該會主席梁達誠曾任立法局議員。可惜每次開會只安排會員進行打牌和食飯等娛樂活動，與李美笑期望的工會相去甚遠，自此不

去開會。沒有出席理事會兩三年後，李美笑進一步不交會費，退會。

組織了食環管工會後，加盟職工盟為屬會，李美笑全身投入工會工作。職工盟內尚有一個政府第一標準薪級員工總會，會員對象包括李美笑的下屬。李美笑和第一標準會負責人黃華興開始合作，反對外判制度等公務員議題，一直到黃華興離世。

與黃華興合作後，李美笑更進一步深入了解外判對工人的影響。政府將二級工人原有的職位交給了外判商，令到二級工人職位減少，二級工人認為外判工搶飯碗，仇視外判工，對勞工做成傷害。另一方面，外判工亦對二級工人不滿，認為外判工工作量大過二級工人，但工資比二級工人為低，同工不同酬，雙方矛盾很大，分化嚴重。二級工人攻擊外判工工作差，外判工反擊二級工人蛇王偷懶等，這樣互相攻擊得益的自然是政府和外判商。

國際工會向李美笑提出一個長遠的計畫，令到食環管工會與傳統工會不同。建議食環管工會支持外判工爭取自己應有的合理權益，其他工會一定不會這樣做，它們認為自己是公務員組織，為何要支持外判工。食環管工會部分會員眼光狹隘，不同意支持外判工爭取權益這個工作方向。

李美笑「愛心」滿溢，更進一步和香港婦女勞工協會合作。當發現自己區內的女工遇上問題，通知香港婦女勞工協會的胡美蓮落區了解情況，可以的話招納苦主為會員，由香港婦女勞工協會出面代她們向部門反映問題，如制度問題、薪酬待遇、制服和職業安全等，這些問題上司是不會主動處理的。

2006年，政府展開公務員五天工作制的研究。5月，政府宣布分階段實施五天工作制，首階段在7月施行。李美笑等大多數人贊成，有少數人不贊成。食環管工會通過支持五天工作制，引起爭吵，互不相讓，李美笑等在特別會員大會上集體辭職離去。

李美笑等離開職工盟後沒有計劃再組織工會，食環管工會部分會員希望李美笑繼續組織工會，代表本職系同事說話，認為其餘工會不是代表本職系的利益。

李美笑決定找另一位勞工界議員梁耀忠洽談，梁耀忠的大本營是「街坊工友服務處」（簡稱「街工」），街工屬會的財政、行政完全獨立，屬會各自決定是

否參與街工活動，會費不用拆帳給街工。街工會安排勞工幹事協助屬會，提供場地舉行會議。於是要為社會爭公義的李美笑決定組織新工會，於2007年成立「香港食物環境衛生署職工權益會」（Hong Kong Food and Environmental Hygiene Department Staff Rights Union，簡稱「食環權益會」），職工局登記編號為1140，加盟街工為屬會。初期會員人數很少，經過一番努力，會員有所增長。

蟲鼠組外判

外判制度勢不可擋，2002年爆發登革熱後，食環署自2003年開始將蟲鼠組部分工作外判。外判商聘用約一千四百人，在全港19區成立多隊「流動防治蟲鼠服務隊」，配合各區防治蟲鼠組人員進行工作。上述合約將於2009年3月結束，署方計劃短期內重新招標。

根據食環署數據顯示，鼠患指數由2004年的4.1％急升至6.1％。有工會指，這是食環署去年對分區防治蟲鼠組進行內部改組，並將部分工作外判後，令到服務質素下降和鼠患加劇。

食環署回應指新架構旨在提升防治蟲鼠的成效，加強對外判商的監管，改組後，外判職位數量不變，管理督導職位反而增加59個，現階段無計劃將工作進一步外判。

食環署建議將蟲鼠兩組合併之餘，更不再招聘二級工人，但將衛生督察數目增至19人，連同高級衛生督察、總衛生督察，人數增至23人，架構重組出現肥上瘦下情況。

工會不滿署方擬將控鼠和控蚊兩組合併，工人隨時兼做防蚊滅鼠工作，署方亦無打算再招聘二級工人，反而建議增設負責統籌及合約管理的衛生督察，工會批評此舉明顯肥上瘦下，漠視前線工人權益。

食環署宣布將原屬輔助性質的外判服務常規化，擴大外判，一再縮減現有公務員職位，二級工人職位由442個減為264個，外判工人數則擴大至1,512人。並強調部門政策是不再聘請二級工人。隨著公務員自然流失，外判工將不斷蠶食公務員職

位，直至服務全部外判。事實上，二級工人已經從2001年的6,750人，減為2008年的3,369人，同時外判工人已經增八千人。現在署方還繼續擴大外判，首先會影響到防治蟲鼠的工作，並為公共衛生帶來新的威脅。

李美笑指責食環署一直都吝嗇於投放資源在環境衛生上，各區蟲鼠組的人手編制仍沿用二十多年前的人口比例制定的數目，隨著人口不斷增加和新市鎮的急速發展，舊的人手編制早已不合事宜。如西貢人口由1983年的五萬九千人增至近四十七萬人，但西貢及將軍澳仍是「二鼠二蚊」管工，防鼠和防蚊工作分別由兩名管工負責。元朗人口增至六十萬人時，但仍只有「三蚊三鼠」管工負責巡查檢控及處理投訴。人手嚴重不足的問題早於1981年的《防治蟲鼠人手編制報告書》已提出，認為蟲鼠組要增加人手。但署方將報告書置之不理，令蟲鼠組員工隨退休持續而人數減少。與此同時，近年環境和天氣的轉變，市民的投訴個案倍增，昆蟲組的投訴於2000至2007年每年平均有五千五百宗，2007年已跳升到19,340宗。工作量激增令人手不足的壓力更大。2005年時，《防治蟲鼠運作檢討（2005）報告書》中強調要增加人手，但不知何故沒有實行。署方卻在2007年再做一份《防治蟲鼠運作檢討（2007）報告》，要削減二級工人數目並以外判工取代。

政府以增設一個高級職位監管外判工，利誘工會支持外判制度，初期得到工會答應支持。但政府反口將監管工作交給一個最低級管工，於是各工會群起反對，李美笑率食環權益會和黃華興率的政府第一標準薪級員工總會到立法會反映意見。部分工會透過工聯會立法會議員王國興，在立法會提交議案。如果所有食環署工會都反對，政府提案在巨大壓力下很難過關，所以署方很重視工會是否到立法會申訴。食環署以拉攏、分化對付工會，與4名傳統工會代表洽談。4名工會代表回來在食環大聯盟上表示經過盡力洽談後，食環署已經做出了最大的讓步，所以要向署方表示善意，不要到立法會申訴。提議表決是否到立法會申訴時，並以暗票方式投票。會上竟然有一名二級工人出現，聲稱代表管理職級，平時不見這名二級工人出來活動，今次的出現令到投票結果剛好夠票通過議案，決定食環大聯盟不去立法會申訴。部分工會發覺被出賣，有人因利忘義，工聯會代表大怒。王國興原來準備就此事提交議案，討論促請政府停止外判服務，事情如此發展，王國興會好煩惱，他要

收回原來的議題，所有準備工作付諸流水。

2008年10月17日，食環署邀請有關管工職系工會代表出席「防治蟲鼠組組織架構檢討發布會」，介紹署方準備於2009年推行的擬議組織架構計畫，計劃使用沒有管理外判合約經驗的管工監督外判商的服務，同時開設沒有防治蟲鼠經驗的衛生督察職位管理全港80%的服務範圍，大部分工會代表均指出署方擬議組織的架構並不恰當，並提出理據質疑有關擬議組織架構會令服務質素下降，尤其是對市民的健康沒有保證。

食環大聯盟於11月4日召開會議，決定致函食環署提出反建議，強調防治蟲鼠服務對市民的健康影響非常重要，建議應任用資歷較好的高級管工監督外判服務，才是最為恰當的方法，並建議任用對防治蟲鼠服務有豐富經驗的高級巡察員，管理合約防治蟲鼠小組，這樣才能對提供給市民的服務有所保障。

2008年11月23日，食環權益會發表團體聯合聲明〈公共衛生不容外判〉，得到以下各團體聯署：街工、「葵芳邨居民協會」、「全球化監察」、香港婦女勞工協會、「環境衛生康樂文化人員協會」、「食物環境衛生署第一標準薪級員工分會」、「小販事務隊員工分會」、「食物環境衛生署街市助理工會」、「車輛事務助理分會」、港九拯溺員工會、「香港醫院僱員權益工會」、「前線福利從業員工會」、「立法會議員梁耀忠辦事處」、「立法會議員梁國雄辦事處」和「葵青區議員黃潤達辦事處」等。食環權益會還與其他工會、勞工團體和居民組織等合作，準備進一步行動，並在各自的位置上，推動反外判制度的工作，保障工人的就業權利，捍衛市民應有的公共服務質素。

2008年12月9日，立法會食物安全及環境衛生事務委員會開會討論外判防治蟲鼠服務，食環權益會及環境衛生康樂文化協會約7名成員，在立法會門外請願，反對蟲鼠組的工序外判。代表指出，食環署將蟲鼠組及潔淨組的工序外判後，令二級工人的職位大幅削減近二百人，而工人轉往外判公司任職，雖然所做的工作相同，但福利及薪金都較低，打擊工人士氣。而外判商為節省成本，往往使用劣質清潔劑及鼠藥等，令公共衛生沒有保障。

在立法會食物安全及環境衛生事務委員會會議上，李美笑陳述香港食環權益會

的意見，促請食環署停止外判防治蟲鼠服務，以保障公共衛生。指出外判工不能如公務員般進入私人住所進行防治蟲鼠工作，亦促請食環署改善防治蟲鼠組的人手及管理架構。同時指出政府聲稱防治蟲鼠組的670名人員（包括署內四百餘名二級工人）會繼續留任，但實際上署內防治蟲鼠工作小隊的總數會由現時166隊減少至66隊，涉及178名二級工人。

立法會議員黃毓民及李卓人，要求政府澄清食環權益工會提供的資料。

助理署長回應，指政府不知道食環權益會提供的數字的來源，因此不會做出評論。進而指外判工不可自行進入私人住所進行防治蟲鼠工作，應不會影響公共衛生，因為每隊流動服務隊由身為公務員的管工職系人員帶領，他們獲授權在有需要時進入私人住所進行防治蟲鼠工作。在正常情況下，大部分前線人員無須進入私人住所，他們主要是在處理若干投訴時才須進入私人住所。食環署過往從未外判防治蟲鼠服務，即是該署並無工人因而被辭退，在是次檢討中，該署亦無計劃日後會外判服務。

王國興促請政府停止外判服務，詢問行政長官已於2008年12月8日宣布於明年開設七千七百多個公務員職位，帶領香港走出經濟困境。因應行政長官的振興經濟措施，食環署將會開設多少個新職位。

食環副署長表示，食環署計劃開設355個臨時職位，大部分是為加強潔淨服務。

黃毓民表示，社會民主連線反對政府把服務外判。

食物及衛生局副局長回應說，政府的既定政策是盡量在可行的範圍內讓私營機構參與提供公共服務。盡量利用私營機構的技巧、創意和靈活性，為市民提供更多和更好的服務，各政策局及部門會定期檢討各項服務提供的模式。只有在確定有關服務無法外判，或者必須由公務員處理，才會安排由公務員擔任，以應付有關需求。

梁耀忠議員詢問：食環署聘用了多少名管工進行防治蟲鼠工作？

食環署助理署長回應說，現時的管工人數略多於一百名。

梁耀忠質疑管工的人數如此少，是否足以帶領一千四百名外判工，以及進入私人住所進行調查。

食環署助理署長指出，外判工根據訂明的工作程序和計畫履行職責，在絕大部分情況下，他們的工作不涉及進入私人住所。

李卓人詢問：政府能否保證會填補署內防治蟲鼠人員騰空的職位，以維持現時670名職員的人數？

食環署副署長回應說，食環署現階段並無計劃更改署內現有蟲鼠組人員的數目。

黃毓民及立法會議員何秀蘭建議，食環署應首先考慮外判工，並招聘他們為公務員，以填補署內防治蟲鼠工作小隊人員騰空的職位。

食環署副署長回應說，根據公務員政策，應透過公開、公平及具競爭性的招聘程序，填補公務員職位空缺。就二級工人職位的招聘而言，如有需要，會按現行程序向公務員事務局申請進行公開招聘，以應付服務需求。

王國興及梁耀忠認為，食環署應把蟲鼠組的非公務員合約職位轉為公務員職位，該等非公務員合約職位已開設超過10年，證明需要該等職位以應付運作需求。

環境衛生康樂文化人員協會促請政府，把防治蟲鼠組的外判工轉為公務員，因為這些外判工大部分已受聘於食環署超過10年。

環境衛生康樂文化人員協會第一標準員工分會促請食環署，解決防治蟲鼠組前線人員嚴重短缺的問題，以致工傷數目越來越多，並關注食環署計劃不再聘請二級工人，並以外判工代替。

食環署副署長表示，該署670名人員及外判商的一千四百名工人的調配將維持不變。此外，食環署打算增加管工職系人員的數目，以加強前線巡查工作，以及由衛生督察進行地區聯絡及宣傳工作，更有效動員公眾預防由蟲鼠及傳播媒介引致的疾病。認為外判工與署內員工共同防治蟲鼠和蚊患等服務，此模式至今一直行之有效。食環署現正積極檢討二級工人的人手調配和需求，如有需要會先進行內部招聘，然後再按現行程序向公務員事務局申請進行公開招聘，以應付服務需求。

2008年12月16日食環署召開會議，邀請食環大聯盟內各工會負責人出席討論「防治蟲鼠組組織架構檢討」，介紹署方修訂的擬議組織架構，修訂內容只將擬議組織架構的一名高級管工（行政）改為巡察員（行政），食環大聯盟對署方未有接納反建議，只做少許的修訂，表示非常失望，故此雙方未有達成任何共識。

各工會表示食環署準備推行的擬議組織架構，將會嚴重影響防治蟲鼠的服務質素，同時對管工職系的發展影響非常深遠。食環大聯盟針對食環署的擬議組織架構未有在立法會充分討論，要求立法會食物安全及環境衛生委員會召開會議討論。

食環權益會於2009年3月14日發出致市民公開信〈反對食環署蟲鼠組改組計畫〉，指出食環署的錯誤，爭取市民支持。

食環權益會就上述訴求，發起簽名行動，得到四百餘名同工簽名支持。

2009年4月，食環署擴大外判，重組蟲鼠組架構，把署方負責的滅鼠人手由442人減至264人，減幅差不多近半，進一步把滅鼠工作外判，但有行內人士卻爆料，指中標的外判合約價錢低得離譜，如果要認真去做滅鼠工作，起碼要蝕二千萬，在這樣低價下如何提供正常服務。

食環權益會不滿署方削減二級工人職位，認為會影響服務質素。指出食環署二級工人編制在過去數年縮減了一半，由2001年的6,750人減至最新的3,369人。擔心削減人手會令工作量和投訴數字大增，故要求增聘二級工人。促請政府重新招聘二級工人。食環署發言人表示，蟲鼠組的外判合約在明年3月底屆滿，當局會在本年11月底重新招標。當局有機制監管外判工工作，並不會因此而削減二級工人數目。

食環權益會發動遊行示威，約有一百名食環署工人出席，反對署方改組導致架構重疊，原本只負責剪草、噴灑殺蟲劑的外判工，需要同時處理入屋投訴，並納入政府管工的指揮範圍，出現政府管工管理外判管工的情況，認為改組會影響服務質素和浪費公帑。

李美笑指出，改組後的防治蟲鼠組會由負責統籌及合約管理的衛生督察領軍，批評有關安排剝削管工升任高級管工的機會，同時增加現時管工的工作量。外判工無入屋權、無檢控權，故一直只有政府管工能處理入屋投訴，或檢控地盤蚊患等工作，但改組後的蟲鼠組工人與外判工不再以工種劃分，而是以地區劃分，由政府管工管理外判管工，執行入屋投訴及檢控的工作，這明顯是浪費資源的做法，增加了政府管工的職責，卻不獲提升職位。又指出，改組後的防治蟲鼠組將停止為學校、政府機關和商業機構提供防治蟲鼠服務，這樣安排令人大惑不解。

李美笑又批評，政府把工作外判等同助長外判商剝削工人。根據2009年防治蟲

鼠組外判合約，外判商每月支付給合約總監、高級監工、安全主任等行政人員的月薪共六萬九千多元，支付給滅蟲技術員和普通工人的月薪只有三萬六千多元，如果由政府直接聘用前線工人，每月六萬九千元足以聘用6名二級工人，她批評外判制度未能有效改善服務，反而倒貼給外判商剝削基層工人。

食環權益會日內會與食環署代表會談，若署方未有正面回應，不排除將行動升級，採取按章工作抗議。

回顧食環署的外判歷史，自1992年將街道潔淨外判後，傳媒揭發外判商騙工人，曾以支付強積金、補假等方式，苛扣至少28名員工每月三百至一千九百元工資。此外，尚有詐騙食環署事件：七蚊一個鐘、十蚊一條街、苛扣工資、僱用黑工、違規判上判、虛報人數涉騙公帑、慳成本用禁藥、蛇王偷懶、貪汙回水、包庇外判和公帑貼外判等，醜聞不絕。除清潔工的薪酬和待遇受盡各式各樣剝削外，多年來公共衛生服務亦早已因為外判而響起警號。

2003年淘大花園爆發沙士，外判工不懂在疫區保護自己，拒絕進入疫症大廈工作，最終由食環署二級工人入內逐戶消毒，清洗牛頭角一帶行人路。沙士事後檢討，袁國勇指不留半點安全系數使疫情惡化。前事不忘後事之師，面對傳染病不斷變種，我們應吸取沙士教訓，謹記袁國勇的忠告，不要盲目為節省一時的支出而將政府服務外判。

2007年金融海嘯下，特首曾蔭權呼籲企業盡社會責任，減少裁員，還表示會增加公共開支，創造就業機會。食環署應貫徹特首指示，把外判工重新招聘為二級工人，解決人手不足問題。據此，衛生防疫工作也應由專責部門及專業人士執行及監督，增聘長工，才能減低管理風險，提供穩定的服務質素，避免公帑出現中間剝削。反過來，如果那八千個外判職位由政府直接聘用，不僅基層工人直接受惠，社會穩定，而且也會有助刺激消費。

2008年中，外判垃圾車司機醞釀罷工，食環署大為緊張，因署方已經減購垃圾車，外判司機一旦罷工，署方自己肯定沒有足夠垃圾車處理囤積的垃圾。公共衛生服務一旦全部外判，環境衛生工作被外判商壟斷，在發生社會危機時，政府便要抑外判商鼻息。可見公共衛生全部外判，後果堪虞。

換一個角度從財政上來看，政府將服務外判，強調節省成本。但蟲鼠組的外判卻令食環署近年增加了二億餘元支出。食環權益會譴稱，外判制度對政府最大的功效不是服務成效，而是一次又一次的疫症爆發時，向市民聲明已經增聘人手應付問題，所謂增聘的人手就是外判工。如2002年馬灣爆發十餘宗登革熱，食環署立即引入外判工處理積水、清渠、剪草和除蟲等工作。2003年元朗元岡村又爆發登革熱，適逢全城清潔策劃小組建議食環署透過短期合約，開設了四千多個臨時職位紓困，加強防治蟲鼠工作，包括控蚊。加上2003年尾的沙士，2004年的日本腦炎，更令署方有藉口持續擴大外判。由最初每區兩隊（數百人）增至近年的252隊（1,512人）。新界夏季時多達18隊，人數眾多，但缺乏人手監管，做成流弊，出現工資回水和集體蛇王等醜聞。加上短期工缺乏經驗和培訓，成本效益成疑。外判商還有干擾「蚊杯」誘蚊產卵器作數，無專業操守等，雖然醜聞多多，但署方仍計劃將防疫工作用暗渡陳倉手法全部外判，旨在將責任推諉給外判商，毫無風險管理，毫無社會責任。

這次事件由於小部分人的自私行為，在最後關頭背棄職系的長遠發展利益，令工會談判力量分裂和削弱，動搖了整個大聯盟的內聚力，無法團結所有工會繼續鬥爭。

李美笑回顧此事，指食環大聯盟沒有積極協助爭取，還拖後腿，李美笑和黃華興則繼續努爭取權益。

工會與僱主的談判籌碼，不是表現在是否有充分理據上，而在工會本身的實力上。資方不會和你辯論求真理，而是看你有多少實力，會員有多少，動員能力有多大，行動對資方有多大影響，政府也是如此的。

女性工會領導的苦

香港人常說：「你係女人不用顧家，得罪上司也不怕。」李美笑加入職工盟時已有心理準備會得罪上司，認為自己絕對不會是部門的收買對象。公務員在某一區域工作了一段時間，會調到另一區工作。李美笑先後在港島、新界工作，下一個應

是九龍，部門亦答應調李美笑去九龍，但結果調了去港島。李美笑早已說明，不應把她調去港島，不過其上司此舉是蓄意而為。上司甚至在年報中評寫李美笑的工作表現好，但未達升級標準，即是指李美笑不是升職的合適人選。上司雖然沒有寫她的壞話，卻堵塞了李美笑升職機會，而李美笑則無法反駁。李美笑曾就此事向上司投訴。

成功的工會領袖大都是處事認真、一絲不苟的人。李美笑以「愛心」服務市民，曾得到兩位區議員的讚賞信，和市民的讚賞信等，曾有市民致電政府設立的1823電話中心，稱讚李美笑「好幫手，反應快」。這是使李美笑感到開心愉快的事情，所以她認為能否升級並不重要，但權益一定要爭取。

李美笑準備以上述資料去證明自己的工作表現，上司指李美笑的投訴是行政問題、人事問題，轉交有關部門處理。李美笑轉到公務員事務科敘用委員會投訴，敘用委員會交回食環署跟進，各政府部門互相推卸責任，令到李美笑投訴無門，以為可以去香港申訴專員公署投訴，但申訴專員是不會接受公務員內部事務的投訴。

有人認為李美笑領導的工會為何不是由男人主持，要女人拋頭露面出來奔走，因為李美笑沒有包袱。其實李美笑有一個終身不會放下的包袱，就是她的「家」。李美笑花這麼多時間在工會，就是要為家人建立一個美好社會。李美笑雖從事工會活動，但萬事仍以家庭為重。李美笑離開傳統工會時，週遭沒有大事情發生，她主要精力是湊仔。決心全力搞工會時，子女已經長大，不用全心全力照顧，雖然子女不大力支持李美笑搞工運，但她可抽出時間來從事工人運動。

丈夫不喜歡李美笑搞工運，這是身為妻子的李美笑承受最大的壓力。李美笑與丈夫在同一部門工作，丈夫深知這部門較腐化，認為明知部門已是無藥可救，為何仍要做這麼多事情出來。同事大都不思進取，工會意識低，純粹站在個人利益看問題。同事間有流言蜚語，又對李美笑丈夫說：「你老婆喜歡出名，出鋒頭。」丈夫回家後會把這些話揶揄李美笑。

李美笑是傳媒熱捧的對象之一，經常在電視露面。以前行街無人認識她，休悠自在。現在則不同，有一次和母親逛街，有途人對李美笑說：「我見過你。」母親有點害羞，不知如何面對。回家後怪責李美笑，要求李美笑不要再從事工運，否則

連工也無得做，母親每次在電視看到李美笑出鏡就怕。

李美笑總結個人經驗，認為：「做工運要得到公眾的認同容易，取得家人的支持難。」投身公務員行列，工作安穩，家人認為參加工會可能會引致失去了工作崗位，影響仕途。

工會運作

工會向部門反映意見，要做很多文書工作，小工會沒有專人處理文書工作。職工盟派組織幹事協助食環管工會處理文書工作，但組織幹事不了解食環署的工作詳情，未能把工會的訴求準確而全面的化為文字，書寫在紙張上，向部門提意見。職工盟其中一位出身公務員的組織幹事郭錦林，了解公務員的運作，為食環管工會提供很多寶貴意見。發生勞資糾紛時，郭錦林協助聯絡各方面，找人幫助，了解應直接找那個關部門反映意見。進一步搜集有關資料，指出這個問題如何不合理，令工會的意見有理有據，意見信不是喊空話。李美笑認為工會的搜集資料、文書和聯絡等工作是十分重要的。

有一次去立法會，李美笑要在一個多星期內完成準備工作，把意見書寫好。要做好這些工作，李美笑要挪用很多私人時間去做。未投身工會工作前，李美笑夠鐘就收工，現在有許多工會工作要用私人時間去處理。

食環權益會收的年費根本不夠開支，若不是街工的議員津貼，街工幹事譚亮英人手上的幫助，單靠李美笑等人是不能開展工作的。單是發傳真也夠忙，所以沒有背景的工會能夠做到的事情有限，最大的因素是缺乏資源。細小的獨立工會沒有額外資源投入，人手有限，全靠數名積極分子埋頭苦幹。

食環管工會年費120元，金額比其他食環署工會高。眾人說：「華員會、工聯會收60元，你們咁貴，有乜著數！」為此，食環管工會著手安排職業安全活動，到處找人贊助，因此，李美笑的工作量大增，十分忙碌，恍如多了一份兼職。工會工作是個人對集體的奉獻，不求回報。

李美笑的工運策略，不單只是找議員協助，增加實力。還主動找傳媒做宣傳，

向部門施壓。主管很怕李美笑這一招，擔心有關政策曝光後不知如何解畫。因此特別討厭李美笑的工會，認為李美笑不尊重部門，有事不先通知有關主管。政府在處理公務員工潮時，必定向傳媒發布新聞稿，向市民交代事件。工會主動找傳媒做宣傳，可免陷於被動的境地，爭取市民的支持，向政府施壓。

主管階層的工會意識

香港的主管階層大多數沒有工會意識，階級觀念十分重，認為工會代表只是一名下屬。李美笑以工會代表身分找主管洽談，主管仍然當李美笑是他的下屬，沒有以平等地位來看待李美的工會代表身分。每次開會時，約有十餘名工會代表出席，主管都是擺出高高在上的姿態，令到很多代表發言都不能夠據理力爭。勞管雙方不能以平等地位討論問題，勞方只能以下屬向上司提意見的方式參與會議。食環署的文化是下屬不會頂撞上司，只能婉轉地向上司提意見，「這樣不好」。如果上司不同意自己的主張不敢反駁，害怕得罪上司。李美笑認為不應如此，勞管雙方坐在這裡開會，應該是平等的，有任何問題工會代表都要全力據理力爭，不要怕得罪上司，向上司直說，這絕對不是不尊重上司的行為。

有一次，發生阿婆小販跪地事件，食環署回應傳媒問題，循例不會站在員工立場說話，潛意識上認為員工犯錯。在事情未進行調查前就說，部門會調查有沒有員工犯錯，如發現員工不遵照指引辦事，部門會處分該員工。李美笑指部門是有工作指引的，新指引說明要體恤老弱，只是進行警告，盡量不檢控，但並不是每一位員工都收到新指引。

李美笑深入了解，發現部門確實將新指引下發落了地區，但某些區負責人不喜歡下屬看這些文件，只是將指引張貼了出來便算，沒有理會員工是否細閱讀全文。按規定，這些指引每位員工都要全文閱讀的，負責人要開一個新檔案來處理，將指引派到每一位員工手上，員工接收指引後要簽名作實。部分區負責人確實有如此按足規定辦事，但部分區卻沒有這樣做。訓練學院亦有教授新指引的，於是部門說，據有些工會代表反映，他們確實有收到新指引。李美笑澄清說：我們不是說部門沒

下發指引，只是沒有到達每位員工手上。因為這件事，部門給李美笑和黃華興的工會各一封警告信。指責李美笑的發言影響部門聲譽，李美笑立即反擊，召開記者招待會，指部門下發這樣的信件涉嫌打壓工會。跟著，梁耀忠約部門開會商談這件事，會上李美笑向部門說明情況，重申食環權益會不是指部門沒有發指引，只是指引並非每個人都收到。部門反擊，找來一批人寫信，聲明收到指引。李美笑進一步回擊，指新入職的員工確實有收到，主要問題是舊員工沒有收到。最後，部門只好承認有問題，做出讓步，指稱發給工會的不是警告信。

2011年食環權益會又遭上司打壓，時任副主席的李美笑於6月間進行的年度工作評核時，直屬上司的衛生督察給予她優等評核，但其後遭身任加簽人的高級衛生督察降低其評級至良。高級衛生督察無視早前市民給李美笑的讚賞信，表揚其工作表現，卻以其在易拉架執法項目上意見太多，令上司浪費長時間與她討論，指她工作知識不足及態度有欠積極，將其表現降級。同時食環權益會另一名理事梁靄玲在評核中也受到同等降級對待，原來在「是否適合升級」一項中獲得優等評級，但其後卻被加簽人連降兩級至常。梁靄玲在工作上並未出錯，無故被調低評級，對日後晉升機會有非常大影響。管理層更肆無忌憚地說，直指工會代表在工作上太多意見，是評核被降級的主要原因，充分表現出署方管治思維只要順民不思進取的心態。食環權益會批評食環署長縱容屬下粗暴更改年度評核成績的行為，是借故打壓工會，拒絕聽取員方意見。

李美笑直言，管方在評核工會成員工作表現時，明顯存在打壓工會行為，準備稍後發起抗議行動。立法會議員梁耀忠則指，曾致電食環署署長討論事件，但他卻以內部有投訴機制推卸責任。

公務員工運前景

李美笑認為當前公務員工運正走下坡，新入職的公務員不是長俸，待遇與以前不同，他們未必當這份工是終身職業，隨時準備離職。合約制令公務員工作不投入，不肯定自己能否續約，憂慮前途。這樣就影響工會招收會員。公務員不能確定

自己是否會做長工，就算是長工也可能會調去第二個部門，所以不會積極參加工會活動，為現時職系爭取利益。認為現時所爭取的利益，當自己調往新部門後，不能享受，只是為他人作嫁衣裳。員工不清楚自己的長遠利益，所以不積極參與工會活動，處事採取觀望態度。

政府有10年沒有聘請公務員，所有部門都出現斷層。在這5至10年期間，七八十年代入職的公務員大部分開始退休，或離職。舊的公務員離去，新入職公務員未培養出歸屬感。

政府的新工作安排令舊公務員無法做經驗傳授，李美笑的工作除管理外，還要執行檢控工作。執行檢控工作經驗是很重要的，進行檢控時有很多不同環境，無經驗的新人會不自覺害怕起來。遇有突發事情應如何應變呢？部分新人怕上法庭，舊人有上庭工作經驗，在法庭表現較鎮定。新人有時不敢去檢控違規市民，甚至遭舊人下屬作弄。新人管工命舊人下屬工作，舊人說三道四，人為製造難題，玩弄新人管工。如：突然要求去睇醫生。以前人手充足時，部門會安排一名高級職員帶領數名新人管工工作，舊人不能人為製造麻煩。舊人若要玩弄新人管工，舊人管工可以直接協助新同事，指導他們。在工作上即時指出新人管工的錯漏。執行檢控時可以一組人去做，為新人管工壯膽。現在新人管工要單打獨鬥，有問題雖然可找上司到來協助，但上司到達現場時，事情已經起了變化。如正發生嚴重衝突時，新人管工正在一人面對問題，身在漩渦中，如何抽身找上司來協助。新人覺得孤立無援。新入職者學歷較高，準備的文件較好，只是缺乏實際工作經驗。

食環署內的工會多達近30間，署內員工會籍重疊，最多會員的是香港政府華員會。政府內部諮詢機構成員是按工會會員人數來分攤席位，部分工會為了保持在部門內的代表地位，千方百計維持會員人數，會員只要交3年會費便是永久會員，不用再交會費，這名會員便長期成為該會其中一名會員。部分會員是已退休員工，但仍當是會員計算。食環權益會會員每年都要交會費，人數有限，是一個真實的會員人數，但是對部門影響力有限。

李美笑的「愛心」跨越工會工作，面向人類文明，探索工運與環保結合的道路，以工會力量夥同環保組織，大力宣傳環保工作，以「愛心」救地球，建立文明

社會，監督政府的環保工作。

食環署的工作與環保緊扣，以垃圾徵費為例，李美笑從本身實際工作經驗出發，持反對意見。指政府於2006年實施建築廢料徵費後，很多建築商為逃避徵費，將垃圾廢物棄置在垃圾站外，工人被迫要額外處理這些建築廢料，並混在垃圾中送往民間堆填區。事實顯示建築廢料徵費後，完全沒有達到推動環保的成效。環保署聲稱堆填區建築廢料數量減少，其實是部分去了民間堆填區和非法棄置。可見垃圾徵費不能治標亦不治本。我們應思考如何在源頭減廢！

李美笑指現今市民的環保意識增強了，但工商廢物量大升，增幅達72.8%，食肆的廚餘和裝修公司的傢俬雜物增幅最多。工商廢物是要重點注意的問題。李美笑批評環境局的減廢及廢物徵費策略，明顯地向商界傾斜，工商廢物的每日人均減廢指標低於家居廢物，在2011至2022年間，工商業只須減廢三成，但家居住戶則須減廢四成。政策明顯是劫貧濟富，把環保責任推卸給市民，徵費源頭和目標都是錯誤的，質疑政策的成效。

李美笑指現行的回收設施支離破碎，三色回收桶回收集到針筒和牛頭，玻璃回收桶極少，垃圾站不准垃圾分類，回收商被政府迫到抗議，玻璃磚廠未能進駐環保園，政府卻每年貼七億元送建築廢料到內地填海。質疑政府不建立環保配套的政策，只選取徵費，目的何在？環保政策的不成功，卻指市民環保做得不好。認為如果政府要真正做到「汙者自付」的話，政府必須首先迫使生產／銷售企業在源頭減廢。進行生產者責任制，任何把責任先推卸給消費者的建議，客觀上都是放過元兇。

在政府不恰當的政策下，李美笑工作的垃圾收集站每晚關門後，都有多袋滿滿的垃圾袋堆積門外，待工人翌日處理。食環署為打擊此亂象，派檢控人員通宵巡查。李美笑於凌晨擬票控一名亂丟垃圾的女清潔工，遭女工用力扭傷右手手指及推跌。站在工會角度，李美笑擔心將來垃圾徵費一旦實施，情況會更嚴重，市政工人與市民的衝突日增，期望署方加派人手一起巡邏，互相照應，減低員工受傷的機會。

或許當垃圾有市場價值，能循環再造、才能真正有效解決「減廢」，發展綠色產業至重要。

左一穿牛仔褸為黃華興，左二為醫院僱員權益會陳彩珍，左三為李美笑，右一為街工立法會議員梁耀忠（筆者攝）

2020年食物環境衛生署管工資料

食物環境衛生署管工（Foreman）屬總薪級表第7至第11點，月薪由20,035元至25,545元。

晉升途徑：

管工→高級管工→巡察員→高級巡察員

職責：

1.督導初級人員執行潔淨、街市管理、防治蟲鼠及值勤室等工作；

2.根據合約的條款和條件，監察承辦商的表現，調查工作表現欠佳／沒有履行合約責任的情況，並在適當情況下採取跟進行動；

3.根據本署負責執行的條例，進行與該職級的職務有關的執法工作；以及

4.保存紀錄和撰寫報告。

〔註：管工須穿著制服、每週工作45小時（不包括用膳時間）、接受與其職務
有關的訓練、在偏遠地區工作，以及接受部門的調派和調職安排。他／
她們或須輪班當值和駕駛小型電單車／電單車／汽車執勤。〕

入職條件：

申請人必須

1.（1）在香港中學文憑考試5科（註(1)）考獲第2級（註(2)）或以上成績，或
具同等學歷；或

（2）在香港中學會考5科（註(1)）考獲第2級（註(3)）／E級或以上，或具
同等學歷；

2.取得有關學歷後，具2年工作經驗；以及

3.符合語文能力要求，即在香港中學文憑考試或香港中學會考中國語文科及英
國語文科中取得第2級（註(3)）／E級或以上的成績，或具同等成績。

〔註：

(1)有關科目可包括中國語文及英國語文科。

(2)政府在聘任公務員時，香港中學文憑考試應用學習科目（最多計算
2科）「達標並表現優異」成績，以及其他語言科目C級成績，會被
視為相等於新高中科目第3級成績；香港中學文憑考試應用學習科目
（最多計算2科）「達標」成績，以及其他語言科目E級成績，會被
視為相等於新高中科目第2級成績。

(3)政府在聘任公務員時，2007年前的香港中學會考中國語文科和英國
語文科（課程乙）C級及E級的成績，在行政上會分別被視為等同
2007年或之後香港中學會考中國語文科和英國語文科第3級和第2級
的成績。

(4)《基本法》知識評核：為提高大眾對《基本法》的認知和在社區推
廣學習《基本法》的風氣，政府會測試應徵公務員職位人士的《基

本法》知識。申請人在基本法測試的表現會占其整體表現的一個適
當比重。〕

　　獲取錄的申請人通常會按公務員試用條款受聘3年。通過試用關限後，或可獲
考慮按當時適用的長期聘用條款聘用。

一往無前的梁籌庭

訪問日期：2013年10月10日下午2時至4時
地點：香港公務員工會聯合會辦事處
地址：九龍長沙灣青山道422-428號秋創商業大廈6樓A1(A)室
被訪問者：香港公務員工會聯合會總幹事梁籌庭先生
訪問者：梁寶霖、梁寶龍
記錄：梁寶龍

【梁籌庭簡歷】

梁籌庭於1950年在香港出生，3歲父母先後離世，寄居姨母家中。12歲投身社會工作，先後做過洋服學徒、餐廳侍應生和西餅售貨員等，18歲投身塑膠業，20歲開始做公務員，在九廣鐵路工作。1981年調往教育司署，1988年升任文書助理，並調到機電工程署直至退休。1979年成立「文書職系公務員總會」，出任主席。1984年參與成立公務員工會聯合會，出任副主席，1994年出任主席，同年加入民主黨。1996年任「香港特別行政區第一屆政府推選委員會」委員。

童工生涯

梁籌庭投身工運有一往無前作風，自稱「爛頭蟀」，也許這是他的家庭因素使然。於1950年出生的梁籌庭3歲時父母先後離世，自覺沒家庭負擔。婚後得到妻子體諒，無顧慮地投身工運，以三分之一時間從事工會工作，為會員爭取合理權益。

梁籌庭童年時寄居姨母家中，姨母自己亦有子女，眾多人生活在一間蝸居內，是時正值韓戰時期，香港經濟蕭條，工人失業情況惡劣，市民生活困苦。

梁籌庭完成小學學歷後因家庭環境無法升學，12歲投身社會工作，在姨母安排下，經朋友介紹在柴灣區某雲吞麵檔做童工。姨母要求不高，但求「有食無工（資）」以減輕家庭開支。雲吞麵檔設在柴灣廉租屋區樓梯底，檔主全家出動一起經營。

當時香港人口中，15歲以下的兒童占總人口四成，沒有入學的有八萬餘人。六十年代中，法例規定童工年齡要年滿14歲，工廠是16歲。梁籌庭未足年齡進入工廠工作，只能如此安排。

政府早在1921年開始注意童工問題，委任一個委員會研究這個問題，委員會報告指出，香港的童工年齡低至7至8歲，主要從事雜工工作，搬運磚塊或其他物料上太平山。在製造業方面，童工年齡介乎11至16歲，工時頗長。女童工主要從事香煙包裝和針織廠的工作；男童工亦有在玻璃廠，或在船廠清潔蒸汽鍋爐，從事高危工作。在工廠的童工支取件薪或日薪，童工的工資低於成人。部分男童受僱為工資微薄的學徒，由僱主提供免費食宿。兒童投身工作主要是幫補家計，亦可學習一種工作技能，作為長遠發展。政府因應委員會的建議，於1922年通過《兒童工業僱傭條例》，訂下童工的最低工齡，工廠童工是10歲，搬運重物童工是12歲，從事危險工作是15歲。二十世紀三十年代，童工的法定年齡提升至16歲。

據政府資料，1924年約有三百名童工，針織廠童工的數目較多，勞工處1979年資料指在25,066間工廠中，有童工44名。1982年統計數字顯示有童工292名。除此之外每年暑假，香港有大量合法或非法童工出現，在工廠充當廉價勞工，賺取工資幫補家庭開支，或做自己的花費。近年更發生有暑假工從事危險工作，引致工傷意外，甚至死亡。

老闆以低廉工資僱用童工，從直覺來看可視之為超級剝削；不過從當年的社會情況來看，大量的青少年失學，家長寧可讓他們有食無工而避免流浪街頭，亦可減輕經濟負擔。遇上勞工處督察巡視，僱主馬上叫童工「走鬼」[1]。躲避不及時，老闆往往被判罰款而被列入黑名單。所以有不少具規模的廠是不大願意僱用童工的，

---

[1]　「走鬼」是香港俚語，原思是指街頭無牌小販逃避執法者檢控，現引申為逃避執法者檢控。

只有未註冊的山寨廠才會較多僱用童工。

　　現行的法例規定未滿13歲的兒童不得受僱在任何行業工作。13歲至未足15歲的兒童則可受僱於非工業機構；不過，若他們尚未完成中學三年級教育，則須接受全日制學校教育及須受其他限制。

　　在雲吞麵檔工作，梁籌庭基本上解決了溫飽問題，檔主每月給梁籌庭數元零用錢，僅能支付理髮和買木屐[2]的費用。工作了一年多，香港經濟轉好，梁籌庭離開雲吞麵檔到外面闖一闖，輾轉做了多個行業，認為要為前途設想，決定學好一門手藝做長遠打算，遂投身洋服業做學徒。當時美軍在越南作戰，美國戰艦川流不息到香港停留補充物資，香港亦被列為美軍休假地區之一，每艘艦艇往往載來上百上千名官兵，官兵看中香港價廉物美的優點，大部分都會訂做一些新服裝。洋服成了搶手貨，僅灣仔就有數千名裁縫為美軍做西裝。所以灣仔一帶除了酒吧林立外，洋服店也眾多。然而，艦艇停留香港的時間緊湊，一般只有3至5天，為此，洋服師傅要在晨早僱用小舢板靠近艦艇，等到8時後上船接洽業務，為客人度量身材。到10時必須返回店裡開工，採購材料，立即工作。為了搶時間，會將一套西裝的上衣（上身）和西褲（下身）分拆開來做，通宵達旦，爭分奪秒趕工。生手工人一個晚上可做一件，熟手的工人一個晚上能做2至3件。翌日早上8時前要將衣服送到船上交給客人，繼續再接下一批生意，如此循環往返工作下去。

　　洋服分西褲和上衣兩部分，做了兩年多洋服學徒，梁籌庭只識做西褲。師傅只是安排他車衣服，沒有教導如何做上衣，梁籌庭認為師傅「分明搵笨」[3]，只當他是廉價勞工來使用，又開始重新部署將來。

知而不足

　　中國古訓《禮記·學記》有云：「雖有至道，弗學，不知其善也。故學然後知不足，教然後知困。知不足，然後能自反也；知困，然後能自強也。」

---

[2]　「木屐」是當時香港貧窮者穿著的鞋子。
[3]　「搵笨」是廣東話，意思是欺騙。

在雲吞麵檔工作時，梁籌庭發覺自己的文化水平低，儘管每月只有數元收入，每天都保持閱讀報紙的習慣，滿足自我的求知欲。每天讀報是香港人的一個特點，文化水平低者則選擇《銀燈》、《明燈》這些刊有大量圖片的娛樂新聞報。八九十年代，每日出版的主要報刊有十多份，以娛樂、馬經、風月和漫畫等為主題的報刊也是每日出版的。

到了15歲時，梁籌庭覺得洋服師傅「搵笨」，決定轉行到飲食業發展，在中環德輔道中皇上皇餐廳做侍應生（樓面）。工作了月餘，出糧的時候，每期糧約有二三十元，全部被老員工借去，他們總是有借無還。飲食業雖然包膳食的，但梁籌庭單身一人要交租，經濟還是困難的。

皇上皇以製作臘味馳名，是廣州世家謝家所經營，1950年代初由廣州遷來港後業務擴展至飲食業，當年謝家少東謝興銓乘搭飛機去美國探親，在飛機上吃過「飛機餐」後，想到香港能夠有機會乘搭飛機的人不會多，大多數人對於飛機餐只聽聞其名，未能嘗試，可能會充滿嚮往。於是在皇上皇餐廳推出飛機餐，吸引顧戶，以一個大盤分大小多格，分別盛載麵包、牛油、牛扒或豬扒等食品。推出後反應良好，港人趨之若鶩紛紛前來光顧，大收旺場。

做了侍應生三四個月後，梁籌庭年滿16歲，法理上已不屬於童工範圍，遂轉到中環告羅士打行某西餅店工作，經濟狀況開始穩定。每天早上返餅店負責售賣西餅，晚上返回公司提供的宿舍休息，生活安定下來。每天下午6時放工後，公司容許職員到製餅工場學習造西餅，但梁籌庭卻決定去「新法英文專修夜校」上課學英文。香港一直以來都重視英文，輕視中文，當時新法日夜校共有學生近兩萬人，可見當時市民對學習英語的需求。

製餅業每天凌晨四五時開工，所以當時大型的公司會設有宿舍給工人留宿，以便工人能準時上班。而飲食工會為了方便工人早上上班，亦設立工人宿舍讓工人留宿。清末民初，香港很多工會都是在這種宿舍下發展起來的。

六七暴動時梁籌庭年屆18歲，目睹暴動情況在餅店門口發生，餅店的「香港洋務工會」會員曾邀請他參加示威遊行，但梁籌庭始終沒有參加，也沒有加入洋務工會。當時洋務工會會員只要是外資公司僱員便可加入，現已擴大至非外資洋行。

在餅店做了一段頗長日子，朋友從表面觀察，指梁籌庭在餅店賣西餅無前途，而晚上上課學英文放棄學造西餅的時間，賺取的工資有限，如果轉做塑膠業，應可賺取更多的金錢。梁籌庭認為是道理，於是轉往塑膠廠工作，希望能夠賺取更多的工資。

六十年代末至七十年代中期，香港塑膠工業穩定而蓬勃發展，塑膠花（膠花）生產大行其道。時值塑膠花在歐美大受歡迎，香港遂成為供應中心。由於需求極大，而塑膠花的後期加工又無須複雜技術和設備，廠商一般都會將塑膠花加工外發給木屋區、公共屋邨的基層市民，全家不論老少總動員「穿膠花」[4]賺取生活費。1960年香港僅有塑膠花廠557家，1972年猛增到3,359家。從業人員由占全港製造業勞工總數的8.4%，急升到13.2%。1969年全港塑膠出口額高達14.4257億元，比1959年的1.6214億元上升超過十倍。香港生產的塑膠花占世界塑膠花貿易的80%。至七十年代塑膠花業發展至高峰，香港一度被譽為「塑膠花王國」。六七暴動導火線現場是新蒲崗「香港人造塑膠花廠」，「港九樹膠塑膠業總工會」當然是主角。是時李嘉誠在北角開設「長江塑膠廠」，梁籌庭曾在該廠工作，且經歷工傷事件。

梁籌庭轉當塑膠啤機（注塑機）操作員學徒，工資是按件計算，工作辛勞尚可克服，但要工作一段時間才能精確掌握啤機操作技巧，賺取更多的工資。啤機操作員工作實行三班制，每班8小時，為了賺錢，梁籌庭把大量時間放在工作上，無時間上課繼續學業。

初入行的梁籌庭自知是生手，一時間難以賺取理想工資，自覺努力學習回來的英文無法發揮，有點茫然。

入職公務員

在塑膠業工作了一段時間，1970年時梁籌庭20歲，在朋友介紹下去鐵路公司見工，當時香港的低下層市民的文化水平偏低，所以職位入職學歷只要求小學畢業，

---

[4]　「穿膠花」是廣東話，意思是將塑膠花不同的部件組裝起來。

見工時梁籌庭出示進修英文的成績，即時被取錄。

鐵路公司名稱是「九廣鐵路局」（Kowloon-Canton Railway Department），於1910年成立，當時是政府的其中一個部門，所有員工都是公務員。負責管理在香港境內的九廣鐵路「英段」，現為港鐵東鐵線，俗稱為「火車」。1982年政府成立「九廣鐵路公司」，Kowloon-Canton Railway，簡稱「九鐵」KCR，不隸屬於政府架構內，按商業原則經營。大部分原有員工都順利轉投到新公司繼續工作，部分員工轉職後還繼續保留公務員身分。2007年，九廣鐵路公司與「地鐵有限公司」合併為「香港鐵路有限公司」。

梁籌庭在鐵路公司的職級是什工，屬第一標準薪級員工。入職時梁籌庭尚不知道鐵路是政府部門，自己已經踏進公務員行列。入職後某天，梁籌庭被傳到寫字樓見「大寫」，「大寫」給梁籌庭一張通告，全部都是英文。梁籌庭進修的英文發揮作用，不須依賴「大寫」把通告譯說出來，已知道通告說政府正式聘用自己，這時才知鐵路是政府機構，自己是公務員，食「皇家糧」。

英國占領香港後，政府文書都以英文為主，英文是唯一的法定官方語文，中文沒有憲制地位，但香港最多人使用的是中文。教育界及大專學生從1970年起開始爭取中文成為法定語文。政府於1974年修改《法定語文條例》，將中文列為法定語文。1987年起則進一步規定所有法例都必須以中英文制定和頒布。

見工時負責人問梁籌庭：「明天可否上班？」梁籌庭連聲回答：「可以，可以。」因為他在塑膠廠是計件工，隨時可以離職。鐵路公司為何如此急用人呢？原來工作地點遠在邊關——羅湖，沒有宿舍提供。當時火車大概每小時開一班，梁籌庭每天早上6時乘搭第一班火車去羅湖上班，下午5時下班乘搭火車返尖沙咀。在這種固定工時的環境下，可安排時間上夜校。梁籌庭決定重拾進修計畫，繼續上夜校。是時公司同事人人都上夜校，梁籌庭更覺得不讀書無前途。

梁籌庭每天上下班的交通時間要花兩個多小時以上，鐵路公司規定上下班的時間不能當作工作時間計算，中段午飯時間也沒有休息，因此，雖然工作時間是8小時，但從上班一刻開始起計，直至下班返回尖沙咀為止，所花的時間長達12小時。

另一個職系員工於「落場」⁵時間，公司則提供地方休息，但是要輪更工作。

在羅湖工作2年後，梁籌庭為了爭取更好前途，申請轉職做「站役」（Porter），轉到站台工作，負責替更，需要輪更工作，工作時間不固定，無法繼續返學。

做了站役約半年，政府開拓調車服務，梁籌庭繼續爭取機會，申請做調車員。

鐵路公司發展到1973年，運輸量日增需要展開雙軌化工程，1978年開始全線現代化及電氣化計畫，於1979年來往港穗兩地的直通車恢復行走。政府為了應付未來需要，拓展鐵路運輸服務，決定訓練一批調車員，梁籌庭是第一批學員，訓練期為3個月。擔任調車員3個月後，梁籌庭已經可以獨立工作，半年後更可帶領一名新學員工作。調車員在「大包米」工作，即今尖沙咀東部的「新世界中心」位置，是火車貨卡的調度、集散貨物中心。調車員每天日曬雨淋，在車頂揮動訊號旗，調動車卡，將兩卡車的連接系統「風喉」接上，車卡才能開動。

籌組工會

工作半年多，梁籌庭尚未能正式升上職位為調車員，但工作性質卻是調車員的工作。處長聲言保證能升正以安撫學員，只是政府尚未開設這個職位而已。上司追問了當局多次，仍未有消息。梁籌庭正耐心等候，機會又來了。這期間，公司的辦公室助理（Office Assistant，簡稱OA）職位出現空缺，辦公室助理職級高信差一級，入職條件要求中二學歷，不屬於總薪級表員工，是第一標準薪級員工。調車員是總薪級表員工，可領取長俸。梁籌庭當時不懂比較兩者的優劣，只知道辦公室助理是白領工人，「斯文」工作，在寫字樓上班。是時大部分市民自覺白領身分比藍領工人高一級，工廠內藍領沒公眾假期，白領則有，直至現在仍有這個差別，藍領只有勞工假期12天，白領則有公眾假期17天。

當時有一個現象，技術員投考文職是無法成功的，梁籌庭正是技術員投考文

---

⁵　「落場」是香港俚語，意思是離開工作場所，不一定是放工，飲食業的中段休息時間也是落場。

職。面試由外籍會計師（Treasury Accountant，簡稱TA）主持，以英語進行考核。梁籌庭雖然學習英語多年，但很少有機會與外籍人士以英語交談，面對如此局面只好「死頂」[6]。結果在數十名考生中，梁籌庭打破傳統入圍，考得第3名，因考試成績高被派往局長室工作。當時申請這些職位不需要行賄的，而在月台售票的油水位則需要行賄的，投考者會送雪茄給有關的外籍上司，博取歡心來求取職位。

梁籌庭工作地點在九廣路九龍總站鐘樓二樓，當局長室的「門神」。局長配有兩名辦公室助理，兩人輪流調換工作崗位，一個月在局長室門口，下一個月則在局長室內。

是時九龍總站設在尖沙咀今「香港文化中心」位置，總站有一座鐘樓。1975年九龍總站遷往紅磡，總站被拆卸只保留鐘樓，現為香港法定古蹟，亦為香港地標之一。

梁籌庭當值的第一位局長是林保翰，任何人要見林保翰，先要見梁籌庭，好不威風。辦公室助理要聽候局長差遣，所以局長不收工下班，辦公室助理無法收工下班，這部分的超時工作是沒有「補水」的。當時辦公室助理尚未有明確的編制，做成「無王管」的情況，跟隨局長工作的人更加無人敢「蝦」（欺負）。梁籌庭的上司是局長祕書。稍後辦公室工作人員開始有系統，辦公室助理編入文書職系，設有行政主任（Executive Officer，簡稱EO）職級，統一管理辦公室人力資源。

梁籌庭的工作時間再次固定，開始繼續再返夜校進修。

接任林保翰職位的是一位外籍人士，梁籌庭的工作開始辛苦，也走進人生的一個轉捩點，踏上工運的不歸路。

鐘樓內設有一個九龍區文件分發中心，每日下午3時全九龍區辦公室助理員都會到這裡來，將全港所有派遞文件集中在這裡，然後分發到各政府部門。梁籌庭坐鎮鐘樓恍如「大哥」，來這裡交收文件的多是信差。梁籌庭是守門大將軍，安排各人坐在等候的椅子上。大部分的人不會從鐘樓上來找局長的，多數是從尖沙咀梳士巴利道進入。只有經常前來的辦公室助理在這裡進出，這裡便成為辦公室助理的天

---

[6] 「死頂」是廣東話，意思是硬撐下去。

地，各人無拘無束談天說地，大吐苦水。訴說上司要辦公室助理洗地、做清潔工作。梁籌庭內心有反叛性，聽後大表不滿。有人認為辦公室助理沒有工會，有冤無路訴。接著有人提議組織工會，各人紛紛響應，於是推舉梁籌庭等六七人負責籌組工作。

籌組成員當中沒人真正了解工會是什麼、如何組織工會，但絕不是一窩蜂的行動。梁籌庭亦是一知半解，但本著一往無前不怕死的精神，相信團結的力量。眼前正聚合了一群人，需要組織起來發揮力量。各人因利成便以鐘樓為中心，梁籌庭因坐陣鐘樓成為中心負責人，主要負責組織工會的內部工作，起草文件。大家誤以為要吸收二百餘人才能申請成立工會，各人返回工作單位宣傳，全力招募同事入會，向二百人目標前進。一名「教育司署」（今「教育局」）辦公室助理逐間學校去招募會員，令準會員人數大增。經過一段時間，只招募了八十餘人，自以為不足成立工會法定人數，一籌莫展。一名學校辦公室助理提問：是否要這麼多人才能成立工會？沒有人能夠解答這個問題，最佳方法是去請教勞工處，勞工處下設有職工登記局專責處理有關工會事宜。梁籌庭是不能隨便離開工作崗位的，經常在街上走動的辦公室助理「偷雞」[7]到勞工處詢問。原來只須7個人便可以成立工會，各籌組成員相視大笑。

鐵路局運作上恍如獨立王國，局內各種性質的工會都有，技工多數加入「九廣鐵路局職工會」，看更加入「政府軍部醫院華員職工會」，尚有部分員工加入洋務工會。「華人機器總工會」在九廣鐵路設有分會，主席葉景也是華機會主席、曾任勞工顧問委員會成員。後來又有「九廣鐵路局車務員協會」。

梁籌庭擔任調車員時曾加入九廣鐵路職工會，曾目睹該會與資方談判，對該會有一定的了解。轉到寫字樓工作後，沒有和他們接觸。局內因工作場地、性質等各方面的差異，寫字樓白領工人和藍領工人格格不入，雙方沒有往來。寫字樓主管不喜歡辦公室助理和藍領工人接觸。辦公室助理是文職，屬白領工人，自覺高一等。文職人員自覺應擔任師爺角色，有關組織工會問題無理由向藍領工人請教，亦不想

7　「偷雞」是廣東話，意思是在工作時間做私人事務。

對方知道自己沒有這方面的知識，所以有關組織工會事宜，梁籌庭沒有向九廣鐵路局職工會的張世林請教。

以辦公室助理為立會基礎的「香港文書職系公務員總會」（以下簡稱「文書總會」）於1979年2月註冊成立，英文名為Hong Kong Clerical Grades Civil Servants General Union，登記編號為576，2012年有會員1,204人，會員遍布教育署、天文台和社會福利署等。第一屆主席是梁籌庭，因創會初期無人願做主席，大家把梁籌庭推上領導職位，梁籌庭邁開了做「大佬」生涯的第一步。凡受僱於政府各機關的高級文書主任、文書主任、助理文書主任、文書助理和辦公室助理員等，不論根據何種條款聘請均可以申請入會，年滿16歲而未滿21歲的會員只有表決權，但不得出任工會的職員。這是香港法例的規定。

鬥爭開始

文書總會成立初期，梁籌庭曾參加內部試考車務員，可以轉職做月台站長。當時的辦公室助理沒有晉升機會的，政府尚未開設辦公室助理投考文書助理的途徑。梁籌庭考了數次內部試，到了最後關頭被外籍人士拉倒了，當時極不服氣，也因此堅持踏上工運不歸路，拚搏前進。

考完內部試面試時，梁籌庭在局長室內看見面試報告，打開文件一看，自己考第7名，立即收拾東西準備調職。當公布結果時，竟然要全部人都要考多一次，並由外籍局長親自再考一次。外籍人士講英語與本地人完全不同，梁籌庭不是經常和外籍人士接觸，說的英文有瑕疵，理解力不足。梁籌庭認為這不是投考行政主任，為何如此安排呢？考車務試一向以來都是考一次的，為何今次要考兩次呢？考第二次時，主考用英語說一些專用名詞，如「單揚旗」等專業術語，梁籌庭哪裡聽得懂呢。梁籌庭曾任調車員，如果主考有手勢加以說明，梁籌庭當然理解對方的要求。就在這情況下，他無法明白主考說什麼，只知道主考說的內容是訊號的一種，但不知道主考說的是哪個訊號。結果主考認為他的實力不足，被淘汰出局。梁籌庭則認為自己是可以的，有實力的。他的面試報告上，由第一項去到第五項都過關，到了

第七、八、九項就無法過關。考完試後主考沒有即時告訴考生成績如何，走出試場時，梁籌庭的上司局長私人助理是巴基斯坦籍女士對他說：「對不起，下次我會對老闆再說一次。」如此這般，梁籌庭繼續在文書職系發展下去，繼續搞工運。

八十年代政府開始將公務員架構重整，派員調查各部門的工作情況，收集意見，提出改善方法，衍生一波接一波公務員工潮。政府將全港辦公室助理、信差統一編制，由銓敘科一般職系組統一管理。

據呂大樂在《那似曾相識的七十年代》一書的統計資料，文員及有關之工作人員於1961年有69,644人，1971年上升至128,624人，1976年繼續上升至179,880人，1981年達到293,905人。每10年升幅都有100%以上，文書總會會員就屬於這個範圍內。由此亦可反映出香港工運轉為由白領主導的趨勢。

文書總會成立後致函有關當局，要求有固定開會時間，管方批准每兩個月開一次會。

從資料來看，1974至1979年間英國由工黨執政，工黨由工會所組成，推動英國逐漸走上福利國家的道路，制定有利工會工作的政策，香港是大英屬土，亦惠及香港工會工作。1976年2至3月香港的勞工狀況成為英國政治辯論議題，工黨政府飽受本國及歐洲工會的壓力。工黨領袖卡拉漢要求香港政府將的勞工狀態提升至亞洲國家中最高水平，盡快落實國際勞工公約，改善勞工保障、社會福利及保障等。麥理浩以不影響營商環境來解釋。可見工黨對政府的工會政策有一定的壓力，政府則用影響經濟繁榮來做擋箭牌。時至今日，回歸後的特區政府仍沿用此政策，繼續以影響經濟繁榮來拖延有關勞工福利政策，可謂貫徹50年不變的承諾。

職級名稱和工作實質要符合

文書總會成立時的名稱是「政府雜務員協會」，經過多次改換名稱至今為「香港文書職系公務員總會」，每一次改名都標誌著工會向前邁進一步。工會成立初期政府將Office Assistant的中文名稱翻譯為「雜務員」。文書總會不停地和管方就行業名稱和權益進行談判，要求將職級名稱正名為「辦公室助理員」，當時一般職系

組的主管是首席助理銓敍司吳宏耀，在談判中提供另一個中文名稱「庶務員」。工會認為雜務員和庶務員兩個名稱分別不大，文書總會肯定地表示不能接受，並準備在談判失敗後採取工業行動，進行按章工作。偶然間梁籌庭閱報看見中文大學和香港大學聘請Office Assistant的廣告，將Office Assistant的中文翻譯為「辦公室助理員」。工會據此要求政府採用，認為香港的高等學府翻譯出來的名稱當然是最準確的。廣告內的英文名稱完全一樣，只是中文翻譯的名稱不同，所指的當然是同一樣的東西。政府最終接受工會的建議，將Office Assistant的中文名稱定為「辦公室助理」。

這一仗的勝利，梁籌庭對於工會可以團結工人壯大力量，合法爭取本身合理權益增加了信心，認為要得到任何東西，一定要站出來爭取，做好戰鬥準備，才可以得到的。否則相反，一樣東西也沒有得到的。

接下來文書總會提出要求脫下制服，爭取改善公室助理的形象，同時要求職級名稱和工作實質要符合，不做額外的工作，例如：拖地、打蠟及洗廁所等，使辦公室助理擺脫基層員工的形象。管方竟然不相信有辦公室助理要從事這些雜務工作。文書總會於是具實提出事例，點名某醫院要辦公室助理拖樓梯，梁籌庭的同事要為地板打蠟。管方根據文書總會提供的資料進行調查，顯示證據確實。政府遂將辦公室助理名稱和工作性質制定了一本手冊，制定工作規條，以便統一管理。刪除「清潔」用詞，改為「整理」一詞，英文是Tidy，一直沿用至今。同時亦將穿著制服上班轉為便服，後期更刪除必須穿著制服，從此辦公室助理職級變成真正的文書職系員工。

隨著時代轉變文書員工開始意識到職業前途重要性，要求有直接或間接的晉升機會。從文書總會成立開始，辦公室助理和文書助理都沒有晉升機會，只能透過公開招聘才能獲得取較高職位，文書總會因應會員要求在八十年代初開始向管方進行爭取，經過長期談判最終達成共識，成功爭取設立內部晉升試，試卷要求文書助理英文及數學達致中四程度，二級文書主任英文及數學達致中五程度，自此辦公室助理和文書助理就有了一個間接晉升機會。

文書總會從那時候開始創設「升級試輔導班」，聘請講師專為應考者開設輔導

班，更為獲得面試的同事舉辦面試輔導課程，並得到職系管方協助，邀請一名高級行政主任自願抽出工餘時間出任講師。

1985年文書總會成功向管方爭取多一個資深人員晉升計畫，凡在職服務滿6年及8年的辦公室助理及文書助理，倒數連續2至3年擁有B或以上考勤報告，不用計算學歷均可獲得面試機會，從而每次晉升試中，平均做就了七百餘名文書助理和二百餘名辦公室助理，獲得委任高一級職位，在八十年代末期亦由內部委任計畫取代了筆試。

踏足公務員工運

文書總會站穩腳跟，會員意志高昂，乘勢將文書總會工作踏出文書職系的範圍外，進入公務員工運圈中去，繼而擴大參與全港性工運、社會，為香港的社會公義而奮鬥。

約於83、84年間，梁籌庭的視野擴闊了，透過參加全港性的工會活動和工會教育，認識了官非會會長林華煦、測量員協會主席黃偉雄、法庭傳譯主任協會張國標和勞工督察會蒙偉明等人，開始深入了解何謂工會。

文書總會給梁籌庭很大的自由度，鼓勵梁籌庭外出活動壯大文書總會聲勢。梁籌庭在一眾兄弟支持下，得以全力投身公務員工運，與其他工會領袖一起打拼，爭取公務員合法合理權益。

林華煦可算是這群人的領袖，他帶領著梁籌庭、黃偉雄、張國標、蒙偉明和拯溺員工會鍾偉民等進行公務員工運。當中各人職級相差很大，上至主任、「大幫」[8]，下至普通文員，梁籌庭可算是職級最低的一位，大家不分階級，平等對待。這就是工會工作者最基本的信仰。林華煦大公無私，無分彼此教導各人，較年輕的梁籌庭、張國標和鍾偉文是重點培訓對象，安排各人到外國受訓。

梁籌庭對林華煦有深厚的情意結，視林華煦為師傅，在工會工作上得到林華煦

---

[8]　「大幫」是香港俚語，意思是指總督察。

的信任。組織公工聯期間,林華煦給予梁籌庭很大機會,安排黃偉雄出任主席,梁籌庭出任副主席,林華煦自己任執委。黃偉雄工運資歷地位比梁籌庭高,梁籌庭較黃偉雄年輕,可說是林華煦對梁籌庭的器重。

公工聯安排梁籌庭到菲律賓學習工會知識,受訓為期兩個星期。在菲律賓期間,不同種族、國籍的人互相平等對象,沒有職業歧視。培訓課程既有理論又有實際經驗,梁籌庭學得工會理念,深入了解工會組織工作、運作方法,工會內的每位領導人、執委應該如何分工。一段時間後梁籌庭又去新加坡深造,學習深入的工會組織技巧,課程為期兩星期,確立了自己一套工會理念。回港運用在文書總會上,自信心日強,自覺有料子。

文書總會加入了公工聯,沒有加入另一集團工會公務員總工會,但支持它的大型集體行動,斬件式支援。梁籌庭後期始認識華員會的黃河。

八十年代初,正在工運不歸路前進的梁籌庭計劃組織家庭,準備結婚時向未婚妻表白說:「我不會放棄工會工作的,請妳考慮清楚!」兩人相戀時梁籌庭正在工運路上漸露頭角,公務員工運風起雲湧,梁太明白梁籌庭的心目中工會工作的重要性,了解這是他的理念,與「愛」無關。梁太生性馴良,決意跟隨梁籌庭,完全信任他,互相扶持共走人生路。話雖如此,梁太始終心存怨氣,認為梁籌庭萬事以工會為先,「屋企你可以唔理,但工會你唔可以唔理」,但體諒他,不會說出口。當時工潮風起雲湧,梁籌庭正是如此。在大時代逐浪的人總是要面對這個家庭問題,小部分人能處好社會大事,卻未能解決家中的小問題。梁籌庭自覺從事工運虧欠家人很多,虧欠最多是兒子。

未能修補的裂痕

公工聯成立初期,梁籌庭負責對內,主持組織工作,黃偉雄負責對外,兩人各展所長,經歷了一段最佳拍檔時期。梁籌庭眼中的黃偉雄有一股一往無前的精神,當黃偉雄決定要做一件事時不會計較個人得失,全力以赴。梁籌自覺這種處事方法對自己有用,正合梁籌庭不怕死的作風,無所謂的處事方針。反正梁籌庭孤身走

路，無後顧之憂。只要不著眼於晉升機會就可以，日漸學會了「一往無前」的辦事方法，形成一股很大的力量。黃偉雄另一強項是人際關係，梁籌庭就無法學得來。梁籌庭得罪了很多人，自己亦知道，與政府關係非常差，政府官員對梁籌庭又愛又恨。

八十年代中開始公工聯發生很多不愉快事情。

1984年選舉85-86年的勞顧會代表，公工聯黃偉雄以1票之差輸給陸冬青出局。梁籌庭回憶前塵往事說：「是屆我有份競逐的。因為文書總會要我藉勞顧會選舉來打響知名度，就算是陪襯，甚至大比數落敗都不是問題，只求能出名，一定要參選。」梁籌庭認為每間工會都有如此的想法，我只好順從，結果落得背上「反骨仔」的汙名。梁籌庭回想黃偉雄認為自己分薄他的票，認為雖然我們兩人同是公工聯的人，票源相同，但是選舉結果梁籌庭只有二十多票，應該對選情影響不大。

事實既然如此，那麼公工聯的票去了哪裡呢？自此梁黃兩人關係開始出現裂痕。梁籌庭直接指出：「其實黃偉雄輸在阮澄波手上。」阮澄波是4A會代表，沒有依照公工聯事前約定投黃偉雄一票。阮澄波事後公開說：「我和黃偉雄有矛盾，所以不投票給黃偉雄。黃偉雄死在我的手上。」當時公工聯的人為了清白起見，投票時大家坐在一行填寫，互相可以看見大家投票取向，所以各人的投票動向大家都清楚的。公工聯雖然事前商討統一了投票方向，但沒有硬性規定一定要依從，各屬會是可以自由投票的。

89-90年的勞顧會選舉公工聯內部再起矛盾，梁黃裂痕繼續擴大。公工聯開會選舉競逐勞顧會代表，黃偉雄的政治活動表現與中方距離日遠，成為愛國陣營的不受歡迎人物，肯定得不到左派工會的支持票，在這個情況下必定會敗陣出局。為了保住公工聯的席位，黃偉雄決定放棄參加競逐參選代表資格。文書總會認為既然黃偉雄不參選，鼓勵梁籌庭再出選。梁籌庭徵詢黃偉雄的意見，黃偉雄沒有答話，梁籌庭直接說：「我出選啦！」黃偉雄支吾以對，也沒有答話。就在這個情況下梁籌庭去勞工處報名參選。

另一方面，黃偉雄私人卻支持蒙偉明參選勞顧會。是時正值北京組織公務員工會國慶觀禮團，按以往慣例由公工聯主席黃偉雄任團長，率領全港公務員工會代表

上京，但黃偉雄與北京的不友善關係不宜帶隊上京，改由副主席梁籌庭任領隊。

公工聯內部選舉勞顧會代表候選人，梁籌庭以1票之差勝出。梁籌庭無意識下間接破壞了黃偉雄與蒙偉民的私人協議，兩人矛盾更惡化。後來梁籌庭為了兄弟免傷和氣，以「算啦！」做出讓步，退出勞顧會選舉，讓路給蒙偉明出選。結果蒙偉明順利當選。在這件事上梁籌庭憤憤不平，自覺工作表現不差，如爛頭蟀般，認為黃偉雄存在職級歧視。

這屆選舉公工聯內訌，後來黃偉雄被指不尊重公工聯決定，逼原被選為代表的梁籌庭自動退選，於同年選舉公工聯執委時誹謗候選人，影響他人投票。

接下來公工聯選舉，黃偉雄拉票倒梁梁籌庭，冀梁籌庭不能出任副主席，很多人勸黃偉雄不要如此做。工會的朋友與梁籌庭交往中，多數人認為梁籌庭是辦實事的人，不是搞搞震的人。黃偉雄並不罷休，結果梁籌庭輸了兩票給蕭賢英。當時黃偉雄是主席，拉蕭賢英打倒梁籌庭當上副主席。

六四風雲

震撼全球的六四事件發生，支聯會成立不久就在多個問題出現分歧。支聯會董事局成員黃偉雄與司徒華起爭執，宣布退出支聯會。公工聯眾人返回工會後，各人就此事聲討黃偉雄。梁籌庭認為支聯會的活動有關民族權益的問題，黃偉雄不應加以傷害。有人認為黃偉雄為了一己私利做出不智行為，有人認為公工聯不可能在這情況下退出支聯會，當前要團結一致聲討中共，黃偉雄卻搞內訌。

梁籌庭向支聯會索取公工聯屬會加入支聯會的名單，查看公工聯有多少屬會加入了支聯會，發現有部分屬會不知自己加入了支聯會，入會表格是黃偉雄代為填寫的，可能未經該會同意，很多屬會加入了支聯會自己都不知道。梁籌庭認為黃偉雄辦事獨裁，黃偉雄很多事做完才向公工聯交代。

黃偉雄事件令全港輿論指責公工聯，公工聯面對很大壓力，部分人找香港義肢矯形師協會的朱明勸黃偉雄自動辭職，以避鋒頭，1年後返回主席職位。黃偉雄不肯自動下野，公工聯召開執委會處理這個問題。會前梁籌庭等商談好，有足夠票

數拉黃偉雄下馬，計劃先讓黃偉雄自動引退，如果黃偉雄不自動辭職，才動議投票罷免。

到了罷免投票時，黃偉雄提出要「明票」，但會章規定是「暗票」的，經過一番爭論，結果以明票進行，黃偉雄被罷免，另選蕭賢英出任主席職位。翌日各大傳媒報導了這件事，並列出了投票「倒黃」的名單。

黃偉雄質疑執委罷免的權限，要求舉行會員大會來決定，大部分執委都同意召開會員大會。舉行會員大會當天，各大傳媒紛紛到場。大會投票結果，三十多個工會投下罷免票，反對的只有5票。

黃偉雄被罷免，梁黃關係的裂痕難以修補，兩人的矛盾直至現在仍未能冰釋。梁籌庭回首往事，認為黃偉雄誤會了，以為梁籌庭把他拉下馬，指自己哪有這個力量能夠把黃偉雄拉下馬。梁籌庭進一步表白：當時自己的影響力有限，公工聯中人認為自己有如新界一頭牛，集會示威時能夠提供充足的人力資源。亦由於自己能提供人力支援，所以和其他屬會關係良好，認為梁籌庭無機心，自覺：「我這樣的一個人如何能「起飛腳」[9]呢？」

黃偉雄事件後，公工聯出現空隙，梁籌庭得以上位。好多同事都在偷笑，梁籌庭「冷手執個熱煎堆」[10]。梁籌庭認為自己是公工聯內資歷最低的副主席，無殺傷性；職級低，對主席無威脅，主席可以無後顧之憂，因此可以上位。梁籌庭自認當時是工運實習生。

1994年公工聯主席蕭賢英競選立法局議席，提早退休，不能再出任公工聯主席，部署由副主席梁籌庭上位，出任主席職務。梁籌庭有點擔心，問蕭賢英：「我得唔得！」蕭賢英說：「你上，我照住你。」梁籌庭說：「你真係照住我先好！」蕭賢英說：「我傍住你。上位啦！」梁籌庭得到蕭賢英支持安心上位。

第一日當主席梁籌庭內心在顫抖。職位不同想法的角度也不同，今天這事應該如何處理，香港工運路如何走下去，如何帶領公工聯前進，如何控制全局。梁籌庭不知如何當這個領導，心中沒底。

---

[9]　「起飛腳」是香港俚語，意思是擊倒上級上位。
[10]　「冷手執個熱煎堆」是廣東話，意思是沒有努力的情況下有收穫。

會議室內全是有地位有資歷的工運者，人人都是主席，職級在梁籌庭之上。以前，梁籌庭只是擔當啦啦隊的角色，會議上附和主席，無須直接面對問題，與不同意見者理論，甚至正面衝突。處事沒有顧慮，不必為任何人設想，或平衡各方利益，只要按主席定下的方針辦事就可以。當上主席面對各位理事，假設屬會之間有糾紛時，如何維護自己職系權益，而不失偏頗！

新挑戰

　　踏入九十年代，政府各部門開始推行普及電腦化，文書職系亦進入了另一個里程碑。管職雙方都認為要適應辦公室電腦化，如果文書職系要繼續存在就必定轉型，以適應電腦化，因此雙方同意將文書職系改做為一支多元化綜合支援隊伍，首先設立中、英文打字增薪點，以吸引更多文書員工參加考試，提升自身工作能力，達到能處理辦公室電腦化工作。

　　隨著政府的文書職系工作責任日益沉重，拉遠了與私營機構文員職級的差別，文書總會認為薪常會檢討薪酬時，不適宜亦不能將政府文書與私人機構文員，用來作為同類型職級作比較，因此於1995年開始向管方提出更改職級名稱，以符合實際職務需要，最終於1997年尾達成協議，政府將二級文員轉稱為助理文書主任，一級文員轉稱為文書主任，助理文員轉稱為文書助理等。現在文書主任職系內共有3個職級，包括文書主任，文書助理和助理文書主任等。

　　到了二千年代經濟下滑，政府收緊開支，大幅度削減公務員編制，由原來十九萬餘人縮減到十六萬餘人，文書職系首當其衝，一場大災難開始。各政府部門為求交數，紛紛以文書人員祭旗，除了參加自願離職計畫外，再加上自然流失而不作補充，文書人員從高峰期的二萬七千餘人減至現時只有二萬人編制，減幅達25％。這個數據並不能真實反映實況，只是一個假象，其實公務員總人數沒有真正減少，各部門前門送走了直接僱用的文書人員，轉過頭用各種不同名稱請回更多外判工，如辦公室內的「XX助理」實際工作就是從事文書職務，與文書職系人員的工作毫無分別。由於文書工作無須專業訓練，只須中學畢業便可應付職務，政府又無須為合

約僱員提供福利，因此各部門爭相聘用XX助理，以補充人手之不足。高峰時政府聘用的合約文員多達六千餘人。時移世易，2009年政府恢復聘請公務員，部分部門不與外判工續約，另外聘請新公務員來取代替外判工，引發外判工團結起來與政府抗爭。文書總會當仁不讓，發揮工會基本宗旨「維護工人權益」，站出來為外判工討公道，沒有將外判工視為本身職位的競爭對手，相反地積極支持外判工爭取轉為正式公務員。

隨著本港教育制度轉變，實施「三三四」教育制度，文書入職學歷必須更改以迎合需要。政府將會如何改動，舊人受到多大影響仍是未知之數，文書總會寄望管方秉承過去合作精神，共同制定一個合情合理的入職學歷基準。

踏入千禧年後，亞洲金融風暴打擊環球經濟，香港經濟低迷，私人機構僱員被減薪，而公員務暫不受影響，拉遠了公務員和私人機構僱員薪金的差距，加上政府財赤日漸嚴重，大資本家向政府施壓，要求採取措施令公務員的薪金不再增長，以免影響私人市場的工資。2003年政府推出「0+3+3」減薪方案，行政長官董建華派行政會議成員鄭耀棠約見梁籌庭，商討減薪問題，梁籌庭清楚表明只接受0+3+3減薪方案，不會接受政府提出的「0+6」減薪方案，最終政府讓步接受0+3+3減薪方案，避免了一次公務員大遊行。

2009年政府招聘了一批新的助理文書主任，為日漸老化的文書職系注入新動力，文書總會亦期待有新一代文書同事參加工會，為本身行業打氣。

文書總會除了維護本身職系員工權益外，亦關注整體公務員權益，特別是新加入政府的同事要面對「3+3」不平等制度。所謂3+3是公務員入職制度，於2000年施行，新入職公務員須經過3年試用期及3年合約期才可轉為長期聘用，原來公務員只要經2年試用期便可轉為長期聘用。政府為解決長聘制公務員「易請難送」的問題，因此制定了3+3制度。

私人企業都無須以6年時間去測試一名員工能否適合當長工，為何擁有最多僱員的政府要如此刻薄員工呢？政府作為一個大僱主，應該以身作則塑造一個良好僱主形象給私營機構做榜樣，現時反過來帶頭鼓勵資本家當無良僱主。政府一直高調地倡議施政要公平公正，為何對紀律部隊新入職者不施行3+3制度，做成不公平的

情況。直至10年後立法會討論公務員聘用時，政府做出修定，建議公務員入職只須3年試用期。據當局公布的資料顯示，只有極少公務員在3+3期限內離職，可見政府枉作小人。多名立法會議員及公務員工會代表都支持有關改動，但僱主代表卻持不同意見，認為試用期太短，會容易令公務員轉為長聘後工作態度轉差，指有關改動並無必要。

與北京關係

出任公工聯副主席時，梁籌庭可能無殺傷性，北京對梁籌庭沒有戒心，雙方關係比較融洽直至現在。初期北京可能視梁籌庭只是一個傳聲筒而已。及後黃偉雄不便去北京，梁籌庭負責帶隊上京，因此和北京建立了融洽關係。

六四前夕某次北上觀禮團，黃偉雄通過何國鏦通知梁籌庭，同時擔任勞顧會競選代表，代表公工聯與工聯會商談分配問題。在北京的梁籌庭主動叩門找工聯會的許旭明，討論勞顧會代表的選情，直接問對方是會否支持公工聯。勞顧會選舉工聯會持票最多，能控制大局。許旭明說：「OK，希望將來能合作。工聯會會考慮，多數OK。」

想不到回港後梁籌庭這一活動竟成為死罪，公工聯會員大會發出通告，指梁籌庭未經公工聯同意與工聯會洽談勞顧會選舉分位事宜。八九後這是死罪，當在大會宣布時，梁籌庭即場指住何國鏦，說何國鏦要他如此做，何國鏦承認，梁籌庭無事，事件平息。

梁籌庭接任公工聯主席後，北京對公工聯的看法有所改變。北京認為蕭賢英是激進工運者，是職工盟的人，主政公工聯時期，帶領公工聯跟隨職工盟一起活動，與中共搞對抗，少做公工聯自己的事務。部分人對蕭賢英也有這種看法，視蕭賢英是職工盟的人，不是公工聯的人。梁籌庭認為公工聯在蕭賢英主政時期，由於這時香港民主運動此起彼落，公工聯全部都有直接參與，所以相對放在爭取勞工權益的時間較少。

臨近回歸，朱明接蒙偉明出任勞顧會代表。6年後朱明轉到醫院管理局工作，

醫院管理局不屬於公務員體系範圍內。朱明的新職位是高級行政人員，轉為代表署方出席勞資會議，位置調轉坐。北京通過工聯會放風，問公工聯是否要換人，梁籌庭決定自己重返勞顧會，工聯會表示接納。

北京雖然表示接受梁籌庭，但有一件令人大惑不解的事情發生。勞顧會所有成員組團北上訪問，由勞工處長韋玉儀帶隊，全部團員都順利過了關，只有梁籌庭仍呆站在檢查崗前未能過關。過關通道上的梁籌庭萬眾觸目，自覺不自在。他不知發生了什麼事情，暗想，旁人會視我為賊嗎？李啟明、鄭耀棠開玩笑說：「梁籌庭罰企。」梁籌庭站了15分鐘仍未能辦妥過關手續，關員表示要等待上峰的指示。是次是官式訪問，梁籌庭等所有團員的名單應該早已上呈北京，為何會有如此情況呢？

其後，梁籌庭曾有一次更被邊檢人員帶去一房間，兩名解放軍（名稱可能有誤）為梁籌庭站崗，其中一人說：「梁生如果你要去洗手間請告訴我。」梁籌庭問：「發生了什麼事？」他回說：「我也不知，你準備返轉頭。過不了關。」梁籌庭說：「咁都得。」他說：「話你知，你要坐定定係度。記得，要去洗手間請告訴我，我帶你去。」梁籌庭如丈八金剛摸不著頭腦，等了45分鐘後，該名解放軍回來說：「梁生，你可以過關，我帶你過去。」

或許因為如此，勞工處長韋玉儀為免麻煩，不再安排勞顧會組團返國內交流，改去東南亞訪問。

梁籌庭因在大陸購買了物業，過關返大陸次數增多。次次去深圳都如此，某天事情略有變化，梁籌庭如常過關，關員帶梁籌庭到一個更亭，說：「梁生，以後你不用排隊，認住我這個更亭，每次過關直接來找我。由我問上面是否批准你過關，上面批准你就可以過。」

1996年北京委任梁籌庭為「香港特別行政區第一屆政府推選委員會」委員，過境到深圳投票選舉「香港特別行政區臨時立法會」議員都照樣有阻滯。推委被視為北京的人，到深圳選臨立會議員是為國家辦事，為何過關仍是有問題呢？這情況或可說明特區第一屆政府推選委員是沒有特權的。

於是梁籌庭去問新華社：「如此情況為何找我梁籌庭當特區推選委員？每次過關都要等最高指示批核。你收回我的回鄉證吧，好讓我把國內的樓宇轉讓別人，一

了百了。」新華社反問梁籌庭：「究竟你在香港做了些什麼事？」要梁籌庭交代。新華社說：「上面有些新措施我們也不清楚。」梁籌庭說：「我是民主黨成員，已經公開見報，不是祕密。負責民主黨港島東區選舉事務專員，但不是中央委員。」新華社說：「你再想一想，近來做了些什麼事。」

後來梁籌庭記起一件事，北京如此敏感，難道是八九民運之後，他和蕭賢英有一次去英國，與「首都工人自治聯會」糾察劉煥文會面，劉煥文全程招待梁蕭兩人遊山玩水。

劉煥文對梁蕭說：首都工人自治聯會在香港沒有代理人，邀請梁蕭兩人加入，梁蕭各給劉煥文1英鎊，算是表示支持。回港後梁籌庭沒有跟進此事，不當作一回事，從此以後亦沒有與首都工人自治聯會聯絡。

新華社說會同有關部門談這個問題，此後梁籌庭過關時，關員只是諮詢一下便辦妥過關手續。3個月後，過關完全順利了。直到現在為止，梁籌庭尚不知道發生了何事。是民主黨？是首都工人自治聯會？沒有答案。

加入政黨

梁籌庭在海外接受工會領袖培訓課程，學習如何發揮集團工會力量，可以透過工運左右政府政策。1999和2002年的減薪鬥爭就是最佳實例，梁籌庭領導的公工聯先後發起公務員2次，為數二萬六千人和三萬五千人上街大遊行，抗議體制改革和立法減薪，前者迫使政府暫停公司化或私營化，後者雖然不能成功抗拒減薪，但卻拖長了施行減薪時間。

早在八十年代香港政制逐步開放，梁籌庭開始接觸政黨。譚惠珠於1985年創立「勵進會」，黃偉雄加入後，邀請梁籌庭等加入。梁籌庭回想只覺自己是政治花瓶，為他人裝飾門面。

九十年代因應立法局直選，香港民主同盟首先成立，「香港自由民主聯會」和「民主建港協進聯盟」亦告成立。另一政黨「香港民主民生協進會」向公工聯表示，邀請梁籌庭加入。而梁籌庭和劉千石關係較好，結果加入了香港民主同盟。

梁籌庭加入港同盟，冀能發揮工會影響力，左右政府政策有利工人階級。

1994年香港民主同盟與「匯點」合併組成「民主黨」，梁籌庭轉入民主黨，是創黨黨員之一，隸屬港島東區支部，曾任港島東區選舉專員，算是少壯的一員。1998年曾健成投訴梁籌庭在灣仔選區中，協助民主派獨立人士楊運瓊助選，認為即使助選都會損害了民主黨的利益，民主黨發給梁籌庭警告信。但是，民主黨核心領導人李柱銘及楊森又不想他離去，窺視他背後的一大疊公務員選票。梁籌庭要求撤銷警告信，民主黨不接受，退黨是最佳抉擇。他退出民主黨後仍不時支持李柱銘參選，直至李柱銘全退不再參選為止，他才沒有為民主黨做助選工作。梁籌庭認為當工會領袖好過做民主黨的頭目。

職工盟一直以來都帶領屬會從事政治活動，反中共色彩濃厚。梁籌庭是職工盟創辦人之一，文書總會一直以來都是職工盟屬會，主要是斬件式合作關係，2012年因認為會費問題退出職工盟。公工聯曾經表決是否加入為職工盟屬會，但投票結果是差1票遭否決，至今仍維持獨立身分。

退休

梁籌庭的退休期是2011年3月，扣除累積假期7個月，可於2010年7月開始休假不用上班。他退休後仍是勞顧會代表，卸任公工聯和文書總會主席，轉任非受薪總幹事職務，作為過渡性安排，負責培訓下一代接班人。他以前被培育為領袖，現在部署計劃如何培育下一代領袖。

梁籌庭認為公務員工會現在是一個更新換代的時間，出現了青黃不接的情況。接任梁籌庭公工聯主席的劉錦耀已年屆58，尚有年餘也要退休，只能做一屆主席就要退下來。公務員總工會接張國標棒的繼任人做了一屆，也將會退下來。公務員工會大部分都面對這個斷層問題，華員會也是如此。

公務員總工會情況略好，由53歲的鍾國星主持大局，但鍾國星（已離世）有健康問題，且有能力晉升為首長級職位，出任助理房屋署長，支取D2薪金點。鍾國星經常開玩笑說：「用錢能夠解決的問題不是問題，我有錢！」鍾國星月薪達十萬

元，妻子也是公務員，職位是房屋署／助理文書主任。

梁籌庭到退休仍感遺憾的，是未能爭取4個中央評議會開放參與資格，其中高評會規定加入新成員，必須3會皆同意，但華員會一直反對，政府又不肯增設一個評議會。

工會經驗

梁籌庭的工會工作心得是：「不斷鬥爭，爭取，付出。」工作與收成是正比例的，古語云：「一分耕耘一分收穫。」這個世界沒有不勞而獲的，主持工會工作要主動爭取，才能有成果的。梁籌庭認為「工會要不斷鬥爭才取得會員的共鳴」。

梁籌庭的工會領袖經驗是：從事工運只要不計較仕途，就不會有顧慮，還有什麼事情值得害怕，所謂「無私即無畏」。你只要認為這件事對工人有好處，對行業有利益，就要全力以赴，一往無前地去爭取。當一個領袖做事只為自己利益打算，就會失去會員的信任、阻礙工會的前途。梁籌庭當上公工聯主席自覺責任重，全港十八萬公務員望住你，你將會如何帶他們爭取權利益，維護公務員利益。這就是工會領袖的任務。

年輕的梁籌庭孤身一人，無後顧之憂，敢作敢為，完全不識死。面對仕途淡然置之，心想「東家唔打打西家」，自己經歷多個行業，張張刀都利，最壞的情況也只是重返藍領行業，仍然可以悠然生活下去。加入政府部門做公務員並不是梁籌庭的目標，只是一份工作而已，更沒有心理壓力。做了一段時間公務員，累積了一份長糧，梁籌庭為工會辦事以來，面臨抉擇從來沒有為此而計算過，權衡得失，以定去留。

梁籌庭的職位較低，外人看起來也許認為梁籌庭的不計算只是扮清高。但是梁太是首長級第一級官員的祕書，為了支持梁籌庭做出了極大的犧牲。梁太18歲加入政府做祕書，但仕途卻受梁籌庭工會主席的身分所拖累。循例每3年都有1次升職面試機會，但總是名落孫山。梁太的上司每次面試都向她投以信任一票，認為她工作能力高，升職機會大。有高官私下向梁太說，直指梁籌庭是工會主席，工作敏感，

恐怕梁太升職後會洩露政府機密給梁籌庭，所以一直以來都不將梁太升職。甚至有人戲言說：「妳同梁籌庭離婚就可以升職。」梁太若升上一級就會為首長第二級以上官員辦事，要列席高層官員會議做紀錄，直接聽到政府官員列為高度機密的談話內容，這些內容可能涉及梁籌庭正在處理的工潮。政府如何確保梁太不會洩露給梁籌庭知，最簡單的方法就是不將梁太升職，梁太自然無法接觸到這些機密資料，洩露問題自然不會發生。梁太面對這個不利情況乾脆申請調職，到郵務署做郵務員，自我表示清白，全面支持梁籌庭的工會工作。梁太曾公開說：「我喺欣賞梁籌庭對工會工作的熱誠，先至嫁俾佢，所以寧願選擇愛情也不會要仕途。」

梁籌庭一生本著打不死的精神，如爛頭蟀般一往無前，在工運不歸路上拚搏。最難忘的經驗是1999年，政府推行公務員體制改革，當時公務員最擔心的是政府將部門私有化，將工序外判，害怕失去工作崗位。結果梁籌庭有份組織了本港歷史上首次公務員大遊行，號召了逾兩萬名公務員參加，迫使政府放棄部分改革。

2002年政府立法削減公務員薪酬，再次引發三萬公務員上街遊行，梁籌庭是遊行策劃人之一。結果這次上街無法阻止政府減薪，其後減薪事件更陸續有來，梁籌庭的月薪也由高峰期的20,485元，減至2007年時的18,915元，累積減幅約7.7%。梁籌回想往事，認為這一役是最難打及最痛苦的一仗，有如真槍實彈上戰場打仗一樣，主持大會時我好緊張，精神壓力很大，如果敗下陣來，很多人會好慘，十幾萬人的福祉，壓力好大，最後取得0＋3＋3減薪方案拖長減薪時間，影響小一點」。

2003年11月5日，公務員經歷兩次減薪後，管職雙方組成的「公務員薪酬調整機制諮詢小組」開會，梁籌庭在會上質疑政府私下邀請顧問公司投標存在「蠱惑」，擔心政府處事不夠公平、公正、公開。公務員事務局局長王永平聞言立即表示：「我好嬲！」認為員方不信任他，拍檯說：「散會！」隨即起身離座走出會議室，會議不歡而散，在場所有人都目瞪口呆，公務員事務局常任祕書長黎高穎怡當場嚇呆了。

在減薪戰役期間，梁籌庭感覺無助，四處找立法會議員協助，看盡人情世態，部分政黨認為公務員貪得無厭，建制派更加批評，市民亦不支持公務員，甚至出言責罵。董建華派鄭耀棠與公務員工會洽談。梁籌庭認為此舉等同把公務員事務政治化。

政府推行問責制後，局長已無與工會有真正的固定會議，什麼溝通方式都沒有，工會想與局長聯絡也找不到人。只有透過立法會議員才找到處長或祕書長。所以梁籌庭認為公務員在議會內一定要有自己的代表，要以獨立人士身分競逐，不能有政黨背境，才可純粹代表公務員爭取自身權益。因此梁籌庭曾考慮競逐立法會議席，出戰港島區，面對最大的難題是經濟問題。選舉條例規定公務員不能參選，蕭賢英要辭職退出公務員行列才能參選。退休的「警務督察協會」主席廖潔明和「消防處救護員會」主席屈奇安都曾考慮參選立法會，最後都不能成事。

梁籌庭爭取公務員權益以來，先後與回歸前後的公務員事務局局長交手，包括屈珩（任期1991至1993年）、陳方安生（任期1993年）、施祖祥（任期1994至1996年）、林煥光（任期1996至2000年）、王永平（任期2000至2006年）、俞宗怡（任期2006至2012年）和鄧國威（任期2012至2015年）等。梁籌庭評價其中六朝對手，認為屈珩對加薪處事硬朗；陳方安生裡外兩個人，對傳媒笑口常開，對下屬愛擺官威，煞氣重，與工會格格不入，對任何建議不做正面回應，全部交由助手回覆；施祖祥可算是毫無建樹，大搞公關，與公務員團體進行聯誼活動，任內沒有出現激烈工潮；林煥光執行公務員體制改革，烽煙四起，處事手段強硬，與他交手必是硬仗，要動員全公務員遊行對抗，唯一德政是把4個中央評議會以外的4個公務員團體，納入為公務員事務局的諮詢對象；王永平開會帶你「遊花園」，說話反反覆覆不著邊際，會談總是無結果。

公務員工運展望

梁籌庭對公員工運前景不樂觀，指出2003年政府推行高官問責制後，與原有的公務員制度有衝突，因為公務員要面對群眾，面對立法會。公務員越來越不受重用，以前每個部門的員工都需要協助制定未來五年預算，再交上司拍板，但現時所有政策幾乎由上而下。所以公務員都不知明天如何，總之，完成今天的任務就算。

公務員頗抗拒加入工會，主要是心態問題。公務員對加入工會有害怕的心理：（1）不想涉及政治；（2）上司會視自己為搞事分子；（3）妨礙升職。

今天公務員工會數目很多，入會會員不活躍，會員人數很少，會員重疊現象嚴重。最普遍是既是文書總會會員又是華員會會員，公務員不想跟政治拉上關係，面對現今政治氣候，一般都會跟形勢，加入與中央關密切的工聯會，而不會加入民主派工會。

公務員工會於七十年代冒起，一般都欠缺經費。面對這個問題，公工聯在長沙灣租下一個面積七百呎平方的寫字樓作會址，月租逾萬元，必須在會費以外開拓收入，開辦旅行社。文書總會於近期舉辦了5班導引課程，讓有意投考文書主任職系的同事報讀，上課兩晚收費350元，反應不錯，略有收益。

公務員最重視自己的仕途，不想跟政府直接對立。公務員入息穩定，所以缺乏抗爭動機，只有私營化和減薪這兩個議題能引起全體公務員共鳴，團結一致發出強烈的不滿聲音。

公務員工會對香港整體的工運的影響，早期是有意由工運介入社會，但現在已淡化。八十年代，公務員工會參與全港性工會運動，如職業安全、勞工立法等，進而涉足社會運動，為八八直選、大亞灣核電廠等議題發聲，與各勞工團體建立聯繫。九十年代中期，各集團工會的合作日漸減少，沒有常規性的共同活動。由於政府不體諒下級公務員，工會也凝聚不到公務員，大部分工會只為了爭取選票，欠缺凝聚力。九七後公務員團隊編制的萎縮，工會更見沒落。總結公務員工會的貢獻，主要是維護公務員權益，對整體社會的工運幫助不大。

梁籌庭認為工會的產生主要是為了維護權益和消除怨氣，可是近年整體工運的素質不斷下降。今天社會福利較完善，港人整體收入增加，而公務員的福利有很大的保障，所以一般人都認為工會的作用不大。究其原因是：「沒有壓力就沒有發展。」現今工人如果有個人問題要解決，都會找議員協助，工會的作用也相應減低了。所以公務員工會的運作模式應加以改良，例如要設立委任總幹事，由公務員出身的人出任，可避免因爭取權益而直接與上司對抗，存有害怕影響仕途心理。

香港工會訪台。前排中間坐地紅褸白衣者是梁籌庭，最後排右8灰毛衣者是劉千石（劉千石是帶團者），右9高個子穿黑褸者是是何國鏦，故人稱高佬，右11 白灰毛衣者是黃偉雄（黃偉雄提供）

在多個部門工作的李尋彪

日期：2014年4月21日下午2時半至4時30分
地點：亞洲專訊資料研究中心（AMRC）
地址：大角咀塘尾道66號至68號福強工業大廈9樓
被訪問者：李尋彪先生
訪問員：梁寶霖、梁寶龍
整理：梁寶龍

【李尋彪簡歷】

李尋彪於五十年代出生，香港土生土長，1973年入職公務員，曾任政府土地工程測量員協會執委，和出任部門評議會代表，2008年退休，前後當了35年公務員。

在職進修

李尋彪於1950年代中期在香港出生，是戰後新移民的第二代。學歷是理工學院高級證書，是為政府鼓勵公務員進修的成果。進修者首先自己要先支付學費，經考試合格後才可以申請領回學費。多位受訪者都在政府資助下取得更好的學歷。

部分進修課程安排在日間上課，政府會批假給進修者安心上課。李尋彪的課程安排緊密，部分上課時間是連續一個全日，再加兩個晚上的課堂，由早上8時開始上課直至晚上8時，雖然有1小時的吃飯時間，但進修者仍覺相當吃力，要有充足的體力、精神和時間才能應付。李尋彪回顧前塵往事，直說：「好辛苦！」課程性質由初級程度開始，但身為測量員的學員，大部分都已經認識初級課程的內容，任職測量員的進修者都視為輕鬆一下。但讀到高級課程時就感覺壓力，開課兩星期後，

有學員自動離去，他們可能覺得在職訓練已經足夠應付日常工作，還有些學員已有家庭負擔，沒時間或財力來上課，又或者已經升級了，不用走進修來求晉升的道路。綜合所有受訪者來看，餘下的學員希望充實自己，或需要以進修來求晉升，故仍在繼續努力上課。理工的課程得到政府資助，學費不算貴，一個課程約為800元，專業性質的公務員應可應付。

李尋彪讀完第一年後，開始有點氣餒，心想如中途放棄的話，有點失面子，他憑著一點堅持，終於完成學業。

測量員生涯

李尋彪中學畢業後，一面工作一面讀F.6（預科第一年）。一直以來香港的教育都是精英制，與其他政治和經濟制度一樣跟隨英國，即中學包括3年初中、2年高中、2年預科和3年大學的「三二二三學制」。預科有預備升讀大學的意思，是在經過5年的中學教育後，成績良好的始可升讀為期兩年的預科，或稱F.6和F.7，然後再參加大學入學試，後來改稱高級程度會考（Hong Kong Advanced Level Examination，簡稱HKALE，俗稱A-Level、AL或高考），成績良好的才有機會進入大學，因此九成中學生被摒諸門外，因而當時去台灣留學的人不少。

預科可算是為報讀香港大學而設，香港學制基本是三二二三學制，但又有例外，報讀中文大學只要讀1年高等程度課程（High level）就可以。美國和中國的學制是6年中學，4年大學。收香港學生的台灣大學設有先修班，等同預科。

筆者當年讀中文中學，會考只能報考英文科課程B（syllabus B），與英文中學的英文科課程A（syllabus A）不同，程度較低，不需要考會話。且不能報讀香港大學，因香港大學只接受會考英文科課程A的學生報讀，中文中學學生只可報讀中文大學。但有一個例外就是金文泰中學（Clementi Secondary School），它的學生可以報考英文科課程A，報讀香港大學。在學校名稱上，中文中學多以中學為名，英文是secondary school，英文中學多以書院為名，英文是College。

未能入讀以上兩間大學的學生會報讀香港工業學院、浸會書院（今香港浸會大

學）或珠海書院（今香港珠海學院）等。也有學生選擇台灣的大學，他們多是中文中學學生。後來國內開放，少部分學生回國內讀大學。

李尋彪的整個應徵時間頗長，需要5至7個月時間。見工當日天文台懸掛8號風球，不能外出面試。翌日他到面試的部門詢問有關情況，當值職員說：「你會再約一個時間面試。」李尋彪再獲得安排面試。經前後共面試兩次，有關部門才聲明聘請他，再通過驗身這一關，最後還要證明是否良民，最好能提供工作經驗證明。他終於入職公務員，職位是三級助理土地測量員（Surveying Assistant III）。當他在測量學校培訓時，政府已經開始招聘第二批新人，培訓為期9個月。

這個職系以前叫做「助理測量師」，部分員工是國內大學畢業。政府這段時期是承認國內有關的專業證書，因為當時香港的大專學院內沒開設有關測量這類課程，後來理工才開設有關課程。政府僱用國內大學畢業生這情況十分普遍，如當年中學內亦有大批國內或台灣大學生出任教師。

受訪者古聖光、梁籌庭和黃華興等也有進修經歷，各人工作部門和職位不同，進修經歷自然也不同，從各人的口述，能夠多方面反映當時港人生活部分面貌。

國內來港的人外出工作時仍會穿著西裝，這是當時剛改革開放的特有現象，所有國內初來港的人都如此，是一種政治、經濟和文化改革的產物，有如由清轉民國時，服裝上年輕人都在追求西化。香港天氣較熱，在寫字樓上班的男士也會穿上西裝，當時的港督麥理浩一度鼓吹放下西裝改穿夏季的恤衫。

後來職系改革職位，原來的助理測量師，因香港大專院校沒有這個學科，所以招聘一些中學生為三級助理土地測量員，訓練成為二級助理土地測量員（Surveying Assistant II），因此這個職系的人立即組織工會，向政府表達意見。最終將二級助理土地測量員的職稱改為「測量主任」（Survey Officer），而三級助理土地測量員（Surveying Assistant III）改稱為「見習測量員」（Survey Officer Trainee，簡稱SOT），現稱見習測量主任。

加入工會

　　李尋彪曾在多個部門工作，如海事、水務和機場等。由於在職同事不滿職系的改革，新入職者都會加入測量員協會，向政府爭取自己應有的合法和合理權益。

　　後來爭取職系改革告一段落，政府土地工程測量員協會的執委認為工會如要維持下去，必須遊說年輕會員加入執委會。

　　因此李尋彪由會員進一步加入執委會做執委，連續出任了兩屆，後來退休前再做了8年左右。李尋彪出任執委期間沒有參加其他社會活動，只是2003年出席過一次減薪活動。

　　因為工作量增加，大量工作積壓，執委要直接和管方周旋。管方經常針對測量員過早從工作地方回辦公室，忽略了測量員的工作的需要和分配。

　　李尋彪指工會工作經常是擔當磨心角色，一方面要和上司洽談爭取，另一方面未能爭取到資源時，會遭會員指責，只好耐心安撫會員，希望能夠做到兩面討好的情況。有一次會議，領隊的工會主席準備拉隊離場，早有兩手準備的上司，這時就說：「我給你們加多兩個高級職位。」工會主席豪氣萬千地說：「我們不要，走！」

　　李尋彪後來認為如果當時大家視野闊些，先要兩個職位，稍後再繼續爭取，可能變為3個職位。我們為何要走呢，連兩個職位都不要？當時人人都年少氣盛，沒有深思熟慮，可能因此下了一步錯棋。除了路政部外，政府還可能在其他部門的工程單位增加職位呢！

　　測量員協會與管方開完會後，有一個小小的缺失，就是少有接著檢討會議過程和內容的得失。多數開完會就各散東西，很少立即開會做出跟進。

　　李尋彪在工會出任執委，這只是在無人願做的情況下擔任此崗位，有如「點指兵兵」[1]般。李尋彪不善在公眾場面講話，不是工會此職位的最佳人選。現在測量員協會情況稍好，有人出來競爭職位，自然有人當選，有人落選。雖然工會加多了職位，報名的候選人仍十分踴躍，增添了民主氣氛。

---

[1]　「點指兵兵」是一種兒童遊戲，借用的意思是隨機揀一個出來。

李尋彪曾在一個部門工作期間目睹很多人事鬥爭，由於這個部門是由兩個職系合成的，所以有一個職系的人為了爭上位，就無所不用其極。測量職系的同事不似另一職系的同事，習慣鬥爭。在鬥爭過程中，整個測量職系都受到針對。

李尋彪的工作經驗所見，凡是工程一定會延誤的，出現延期時，有持份者卸責，大家就互相指責，最後測量員變成箭靶。

李尋彪指九七後特區政府的政策好苛刻，收縮了很多資源。財政司梁錦松指公務員人數太多，多到超出政府的需要，大量削減人手，令到很多職系的工作百上加斤。2003年政府進一步以瘦身計畫減人手，要求公務員提早退休，管方乘機將工作外判，代替增加人手。

為了工作效率，部門會要求員工自資乘搭車船前往工作場地，以前是會發回交通費的，但回歸後要員工自己負擔。按《基本法》第100條規定：公務員「其年資予以保留，薪金、津貼、福利待遇和服務條件不低於原來的標準」。現員工被迫要自付長途車費上班，員工都覺得不合理，對低薪的第一標準薪級員工來說，就更加重了負擔。

李尋彪遇見過一位因學歷問題，難以再晉升的同事，即「白頭進士」，由於長期服務良好，是部門的老臣子，部門亦給予獎賞，推薦他接受獎章。

評議會

李尋彪曾在一個部門出任協商會代表，評議會內勞管雙方相當和諧，常常容易解決一些問題，管方亦願意替員工爭取資源，多開高級職位，可以說皆大歡喜。故會議內沒有特別針鋒相對的場面。在個人仕途上，評議會代表在晉升機會上占優。

殖民地時政府的會議全部用英語進行，有關文件亦是以英文為主，出席者如英語能力不足，就不能充分完整表達意見。且評議會主席是外籍人士，會上全部人自然都會說英語。不過政府會按需要安排翻譯員出席協助，後來政府將中文定為法定語文，再加上推行本地化，盡量由華人做主席。以勞工顧問委員會為例，政府因應代表大多數是不會英文，會議自然以廣東話進行，所有文件都有中英文本，代表才

能暢所欲言把，把勞工諮詢工作推上一層樓。

據說有一次測量員協會與管方開會爭論激烈。上司氣憤地說：「有問題你可去廉政公署投訴我。」有人說：「投訴就投訴。」

廉政公署是處理貪汙工作的機關，有權調查公務員中的非貪汙事件嗎？筆者接觸的公務員工會所見，不少公務員工會將非貪汙事件也到廉政公署「舉報」，藉此吸引傳媒注意，加以大肆報導。

是時政府推行的合約制有漏洞，以較低工資招聘職員。香港經濟不好時，外判制度更離譜，衍生同工不同酬，私相受授等惡劣情況。在評議會上也曾討論過此事，有人投訴外判制度，政府調查後認為外判制有問題，取消了測量外判。

九七前部門協商會要處理的事情很多，就會每個月開一次會。政府部門內一個小單位也有協商會，無須事事都要在部門協商會上商談。有一些部門協商會一年只開兩次會，大家只是見面。一起食午飯高興一番。遇有有特別事情，才立即開會。

部分部門員工會成立儲蓄互助社，他們可以選派代進入表評議會，評議會內不只是有工會代表。

工運前瞻

綜合各方面資料，1972年的測量員工潮，起因是政府將測量員的職稱改為「助理」，原本是有地位的測量員，變為助手，群起抗爭。工潮勝利後，政府將職稱改為「主任」，還加設新的測量主任（Survey Officer，簡稱SO）、高級測量主任（Senior Survey Officer，簡稱SSO）和首席測量主任和總測量主任（Principal Survey Officer，簡稱PSO）等，薪酬與工程幫辦（督察）相約。測量員協會仍不滿意測量主任薪金比較多些，但比幫辦少，而高級測量主任工資相當於幫辦，因為幫辦沒有證書之故。

當時的專業人士工會不是以工會（Union）命名，多是以協會（Association）來命名，如政府土地工程測量員協會（Association of Government Land & Engineering Surveying Officers），政府工程技術及測量人員協會（Association of Government Technical and Survey Officers）。他們都在職工登記局註冊，其操作及行動、經歷，全是工會性質，對外活動時也以工會自居。測量員協會成立後，創會者都退下火線，年輕人在行動上加速協會向工會轉變。4A會會員大部分是工程部門員工，跟隨工程師工作，隨著部門的擴大，晉升機會就多。測量員跟外籍合約工程師工作，九七臨近本地化是必然的走勢，外籍合約工程師沒長遠打算，準備離去，晉升上主管位置的華人，忘了以前的抗爭，開始與測量員有分歧。

進入八十年代測量員開始有女性員工，並且開始男女同工同酬。是時護士爭取男女同工同酬，獲得勝利，惠及其他公務員，改變了公務員男女同級同工不同酬的情況。

八十年代的工會理事較進取，所以爭取到很多福利和權益。測量員爭取到增加一個增薪點，這是以津貼為名發給的，並不是基本工資。在津貼問題上，如一些津貼在放假期間是不能支取的，晉升到最高級職位時亦會被取消。

測量員經常要外出獨立工作，當有問題出現時，如不知如何界定這範圍，當時沒無線電話，所以無法即時取得指示，又找不到人即時教路。外出工作最慘是被狗追。有職系會以工作辛苦，要求增加人手。

薪常會第八號報告出台，對已入職的公務員沒有影響，但影響新入職的員工，測量員協會站出來抗爭。現在有工會領袖認為工運因找不到議題，所以淡了下來，加上九七後人人對政府無奈，再沒有以前的積極性。

九七前，部分來港者因受到壓迫而來，比較恐怕回歸，所以提早退休，移民外國。餘下來的人因此部分可以開快車升級。這些情況都是李尋彪入職時不能想像到的，部分人能於短時間內升上高位。在這局勢影響下，所以現在的工會執委不會太進取，加上部分執委都已經升職了，是既得利益者，等待錦上添花。

以前升職比較困難，升職有如中六合彩。李尋彪入職時公務員不足十萬，現有十餘萬人，升職機會自然就多了。

以前測量員協會對部門有意見時，未得到管方的改善方案時，會號召集會向管方施壓，後來管方態度強硬，要求去集會的員工要請假，沒有請假外出要扣半日假，不用扣工資。

工作軼事

　　早年部門內上下員工溝通不足，上司不會主動了解下屬。有時測量員早上上班後，預備開車外出工作時，因為部分人尚未好，當看見外籍上司上班，測量員怕被指責，會立即開車離去。其實開車離去可能不是開工，有些人卻去了飲茶，這是以前制度不完善的情況。

　　以前公務員制度，很多職系的上司不能直接懲處下屬，上司反過來受下屬氣。部基層員工同時有兩份工作，所以要準時收工。因此測量員要在短時間內完成工作，讓他們收工，趕往另一份工上班。曾有一位公務員當更時兼職做輔警被發現，部門則大事化小，家醜不外傳。公務員有做兼職的情況普遍。

　　每年4月公務員都會獲得加薪，但2009年發生了雷曼事件，公務員凍薪。公務員的退休金是按甲類物價指數來調整，這時退休金反而有向上調整，所以公務員於2009年的4月前退休，比4月後退休有著數。

　　曾有上司每年申領辦公室物料，數量不會少過往年，結果物料越積越多。某上司作風古怪，下屬前來取擦字膠時，竟問是否常常做錯「嘢」，隨即拿起桌面的擦字膠說：「切一半去用啦。」到他調走時，取出一大堆文具分給各人使用。

　　政府會若干年調換員工一次。但有部門提出抗議，指經常調換員工，即是要我們不停訓練新人，所以不願放人走。甚至找工會發聲聲援，政府有時會徵詢工會對調換員工的意見。郵政的UPOE曾反對某一主管的調職

　　政府調換員工崗位是一件平常事，各部門和各人有不同意見，可參閱受訪者蕭賢英和鄧福棋，對主管空降或由部門晉升的見解。部門主管由政務官出任是源英國的文官制度，後來英國為了完善公務員制度，安排專業人士接受管理學培訓課程，掌握行政知識，以利出任部門主管。香港主管醫療衛生的首長多是醫生出身，政府司局級官員多數曾在多個部門任首長，如陳方安生早年曾任助理財政司，助理新界政務司和首席助理社會事務司等。有一個特殊例子是張敏兒，曾任職廣播處長達10年。美國國防部長不是軍人出身，中國改革開放後，曾就外行領導內行進行了廣泛討論，兩者的優劣尚未有定論。

後記

　　本書口述史經過兩年（2012-2014）多的訪問始完成初稿，曾以〈徵求意見稿〉形式做內部發行，期間得到各被訪者及關心公務員工會運動的人士支持，及積極回應。再經整理及增加公務員工運史、薪酬制度和諮詢機構等資料才公開出版，總算有所交代。

　　我們很感謝這13位工運人士，能盡情表述他／她個人參與公務員工運的經歷，與及他／她個人成長的經歷，以便讀者對當年工運和社會歷史有進一步了解。

　　這群人是當年公務員工運的骨幹，大多數是中學或大專畢業，從事前線公務員多年，現全部已經從公務員崗位退了下來，但仍是對工運不死心，多數人現仍在工運路上擔任角色。

　　遺憾的事情是，本書被訪者雖有香港職工會聯盟、香港工會聯合會、香港勞工社團聯會、香港公務員工會聯合會的代表，但缺少了港九工團聯合總會、香港政府華員會、香港公務員總工會和高級公務員工會等的聲音，以及其他女性公務員（本書只有一位）的訪問，以致未能反映公務員工運的全面情況。

　　另一方面，本書內容主要只侷限於八十年代，未有顧及今日新工會的發展，這點有待有心人繼續努力，把公務員吶喊之聲，傳承下去。

　　本書特別鳴謝以下人士，被訪者蕭賢英、黃偉雄、梁籌庭、鄧福棋、李美笑、黃華興、馮兆銘、鄺漢泉、郭錦林、郭紹傑、古聖光、屈奇安和李尋彪等，並得到街坊工友服務處、香港勞工社團聯會、香港職工會聯盟和亞洲專訊資料研究中心等協助，安排受訪者或提供訪問地方。在文字處理上亦得到周奕協助，並提供意見。而伍錫康教授、潘毅教授、退休教師李煒佳、退役女警劉瓊鳳、王漢森、李學文、張世林和林華煦等提供意見及資料。尚有樹仁大學的區志堅為本書找出版社，以及秀威資訊的編校印出版工作等。

特別是何國鏦和黃華興的離開我們，十分惋惜。

香港工運史研究小組

梁寶霖、梁寶龍

2021年3月20日

附錄

公務員工運史1843-2010

公務員的勞資關係

在勞資關係上來看，政府可算是資方，公務員是勞方。政府以公務員事務局為其代表，與各部門負責人是管方。

1843年英國頒布《英皇制誥》和《皇室訓令》，第一任港督砵甸乍憑此組織殖民地政府，僱用公務員，但這時香港並沒有公務員制度。從英國派來治港的人是英國海外僱員，英國當時也沒有公務員制度，於1854才開始初步建立公務員制度。

公務員制度可說最早在中國出現，但始於1854年的英國《諾斯科特—屈維廉報告》（Northcote-Trevelyan Report），英國完善於1968年的富爾頓委員會（Fulton Committee）的公務員改革報告書，主張改變重通才、輕專才的傳統，要求高級行政官員要具備高程度的專業化知識；另一方面充分發揮專業人士的作用，打破行政人員與專業人士的壁壘，取消專業人士不能出任行政領導的做法；建議開辦學院，為各級行政人員培訓專業知識，並對專業人士進行行政管理知識培訓。[1]

香港政府據《富爾頓報告》制定：《公務員規則》、《長俸條例》、《警務條例》、《防止賄賂條例》、《港督特派廉政專員公署條例》和《公務員良好行為指南》等，明確規定公務員的招聘、培訓、考核、薪俸、福利、退休和懲獎等，邁進員工管理科學化。

---

[1] 黃衛平等主編：《公務員制度比較》（北京：中央編譯出版社，2002），第56-60頁。李盛平等著：《各國公務員制度》（北京：光明日報出版社，1989），第53-59頁。李和中著：《21世紀國家公務員制度》（武漢：武漢大學出版社，2006），第205-207頁。

1972年，港督麥理浩一反過去慣例，由英國委派專家組織委員會的做法，聘用美國「麥健時顧問公司」（McKinsey & Company）研究政府體制，於1973年5月向立法局提交《麥健時報告書》（McKinsey Report）。建議政府政策與資源部門要分開，政府部門調整為6個政策部門和兩個人力資源科。政策部門分別是：經濟、環境、民政、房屋、保安和社會服務等，各部門設有1名司級首長。即是要輔政司[2]（Colonial Secretary）將權力下放，並削減財政科的職權。又建議高級職位向社會開放，並同時向一切職系開放，延長職務任期，重視員工招聘和績效評估，房屋福利及薪俸結構等問題。政府採用這些建議改革公務員制度，加速進行文官本地化，將中層本地公務員調上高層，並加強公務員培訓[3]。

兩個人力資源科是指「財政科」和「編制科」，後者演變為「銓敘科」。

1973年政府設立銓敘科取代編制科，專責管理公務員事宜。1975年再將財政科公務員職系的下屬部門併入銓敘科，這樣銓敘科管理公務員編制，薪酬及服務條件，培訓，招聘與任用等。1991年6月銓敘科改稱「公務員事務科」（Civil Service Bureau），回歸後改稱公務員事務局。[4]

早期公務員工運

香港最早的公務員工業行動，要算是1844年第一次罷工——人口登記法罷工，已有公務員參與其中。1858年市政工人參加反對英法聯軍入侵廣州的大罷工，罷工後工人離港返鄉。其後1884年中法戰爭期間，香港工人反對修理法國戰艦而舉行罷工，部分公務員亦有加入罷工行列。及後1920年的機工大罷工、1922年的海員大罷工及1925年的省港大罷工等，都獲得低下層公務員的支持及參與[5]，這些罷工的參

---

[2] 1976年改稱「布政司」（Chief Secretary）。

[3] 王叔文主編：《香港公務員制度研究》（北京：中央黨校出版社，1998），第6頁。聶振光著：《香港公務員制度》（香港：中華書局，1991），第10-11頁。

[4] 劉曼容著：《港英政治制度與香港社會變遷》（香港：各界文化促進會，2007），第334頁。

[5] 梁寶霖等：〈香港公務員工運〉，載陳明銶主編：《香港與中國工運縱橫》（香港：基督教工業委員會，1986）。

加者主要是市政工人和郵差。這時的部分罷工帶有民族主義色彩，殖民政權內的公務員也因此而參加罷工。

人口登記法罷工最後迫使政府讓步，豁免登記徵費者包括政府文員和海陸軍僱員，即低下階層市政工人和郵差仍要登記繳費。

最早的公務員工會，可算是郵務工人於1913年成立的「詠閒社」，以提倡民生為宗旨[6]。於1921年第一次工會成立潮中，註冊成為工會，即今日的香港郵務職工會。

接著1914年華員會成立，「並自此匯集、凝聚各部門、各職級公務員同事，倡導團結、互助、合作。」[7]會址設在華人行8樓。

受到第一次世界戰的拖累，香港經濟出現困擾，百物騰貴，低下階層飽受困苦。設定1913年生活指數為100，1921年時已是為140。1914-1920年間租金上升33.5%，食品上升25%，衣服上升10%，米價上升100%[8]。

1919年時，由於全球大米供應張，米價急升十倍，引起搶米風潮。政府入市平抑米價管制價格，情況才改善。政府面對食品價格高漲，公務員則正醞釀要求增加工資，英國的殖民地斯里蘭卡和馬來西亞已因物價高漲，提高了當地公務員的工資。香港政府也增加公務員津貼和工資，以穩定人心。不過，政府一直沒有措施改善低下階層生活，結果就釀成一連串的大型工潮。

1919年12月，在英國招聘的30名英籍警員剛到港，有26人對月薪90元表示不滿，他們在英國應聘簽約時，代理人表示到步會加薪四成，現今到步後只加薪一成五，政府表示不知代理人有此承諾。所以有8人上書申訴，總巡捕（約等同今天警務處長）表示上任後會解決此問題[9]。新到警員表示如得不到要求，將會返回英國，政府表示不能加薪，結果大部分都留下來工作[10]。

我們參看當時華人的工資資料，與外籍警員做一比較，可見華洋的不平等，再

6　《華字日報》1916年12月8日（香港），第1張3頁。
7　《香港政府華員會簡史》，載：http://www.hkccsa.org/。
8　馬冠堯著：《車水馬龍》（香港：三聯書店有限公司，2016），頁135。
9　《華字日報》1919年12月5、9日（香港）。
10　《華字日報》1919年12月11日（香港）。

看下表保良局的高級職員司事的月薪金為36元，英籍警員有90元。

1918年保良局職員月薪金表[11]

職務	月薪
司事	36元酬金
副司事	25元酬金
高級管事	25元酬金
教師	20元
把門	15元
高級訪事	15元
管事	12元
廚師	7元
女傭總管	7元
小使	4元5角
雜工	4元5角
女傭	4元5角
訪事	2元
清潔女工	2元5角

我們再看本書的「不同種族警員工資比較表」，更能多角度看到種族不平等情況。

這時美、英、法、日和中國都有大罷工發生，共產國際正在歐洲鼓動工人起來革命，只是短暫的革命浪潮後無以為繼，共產國際改在亞洲鼓動工人起來革命，亞洲各地都爆發大型罷工[12]。香港工人也站出來先進行經濟鬥爭，1919年9月，五十多間煤務苦力館，要求增加工資[13]。接著有首飾研究同益社要求東家平分工資罷

11　魯言著：《六十年前的香港》，載魯言等著：《香港掌故》第2集（香港：廣角鏡出版社，1979），第172-173頁，引保良局：《微信錄》。
12　何雲庵著：《共產國際與中國革命》（北京：社會科學文獻出版社，2009）。
13　《華字日報》1919年9月2日（香港）。

工[14]，中國內河的外籍海員及機師工會同盟罷工[15]，景源印務工社向資方提出八小時工作制，周日為休息日的要求。

1920年機工大罷工，當時仍是公務員的鐵路工人有參加罷工；1922年海員大罷工，詠閒社有參加同盟罷工；到了1925年的政治罷工——省港大罷工，加入罷工行列的公務員有：郵政局、船政署（Harbour Department）、和潔淨局（市政局前身，Sanitary Board）等[16]。

1929年政府苦力月薪為13元，三等郵差月薪為17元，清道夫為2元。工人每月生活費開銷5.4-6元，床位月租3元，衣服1元，雜費2元，無床每月9元，有床每月12元[17]。

1930年全球經濟危機，金價暴漲，基本生活用品價格上漲，各業工人紛紛罷工要求加薪，部分行業工資已提高，政府文員也獲加薪，加薪後庫房開支大增，於9月計劃裁減電話接線生，以減開支[18]。

1930年6月20日，立法局正式通過港督貝璐提議，增加政府各級文員薪酬，規定每百元加20元。當時調整薪酬後文員每月薪酬為：

政府高級文員	400-600
西人校長	400-800
中級文員	125-300
初級文員	25-100
司機	45
送信生	11-15
苦力	15[19]

資料來源：香港文化，網址：http://www.lingkee.com/chist/html/chiculture/hk/ddsy/1930/1930_zfgj.htm。

---

[14] 《華字日報》1919年12月19、22日（香港）。
[15] 劉明逵編：《1911-1921年中國工人罷工鬥爭和組織情況資料匯輯》，第122頁。
[16] 鄭宏泰等著：《周壽臣》（香港：三聯書店有限公司，2006），第161頁。
[17] 《大公報》1932年8月16日至9月21日（香港），第1張第3頁至第2張第2頁。
[18] 《華僑日報》1930年8月10日（香港）。
[19] 香港文化，http://www.lingkee.com/chist/html/chiculture/hk/ddsy/1930/1930_zfgj.htm。

1935年馮強記管工月薪為150元。熟練工月薪為30-40元，非熟練工月薪為15-24元，山寨（家庭）廠工月薪為6-24元。夫妻兩人外出工作可有21-94元。低下階層每月只能工作20天，因而每月只有14-61元，如夫妻兩人不是技工只有14-30元[20]。

　　將以上工人薪金資料與公務員做簡單比較，公務員初級文員月薪頂點是一百元，是熟練工的一倍多。

　　香港淪陷時，中共領導的港九游擊隊下設市區中隊，隊員有市政工人。

公務員本地化

　　早在三十年代港督郝德傑確立公務員本地化（或稱本土化），認為本地化是一個一舉兩得的提議，它的好處不只在於可以節省財政支出，更重要的是可以縮小華人與政府之間的距離，可以減少華人對英國統治權的牴觸。

　　二戰後全球殖民制度崩潰，香港政經在國際上日趨重要，英治港手法有所改變轉為較開明，公務員制度邁進新一頁，進行本地化。1947年政府發表《一九四七年薪俸委員會報告》和《第一百九十七號殖民地白皮書》提出公務員本地化政策，在任用方面，除政務署和警務署外，盡量招聘本地人出任[21]。

　　政府聲稱會按成績選拔本地人出任政府職務，吸納本地精英為本港服務，招聘公務員時會優先考慮本地人，只有本地人無法滿足需要時，才聘用海外人士。1952年有華人出任醫務衛生處長，1961年政府宣布海外人士一般只以合約和協議方式聘用，1968年政府在聘用條件中承認本地學歷，直至七十年代初本地化仍未見全面落實，麥理浩也在這時加強推行本地化。

　　據資料，1952-1981年間外籍公務員所占比例由4.44%降至2.15%，本地公務員由95.56%上升至97.85%[22]。1989年外籍公務員只有1.4%，司法、警務、懲教署[23]和

---

[20] 劉蜀永編《簡明香港史》（香港：三聯書店有限公司，2016，第3版），第234頁。
[21] 劉曼容著：《港英政治制度與香港社會變遷》，第47頁。
[22] 劉曼容著：《港英政治制度與香港社會變遷》，第47頁。
[23] 劉曼容著：《港英政治制度與香港社會變遷》，第334-335頁。

入境等部門首長已是華人[24]。

1999年1月，海外公務員協會就本地化問題控告政府。當年港人所謂本地化也就是華人化，本地人不是指原居民，七八十年代泛指有永久居留權的華人，在本港出生的印巴等非華裔血統者不包括在內，現《基本法》也沒有說明他們是本地人。到了今天筆者進一步思考，本地人等同香港人嗎？誰是香港人？

政府的本地人概念是指以香港為慣常居住地，而其一般背景與所認識的社群皆在香港的人士，不符合這些準則者則為外地人。自1985年起，海外公務員只以合約條件僱用，合約為期兩年半或3年。如有合資格的本地人選接替其職時，海外僱員的合約是不會獲得續訂的[25]。

香港前途談判期間，八十年代初，政府一面積極推行地方行政計畫，另一方面加速公務員本地化，為將來撤退做人事方面和政治架構方面的準備。1992年彭定康推出政制改革，也推行公務員本地化[26]。

《基本法》有關出任公務員的國籍條件如下：

第6節　　　公務人員

第99條　　　在香港特別行政區政府各部門任職的公務人員必須是香港特別行政區永久性居民。本法第101條對外籍公務人員另有規定者或法律規定某一職級以下者不在此限。

第101條　　香港特別行政區政府可任用原香港公務人員中的或持有香港特別行政區永久性居民身分證的英籍和其他外籍人士擔任政府部門的各級公務人員，但下列各職級的官員必須由在外國無居留權的香港特別行政區永久性居民中的中國公民擔任：各司司長、副司長，各局局長，廉政專員，審計署署長，警務處處長，入境事務處處長，海關關長。

香港特別行政區政府還可聘請英籍和其他外籍人士擔任政府部門

---

[24] 懲教署（Hong Kong Correctional Services Department）於1982年前稱「監獄署」（Prisons Department）。

[25] 高思雅著：《香港公務員的本地化》，載《行政》第2冊第6期（香港，1989），第802頁。

[26] 黃湛利著：《香港公務員制度》（香港：中華書局，2016），第324頁。

的顧問，必要時並可從香港特別行政區以外聘請合格人員擔任政府部門的專門和技術職務。上述外籍人士只能以個人身分受聘，對香港特別行政區政府負責。

《基本法》沒有使用「本地人」一詞，而使用「香港居民」（Hong Kong residents）一詞，且看有關內容，強調中國血統，即香港出生但有印巴等非中國血統者不是香港居民。

第3章　　居民的基本權利和義務

第24條　　香港特別行政區居民，簡稱香港居民，包括永久居民和非永久性居民。

香港特別行政區永久性居民為：

（一）在香港特別行政區成立以前或以後在香港出生的中國公民；

（二）在香港特別行政區成立以前或以後在香港通常居住連續7年以上的中國公民；

（三）第（一）、（二）兩項所列居民在香港以外所生的中國籍子女；

（四）在香港特別行政區成立以前或以後持有效旅行證件進入香港、在香港通常居住連續7年以上並以香港為永久居住地的非中國籍的人；

（五）在香港特別行政區成立以前或以後第（四）項所列居民在香港所生的未滿21週歲的子女；

（六）第（一）至（五）項所列居民以外在香港特別行政區成立以前只在香港有居留權的人。

以上居民在香港特別行政區享有居留權和有資格依照香港特別行政區法律取得載明其居留權的永久性居民身分證。

香港特別行政區非永久性居民為：有資格依照香港特別行政區法律取得香港居民身分證，但沒有居留權的人。

新加坡入職公務員的國籍條件有嚴格規定，申請 I 和 II 級公務員職位通常應為

新加坡公民。申請III和IV級公務員職位，必須是新加坡出生或註冊公民[27]。

　　而《中華人民共和國公務員法》第13條規定：「公務員應當具備下列條件：（一）具有中華人民共和國國籍。」而台灣考試院於2020年提出修法，放寬公務員雙重國籍的規定，讓無法放棄外國國籍者也能出任公務員。

護士和教師工潮

　　七十年代是香港政治、社會和經濟的新一頁，工人運動也是新一頁，六十年左派發起的六七暴動，工聯會屬下的公務員工會政軍醫、郵務、海事和水務等4間工會於6月10日，發動號召公務員聯合英資牛奶公司工人舉行聯合罷工，結果大敗。

　　六七罷工只有少數公務員參加行動，且是低下層，白領公務員差不多文風不動，而罷工者被視為曠工，無補償下不再錄用，損失慘重。參加這次罷工的公務員主要在郵務、水務、海事，還有清理馬路、渠務，及電器和機械維修等部門員工。

　　罷工後政府以武力鎮壓左派工人，電機部和和海事有血腥事件發生。各部門主管則進行家訪，恐嚇家屬，以提出檢控來遊說罷工工人復工。罷工做成海事、郵政和水務等3個部門出現混亂情況。政府僱用新人頂替罷工工人，維持有限度服務。

　　一直以來政府對參加左派工會者「另眼相看」，故當時的公務員人人「潔身自愛」，為免「名字被記錄在政治部那裡」，對左派工會避之則吉，而社會上人人聞左色變[28]。

　　六七暴動後，香港工運出現大轉折，由藍領工人主導轉為白領工人主導，而社會進入工業多元化的階段。從以下「1961-1976年勞動力行業分布表」中可見，白領工人數量日漸比藍領多。

---

[27]　中國人事部國際交流與合作司編：《外國公務員制度》（北京：中國人事出版社，1995），第46頁。
[28]　黃洪：《香港勞工階級的形成：宏觀、微觀及中程之分析》。

1961-1976年勞動力行業分佈表（單位：%）

行業	1961	1971	1976
農業，林業，狩獵和漁業	7.4	4.0	2.5
礦業和採石業	0.7	0.3	0.1
製造業	39.9	47.4	45.0
公用事業，運輸和交通業	8.4	7.8	7.9
建築業	8.4	5.2	5.7
商業	11.0	18.3	22.5
其他行業	24.2	17.0	16.3
總計	100.0	100.0	100.0

資料來源：英格蘭等著：《香港的勞資關係與法律》（上海：上海翻譯，1984），第38頁。

　　看不是白領的工會，香港郵務職工會的英名會名是Hong Kong Postal Workers Union，香港郵政局員工會英名會名是Union of Hong Kong Post Office Employees，兩者都用英文Union一詞，中文用「工會」一詞。而白領的政府土地工程測量員協會的英名會名是Association of Government Land & Engineering Surveying Officers，英文用Association一詞，中文用「協會」一詞，4A會也是。從此來看，他們的意識形態不覺得自己是工人。

　　這時工運上出現香港基督教工業委員會（CIC）和勞資關係協進會（勞協）等壓力團體，間接影響了傳統藍領工運，它們以向政府提意見及社會行動方式，發表有關勞工界的立場和意見，爭取政府制定勞工法，如婦女分娩保障、工作及職業安全、勞工賠償及年獎等，推動及促進了勞工及有關社會改革[29]。

　　1960年代尾政府逐步對公務員建立、規範薪酬和僱傭制度，直接衝擊公務員爭取平等權利的意識。平等權利包括：中外公務員同工同酬，男女同工同酬，同等學歷、經驗、技能的要同工同酬。公務員的抗爭行動，產生互相仿效的效應，因而工潮一宗接一宗[30]。這時政府正根據麥健時報告進行架構改革。

---

[29] 香港工會聯合會：《香港工運路向》（香港：新城出版社，1989），第33-34頁。
[30] 潘文瀚等：《團結不折彎》（香港：進一步多媒體有限公司，2012），第70頁。

政府於1968年設立高級公務員評議會（高評會）作為與公務員溝通的機構，這只是一個政府諮詢機構，不表示公務員有集體談判權。有關評議會的詳細資料，本書有專文〈政府的員工諮詢架構〉闡述，不在此重複。

踏入七十年代，新的社運潮湧現，爭取中文合法化尚在進行中，1971年保衛釣魚台運動接續而來，繼而是反貪汙捉葛柏運動。這時部分左翼青年有意介入工運，成績不大。口述史受訪者說，在公務員圈中也未見有這些左翼人士活動，他們到了參加社運時才認識他們。據資料，部分左翼人士曾出任教師，在教師活動中也未見他們有任何成績，或許他們的理想放在藍領工人中，當工運主力轉向白領時，他們在思想上和行動上都跟不上去。

1969年，華員會政府護士分會成立（當時稱為「護士組」），在各政府醫院、診所張貼大字報，並募集鬥爭經費，提出爭取男女護士同工同酬，開爭取男女公務員同工同酬的先河；1970年7月，政府同意分期實現男女護士同工同酬[31]。

同工同酬運動始於1960年，由一群外籍婦女向政府和英國提出交涉，沒有結果[32]。當時女公務員婚後原有的永久長俸僱傭條款需要轉為臨時性質，可得到的補償是「已婚婦女酬金」（marriage gratuity）。在取得已婚婦女酬金的同時，她們亦失去長俸僱員的福利，而薪酬只得同級男同事的四分之三。1960年，女教育主任協會成立，目的是爭取男女同工同酬。到了1963年，多個團體組成爭取同工同酬工作委員會，要求政府全面實行男女同工同酬。於1965年，政府接納薪俸委員會建議，以10年時間逐步實施男女同工同酬制度。但由於護士和教師的薪酬正在檢討當中，故不被包括在上述計畫內。到了1970年，女護士發起爭取同工同酬運動，政府於在1971年答允護士的要求，護士得到了同工同酬。

1969年政府與3個公務員協會達成協議，分期實行公務男女同工同酬，至1975年全面推行。直至1981年11月13日，政府就公布規定男女公務員同工同酬政策，已婚女公務員都可以享有房屋、醫療及子女教育等津貼，當時全港已婚女公務員共有1.5萬人，標誌香港向男女平等邁進了一大步。

---

[31] 〈香港政府華員會簡史〉，載http://www.hkccsa.org/。
[32] 周奕：《香港工運史簡篇》（香港：利訊出版社，2013），第225頁。

政府於1996年及1997年實施《性別歧視條例》及《家庭崗位歧視條例》，對婦女的地位亦做出鞏固及提升，保障了社會人士不會因為自己的性別、婚姻狀況、懷孕及家庭責任，而受到歧視。

《性別歧視條例》訂明在條例指明的範疇，包括僱傭範疇內，如因某人的性別、婚姻狀況或懷孕而做出歧視行為，即屬違法，可算是男女同工同酬的法例。

我們先看一些數據以了解當時的社會情況，1985-1996年間所有非農業活動男女薪酬差距由0.77%收窄至0.85%，即1996年男工每賺1元，女工只有0.85元。而平機會於2000年成立一個專責小組考慮這些問題[33]。

政府在改革潮下也進行公務員職級檢討，於1970年7月公布《摩立比報告書》，導致七十年代此起彼落的公務員工潮。先由護士爭取同工同酬開始，及後教師罷課，丈量員、消防員和文員等紛紛提出要求，所有公務員都蠢蠢欲動。他們心中盤算，政府總支出是固定的，每一個改動都直接影響自己的工資，如果不公開表態，政府就會在其他部門分配多些資金，削減自己部門的資金，一定會影響自己的工資金額。

報告書建提議按職類比較法計算薪俸，為1973的教師和護士工潮埋下火藥。報告書把公務員薪酬的起點由1,044元增加至1,325元，但是具同等學歷的男護士舊人仍支取1,044元。三級文憑教師起薪點由1,044元降至899元，而已取得同工同酬的女護士則要等待7年之後才能遞增至899元，與男護士的新起薪點看齊。這個建議實際上是變相減薪，立即引起護士和教師的不滿，起來抗爭[34]。

政府按報告書再改革公務員薪酬架構，將原來多個職業的獨立薪酬架構合併為4個薪級表，包括首長級、總薪級、第一標準薪級和紀律人員薪級等。

1971年，公立醫院護士和華員會護士組認為遭「薪俸委員會」歧視，決定爭取同級同酬，除在各政府醫院和診所張貼大字報外，更於10月組織三百餘會員，穿著整齊制服，由中區皇后碼頭遊行上花園道，到港督府（今禮賓府）前列隊請願，是為護士、公務員、專業人士、白領階級和工運歷史上的第一次，鬥爭取得

---

[33] 卜約翰著：《政府管治能力與香公務員》（香港：牛津大學出版社，2004中文增訂本），第334頁。
[34] 周奕：《香港工運史簡篇》，第225頁。

了成功[35]。

政府就護士要求諮詢高評會代表華員會，外籍公務員協會和高級非外籍公員協會等意見，但沒有結果，更讓護士覺得該3會不能代表自己，高評會不能解決問題，必須自組工會，部署行動，「伊利沙伯醫院」、「瑪麗醫院」和「青山醫院」等護士組成29人委員會，到各大醫院聯絡護士，組織罷工，要求與政府單獨談判，並籌集鬥爭基金，最終迫使政府重新談判。此後護士也就不同權益，如颱風津貼、升遷制度、醫療設施、補償超時工作、夜班工作和改善精神科護士人手配置等，向不同的主管部門爭取，帶動了其他醫院的前線員工也起來爭取權益，如1973年「助產士工會」的成立[36]。

政府護士爭取權益成功，東華三院護士未能列入受惠之列，亦團結起來爭取權益，政府馬上宣布東華護士與政府護士同酬。

政府計劃於1971年9月起實施九年免費小學教育，開支必然增大，所以計劃把文憑教師薪酬與公務員脫鈎，同時削減其薪酬。受影響的只有行將畢業的師範學生，但起來抗爭的除師範生外，還包括公務員行列的官津補中小學的文憑教師。文憑教師入職起薪點降低兩個薪級點，約削減150元，頂薪點幾乎維持不變，只加4元，政府另訂立文憑教師薪級表。

過去文憑教師的薪級一直跟護士掛勾，這次薪級調整後，護士入職起薪點不變，頂薪點提高2個[37]。

當時教師分為甲乙丙丁4個等級，大學畢業生稱為學位教師列入甲等，教育學院（師範）畢業生稱為文憑教師列入乙等，香港中學畢業生只能申請為暫准教師列為丁等，他們執教一段時間後可以申請升為註冊教師是為丙等[38]。

首先發難任先鋒的是「羅富國教育學院」（簡稱羅師）、「葛量洪教育學院」（簡稱葛師）和「柏立基教育學院」（簡稱柏師）等3間學院學生會，議決在畢業

<hr>

[35] 〈香港政府華員會簡史〉，載http://www.hkccsa.org/。梁寶霖等：〈香港公務員工運〉，第185頁，引自《香港工會》1974年第1期。
[36] 潘文瀚等著：《團結不折彎》，第70-71頁。
[37] 司徒華：《大江東去》，第141-142頁。
[38] 周奕：《香港工運史簡篇》，第226頁。

禮時罷課，拒絕參加畢業試，校方宣布缺席畢業試不獲發畢業證書，學生在如此大的壓力下取消罷課[39]。

1972年，政府收縮開支削減文憑教師薪酬20%。教育司宣布教師起薪點調高，這份薪俸表將凍結3至4年，影響擴大至在職的文憑教師，令官校非學位教師不滿，在校內張貼大字報[40]。華員會教師組發動1,500名會員抗議政府拖延解決教師薪俸制度，亦拉隊到港督府請願。

7月1日，官立學校非學位教師職工會會長林華煦領頭率一千五百位教師發起遊行，由「物業估價署」（當時位於今中國銀行會所）遊行至港督府，約有一千人參加。這次行動得到官校教師聲援，在校內張貼大字報，政府命學校內的工友撕去大字報，教師回校後見狀再次張貼。在「皇仁書院」掛出的對聯：「不怕官家千鈞旨，全憑萬眾一條心」，對聯從天台吊下，有5層樓高[41]。

10月2日，二百餘名官校教師舉行緊急會議，決定與津貼和補助學校教師團結起來，一致行動。

政府宣布成立3人調查團，成員是英國聘請來的專家1名，「維他奶」的羅桂祥和官員李福述等，再檢討釐訂文憑教師的薪級。

教協、官非會、羅師校友會、葛師校友會、柏師校友會、「鄉村師範同學會」、「漢文師範同學會」、「柏立基師訓班同學會」、「官立文商夜校學生會」和「香港文教人員社會改進協會」等13個單位組成「教育團體聯合祕書處」，主席為司徒華。祕書處獲政府的3人調查團接見。

1973年2月15日，十三教育團體發表聲明，提出：「同等資歷，同等薪級，並提合理晉升制度」的要求[42]。

3月4日，教師和教育學院學生一起前往港督府請願[43]。接著4月4日教師罷課1天，但行動遭輿論猛烈抨擊。4月7日教育團體聯合祕書處發表聲明，提出4項改革教

---

[39] 司徒華：《大江東去》，第142頁。
[40] 同上，第142頁。
[41] 同上，第142-143頁。
[42] 周奕：《香港工運史簡篇》，第226頁。
[43] 同上。

育要求：（1）廢除升中試；（2）實行小學全日制；（3）推行中學母語教育；（4）改善私校教師待遇。在嚴峻鬥爭下，文憑教師願意犧自身的利換取以上4項要求。

4月11日，教育團體聯合祕書處原租用童軍總部禮堂舉行緊急大會，而童軍總監正好是助理教育司，因而提出場地未便借出婉拒。教育團體聯合祕書處面臨場地困境之際，林伯棟神父伸出援手，借出大坑東教會會堂，可順利舉行緊急大會。

政府透過聖公會白約翰會督轉告教育團體聯合祕書處，拒絕4項要求[44]。

教育團體聯合祕書處決定4月13日第二次罷課，訂下罷課守則：教師須如常準時返校，但不點名，不授課，如有學生回校，教師要留在課室看管學生溫習[45]。

4月13日，全港17萬名文憑教師有87％參加罷課，所有官津補小學基本全部停課，行動持續了兩天，今次得到市民廣泛的認同。

接著，全港官津補教師在「慕光中學」舉行第三次緊急大會，天主教主教徐誠斌、白約翰、中華基督教汪彼得牧師等3位宗教領袖應邀出席，呼籲教師取消罷課，以換取與政府談判。教育團體聯合祕書處通過徐誠斌跟政府恢復談判。政府派姬達與教育團體聯合祕書處談判[46]。

教育司就教師薪金問題做出修訂，以1,250元起薪點，按年遞增至1,750元，然後累積增至2,050元，文憑教師的薪級新納入公務員薪級表內，起薪點與調級亦調整到與同級公務員相同[47]。

政府提出「五三三方案」，即到達頂薪點後，以5年、3年及3年共11年時間提升3個薪級點，要求教師取消罷課。

5月30日，文憑教師和三院學生投票，通過有保留接受這份薪級表。

這時教師出現分歧，有人主張寸步不讓拒絕五三三方案，文憑教師薪酬必須繼續與護士掛勾，另有人主張改為「三二二方案」，即以7年時間提升3個薪級點，獲教育團體聯合祕書處採納[48]。

---

[44] 司徒華：《大江東去》，第148頁。
[45] 同上，第148-149頁。
[46] 同上，第150-151頁。
[47] 周奕：《香港工運史簡篇》，第228頁。
[48] 司徒華：《大江東去》，第151-152頁。

部分人籌款在報章刊登廣告反對教育團體聯合祕書處，公開教師分歧，教育團體聯合祕書處全體投票表決是否接納五三三方案，87%的人投票贊成，3%的人投票反對，10%人投票棄權，平息了風波。教育團體聯合祕書處繼續與教育司商談，教師在到達頂薪點後累積年資問題上談判僵住了，政府派助理財政司史恪接手處理，接納教育團體聯合祕書處的建議，並得到立法會財務委員會討論通過，結果教師的頂薪點比護士高1點[49]。教師工潮前後達26個月。

　　教師工潮期間政府描黑某些教師是激進分子——托派，又指司徒華是左仔，曾是「紅小鬼」[50]。1977年金禧事件中政府亦描黑某教師是托派，在以後的工潮中不同的描黑手段重複出現。

　　這時最觸目的工潮是護士工潮和教師罷課，較次的有大東紡織廠、海底隧道和中華電力等。我們再擴大看全球的社經文，1972年政府切斷港元與英鎊的聯繫，1974年港元完全獨立，於1983年與美元掛勾。1972年中華人民共和國加入聯合國，1974年石油危機下全球經濟不振，香港失業率達9.1%，1976年經濟回復正常。

　　這時全球盛行新自由主義，政府推行積極不干預政策，取消外匯管制和黃金進口限制，結果市場無形之手失靈，政府要介入市場[51]。在公務員事務上也見新自由主義的影響。

　　在這經濟危機下市民生活困苦，黃華興和古聖光正是這期間的受苦者，而黃偉雄和郭錦林是專業人士，且是公務員，故生活較好。從以下的「1961-1978年日薪工資表」可見1970-1973年工資逐年上升，1974-1975年間經濟不景工資差不多沒有變化，1976年後再逐年上升。再從以下的「本地生產毛額增長表」亦可見香港經濟的高增長，1976-81年間生產毛額高達12.4%，平均也高達9.5%。工運也在這經濟情況下高漲。

---

[49]　同上，第152-154頁。
[50]　「紅小鬼」是中共打游擊時期用語，意思是年少的中共游擊隊成員。
[51]　陳瑞蓮等著：《香港特區公共管理模式研究》（北京：中國社會科學出版社，2009），第102-105頁。

1961-1978年日薪工資表（單位：港元）

年份	熟練工人	半熟練工人	不熟練工人
1962	8.0-21.0	7.0-10.0	3.0-8.0
1963	9.0-24.0	8.0-11.5	3.5-9.0
1964	8.6-26.0	5.3-14.5	4.8-9.5
1965	9.0-27.0	5.5-20.0	4.4-11.0
1966	8.5-28.0	5.5-21.0	4.8-12.0
1967	10.0-33.1	6.4-22.1	5.2-14.6
1968	11.0-33.1	6.4-24.0	5.6-14.5
1969	11.0-36.0	6.6-24.0	6.0-15.8
1970	11.0-37.0	7.0-26.0	6.2-16.3
1971	10.8-41.0	8.0-30.2	7.3-19.2
1972	12.7-50.4	9.5-33.2	8.8-21.4
1973	14.9-52.8	11.7-38.6	10.8-26.0
1974	18.0-60.9	13.2-39.0	12.3-26.9
1975	18.5-65.3	14.0-40.0	13.0-28.5
1976	22.0-69.0	15.1-46.2	14.0-31.5
1977	24.0-70.3	17.0-48.9	15.7-34.2
1978	26.1-76.8	19.0-52.6	18.0-37.1

資料來源：英格蘭等著：《香港的勞資關係與法律》（上海：上海翻譯出版公司，1984），第190頁。

本地生產毛額增長表（單位：%）

年份	本地生產毛額	平均本地生產毛額
1961-1966	10.9	8.0
1966-1971	7.6	5.4
1971-1976	8.8	6.8
1976-1981	12.4	9.5
1961-1981	9.9	7.4
1961-1982	9.5	6.9

資料來源：鄭宇碩編：《香港政制及政治》（香港：天地出版社，1987），第231頁。

再看以下「1961-1978年失業率表」，可以深入了解社會、經濟和民生與工運關係。

1961-1978年失業率表

年份	百分率
1961	1.70
1966	3.75
1971	4.35
1975	9.10
1976	4.60
1978	3.00

資料來源：英格蘭等著：《香港的勞資關係與法律》（上海：上海翻譯出版公司，1984），第39頁。

再看一些有關公務員的資料，1971年時，全港公務員人數總共有84,565人，1976年時增至共有104,157人。1972年公務員工會有57間，1978年發展到93間，還有13間協會。1961年每5名公務員有1間工會，七十年代尾上升至每3名公務員有1間工會，可見會籍重疊情況嚴重[52]。

公務員工會的聯合運動

教師及護士工潮由於涉及人數較多，行動較為激烈，加上當時他們的工作與市民息息相關，故引起極大關注。這兩次工潮亦製造了華員會的內部分裂，導致兩間教師工會的誕生——教協及官非會。

由於高評會的代表性有限，但其決定卻影響全部公務員，加上華員會的表現未能兼顧各職級組別的要求，甚至與組別發生摩擦，導致更多公務員自行組織工會爭取權益。政府面對公務的發難，亦鼓勵各職級、職系、部門各自成工會，瓦解工會

---

[52] 英格蘭等著：《香港的勞資關係與法律》（上海：上海翻譯出版公司，1984），第114-115頁。

的團結力量。

1970年起政府聘用助理社工主任人數增加，加上鼓勵公務員組織工會，以穩定勞資關係，促成1970年感化員工會成立、接著是1974年助理社會工作主任協會，社會福利員及復康社工主任等成立。1979年政府社會工作主任協會，「香港政府華員會社會工作助理分會」成立，礙於職級及會員人數少，這些工會力量有限。雖然彼此利益不同，但針對政府社福資源和保障社工專業上，各工會立較一致[53]。

在公務員組織工會潮下，不能成立工會的警務人員也有所突破，於1977年10月27日成立「香港警察隊員佐級協會」（俗稱「拳頭會」）。源於七十年代中期，隨著香港社會環境變遷，前線員佐級警務人員所承受的壓力亦日大，使他們自覺地團結起來，透過警務處處長向政府盡訴不平，以謀求准許成立一個發言的組織，為伸張正義，爭取合理公平的待遇。

自華員會會長錢世年退休及退出華員會後，他於1970年初與曾合作過的理事陸冬青及組長（各人已自行組織自己的工會）組織公務員工會聯合統籌處，以個別工會為單位聯合一起組織聯合會（Federation，聯盟），並用聯合會方法和名稱向職工會登記局申請註冊。職工局於1971年回覆錢世年等，指基於公務員工會的聯合會不是由同一行業工會組成，牴觸《職工會條例》規範，所以否決申請。錢世年等退而求其次以總工會（General，一般的）形式登記，成員改為以個別會員為主，所收會員不再只是以工會為單位，而工會可以盟會方式加入。

他們先於1973年成立公務員工會聯合統籌處，並於1978年2月註冊成立「香港公務員總工會」（Hong Kong Civil Servants General Union），職工會登記編號為554，創會成員有錢世年、陸冬青和救護員會李永康等17人。成立時盟會有：救護員會等13間，會員約二萬人，2018年，盟會已增至54間，會員17,956人。

成立時宗旨為：

1.團結公務員工會及協助沒有參加公務員工會的各行業公務員組成新工會；

2.政治中立，專注勞工事務，廣結工會朋友；

---

[53] 潘文瀚等：《團結不折彎》，第76頁。

3.為會員爭取合理權益和福利。

1980年，另一公務員集團工會籌組中，公務僱員工會聯絡處成立，主席為林華煦，副主席為黃偉雄，司庫為張裕隆、副司庫為伍兆南，常委有12人。屬會有：測量員工會、官非會、「工務司署工程督察及監督協會」、「司法書記協會」、「港府辦公室助理員協會」和「政府機電技工協會」等17間成員會，大力舉辦工會領袖研討課程。

公務僱員工會聯絡處是在勞協推動下成立，由部分公務員工會透過每年一度的研討營成立的，後來演變成為兩個組織，一是用社團註冊的「香港僱員工會聯合會」（Joint Organization of Trade Unions），另一是1984年成立的香港公務員工會聯合會（Hong Kong Federation of Civil Service Unions）。以上兩會都與「世界勞工聯合會」和它的亞洲區部「亞洲勞工兄弟會」有聯繫。公工聯英文會名用上Federation一詞，且能在職工登記局註冊。

1984年7月，公工聯以有限公司註冊成立，至2000年在職工登記局註冊成功，職工會登記編號為980，以工會作為會員單位，屬會有測量員工會、官非會、政府祕書職務人員協會、4A會、「法庭傳譯主任協會」、「政府文員、助理文員及辦公室助理員協會」、「政府物料供應監督協會」、「警務處傳譯員協會」、「政府工場導師協會」、司法書記協會、「政府丈量員職工協會」、「助產士職工會」、勞工督察會、「屋宇署屋宇管理員協會」、「政府園務環境衛生華人職工會」、「政府工程督察及監督工會」、拯溺員工會、香港義肢矯形師協會、UPOE、「香港康樂體育事務處會」、「政府產業測量員協會」、「政府製圖人員協會」、「政府打字監督協會」和「官立中學學位人員協會」等25間，會員1.5萬人，主席為黃偉雄，副主席為梁籌庭，行政祕書為蒙偉明，財務祕書為伍兆南，執委有王海明、阮澄波、何國鏇、郭華根、吳耀榮、劉道明、鄺永棧、朱明、陳楚渠、蕭賢英和林華煦等15人。

九七前工聯會於1986年成立「政府人員協會」（Government Employees Association），職工會登記編號為691，是為第四間公務員工會集團。

2021年政府人員協會有屬會41間，盟會23間，會員40,306人。

1998年，屈奇安等紀評會代表，加上一群現任或前任工會負責人倡議下，成立香港政府紀律部隊人員總工會。香港法例規定警察不能組織工會，所以紀總會名雖以紀律部隊為名，但成員卻沒有警員。紀律部隊在建制內有紀評會，建制外有紀總。紀總一直以來都能發揮作為一個建制外集團工會的角色，在公務員的議題，或單一的紀律部隊的議題上，或者一些影響到兩方面的議題，紀總都發揮了很大的作用。很多政府推出來的議題，或者法案影響公務員利益，都被紀總否決，紀總最低限度負責了把關的作用。

公務員工會邁向大聯合，團結力量。

七十年代罷工潮

公務員薪酬和諮詢制度，是政府資助企業和行業的參照數據，公務員爆工潮因而激發有關員工要求公平待遇和發言權。如1970年「香港大東電報局（本地）職員會」成立，爭取與管方談判，參照公務員薪酬架構建立制度，並要求與外籍員工同等待遇，大東提出工會需有過半數本地職工加入，才能夠承認其談判地位，結果大東工會取得一千五百名本地員工中1,439人加入後，與管方在3個月內談判15次不果，遂計劃以漸進式工業行動來抗爭。1971年3月大東工會實行按章工作，5月威脅罷工，經過6輪談判後，管方同意提高不同等級的薪酬，但協議只維持到1972年底。1973年5月大東工會主席再提出談判加薪後馬上被炒，大東工會即發起按章工作及拒絕加班，華員會、「香港醫務衛生署藥劑職員會」、香港政府文員會等起來聲援。大東工會進一步靜坐一星期，10月再談判無效後，大東工會開始局部罷工，不接長途電話。管方竟解僱53名臨時及試用期員工，出言威嚇要辭退搞事工人。大東工會繼續提出復職要求失敗，最後只好在薪酬加幅上妥協，並停止工業行動。1970至1974年間，大東工會發動多次工業行動，促使資方簽訂協議，很久以後大東才接受以協定方式落實談判結果[54]。大東工潮對當時工運影響很大，公務員工會跳

---

54 潘文瀚等：《團結不折彎》，第75頁。

出自己固有的抗爭範圍（空間），站出來聲援大東工會，日後更多公務員工會參加全港工運，進而參加社運，開拓了更大的活動空間。

教師及社工的抗爭，其視野除了爭取勞工報酬和利益外，還包含了批判政府的民生福利施政，監督公共資源，反映出關注民主及權益意識抬頭[55]。

1971年8月，消防處公布薪金調查委員會的報告書，報告書形容消防處救護員為消防處的棄嬰，建議二級救護員的頂薪級點為770元，消防員的頂薪點為950元，兩者相差180元。救護員會發動會員張貼大字報，召開記者招待會，約見兩局非官守議員[56]胡百全等，最後政府沒有接納報告書的建議[57]。

救護員會的鬥爭沒有停下來，因政府單獨大幅度調高警務處的紀律人員薪酬，該會聯同「消防職工總會」舉行聯席會議，會後分別向消防處及政府提出加薪及縮短加薪年期等要求[58]。

1973年9月，香港政府文員會為薪酬爭議向港督請願，但未有滿意結果。爭議延至1975年終於白熱化，香港政府文員會採取了只做七成工作的怠工行動。又在各政府建築物張貼標語。整個工潮期間，政府的態度十分強硬和囂張，無理地將積極會員調職，及公開奚落文員的低工作效率。政府這種打擊工運的手段，在以後的工潮中多次重複使用。

1974年，「新界民政署」[59]丈量員協會，就薪酬及職責等問題與港英交涉，但沒有結果，請願行動也沒結果，延至1976年1月，該會開始發動按章工作。4月，港英將77名按章工作的丈量員扣薪三成。5月，丈量員協會入稟高院控告政府違反〈銓敘條例第610條〉，指銓敘司按缺席時間扣減參加工業行動員工的薪金不合理，他們是因為勞資糾紛而擅離工作崗位，或拒絕執行職務。丈量員協會又指他們兼做的派信服務違反郵政條例。6月，高院判丈量員協會勝訴，政府不服上訴。11

---

[55] 同上。
[56] 兩局是指行政局和立法局，非官守議員是兩局內非任職政府部門的議員，而官守議員則是兩局內任職政府部門的首長兼議員。
[57] 伍兆祺：〈本會歷史大事回顧〉，載《香港消防處救護員會會刊》（1983，香港）。
[58] 同上。
[59] 新界民政署是殖民時代處理新界政務的機構，後來其工作由「新界政務署」接手，現由「新界民政事務處」負責該工作。

月合議庭維持原判。

1976年1月，政府航空管制員亦曾與當局有薪酬爭議，但政府態度強硬，對航空管制員軟硬兼施，工會終於失敗。

韋路比報告書

1976年1月，測量員協會為改善薪酬及更改職銜等問題，發動了一百五十餘名會員向港督請願，政府無動於衷，繼續拖延這個自1972年已開始的勞資爭議。1977年2月及3月，測量員協會發動了兩次不做戶外測量工作的工業行動。3月15日，測量員協會議發動第三次工業行動，才迫使銓敘司委派代表與測量員協會洽談薪酬問題，會談後來破裂，導致測量員協會在7月12日再次採取工業行動。8月24日，港督委出獨立調查委員會，研究測量員協會的要求及政府的建議是否合理。10月，政府制定〈銓敘條例第611條〉，確立政府有權對不執行全部職務的公務員採取停職處分，可以不發給薪金。

由於政府以職系比較法釐定薪酬引致工潮一浪接一浪，政府於1976年成立一個工作小組，全面檢討工程助理員職級結構、薪酬等問題，成員全部來自銓敘科和工務司署。該工作小組工作期間僅諮詢了部分工會，便做出《工務司署職級檢討報告書》，內容主要有：

1.將技術員由四級改為三級，即見習技術員、技術員和高級技術員等；

2.增設首席技術員和總技術員兩個職級；

3.訓練期由4年改為3年。

上述建議尚未公布，但各工會知悉建議內容後，紛紛發動工業行動來以表示反對，向政府施壓。4A會發動集體休假和靜坐抗議兩天。

政府面對壓力，於9月委任香港大學法律系教授韋路比成立1人獨立調查委員會，對工務司署職管雙方關於技術職級薪級的分歧做出調查及仲裁，對《工務司署職級檢討報告書》是否公道合理，開始諮詢所有有關的工會。

韋路比調查全部職級，接見所有有關職級工會聽取意見，韋路比工作了四十

多天，於11月1日發表《韋路比報告書》（*Report of The Committee of Inquiry Under Professor P.G. Willoughby*），內容分為組織、薪酬與協調3個部分。關於組織事項方面，韋路比認為是管方主權，不願妄下評語，提議管方要密切注意與職方溝通意見的程序。建議設立協調制度來改善，加強管勞交流。關於薪酬方面，要顧及政府的薪酬政策，認為這些薪級是大致公平的，但是，如果工作壓力令低級員工要負擔額外責任，應考慮給予特別津貼。又建議所有職位的名稱都改用主任一詞，英文是Officer，郵政文員改稱為「郵政主任」。

測量員協會於11月17日恢復正常工作，此時，政府繪圖員亦曾發起按章工作。

4A會不滿突然委任韋路比進行調查，指這是違反民主原則，蔑視工會，通令會員按章工作。報告書出台後，4A會認為《韋路比報告書》以薪俸調查小組的資料搪塞工會要求，決定於短期再次發動工業行動。準備在會員大會後召開記者招待會，宣布行動。這次工業行動經過1年努力最終有所突破，政府在壓力下於1978年10月成立管勞聯合工作小組，

1977年尚有兩個極重要的工潮。一個是「速記錄音打字員協會」正副主席前赴英倫請願，申訴她們的職級被歧視。另一個是警務處傳譯員協會工潮，他們的按章工作直接阻延了法庭的審判工作進度，連當時的律政司何伯勵也不得不在立法會上承認，工潮對法庭的審判工作有所影響。

公務員工潮使政府不得不面對事實，港督於1978年10月11日在立法局的施政報告中說：「在下一年度內政府將特別致力於改善公務員人事管理及晉升機會、員工關係、訓練事宜及解決薪俸與組織問題的途徑。」[60]連串工潮說明公務員架構確實出現了問題。1979年，政府成立薪常會，使勞管雙方均可就薪酬、職制、服務條件，以及其他有關事宜，向其徵詢意見。薪常會就非首長級公務員（司法人員及紀律人員除外）的薪酬、服務條件及薪俸結構的原則和措施，向政府提供意見及建議。公務員工會對薪常會的設立多採取觀望（有關薪常會詳細資料參閱本書的〈公務員薪級制度〉一文）。

---

[60] 梁寶霖等：〈香港公務員工運〉，第189頁。

公務員工潮高峰

到了1978年，公務員工潮簡直有如排山倒海。請願行動有：助理社會福利主任，醫院職工呈遞請願書；靜坐行動有：稅務督察，福利員；按章工作有：測量員協會，技術員，郵務員及郵差，護理員等；市政事務署的管工，布政司署的行政主任和文員亦醞釀工潮。此外，專業級的如見習醫生，裁判司亦曾透過報章對工作條件和薪酬表示不滿。

UPOE不滿意見書跳升事件而舉行工業行動，在兩個多月的行動後，使助理郵差和郵差職級合併為郵差，工作時數減至48小時，郵務員加1個增薪點[61]。

配藥員工作收入低微，工作超負荷的，政府體制內藥劑師名額少，配藥員要負擔部分藥劑師工作，政府沒有做出金錢補償。因而激發1979年9月罷工，10月薪常會指超時工作不合配藥員協會期盼。11月9日配藥員協會員通知公務員事務處，如一週後11月16日沒有滿意答覆，將會按章工作。公務員事務處宣布暫停罷工配藥員執勤。11月29日公務員薪酬委員會宣布罷工配藥員停止計算薪金。

至1979年11月，「醫務衛生處藥劑職員會」屬下有26名配藥員因按章工作，被政府引用新制定的〈銓敍條例第611條〉予以停薪停職。當時的公務僱員工會聯絡處立即發表聲明譴責政府，又聯絡公務員總工會及華員會等工會，組成聯合陣線支持配藥員。12月4日，37個公務員工會130名工會領袖出席聯席會議，會上商議籌集鬥爭基金支持被停薪的配藥員。他們手持橫額，要求政府撤銷〈銓敍條例第611條〉。

12月13日，26名被停職配藥員入稟高院，控告政府違約，至1980年3月12日，高院宣判26名配藥員敗訴。法官在判案時引用《英王制誥》，指殖民地政府有權解僱及停職公務員，使人隱隱感到連司法機構也運用高壓手段。及後，26名配藥員上訴合議庭亦再敗訴。

根據政府制定的公務員規則和條款，皆受《英王制誥》及《王室訓令》所規

範，《英王制誥》第14和第16條賦予港督委任和解僱公務員的權力，亦即所有公務員的職位皆因英皇的「喜歡」而下賜。此點特別表明，英皇可隨時隨刻終止有關僱傭合約，而無須事先通知、警告或理由，甚至無須任何聆訊。《殖民地規例》第五十五條規定，英王可在喜歡時賜予官職，一旦這些喜歡不再，則無須經過特定程序，而將其解僱。1997年，行政長官簽發《公務人員（管理）命令》取代《英王制誥》和《王室訓令》[62]。

法官這次判決等於莊嚴地宣布：香港是大英帝國女皇屬土，在大英帝國利益下，一切民主、自由、人權都要讓路。香港有多少市民領悟呢？至此，事實證明在殖民地的法治是有缺陷的，在大英帝國利益下，一切民主、自由、人權盡低頭。在殖民地政權下沒有任何官員能寫好一個「人」字。

再看另一案例——林玉銘（王室訴訟）案，上訴法院指《英皇制誥》第十四和十六條，賦予政府控制和管理公務員，有停薪留職權，以《殖民地規則》指政府違反契約不成立，政府可在任何時候單方面修改《殖民地規則》[63]。

配藥員工潮雖未竟全功，但政府對配藥員的不合理待遇已顯露無遺。以上兩宗官司更顯出政府為求壓服工會，不惜引用不合時宜的宗主國與殖民地關係的判例。此外，這宗工潮促成了公務員工會的大團結基礎[64]。

槍打出頭鳥

進入八十年代，全港參加工會的會員人數轉為停滯不前，甚至有縮減的趨勢。白領工運意識仍高漲，公務員工會迅速發展[65]，鬥爭跨越自己部門或職系，在同一爭取目標下聯合一致行動，在正義前題下互相支持。在七十年代尾，由CIC發起工業安全運動，並邀請了其他工會聯署聲明，公務員工會的活動，跳出自己圈子，開

---

[62] 卜約翰著：《政府管治能力與香公務員》（香港：牛津大學出版社，2004中文增訂本），第218-219頁。
[63] 王叔文主編：《香港公務員制度研究》（北京：中央黨校出版社，1998），第13-14頁。
[64] 梁寶霖等：〈香港公務員工運〉，第190頁。
[65] 香港工會聯合會：《香港工運路向》，第33-35頁。

始參與圈外工會活動。為全港性的工業安全運動而奮鬥。

1980年，UPOE要求重新檢討職級升遷問題，並考慮在聖誕節期間進行大罷工。

而測量員協會向工務司遞交請願信，並與工務司麥德霖會晤，要求解決測量員的職級和服務條件等問題。同屬工務司的4A稍後又派出15名代表向港督請願，要求重新檢討薪級制度，政府一直在拖延。

1980年的工潮尚有市政署一般事務隊，衛生督察靜坐。

1981年4月3日，「房屋署屋宇管理員協會」就待遇與工作問題召開大會，考慮公布各公共屋邨主管的姓名和聯絡電話，令他們分擔管理員的額外工作，並準備每月均前往港督府請願，甚至入稟高院控告政府歧視房署屋宇管理員。翌日，即有七百餘名管理員到港督府遞交請願信。

8月10日，房署屋宇管理員的3間工會與當局談判破裂，隨即開展為期兩週的按章工作。

8月13日，3間房署屋宇管理員工會貼出通告，公布房署的電話號碼，以便居民有事直接聯絡他們。部分屋邨主管撕去通告，引起管理員不滿。針對當局的行動，房署屋宇管理員工會代表決定向法庭申請禁制令，禁止房署要求下屬做份外工作。開動了工會使用禁制令的先河。不過，高院以「不能申請禁制令去禁政府」為理由，不接納工會代表的申請，各界得悉此理由後，紛紛抨擊政府處事不公正。

1981年5月，測量員協會和4A會不滿政府遲遲未有回覆所提出的要求，分別發動數百名公務員遊行到布政司署和工務局抗議，行動頗有聲勢。

6月，測量員協會因該會主席黃偉雄被上司寫「壞報告」，而發動罷工。事緣黃偉雄的外籍上司發出報告前不作事前警告，在報告寫下「無表現、差勁、不夠水準、技術不濟、與上司及下屬關係惡劣」等壞評語。黃偉雄又被人打小報告，遭調離原工作崗位到另一辦工室上班。

黃偉雄獲21個公務員工會支持，就此事發表聲明，抗議政府迫害工會領袖。聲明指出：上司為評價下屬而寫的機密報告，對每一個公務員影響深遠，小至升級前途，大至可能被解僱。作為公務員考勤之用的報告制度已常為公務員所詬病，因為一個公務員表現，主要由其上司個人喜惡評定，似乎沒有客觀因素作為標準。

其他工會都據理力爭，指出工會不滿如此一項機密報告制度，主要理由有：
（1）報告屬於機密性質，一般屬員往往無法參閱；（2）屬員無自辯機會[66]。

一波未平一波又起，房署屋宇管理員工會主席張國權於1981年9月17日接到
銓敘司警告信，指他「行為不檢」[67]。11月30日，張國權再接到銓敘司的信，飭令
離職。信內採用「愛好尋釁」、「欠缺圓滑」、「傲慢」、「躁急」、「好管閒
事」、「吹毛求疵」、「固執」、「詭詐」、「衝動」、「自私」等極盡貶低的字
眼。又指斥張國權違反銓敘規例，未經政府批准向報界發言[68]。

公務僱員工會聯絡處立即聯絡張國權及其工會了解事件背景，並發表聲明指責
政府迫害工會負責人，同時呼籲其他工會支持，並在1982年1月18日，聯絡到30個
工會七十餘人向銓敘司遞交抗議書[69]。

1982年1月4日，張國權接到銓敘司的通知，要他「提早退休」。張國權不斷提
出上訴，至同年9月被港督駁回，時年39歲的張國權唯有提早退休，轉業做小販。

政府連番打擊工會領袖，諺語有謂「擒賊先擒王」，令對手群龍無首，管方冀
以工作報告來達到此效果。這是政府政策還是部門首長的個人主意。縱觀全局，郵
政部門未見有此嚴重情況。這不是政府制定的全港性政策，應是對個別事件的對
策，或是部門主管的意見。

公務員工運在政府針對工運積極分子連番重拳打擊下沉寂下來。政府另一面
正鼓勵公務員組織工會，認為工會的數目越多越好[70]。當時全港公務員總數有17萬
人，工會約有一百五十多間，平均每間會只有1,133名會員，力量分散。據職工會
登記條例列明，只要湊夠7個人便可成立一間工會，因此，往往一個部門便有多個
工會出現。如房署當時便有11間工會並存。除了政府的因素外，工會內部的派系紛
爭或其他各因素，也引致工會分裂，工會林立。

---

[66] 林斌：〈公務員工會如何受港府分化？〉，載香港：《百姓》第45期（1983年4月），第15-16頁。
[67] 同上，第16頁。
[68] 黃偉雄：〈公務員工運的回顧與前瞻1971-88〉，載陳坤耀等合編：《工運與香港發展》（香港：香
港大學亞洲研究中心，1988），第71頁。
[69] 同上，第71頁。
[70] 林斌：〈公務員工會如何受港府分化？〉，第16頁。

國際郵電工會亞洲代表佐治‧諾貝爾（George Noble）早在七十年代指出，香港公務員工會的組織問題，是香港工會過於複雜，公務員工會太注重職業性的組織，而忽略成立一個龐大而有力量的團體。這樣只會令到工人的分歧擴大。62間公務員工會中就有62位主席，62位財務，以及眾多職員，因此實質上會員人數只占公務員人數25%，結果是領袖太多，群眾太小，實力大打折扣，爭取利益時，在政府眼中不值一晒[71]。此言可謂一矢中的。

1981年8月，公務員工會聯絡處、公務員總工會和華員會等聯名發信邀請各公務員工會，一起爭取中下層公務員的房屋利益，結果有50間工會聯席，提出了一份意見書。

1982年，政府被迫讓步，為低薪公務員設立第一標準薪級公務員評議會。

《第八號報告書》工潮

1982年6月23日，薪常會發表《第八號報告書》，引來公務員的強烈抗議，報告書建議大幅削減見習職級的薪酬，見習階段薪金減四百元。3年後升級則由總薪級表第17點降至14點，減幅達七百元。理工學院的準畢業生及社工界亦大受影響，遂醞釀連串行動。其中規最大的要數測量員及技術員的4間工會，在7月8日及9日進行兩天罷工行動，參與的人數達二千人。

7月，4A會聯同政府製圖人員協會、測量員協會、及「華員會工程技術員組」等3個技術員和測量員工會，共4間會組成技術員及測量員聯合行動委員會，以一致行動向政府表達不滿。

7月8日，聯合行動會4間工會一千餘名會員，乘旅遊巴士到工務司署靜坐。聯合行動會原來向警方申請二千人集會，警方恐人太易發生意外，只批准一千人集會。是日聯合行動會代表向薪常會遞交意見書，提出撤銷見習職級薪級表，反對降低測量員及技術員的起薪點，及反對取消測量員的津貼。7月10日開始，聯合行動

---

[71] 林斌：〈公務員工會如何受港府分化？〉，第16頁。

圖左：1986 Fighting pay adjustment for non-directorate civil servants，左是林華煦，右是黃偉雄（黃偉雄提供）

圖右：1986 Fighting pay adjustment for non-directorate civil servants（黃偉雄提供）

會工會的屬下會員怠工1個月抗議。

同時，社工也有行動，理工社工學系，東華三院護理人員協會亦公開反對《第八號報告書》。

1982年，UPOE聯同其他3間郵政工會及有關團體向港督請願，反對《第八號報告書》[72]。

1983年3月30日，公務僱員工會聯絡處聯同聯合行動會共派出120名代表，要求政府來年補回4%差額的薪金。

1984年間，公務員及資助機構工會組成「公務員及資助機構爭取合理調整薪酬委員會」，向高評會及政府施加壓力。由於當時經濟不景，只能爭取到平均加幅9%左右。

隨著九七問題的衝擊，公務員爭取權益的壓力相應下降，1984及1985年主要是兩次爭取加薪運動，使沉寂的公務員工運泛起漣漪。

對此，英國政府和香港當局做了一系列準備對策。1980年7月，英國政府公布了《英國國籍白皮書》，把絕大多數持有英國護照的香港居民列為「英國屬土公

---

[72] UPOE：〈大事年表〉，載：http://www.upoe.org.hk/event.htm。

民」，使他們既無權在英國居留，更無權參與英國的政治選舉，這一舉措是為了防止在中國恢復行使香港主權時，大量香港居民移居英國。

政府也相繼於1980年制定《地方行政白皮書》，於1982年《區議會條例》，積極推行香港地方行政計畫。一方面加速公務員的本地化，一方面設立區議會，為推行代議制改革做準備，為撤退做人事方面和政治架構方面的準備。

1985年由於政府追補高官薪金，中低層不獲加薪。引起非首長級公務員不滿，發起追補加薪6.4%運動，活動內容有簽名、請願和維園集會等，事件持續至1986年4月底，政府還是一意孤行，只補2.7%了事，最後政府進行非首長級公務員薪金水平調查。

至1990年政府的肥上瘦下政策不變，高層加薪14.46-14.55%，中層加薪13.42-14.85%，低層有14.46-14.55%，中下層表示不滿[73]。

政制改革及回歸

七八十年代公務員工運，以爭取基本權益開始，衝擊了原本保守的協商制度，及促進公務員工運的急劇發展。踏入八十年代，公務員工運開始集團化，並開始跨部門團結，不同的政府內部空間開始橫向聯合，繼而跳出政府內部空間，進而介入社會事務，進入全港性的空間，參與政治活動[74]。

1984年，政府公布的代議政制白皮書，確立職工會在代議選舉制下，其參與者的地位。所有註冊工會被列為指定的功能團體之一，以1會1票的方式互選代表，出任立法局勞工界議員。基本法起草及諮詢委員會成立，亦融合了勞工界代表。

在代議政制和九七問題的衝擊下，公務員的身分特殊，本應持中立，公務員工會亦應盡量不參與政治。但代議政制發展對公務員帶來一定的衝擊，所以公務員工會亦無可避免參與政治活動。

1984年，黃偉雄、林華煦參與「香港工會教育中心」工作。香港工會教育中心

---

[73] 聶振光著：《香港公務員制度》（香港：中華書局，1991），第141頁。
[74] 梁寶霖等著：〈香港公務員工運〉，第193頁。

成立前，地盤頻頻出現工業意外，各工會不論左中右走在一起舉行聯席會議，推動職安。聯席會議後來演變為「港九勞工團體聯席會議」，把香港工運帶上一個新里程碑。公務員工運從政府內部空間走進全港工運空間。

八十年代左中右工會一起搞職安運動，在政府建制內亦掀起了新的一頁。工聯會開始加入政府建制架構，參加勞顧會委員選舉。

勞顧會於1927年成立，當時成員只有大公司、政府部門和軍部代表，沒有工人代表。1946年發展成為一個由政府、資方和工人三方代表參與的諮詢機構，不再設有軍方代表。1950年勞顧會重組並且首次以選舉產生委員，在代表工人的4名委員中，有2名由工會以不記名投票方式選出，而其餘兩名則由政府委任。

一直以來勞顧會勞工代表都是由工團包辦，工聯會則不聞不問。在政局轉變下，港九勞工團體聯席會議認為要爭取勞工立法，及加強獨立工會的影響力，有意進入政府架構內，其一是參加勞顧會選舉。

1979年勞顧會勞方代表選舉中，港九勞工團體聯席會發動公務員工會參加投票，但其候選人並未獲選。1980年，港九勞工團體聯席會與工聯會取得默契，派出的參選代表測量員協會黃偉雄和教協徒華分別獲選。

但是，後來黃偉雄的政治表現並未能取悅左派，結果於1985-1986年度勞顧會選舉敗給工聯會支持的陸冬青[75]。直至現今，公務員總工會長期在勞顧會占有一席，加上公工聯亦長期占有一席，即公務員長期占有兩席，華員會則一直沒有積極參與勞顧會選舉。

隨著政制開放，公務員因而亦對此表示關注，他們亦有意透過選舉進入建制，出任立法局議員。但由於法例所限，公務員不能參選，UPOE蕭賢英遂提早退休參選。

在九七問題上，公務員首先表示憂慮將來的地位及長俸，而華員會及公務員總工會先後於1984年到北京反映意見，海外公務員協會則在同年去倫敦。到了中英協議草簽，具代表性的公務員領袖黃偉雄和陸冬青被邀請到北京觀禮。此外，中共的

---

[75] 梁寶霖等：〈香港公務員工運〉，第192頁。

「中華全國總工會」及新華社亦於重大節日如十一和五一,相約各公務員領袖北上,進行統戰。

1985年,香港各工會開始注意《基本法》的制定工作。7月初,一班獨立工會負責人醞釀成立「勞工界基本法聯席會議」,並商得工聯會、工團及其他勞工團體加入。至8月,已有113間團體表示參加。但是,由於提名基本法諮詢委員人選方面出現波折,公工聯及其屬會宣布退出,亦拒絕接受基本法公務員諮詢委員的委任或選舉[76]。這一批公務員工會與一些獨立工會於是另組獨立勞工團體聯席會議,但活動不多[77]。

1986年5月,由於蘇聯切爾諾貝爾(車諾比,Чорнобиль)核電廠發生意外,惹起各界人士的關注。5月31日,由37間團體發起成立「爭取停建大亞灣核電廠聯席會議」,並且發動市民簽名要求停建大亞灣核電廠,最終收集逾百萬港人簽名,可是因為政府以及北京當局反對,行動以失敗告終。公工聯是該運動主力推動團體之一,聯席中有12間公務員工會,並發起一連串行動:全港百萬人簽名運動,派出代表赴北京請願,向政府請願及進行民眾宣傳等[78]。

1989年12月22日,四千名消防員要求工時由每週60小時減至48小時。至1990年3月26至28日一千五百名消防員進行絕食,要求工時由每週60小時減至48小時。每週工時48小時,是公務員重要鬥爭的課題之一,亦是一個基本人權的平等問題。

1991年5月,430名社會工作助理向行政立法兩局官守議員請願,要求改善薪酬,增加新職級及辛勞津貼等。

11月2日,食環署員工不滿署方在員工違規後,沒有按照《公務員事務規例》處理,而將個案直接交予廉政公署跟進,令到部分員工遭到刑事起訴。食環署工會大聯盟是日發動會員集體請假,共有一千一百餘人參加。而工會代表與署方會面時,批評署方缺乏誠意解決問題,甚至在會議中途離席,聲言不排除會發動工業行動,如按章工作。其間約四百名會員在「香港公園」靜坐聲援。

---

[76] 同上,第193頁。
[77] 同上,第193頁。
[78] 同上,第193頁。

圖左上、右上：1986年爭取停建大亞灣核電廠事件（黃偉雄提供）
圖下：1986年爭取停建大亞灣核電廠事件相關資料（筆者提供）

公務員制度改革

　　1992年彭定康推出政制改革，及公務員本地化，並要提高公務員效率[79]。政府回歸後，於1999年推行「優質顧客服務計畫」，冀能建立以客為本的服務文化。[80]政府部門公布服務承諾，列出部門所提供的服務、各項服務的服務標準，以及部門如何監察並達至所訂立的標準，培養以客為本的服務文化、提高政府的透明度和促使所提供的服務質素精益求精。政府鼓勵所有部門在制定理想、使命和信念大綱時，重點應盡量包含提供優質服務。

　　據政府資料，自1993年起，已撥款接近三千萬元給48個部門，進行辦事處改善工程，如翻新詢問處以及改善電話查詢服務等；1998年至2001年，亦已撥出約一千萬元給40多個部門推行84項計畫，讓員工認識以客為本的服務態度，這些計畫包括進行顧客滿意程度調查；舉辦研討會及經驗交流工作坊，增強對顧客服務的認識。

　　各部門成立工作改善小組，檢討現有運作程序，找出工作程序中有待改善之處。約三十個部門成立服務聯絡小組，聽取顧客意見，從而進一步提高工作表現和服務水平。很多部門定期進行顧客滿意程度調查，以衡量顧客對服務的滿意程度。

　　公務員事務局透過培訓，為前線員工提供各種的顧客服務課程，超過5.8萬名公務員已經接受訓練。公務員事務局於1999年開始舉辦，所有部門都可以參加的顧客服務獎勵計畫，表揚提供優良顧客服務的員工。2001年共有28個部門參與競逐顧客服務獎勵計畫。2002-2003年度，報名參賽的有23個部門，榮獲2003-2004年度冠軍是郵政，2007年並由香港管理專業協會協。

　　政府正建立以客為本的服務文化，另一方面，希望外判改善服務質素，可惜適得其反，服務質素反而下降，劣評如潮。

　　這期間，政於1998年府推出衡工量值式審計工作，就是審核公務員在履行職務時所達到的節省程度、效率和效益等，進行審查，或稱為績效評估。

　　從國際層面來看，1973年美國總統尼克遜（編按：台譯尼克森）頒布《聯邦

---

[79]　黃湛利著：《香港公務員制度》（香港：中華書局，2016），第324頁。
[80]　陳瑞蓮等著：《香港特區公共管理模式研究》（北京：中國社會科學出版社，2009），第182-184頁。

政府生產率測定方案》（*The Federal Government Productivity Measurement*），有關部門設計了三百多個績效指標，由勞工局搜集僱員二百人以上的聯邦政府機構的產出、勞工投入、勞工成本等方面的信息。英國於1979年推出《雷納評審》（Rayner Scrutinies），都是同一目標的政策[81]。

食環署於1992年開始將街道潔淨工作外判，希望改善服務質素。可惜，這一切都是政府的一廂情願的設想，結果服務質素沒有改善，卻對整個勞工市場造成極壞的衝擊。外判制度下百病叢生，醜聞層出不窮，如對工人階級有苛扣工資、違法使用黑市工人、做假虛報人數、違規判上判等；對服務的市民：則有涉嫌騙取公帑，用禁藥危害服務使用者健康，貪汙回佣和公帑貼外判等，令全港市民受損。

2001年7月中，為反對公共屋邨的管理及維修服務外判，房屋署職工會大聯盟組織24小時絕食行動。

回歸後即爆發亞洲金融危機，市民遭受失業、減薪、股票和物業價格下滑之苦，1997-2003年房價跌了70%[82]。1998年香港國內生產總值（GDP）沒有增長。經濟的低迷使市民對政府的期望上升，而新機場的失誤，禽流感的爆發等，及傳媒對公務員不利的報導，批評公務員偷懶，偽造工作紀錄等，使公務員形象受損。與此同時，一項人力資源報告調查，指私營機構僱員和公務員同等工作的入職薪酬水平比較，有明顯的差距，平均約為30%。

在此經濟背境下，政府於1998年委託薪常會檢討公務員入職薪酬，為使公務員的薪酬與市場較為一致，把12個文職職系資歷組別中的大部分職系薪酬基準下調6-31%，同時亦把紀律部隊的入職薪酬下調3-17%，但基本職級的頂薪點及起薪點以外的薪酬維持不變[83]。

公務員事務局於1999年3月發表〈公務員體制改革諮詢文〉，啟動了公務員制度的根本改革，帶來了從招聘、紀律、晉升和薪酬制度等各方的重大改變[84]。

---

[81] 劉旭濤著：《政府績效管理制度、戰略與方法》（北京：機械工業出版社，2003），第5頁。趙暉著：《政府績效管理與績效評估》（南京：南京師範大學出版社，2011），第8-9頁。

[82] 顧汝德著：《官商同謀》（香港：天窗出版社，2011），第19頁。

[83] 黃湛利著：《香港公務員制度》（香港：中華書局，2016），第44頁。

[84] 同上，第36-39頁。

財政司的1999-2000年度的預算案中提出，將會邀請薪常會和「紀律人員薪俸及服務條件常務委員」，就公務員工作相關津貼進行檢討。薪常會於2000年6月公布《第三十八號報告書──相關津貼檢討》。

1999年時全港勞動人口有320萬人，公務員已減少了仍有十八萬餘人，另有40萬公營機構、半官方法定機構、政府資助學校和大學、志願團體等僱員，這些僱員與公務員加在一起總數近六十萬人，即占全港勞動人口五分之一。公共部門的薪酬與福利開支占公共開支的三分之二，占經常性公共開支的66%。香港每日總薪酬開支為7億元，當中1.6億港元，或25%是公務員的薪酬開支[85]。

亞洲金融風暴打擊環球經濟，香港經濟低迷，私人機構僱員被減薪，而公員務暫不受影響，拉遠了公務員和私人機構薪金的差距，加上政府財赤日漸嚴重，大資本家向政府施壓，要求採取措施令公務員的薪金不再增長，以免影響私人勞動力市場的工資。2002年親商界的「自由黨」公布的調查結果顯示，公務員F.3學歷的初級文員薪酬，高於私營機構同等學歷員工46%[86]。

1999年公務員不同聘用條件人數表

聘用條件	人數	百分比%
長俸	183,391	96.9
合約	1,680	0.9
合用條件重新聘用	1,872	1.0
其他聘用條件	2,339	1.2
總計	189,282	100

資料來源：陳瑞蓮等著：《香港特區公共管理模式研究》，第66頁

---

[85] 陳瑞蓮等著：《香港特區公共管理模式研究》，第62頁。
[86] 卜約翰著：《政府管治能力與香公務員》，第322-323頁。

1998年公務員流失分類表

流失類型		人數	百分比
辭職		1,208	32.0
退休	正常／提前	1,839	48.8
	迫令	37	1.0
合約期滿		77	2.0
撤職		293	7.8
終止服務		220	5.9
死亡		96	2.5
總計		3770	100

資料來源：陳瑞蓮等著：《香港特區公共管理模式研究》，第67頁

　　從以上兩表來看，公務員工作是穩定的，故有「鐵飯碗」之稱，也正是香港社會長期穩定因素之一。回看口述史部分，從各人心中如失去公務員職位的計算可見。

　　1999年政府宣布調低公務員職位起薪點6個增薪點，以政務主任為例，削減了20%月薪，即每月由35,285元減至28,075元[87]。

　　工會以《基本法》第100條為據來反對減薪。

　　各公務員工會齊集商討對策，決定發動全港公員遊行。在這個問題上，救護員會與公務員總工會出現嚴重分歧，最後公務員總工會議絕不參加遊行，其4間屬會救護員會、政府機電監工技工職員協會和4A會等表示不滿，決定退出公務員總工會。最後只有救護員會和政府機電監工技工職員協會退會。

　　1999年5月23日，華員會等發起反對公務員體制改革大遊行，有一萬二千餘人參加。2000年7月7日，公工聯等發起3.5萬名公務員示威反對減薪。

　　早於1970年代，西方國家都對公務員制度進行改革，主要是針對政府職能、機構與人員的膨脹，對財政帶來壓力[88]。公務員制度與新自由主義盛行有關，香港也

---

[87] 卜約翰著：《政府管治能力與香公務員》（香港：牛津大學出版社，2004中文增訂本），第322-323頁。

[88] 陳瑞蓮等著：《香港特區公共管理模式研究》，第62頁。

不例外，認為公務員臃腫，也要進行公務員制度。計劃於2003年削減1萬個職位，決定於2000-2001年度編制中一次性削減六千七百個職位，主要方法是凍結招聘公務員，通過自然流失，暫時以合約僱員代替公務員，加上現職公務員被減薪，結果達標，節省13億元[89]。

但警隊卻得到豁免，可以繼續招聘新人，只是新入職者起薪點被調低，及沒有長俸和房屋津貼等[90]。

2000年6月，政府制定公務員新入職條件，取消長俸改為強積金。[91]

這時政府又推出自願離職計畫，冀能解決人手過剩問題。

自願離職計畫先後於2000年和2003年推出兩次，第一輪涉及59個職系，包括技工、屋宇監督、停車管理員、祕書及文員、廚師、電腦資料管理員、機械監察、電氣監察、地政監察、汽車司機、攝影員、印刷技術員、校對和電話接線生等。這些職系共有員工七萬餘人。自願離職者可獲退休福利和補償金，每服務滿兩年可得1個月薪金，另加9個月薪金，最高可有20個月薪金[92]。

2003年的第二輪自願離職計畫，讓已知或預期有過剩人手的229個指明職系中，指定職級及／或工種的員工自願離職，以縮減公務員編制，並節省長遠開支。目標是2006-2007年度把公務員編制數目削減至十六萬個左右。第二輪計畫共有約五千三百份申請獲得批准。兩期共有九千八百和五千三百人獲准自願離職。各職級編制人員的總數由14,829減至10,006，減幅達33%。2000年9月，政府推出補償退休計畫，給予首長級公務員作抉擇[93]。

房署自2000至2004年推行自願離職計畫以來，已有超過三千名員工離職，2004年房署因應房屋委員會分拆出售轄下零售及停車場設施，該計畫涵蓋約六百五十個公務員職位，他們負責有關物業的管理及維修工作；房署因而推出自願離職計畫補償方案及申請條件，與政府去年第二輪自願退休計畫相若。

---

[89] 李和中著：《21世紀國家公務員制度》，第107頁。
[90] 何家騏等著：《國境邊陲的治安與秩序》（香港：三聯書店有限公司，2020），第112頁。
[91] 陳瑞蓮等著：《香港特區公共管理模式研究》，第77頁。
[92] 同上，第77-78頁。
[93] 同上，第77-78頁。

在房署的自願離職計畫下，中高層員工盤算，物業出售後也需要有人管理，這是一個大好商機。自己有管理屋宇經驗和人脈，可藉自動願離職領取政府的補償金額來創業，在樓宇管業中大展拳腳。這有如政府打本給他們做生意，所以政府常被指官商勾結。

回看公務員工會對改革的反應，2000年6月，針對政府的公務員改革和高官加薪等問題，測量員協會、「房屋事經理協會」、政府製圖人員協會、「政府工場導師協會」、「政府教育人員職工會」、4A會、政府丈量員職工會、「水務署用戶服務督察會」、「政府產業測量員協會」、「政府水務專業人員協會」、「地政總署司機協會」和香港義肢矯形技工協會等13間工會發起全港公務員保衛權益簽運動。其後加入的工會或組織有「中文主任籌委會」、「房屋署工會大聯盟」和「公務員及資助機構政策聯席委員會」等公務人員總工會。運動獲得五萬二千人簽名支持，於7月8日舉行集會遊行。

2000年7月9日，近二萬名來自18個職系工會的公務員遊行到政府總部，再次反對公務員制度改革，憂慮飯碗不保。參加遊行者包括紀律部隊，如救護員，沒有警隊。

有關公務員改革問題我們且看以下數據：

1960-1988年公務員人數表

年份	人數	增長%	年份	人數	增長%
1960	43,742	149.65	1976	104,175	-0.13
1961	52,271	19.50	1977	108,385	4.05
1962	49,902	4.74	1978	115,671	6.72
1963	52,955	6.12	1979	122,838	6.19
1964	57,779	9.11	1980	129,217	5.19
1965	60,181	4.15	1981	139,252	7.76
1966	65,171	8.29	1982	154,800	10.59
1967	69,150	6.10	1983	166,569	8.16

年份	人數	增長%	年份	人數	增長%
1968	72,936	5.47	1984	170,051	2.09
1969	75,444	3.43	1985	172,000	1.15
1970	77,975	3.35	1986	174,946	1.71
1971	81,511	4.53	1987	179,053	2.34
1972	84,565	3.74	1988	182,843	2.11
1973	90,026	6.45			
1974	95,467	6.04			
1975	104,291	9.24			

資料來源：聶振光著：《香港公務員制度》（香港：中華，1991），第6頁。

1970-2013年公務員人數表

年份	人口總數	公務員總數	公務員占總人口%	公務員占就業總人口%
七十年代	400餘萬			
1983-1984	538萬	17萬	3.10%	
1987-1988	560餘萬	18.3萬	3.27%	6.50%
1991-1992	590餘萬	20萬	3.39%	
1994-1995	600餘萬		2.90%	
2001	670餘萬	17萬餘	2.54%	5.10%
2003	680餘萬	16.9萬餘	2.50%	4.80%
2007	696萬		2.20%	
2013	700餘萬	16萬餘	2.29%	

　　1991年公務員人數達到高峰有近二十萬人，同年醫院管理局成立，1983年九廣鐵路公司成立及1993年香港金融管理局成立等，其職員脫離公務員體制，有一萬三千餘公務員因重組離開公務員隊伍。

　　自1981-1982年度至1991-1920年度公務員平均年增長為2.4%，當中增長率最高的律政署為95.7%。1982-1983年度公務員薪酬開支約為九十億元，2001-2002年度上升至近七百億元，1982-1983年度占整體經常性開支的44%，2001-2002年度降為

35.1%[94]。剛改革的2001-2002年度薪酬開支上升而占整體經常性開支則下降，開支上升應與通脹問題有關。

再看以下「1972-1987年公營部門占本地生產總值表」，評估公營部門支出與社會生產能力對比。

1972-1987年公營部門占本地生產總值表（單位：百萬元）

年份	生產總值	公營部門綜合帳目開支	占百分比
1972-1973	30,382	3,874.8	12.8
1973-1974	39,101	5,061.0	12.9
1974-1975	44,578	6,692.3	15.0
1975-1976	46,464	6,576.4	14.2
1976-1977	59,339	7,355.1	12.4
1977-1978	68,905	9,168.2	13.3
1978-1979	81,163	12,121.6	14.9
1979-1980	107,047	15,619.1	14.6
1980-1981	137,209	22,056.4	16.1
1981-1982	165,346	29,383.0	17.8
1982-1983	186,868	35,683.6	19.1
1983-1984	207,948	38,595.7	18.6
1984-1985	248,984	40,943.8	16.4
1985-1986	265,520	43,790.0	16.5
修訂預算			
1986-1987	289,470	48,460.0	16.7

資料來源：鄭宇碩編：《香港政制及政治》（香港：天地出版社，1987），第214頁。

再詳看以下「歷年公務員薪酬調整幅度（加薪／凍薪／減薪）（2000-2020）」，了解政府如何進行減薪。

---

[94] 卜約翰著：《政府管治能力與香公務員》，第40-42頁。

歷年公務員薪酬調整幅度（加薪／凍薪／減薪）（2000-2020）

年份	低層公務員 （總薪級表0-9 點）	中層公務員 （總薪級表10-33點）	高層公務員 （總薪級表34點或以上）
2020	0.00%	0.00%	0.00%
2019	5.26%	5.26%	4.75%
2018	4.51%	4.51%	4.06%
2017	2.94%	2.94%	1.88%
2016	4.68%	4.68%	4.19%
2015	4.62%	4.62%	3.96%
2014	4.71%	4.71%	5.96%
2013	3.92%	3.92%	2.55%
2012	5.80%	5.80%	5.26%
2011	6.16%	6.16%	7.24%
2010	0.56%	0.56%	1.60%
2009	0.00%	0.00%	-5.38%
2008	5.29%	5.29%	6.30%
2007	4.62%	4.62%	4.96%
2006	0.00%	0.00%	0.00%
2005	0.00%	0.00%	0.00%
2004	-3.23%	-3.17%	-3.10%
2003	-3.13%	-3.07%	-3.01%
2002	-1.58%	-1.64%	-4.42%
2001	4.99%	2.38%	2.38%
2000	0.00%	0.00%	0.00%

　　公務員職位凍結一段長時間後，2008-2012年的5年間，公務員職位增加了6,600個，即每年增加一千三百個。2008-2013年度有七千人退休。2013年公務員人數保持在為十六萬餘人，職位空缺有六千多個[95]。

---

[95] 潘亦真著：《我要做公務員》（香港：培思出版社，2015），第5頁。

從國際看這問題，1980年代，法國有公務員208萬人，占全國人口3.9％；英國有73.3萬公務員，占全國人口1.3％；美國有288萬公務員，占全國人口1.3％；日本中央公務員為50.2萬[96]。1990年代泰國有公務員二十四萬餘人[97]。千禧年時法國有四百萬餘公務員，美國有280萬，德國有440萬[98]。深入來看，各國公務員範圍不同，美國包括軍、警和消防，英國則不包括，而澳洲只是消防是公務員。與全球比較，1983-1984年度香港公務員占人口比為3.1％，表面看來香港是高的。

立法減薪

談公務員減薪事件前，先看事件前二十多年以來公務員薪酬的資料。

1988-1989年度公務員薪金平均升幅為9.7％，1989-1990年度為13％，1990-1991年度為15％[99]。

1984-1985年度公務員薪俸支出為96.03億元，占政府總開支37.64％；1985-1986年度公務員薪俸支出109.63億元，比上年增長了14.16％，但卻占政府總開支37.11％；1985-1986年度公務員薪俸支出121.84億元，比上年增長了11.14％，但卻占政府總開支35.04％[100]。不同的升降問題應與通脹有關。

1980年代非長俸公務員有5萬人，占全港公務員總數27％左右，合約僱員有5,000人，占全港公務員總數3.3％，合約通常為期30個月（即年半），部分為36個月（即3年）[101]。

政府於2001年決定全面檢討公務員薪酬政策和制度，薪常會聯同紀律人員薪俸及服務條件常務委員會和首長級薪俸及服務條件常務委員會，應當局的邀請，成立了專責小組進行有關檢討。專責小組的主要工作是研究其他地方政府在公務員酬管

---

[96] 李和中著：《21世紀國家公務員制度》，第35頁。姜海如著：《中外公務員制度比較》（北京：商務印書館，2003），第7頁。
[97] 中國人事部國際交流與合作司編：《外國公務員制度》（北京：中國人事出版社，1995），第110頁。
[98] 姜海如著：《中外公務員制度比較》，第7-8頁。
[99] 劉曼容著：《港英政治制度與香港社會變遷》，第334頁。
[100] 聶振光著：《香港公務員制度》，第124頁。
[101] 同上，第124-129頁。

理方面的最新發展、分析箇中利弊，及在考慮香港公務員薪酬政策和制度的歷史和發展概況後，找出適用於香港的最佳做法。

專責小組於2002年4月公布中期報告，以諮詢公眾意見。專責小組於9月提交第一階段研究的最後報告。當局就專責小組第一階段研最後報告進行為期8星期的公眾諮詢。

政府接納專責小組建議，制定薪酬水平調查的具體架構和方法。

2002年中香港生產總值開始增長，第三季增長為2.8％，第四季為4.8％，香港生產總值，2003年第一季微跌為4.1％，第二季再跌多0.9％。2002年失業率為7.5％，2003年中升為8.5％[102]。

2002年3月，因應經濟低迷、財赤嚴重，財政司梁錦松在財政預算案中假設公務員減薪4.75％，可令政府減少開支約六十億元。行政會議於5月通過，透過立法按薪酬趨勢調查結果，分高、中、低三級公務員來進行減薪，減幅介乎1.58％至4.42％[103]。

7月，近四萬名公務員遊行抗議立法減薪，即立法會三讀通過的《公職人員薪酬調整條例草案》，落實削減公務員薪酬。這次上街遊行無法阻止立法減薪，其後減薪事件更陸續有來。

10月公務員薪酬開始被削減，4間警察協會主席、公務員總工會、「政府公園及遊樂場管理員工會」及律政司高級助理法律政策專員單格全（Michael Reid Scott）以及被停職的高級督察劉國輝等個別公務員及團體，先後入稟法院控告政府的減薪方案違反《基本法》。2003年6月高院法官夏正民指立法減薪沒有違反《基本法》，判政府勝訴，單格全及劉國輝就高院判決提出上訴。2004年3月，單格全再度控告0+3+3減薪方案違法。

12月，行政長官董建華定出2006-2007年度削經常開支200億元目標，提出公務員要減薪6％。

2003年2月25日，董建華會同行政會議做出決定，在現行機制基礎上，制定更

---

[102] 盧維斯著：《問責不問責》（香港：Treloar出版社，2010），第13頁。
[103] 陳瑞蓮等著：《香港特區公共管理模式研究》，第78-79頁。

完備的公務員薪酬調整機制。

　　1.用以比較公務員及私營機構員工的薪酬水平而定期進行的薪酬水平調查；

　　2.根據一個改良調查的方法而每年進行薪酬趨勢調查；

　　3.一個可以向上和向下調整公務員薪酬的有效方法。

　　同年政府推出「0+3+3」減薪方案，原計畫是「0+6」減薪方案，即是2003-2004年度凍薪，跟著的一年減薪6%。0+3+3減薪方案即是2003-2004年度凍薪，接著兩年，每年減薪3%。華員會等大多數工會都是同意0+3+3減薪方案。

　　2003年2月21日，公務員事務局宣布與工會達成0+3+3方案共識，2003年凍薪，2004年和2005年減薪3%，使薪金回到1997年前水平，商界仍表示不滿。[104]

　　2003年2月，立法會通過0+3+3減薪方案，多個政黨和工會代表均接受0+3+3方案，但認為要與立法減薪分開處理。公務員自10月起減薪1.58-4.42%不等，政府每年可節省15億元開支。

　　2005年7月13日，終審法院做出終極裁決，一致裁定立法減薪沒有違反《基本法》，指《基本法》第100條保障公務員薪酬福利不低於回歸前，但沒有禁止不可以有任何改變，而政府亦有權就特殊情況就公務員的薪酬進行立法。而高院指公務員待遇不低於回歸前的規定，不應以硬性數字作指標，又指立法減薪並沒改動僱傭合約條款。

　　2006年6月1日，政府為新聘公務員制定一套新的附帶福利條件方案：

　　1.修改假期條款，條款更會貼近私機構水平；

　　2.修訂房屋福利計畫，設置無須實報實銷的房屋津貼；

　　3.醫療及牙科福利方面研製一項以保險計畫為基礎的新計畫；

　　4.終止發放教育津貼。

　　2009年6月23日，董建華會同行政會議就2009-2010年度公務員薪酬調整做出立法減薪決定：

　　1.凍結中下層公務員薪酬；

---

[104] 卜約翰著：《政府管治能力與香公務員》（香港：牛津大學出版社，2004中文增訂本），第324-325頁。

2.高層或以上公務員減薪5.38％，但薪金級別內的任何一個薪點均不應低於$48,700元（即較中層薪金級別的上限$48,400元多$300元）。

政府將《公職人員薪酬調整條例草案》呈交立法會立法，決定明年1月1日起減薪。據政府估算，這一措施可在3個月內為庫房節省5.2億港元。草案結果在29票支持，21票反對以及1票棄權下通過。

在減薪事件中，2003年爆發沙士疫情，負責潔淨和漁農處員工忙個不了，情況一度混亂，甚至出現文職人員協助他們工作的情況。

這期間第一標準員工也實行有關津貼的鬥爭，口述史部分已詳述不在此重複。

政府部門私營化

公務員體制改革最具新自由主義色彩的是私營化，在英國是一個重點改革，於1980年代中期出售國營企業。

由私營機構參與提供公營服務一直存在，如鐵路系統、隧道和廢物處理設等，1999年《財政預算案》提出政府部門私營化，初步先把把政府隧道、停車場及辦公大樓的管理做外判。

政府部門私營化主要有4種：營運基金、合約外判、公司化和私有化。政府認為私營機構參與的好處有：

1.服務機構競爭可提升服務水平，令服務質素得以改善；

2.私營機構不受有關政府規則和程序規限，可提供更有效率和更能迎合顧客需要的服務；

3.騰出公帑供基本服務之用，即時減低公營服務的整體開支；

4.政府可以集中處理核心工作，即制定政策、監督政策的執行和保障公眾利益，因此在管理方面有更大靈活性；

5.刺激私營機構的業務。

政府初步計畫是鼓勵私營機構參與提供護理安老服務，把家務助理服務上門送飯服務外發、把駕駛執照和車輛牌照簽發服務外判、把專人送遞非機密及限閱文件

的服務外發、把知識產權署一些非核心服務外發，以及考慮私人機構參與提供供水服務的形式。

在公司化方面：

設立營運基金和把更多服務外判，把一些合適的政府服務機構轉為公營公司，按商業原則經營，好處有：

1. 按市場規律運作會促進進服務機構培養以客為本的服務文化；

2. 確立妥善的會計制度，營辦者可更準確衡量提供服務的成本和效益，從而激發他們提高工作效率；

3. 由於不再囿於政府規則和程序，公營公司可靈活運作，並能迅速迎合顧客的需要和不斷改變的市場情況。

政府也提出在這些改革下，必須妥善解決員工的憂慮，特別是員工擔心可能失業的問題，重視維持公務員制度穩定的重要性。認為私人機構參與或公司化，不一定遣散大部分甚至所有有關的部門員工。政府可採用多個不同方案去調配人手，如借調現任公務員往新公司；如果讓私人機構參與提供服務，把過剩的人手逐步調配到政府或部門內其他適合的崗位，盡量避免遣散剩餘人手。政府保證訂出任何有關公司化的具體建議，或對員工目前工作有影響的建議後，盡快諮詢直接受影響的員工，亦會在適當情況下徵詢中央評議會員方的意見。

在收費的監察機制方面，政府強調自由市場競爭是控制費用的最有效機制，但在公共交通運輸工具的收費上，政府的監察位置似乎不是站在市民這一邊。

成立營運基金的有：郵政、機電工程署、「土地註冊處」、「公司註冊處」和「通訊事務管理局」等，結果郵政長期虧損，土地註冊處和公司註冊處是獨市生意有利可圖。

合約外判的部門有：房署、破產管理署、政府飯堂和清潔服務等。清潔服務劣評如潮。

公司化的有：機場管理局、香港房屋委員會、九廣鐵路和職業訓練局等。

私有化的有：地下鐵路私有化計畫。

1999年5月6日，房署工會大聯盟發動一千三百名房署員工罷工抗議公司化。

1999年4月18日，房署工會大聯盟動員五千工友，遊行到特首辦抗議私營化。

6月6日，水務署員二千工友，遊行抗議私營化。

11月21日，房署工會大聯盟指房屋署私營化違反《基本法》。

11月，房署工會大聯盟發動按章工作3天，以打亂區議會選舉，來反對支持私營化的候選人。

2000年2月21日，九百名地政總署測繪處員工罷工以抗議公司化。接著2001年5月24日，五百名地政總署測繪處員工罷工以抗議公司化。

4月華員會就護士職位因私營化而潛在減少，向衛生署抗議。

學者指出，房署在推行外判之際，沒有加強對私人公司的監管：政府似乎只為了降低成本而不擇手段，未有考慮如何維持或提高服務質素。私營化減低成本是建基市場競爭的假設，如私營化後缺乏競爭，新公司提高服務質量或成本效益的動力可能不大，更有機會導致壟斷。

到了2004年，公司化在無聲無息下停止。

雨傘運動

2008年9月爆發雷曼事件，香港經濟再受打擊。

2014年8月31日，全國人大常委會通過《全國人民代表大會常務委員會關於香港特別行政區行政長官普選問題和2016年立法會產生辦法的決定》，為2017年特首普選方法設下框架。提名委員會維持一千二百人不變，候選人規定2至3人，每名候選人必須獲得提名委員會過半數提名，才可以成為正式候選人，門檻提高為為原先八分之一選委會委員的4倍。同時人大常委決議亦規定2016年立法會選舉辦法不能修改，必須沿用2012年的選舉模式，即是被非建制派要求廢除的功能組別議席全數保留。因此誘發一場全港性政治運動，市民形成敵我兩大陣營，工運再政治化。

2014年9月26日晚，學界罷課集會演變成重奪公民廣場行動，翌日學界繼續集會，9月28日凌晨占領中環運動宣布啟動，並以占領政府總部開始，反對政府提交給人大常委的2017年行政長官選舉提名方案，要求人大常委撤回8月31日的政改決

議。啟動占中後，警察開始封鎖政府總部，示威者衝出夏慤道等主幹道路。警察於傍晚施放87枚催淚彈驅散群眾，並一度威脅說開槍。結果激發更大民憤，市民自發占領旺角及銅鑼灣，更一度擴散至尖沙咀。

在這形勢下，學聯及職工盟發動三罷——罷工、罷課和罷市。職工盟有13個屬會迅速響應罷工，內有公務員參加的教協和社福界組織。但實際罷工參與者不多。從口述史中我們得知通過罷工並非一兩個工會領袖可以決定的事，需要時間讓全體會員商討並投票決定。接著的反國安法運動中，30個跨行業工會及中學生行動籌備平台，舉行罷工罷課公投。因投票人數不足未能舉行，工會負責人也是依照會章，有足夠會員同意才行事。

9月28日是日示威者癱瘓交通，部分中小學被迫停課、銀行和一些店鋪暫停營業。社福界的罷工行動自稱持續至占領行動結束。

政府總部外圍被占領，對公務員上下班造成不便，後來政府大樓外的路障被撤除，公務員可以暢順上班。

12月15日，占中運動以占領區逐一清場結束。

2019年反修例運動令工運再度高漲和政治化，6月17日民間號召三罷，教育和社工團體宣布罷工。反修例運動尚在發展中不在此詳加闡述，只記錄一些公務員的活動。

8月2日晚，公務員發起於下班後在中環遮打花園舉行「公僕全人，與民同行」集會，估計有四萬人出席。集會前夕，公務員事務局長羅智光發表聲明指公務員必須保持「政治中立」，將按機制追究跟進；政務司司長張建宗則強調不能以公務員名義做出與政府意見不同的事情；華員會批評集會如同為時局落井下石，更有民間團體要求解僱發起人顏武周。醫療界也公開集會表態反對修例，接下來醫護界不斷有行動，因醫管局員工已經不是公務員也不在此詳談，如本文在醫護上著墨過多會有點離題。將會另文加以記錄，留意筆者的網誌。

接著2021年的公務員宣誓事件，除了效忠的問題，更涉及中立和保密，口述史部分蕭賢英談了中立問題，屈奇安則談了保密問題。

8月5日市民響應號召進行三罷市，不少不上班的市民在商場消費和娛樂。有人

故意造成8條鐵路線路服務受阻，二千多名社工參加罷工，機場超過三千員工集體請病假，超過200航班受影響，七區有罷工集會，出席總人數號稱35萬。是日警方發射催淚彈、橡膠子彈及海綿彈，拘捕148人，其中1人僅13歲。

8月12日醫護人員發起罷工，二三百名醫護人員及職員在東區醫院大堂聚集，聲討警暴。8月13日繼續有醫護人聚集，聲討警暴。8月17日教協發起教育界遊行，要求政府回應五大要求。8月底民間跨界別罷工籌備組成立。

9月2至3日，有罷工和罷課，一直有人號召三罷直至12月，都是風聲大雨點小。11月初出現新工會成立潮，內有不少是公務工會。根據政府資料，2020年1月至3月份收到新工會的登記申請有1,578宗，是2018年的一百倍；加上2019年11月至今年3月還未處理的申請，共有1,607宗。以現有人手去處理，需時50年才能完成！有人會問這批在政治運動中成立的工會，會否一哄而起沒有持久性，指出不要忽略工會的日常工作。

反修例尚在進行中，新冠狀病毒已肆虐全球，這運動停滯了下來。

回看建制的活動，「國家行政學院香港同學會」以《社團條例》，於2005年8月1日註冊成立。截至2019年12月，會員有1,577人，大部分是公務員，有人說它會取代公工聯的角色，且看如何發展下去。

小結

香港是殖民地，英國是宗主國，雖是兩個不同的空間，但彼此有聯繫互有一定的影響。政府在制定政策上更把英國政策照搬在港施行，1953年前香港可算是沒有真正的社會政策，六七暴動後政府為建立優良投資環境，不斷推出社會政策來穩定社會。英港關係表面看來香港是被動的，但香港低水平的勞工政策令英在外交上受壓，不少國家就香港的低水平的勞工政策向英提出批評，令英國尷尬，回頭敦促港督提高勞工政策，英國因香港事務被動要香港改善勞工政策。

七十年代的公務員工運主要是政府內部勞資糾紛，八十年代邁進全港工運及社運。公務員工運由政府內部這空間開始，進入全港工運這一空間內，再進入社運

這一空間內。七十年代前的工運也曾有民族主義色彩，公務員為殖民地政府提供勞務，服務對象大多數是華人，生活也在華人圈子中，故不少公務員有民族主義意識。

人在這些空間的活動是歷史，也就是時間，從以上歷史可見，歷史有時在單一空間進行，有時在多個空間同時進行，甚至互相穿插和影響。

理論上成立工會可享有兩項重大保障，可以稱之為「特惠」（privilege），其一是工會在籌劃或深化勞資糾紛中，因而引起的民事及侵權行為訴訟，可享有豁免權。其二是職工會亦可享有豁免刑責權，不會因工業行動的目的具有限制行業作用而被當作非法行為，致使會員被以刑事起訴。

就此問題我們細看《職工會條例》第40至43條：

40. 已登記職工會不犯刑事罪的情況

任何已登記職工會的目的，不得僅因其是限制行業的而被當作非法且因此而致使該職工會的任何會員就串謀罪或其他罪行而被刑事檢控。

41. 已登記職工會在民事上不屬非法的情況

任何已登記職工會的目的，不得僅因其是限制行業的而屬非法且因此而致使任何協議或信託無效或可使無效。

42. 在若干情況下可豁免被民事起訴

如在已登記職工會的任何會員為其中一方的勞資糾紛中，為籌劃或深化該勞資糾紛而做出任何作為，則不得僅因該作為誘使他人違反僱傭合約，或干涉他人的行業、業務或僱傭，或干涉他人按其本人意願處置其資本或勞力的權利，而就該作為針對該已登記職工會在任何民事法庭上提出訴訟或其他法律程序。

43. 禁止對已登記職工會提起侵權訴訟

(1) 如任何訴訟是針對已登記職工會提出的（不論是由僱員或是由僱主提出的），而訴訟是關於任何指稱是由該職工會或該職工會代表為籌劃或深化勞資糾紛而做出的侵權作為的，則該宗訴訟不得在任何法庭受理。

（由1971年第15號第19條修訂）

(2) 如任何已登記職工會或其受託人可在法庭被起訴的法律責任觸及與關乎該職工會的任何財產、對財產的任何權利或申索，則該法律責任不受本條影響，但如該法律責任是關於該職工會或該職工會代表為籌劃或深化勞資糾紛而做出的侵權作為的，則不在此列。

43A. 為籌劃或深化勞資糾紛而做出的任何作為可獲保障免被民事起訴

(1) 針對僱主、僱員、已登記職工會的會員或職員，而就為籌劃或深化——
(a)該僱主或該僱員；
(b)該已登記職工會的會員；或
(c)（如屬已登記職工會的職員）該職工會的會員，
屬其中一方的勞資糾紛而做出的作為提出的訴訟或其他法律程序，不得僅因該作為誘使他人違反僱傭合約，或干涉他人的行業、業務或僱傭，或干涉他人按其本人意願處置其資本或勞力的權利，而在任何民事法庭提出。

(2) 本條適用於在本條開始實施*當日或之後所做出的作為。

（由1997年第77號第2條增補）

以上公務員的鬥爭表面上都得到這法例的保障，殖民地時期政府有尚方寶劍《英皇制誥》，以鎮壓公務員罷工，今日的《國安法》對工運又有何影響，要拭目以待。

公務員薪酬制度

何謂薪酬？

公務員的勞動所得可以稱為薪酬、薪俸、工資、薪金或薪水等，英文有salary、wage、pay、income等。勞動所得是報酬，用以維持家庭生活，另一方面可以起鼓勵優良服務的作用。勞動所得不論用任何名詞都包括定期給予的貨幣、福利、津貼、假期和獎賞等。德國公務員固定工資占收入七成，津貼占收入三成，尚有福利和獎賞[1]。

學術上來看，薪酬是勞動者以勞動力向資本持有者讓渡勞動力使用權後，通過勞動獲取報酬的一種分配方式。薪酬的定義包括以下的內容：

1.是勞動力個人所有權的實現；

2.是勞動報酬的主要分配形式；

3.是勞動者勞動時獲得的個人收入[2]。

馬克思主義認為薪酬是「資本家對勞動力的價值進行支付，以換得勞動力的使用價值」，簡言之是勞動力的價值[3]。

馬克思在《資本論》（Das Kapital）第一卷指出：勞動力的價值規定包含著一個歷史的和道德的要素。工資問題（勞動力的市場價格）是動態的歷史過程，既取決於資本累積的動力，也取決於勞動者在既有條件下的施展的能動性，如工會的實力[4]。公務員正是使用工會的力量來吶喊，以爭取更佳的薪酬。

---

[1] 李盛平等著：《各國公務員制度》（北京：光明日報出版社，1989），第35-42頁。

[2] 胡學勤著：《勞動經濟學》（北京：高等教育出版社，2004，第3版），第235頁。

[3] 後藤靖等編，黃紹恆譯：《現代經濟史的基礎》（台北：經濟新潮出版社，2003），第101頁。

[4] 萬毓澤著：《你不知道的馬克思》（新北：木馬文化事業股份有限公司，2011），第132-133頁。

英國古典政治經濟學家威廉・配第認為薪酬是維持工人生活所必需的生活資料的價值，包括勞動者的生存和進行勞動以及生育下一代所需的生活資料的價值。工資不能過高，也不能過低，過高和過低都會對社會做成不利影響[5]。

政府有使用「薪俸」和「薪酬」兩詞，使用上其意義沒有明顯的差別。政府用「薪俸」一詞如公務員薪俸及服務條件常務委員會，使用相對的英文是Salaries。按《劍橋字典》解釋是a fixed amount of money agreed every year as pay for an employee, usually paid directly into his or her bank account every month，中文意思是：每年約定的固定金額作為僱員的工資，通常每月直接支付到他或她的銀行帳戶。可譯為薪資或薪水，是salary的複數。

中文「薪」字解釋是煮食用的木材，引申為生活必需品；「俸」字解釋是官員的勞動所得；兩字合用解釋為官員勞動所得的生活必需品。

政府用「薪酬」一詞如薪酬趨勢調查委員會，使用相對的英文是Pay。政府的薪級表也用Pay一字，按《劍橋字典》解釋是to give money to someone for something you want to buy or for services provided，中文意思是：為你想購買的東西或提供的服務而向某人付款。可譯為付費或付酬。

中文「酬」字解釋是用財物來報答，兩字合用解釋為以財物報答用作生活必需品。

工資英文是Wage，狹義來看，工資是資方按勞動者的勞動價值所付給的貨幣值。而貨幣購買力會因通脹而下跌，故政府每年按通脹率做出補償，調整工資。定期進行3種不同的調查：（1）每年1次的薪酬趨勢調查，以確保私營機構在年度之間的薪酬調整幅度；（2）每3年1次的入職薪酬調查，以比較公務員職位的入職薪酬與學歷及／或經驗要求相若的私營機構職位的入職薪酬；（3）每6年1次的薪酬水平調查，以確保公務員薪酬是否與私營機構薪酬大致相同[6]。

政府也常用「薪金」一詞指勞動者的勞動價值貨幣值。相對英文用salary。再

---

[5] 趙領娣等編著：《勞動經濟學》（北京：企業管理出版社，2004，第3版），第169頁。徐本華著：《馬克思工資理論及現實意義》（北京：中國經濟系出版部，2018），第98-99頁。
[6] 黃湛利著：《香港公務員制度》（香港：中華書局，2016），第219頁。

回看政府用「薪俸」一詞使用複數Salaries，可見薪金是單數，只是指貨幣金額；薪俸是複數包括福利、津貼和假期等。

薪酬制度演變歷程

1948年開始，公務員薪酬每4年由薪金委員會釐定，委員會主席由英國專家出任，也會討論公務員聘用政策，報告書完成後由港督會同行政局審議，做出修改和決定是否接納[7]。

1956年「薪俸調查委員會」建議，釐定公務員薪酬時，應以「可與私營機構做合理比較」為原則。

1968年政府接納薪俸調查委員會的建議，並做出一項聲明，列出薪酬政策基本原則：

1. 政府同意採用「公務員薪酬應與工作大致相若的私營機構僱員所得薪酬可做合理比較」的原則，做出比較時應顧及雙方在其他服務條件上的差別；

2. 公務員有合理權利要求繼續獲得以生活費用指數為依據的實際收入水平，但須證明其他機構僱員也有同樣待遇。

因此後來銓敘科成立了「薪俸調查組」，負責搜集及分析有關私營機構薪酬及服務條件的資料。

當時公務員職級結構簡單，分為10個職級。1968年《希氏報告》出台，提議改組政府架構，成立布政司署（Chief Secretariat）[8]，公務員制度要動大手術。建議將郵政和水務等私營化，提高公務員隊伍的管理質素，令到公務員制度衍生了很多問題。報告書又將9個職級取消，另成立一個總薪級表（Master Pay Scale簡稱MPS），將「工人」排在總薪級表的起薪點第一點，所以稱為第一標準薪級。

1968年政府成立工資調查組，對66個從事製造業、商業、公用事業和航運業的

---

[7] 錢世年：《1997香港公務員架構的回顧與前瞻》（第1輯）（香港：退休公務員協會，1996），第3頁。

[8] 此部門最早期稱為「殖民地司署」（Colonial Secretariat），後改為「輔政司署」，現稱「政務司」。

公司薪酬趨勢每年進行調查[9]。

進入七十年代，政府在改革潮下也進行公務員職級檢討，於1970年7月公布《公務員薪俸調查報告書》（《摩立比報告書》），導致此起彼落的公務員工潮，先由護士爭取同工同酬開始，及後教師罷課，丈量員、消防員和文員等紛紛提出要求，所有公務員都蠢蠢欲動。他們認為政府總支出是固定的，每一改動都直接影響自己的工資，如果不表態，政府就會在其他部門分配多些資金，削減自己部門的資金，等同蠶食自己的工資。

《摩立比報告書》建議按「職業類別比較法」計算薪俸，為1973的教師和護士工潮埋下火藥。報告書把公務員薪金的起點由1,044元增加至1,325元，但是具同等學歷的男護士舊人仍然是1,044元。初級的三級文憑教師的起薪點由原來的1,044元降至899元，而已取得同工同酬的女護士要等7年之後才能遞增至899元，與男護士起薪點看齊。這個建議實際上是變相減薪，立即引起護士和教師的不滿，起來抗爭[10]。

政府接納職業類別比較法，按職業類別與私營機構比較薪酬，但因為未能在私營機構中找到相類職位，最終只好放棄，改為用生活費用數據調整薪酬。

政府按《摩立比報告書》再改革公務員薪酬架構，將原來多個職業的獨立薪酬架構合併為4個薪級表，包括「首長級薪級表」（Directorate Pay Scale）、總薪級表、第一標準薪級表及「紀律人員薪級表」等。各部門員工為了爭取較佳的薪酬，紛紛成立工會，以便為自己職系爭取較佳的薪酬條件，除此之外，員工亦透過工會在部門協商會議內反映意見[11]。

1974年政府首次進行薪酬趨勢調查，自此每年進行一次。

「薪酬趨勢調查委員會」（The Pay Trend Survey Committee，縮寫PTSC）於1983年據薪常會建議成立[12]，成員來自商界及專業界別的獨立人士，以及政府和公務員職方代表。負責監督每年一度的薪酬趨勢調查。薪酬趨勢調查實際調查工作由薪酬研究 調查組負責，該組隸屬公務及司法人員薪俸及服務條件諮詢委員會聯

---

[9] 英格蘭等著：《香港的勞資關係與法律》（上海：上海翻譯出版公司，1984），第111頁。
[10] 周奕：《香港工運史簡篇》，第225頁。
[11] 潘文瀚等：《團結不折彎》（香港：進一步多媒體有限公司，2012），第51頁。
[12] 黃湛利著：《香港公務員制度》（香港：中華書局，2016），第229-242頁。

合祕書處。

　　職權範圍：

　　1.進行每年一度的薪酬趨勢調查；

　　2.分析調查結果；

　　3.認可調查所得的薪酬趨勢資料；

　　4.就與薪酬趨勢調查方法有關事宜，向公務員薪俸及服務條件常務委員會提
　　　意見。

　　2021年薪酬趨勢調查委員會成員：

　　主席為薪常會委員為李鑾輝，替任主席為薪常會委員陳顏文玲，委員有紀律人
員薪俸及服務條件常務委員會委員黃錦沛，公務及司法人員薪俸及服務條件諮詢委
員會聯合祕書處祕書長尤建中，公務員事務局代表陳慧欣、李翱全，高級公務員評
議會職方代表翟雅琪、利葵燕、李方沖，第一標準薪級公務員評議會職方代表林進
鴻、吳萬甜、湯志雄和警察評議會職方代表陳寶倫等。

　　1982年薪俸調查組撥歸薪常會祕書處，並改稱為「薪酬研究調查組」。

薪常會

　　七十年代是香港社會一個重大的轉變階段，政府增設多項社會福利服務，公務
員數量需求自然增加，人數增長至十萬餘人，在聘請社工方面尤為突出，令到公務
員架構日益龐大。

　　1979年政府將部分職級重組合併，增設一些新職級方便管理，卻出現了漏洞，
引致公務員工潮迭起，爭論不斷。架構重組方案基本定下來後，同年政府成立薪常
會，首任主席為簡悅強，成員由港督委任社會各階層人士出任，薪常會是一個獨立
機構，可使員方及管方均可就薪酬、職制、服務條件，以及其他有關事宜，向其徵
詢意見。其所指員方是非首長級公務員（司法人員及紀律人員除外）。

　　當時公務員工會對薪常會的設立多採取觀望態度，指薪常會成員9人中，4人
是行政局、立法局或市政局的委任議員，他們早已被納入政府權力體系內，另外5

人中，兩人是大企業的高層管理人員或是老闆，3人是高級專業人士，沒有員工代表。但常委有立法局議員孟家神父，算是勞方代表的象徵，他常為低下層發言。薪常會接見了很多工會，並沒有諮詢任何工會。

2003年薪常會主席是「香港中華煤氣公司」人力資源經理楊家聲，委員有「Insignia Group」顧問蒲祿祺，「香港科技大學」副校長陳玉樹，「香港城市大學」教授張炳良，「怡和太平洋有限公司」董事局顧問林李靜文，商界領袖羅家駿，「美國通用消費金融公司（亞太區）」人力資源高級副總監麥安平，「東亞銀行有限公司」執行董事彭丟榮，立法會議員譚耀宗和立法會議員楊考華等[13]。仍沒有勞工代表，譚耀宗雖出身工會，但該年是代表「民主建港協進聯盟」入立法會的。

政府既然強調委任獨立公正人士出任薪常會成員，工會必然要觀察一段時間才能有所批評，否則會被視為為反對而反對。或許因此1979年內除護理員、宰房員工和牙科助手按章工作外，並無嚴重工潮。

薪常會是一個常設機構，公務員有任何問題可以直接寫信給薪常會，以三邊會議方式檢討各職級的訴求。

薪常會職權範圍包括：

1.有關職系、職級及薪俸結構的原則和措施；

2.個別職系的薪俸和結構；

3.應否繼續以薪酬研究調查組所進行的私營機構薪酬趨勢調查，作為全面檢討各個薪級表（有別於檢討個別職系的薪俸）的依據，抑或以其他方法替代；

4.根據職權第I（c）條建議繼續採用薪酬研究調查組所進行的私營機構薪酬趨勢調查，則在參考薪酬趨勢調查委員會的意見後，建議該項調查的方法；

5.與福利項目有關的事宜，而這些福利屬於薪金以外，並且是公務員薪常會認為與訂定公務員薪酬相關的，包括增加新福利或建議更改現行福利等；

6.建議適當的程序和架構，使公務員協會及公務員能就薪常會職權範圍內的事項，與管方討論他們的意見；

---

[13] 卜約翰著：《政府管治能力與香公務員》（香港：牛津大學出版社，2004中文增訂本），第98頁。

7.在何種情況下適宜由公務員薪常會自行研究某項問題,而在這些情況下公務員協會與管理當局如何向薪常會提交意見;

8.行政長官所交付薪常會考慮的任何事項。

薪常會須充分考慮較廣泛的公眾利益,包括財政及經濟因素。關注維持良好員工關係,建議及意見須確定不會影響政府與公務員協會達成的協議的有效性。高評會員方及第一標準薪級公務員評議會員方的協會,可聯合或個別地把有關公務員薪俸或服務條件的事項交薪常會考慮。

部門首長可以就個別職系的結構、薪俸或服務條件向薪常會提交建議,薪常會不會處理個別公務員的問題。薪常會應確保公務員協會及管理當局均有足夠機會發表意見,又可聽取其認為有直接關係的其他團體的意見。

薪常會第一份報告書將公務員架構重新組織,突破以往的框框,清晰地提出學歷比較法,以學歷為入職點。房屋管理員則例外,無須學歷,只需要有能力處理人際關係便可以入職。學歷比較法分為幾組,其一是無須中學會考5科合格;另一是持有中學畢業證書,兩組都由第一標準薪級開始。如有較高學歷可以得到高幾個薪點。

自1979年起公務員薪酬結構一直沿用學歷比較法,各職系可歸納為12個資歷組別,如下:總薪級表、第一標準薪級表、警務人員薪級表、一般紀律人員(指揮官級)薪級表、一般紀律人員(主任級)薪級表、一般紀律人員(員佐級)薪級表、首長級薪級表、首長級(律政人員)薪級表、見習職級薪級表、技術員學徒薪級表、技工學徒薪級表、廉政公署人員薪級表等。

在學歷比較法下,為方便招考甄選職位分為10組:

1.專業職系及大學學位職系;

2.理工學院高級文憑或文憑職系;

3.大學入學試合格學歷;

4.教育職系;

5.中學會考證書職系;

6中三或中四學歷入職;

7.符合某程度學歷外，還需適當經驗或個人才能；

8.主要考體力勞動和操作技巧；

9.紀律人員職系；

10.受訓職系[14]。

薪常會除向行政長官提出相關建議外，更與薪酬趨勢調查委員會有密切聯繫。此外，薪常會與紀律人員薪俸及服務條件常務委員會、首長級薪俸及服務條件常務委員會及司法人員薪俸及服務條件常務委員會（Judicial Salaries and Conditions of Service）等成立共同行政支援部門「香港公務及司法人員薪俸及服務條件諮詢委員會聯合祕書處」（Joint Secretariat for the Advisory Bodies on Civil Service and Judicial Salaries and Conditions of Service，縮寫JSSCS，簡稱「薪諮會聯合祕書處」）。下文會詳談紀律人員薪俸及服務條件常務委員會和首長級薪俸及服務條件常務委員會，而司法人員薪俸及服務條件常務委員會待下次才專文闡述。

同年薪常會進行首次的薪酬結構檢討，發現職業類別比較法和「核心職系比較法」不是不可行，便是不大合適香港，因此建議採用「學歷比較法」。

1979年薪常會在第一份公務員薪酬結構檢討報告書中，建議設立一個特別的紀律人員薪級表。在該薪級表支薪的員工，薪酬較總薪級表員工略高。

肥上瘦下

1986年隨著首長級加薪，中下層公務員也提出了加薪要求，政府於是進行一項薪酬水平調查，是採用「職位評值法」：根據員工的：（1）知識和技能；（2）解決問題能力；（3）問責性等來評定工資水平，而福利則按照員工的最高估計數值來計算。

1986年，政府委託薪常會進行非首長級公務員薪酬水平調查，港督繼而於1988年成立獨立仲裁委員會，於次年成功解決嚴重薪酬爭議，健全一年一度的薪酬趨勢

---

[14] 聶振光著：《香港公務員制度》（香港：中華書局，1991），第40-43頁。

調查方法，確保低層公務員薪酬調整幅度與中層公務員掛勾。

1987年2月，政府公布薪酬水平調查結果。員工表示對所採用的職位和附帶福利評值方法，極有保留。4月政府原則上接納上述薪酬水平調查結果。

1988年，政府參照1986年的薪酬水平調查結果，改善了第一標準薪級的薪酬條件，員工並不接納1986年薪酬調整方案。根據1986年與員工達成的協議，政府委任調查委員會研究此事。調查委員會先後在1988年11月和1989年3月提交中期及最後報告，指出1986年薪酬水平調查結果，並未為薪酬的具體調整幅度提供有力依據。調查委員會並建議，日後計算薪酬趨勢淨指標時，應改用一個經修訂的公式，而低層工資級別的調整額如果比中層工資級別低，就應調高至同一水平。這些建議都獲政府接納。

1989-1991年間，政府接納薪常會提交的第一、第二及第三份薪酬結構檢討報告書，並落實與個別職系有關的建議。

1999年，政府進行第一次入職薪酬檢討，經修訂的入職薪酬在2000年4月生效。把工資向下調低約6-31%不等。2006年再進行入職薪酬調查，2009年繼續進行入職薪酬調查[15]。另於2000-2001年推行團隊獎賞試驗計畫。

2001年12月，公務員事務局局長邀請3個公務員薪俸及服務條件諮詢組織全面檢討薪酬政策及制度。

經歷兩次減薪後，2003年4月勞管雙方組成的「公務員薪酬調整機制諮詢小組」，於2004年11月發表〈有關薪酬水平調查方法及調查結果應用事宜的建議〉的諮詢文件，這段期間，諮詢小組總共舉行了13次會議及就技術事宜與第一階段顧問進行6次會面。在這些會議及討論中，管方和第一階段顧問與職方成員就有關制定更完備的公務員薪酬調整機制的各項事宜進行詳細討論。討論事項包括：推展這項工作的工作計畫、相關的政策考慮因素、更完備的公務員薪酬調整機制的大體架構、進行薪酬水平調查的方法，以及如何把調查結果應用於公務員隊伍的方案等。

---

[15] 黃湛利著：《香港公務員制度》（香港：中華書局，2016），第244-245頁。

薪酬計算的基礎

公務員按職位分類分為三大類：（1）一般職系；（2）政務職系；（3）部門職系等。職位分類下有職系組別，第一至第十組別[16]。又可按薪酬分為長俸公務員、非長俸公務員和合約僱員等。現規定2000年6月1入職公務員改為公積金制度，再沒有長俸。

政府的薪酬政策基本原則，主要是根據1968年薪酬調查委員會的建議，現綜合各資料為以下各點：

1. 與私營機構薪酬比較，顧及勞動力市場在其他服務條件上的差別；
2. 以生活費用指數為依據的實際收入水平，來釐定工資金額，但不是生活工資（Living wage），政府因而每年按通脹率調整薪工資；
3. 維持社會穩定；
4. 維持內部對比關係，以品位分類為基礎，按不同職務和等級及職位數量來釐定工資金額，；
5. 政府財政狀況；
6. 資歷，學歷和有關工作經驗；
7. 工作責任，將問責性劃分等級；
8. 工作性質的專門技能；
9. 年齡；
10. 特定經驗，如語言能力；
11. 解決問題能力；
12. 依法辦事等。

另會因惡劣天氣、厭惡性、輪班工作影響日常生活、假期工作、危險度、執行職務時與市民衝突等因素派發津貼。口述史部分已談及部分這些津貼，不在此詳談。

---

[16] 王叔文主編：《香港公務員制度研究》（北京：中央黨校出版社，1998），第38-41頁。李和中著：《21世紀國家公務員制度》（武漢：武漢大學出版社，2006），第100-101頁。

各薪級表內設有若干個薪級點,各職級薪級由本身職系所屬薪級表上某一系列的薪級點組成。一般來說,如非有重大過失,公務員會按其所屬薪級每年獲得增加工資一次,或將薪級點上調,直至到達其職位薪級的頂薪點。

我們看看外國的公務員工資表如何,美國公務員法定工資系統有3種:一般行政工資,駐外人員工資和退伍軍人局醫務人員工資等,各工資系統按需要制定工資表[17]。

巴基斯坦公務員也採用薪級表[18]。泰國政務公務員沒有明確的工資表,業務公務員則分為4個工資表:(1)普通公員工資標準;(2)司法官員工資標準;(3)檢察官員工資標準;(4)警察工資標準等[19]。德國公員務工資分等級[20]。瑞典公務員工資主要分為35級,因應特定行業再分級[21]。

口述史部分談及長俸(pension),不在此詳談,只列出一些資料做參考。

法國公務員普通退休金以退休時年薪為基數,以年資乘此基數的2%,最高額不能超過工資的75%。在職25年以上退休金不能低於最低生活費用[22]。

日本公務員退休金最低為月薪的40%,最高為80%[23]。

德國公務員退休金為工齡10年者最後一個月月薪的35%,工齡11至25年者,按這15年工齡每一年加發原月薪金額2%,26年以上每多1年加發原月薪金額1%,最高金額是最後一個月工資的75%[24]。

香港同工同酬運動始於1960年,由一班外籍婦女向政府和英國提出交涉,沒有結果。1963年多個婦女團體組成爭取同工同酬工作委員會,不斷向政府施壓,迫使

---

[17] 中國人事部國際交流與合作司編:《外國公務員制度》(北京:中國人事出版社,1995),第451-455頁。

[18] 中國人事部國際交流與合作司編:《外國公務員制度》(北京:中國人事出版社,1995)。

[19] 中國人事部國際交流與合作司編:《外國公務員制度》(北京:中國人事出版社,1995),第140-143頁。

[20] 中國人事部國際交流與合作司編:《外國公務員制度》(北京:中國人事出版社,1995),第284-296頁。

[21] 中國人事部國際交流與合作司編:《外國公務員制度》(北京:中國人事出版社,1995),第347-352頁。

[22] 李盛平等著:《各國公務員制度》(北京:光明日報出版社,1989),第148頁。

[23] 李盛平等著:《各國公務員制度》(北京:光明日報出版社,1989),第177頁。

[24] 李盛平等著:《各國公務員制度》(北京:光明日報出版社,1989),第211頁。

政府在1965年答應以10年時間逐步實施[25]，直至1981年男女同工同酬始合法化。

經過半世紀的鬥爭，香港現在基本算是同工同酬，翻看全球同工同酬立法歷程，1963年美國修改《公平勞動標準法》，增加了男女同工同酬的規定。英國於1970年制定《同工同酬法》，於1975年進一步制定《性別歧視制止法》。而日本的《勞動標準法》第3條和第4條規定：「僱主不得以工人的國籍、信仰和社會地位為理由，而在工資、工作時間和其他勞動條件方面規定不同的待遇。」「僱主不得以受僱者是女工為理由，而在工資規定方面與男工不同的待遇。」國際勞工公約第100號規定：「對男女工人同等價值的工作給予同等報酬。」[26]1958年國際勞工組織的第111號《就業和職業歧視公約》。

中國《勞動法》第12條規定不得就業歧視，條文沒有提及政治見解問題。2007年《就業促進法》規定平等就業機會[27]。台灣的《勞動基準法》第十五條規定：「雇主對勞工不得因性別而有差別之待遇。工作相同、效率相同者，給付同等之工資。」

同工同酬不只是性別問題，尚有國籍、種族、信仰、社會地位和傷疾等。筆者曾聽說一個社會地位故事，當年市政局廁所按地位分級使用，主席用的廁所中下層公務員不能使用。

港英時期一直存在種族歧視，且看以下資料。

不同種族警員工資比較表

年份	歐洲人	印度人	華人
1855	47.10鎊	20.00鎊	13.15鎊
1885	480.00港幣	150.00港幣	108.00港幣
1915	100.00鎊	150.00港幣	150.00港幣

陳錦榮等著：《認識香港南亞少數族裔》（香港：中華書局，2016），第29頁

---

[25] 周奕：《香港工運史簡篇》（香港：利訊出版社，2013），第225頁。
[26] 程延園編著：《勞動關係》（北京：科學出版社，2016）第107頁。
[27] 程延園編著：《勞動關係》（北京：科學出版社，2016）第105-107、125頁。

2021年主要薪級表有：

總薪級表（Master Pay Scale）適用職系：文官和技術人員，如行政主任、地政主任、衛生督察、社會工作主任、社會保障助理、系統分析程序編製主任、物料供應員和文書助理等。

初期分為51點，1990調整為49點。第38-49點為高級公務員，第14-37點為中級公務員，第1-13點為低級公務員。

第一標準薪級表（Model Scale 1 Pay Scale）適用職系：二級工人、一級工人、產業看管員和物料供應服務員等。初期分為8點，後調整為13點。

警務人員薪級表（Police Pay Scale）適用職系：警司、警務督察和初級警務人員等。因警隊工作有獨特性質，有別任何公務員而設立。初期分為62點，後調整為59點。

一般紀律人員（指揮官級）薪級表（General Disciplined Services (Commander) Pay Scale）適用職系：消防總長、救護總長、高級首席入境事務主任、總機師、海關總監督和懲教事務總監督等。

一般紀律人員（主任級）薪級表（General Disciplined Services (Officer) Pay Scale）適用職系：入境事務主任、消防隊長、救護主任、海關督察、懲教主任、機師和空勤主任等。

一般紀律人員（員佐級）薪級表（General Disciplined Services (Rank and File) Pay Scale）適用職系：消防員（行動）、海關關員、救護員、入境事務助理員和懲教助理等。

首長級薪級表（Directorate Pay Scale）適用職系：政務主任、工程師、醫生、審計師、民航事務主任等。初期分為10點，後調整為8點。

首長級（律政人員）薪級表（Directorate (Legal) Pay Scale）適用職系：律政人員部門主管。

見習職級薪級表（Training Pay Scale）適用職系：各部門見習職級員工。

技術員學徒薪級表（Technician Apprentice Pay Scale）適用職系：各部門技術員學徒。

技工學徒薪級表（Craft Apprentice Pay Scale）適用職系：各部門技工學徒。

廉政公署人員薪級表（Independent Commission Against Corruption Pay Scale）適用職系：廉政公署人員。

政府因應凌衛理委員會建議，於1989年另設廉政公署人員薪級表，以肯定廉署的特殊地位和突顯其獨立於公務員體系的特質。在此之前，廉署職系人員是根據總薪級表支薪，薪額大致與警務人員相若。雖然廉署獨立於公務員體系，但廉署人員薪級表同跟隨公務員薪級表的變動而調整。

紀律部隊薪酬演變

1988年2月政府邀請薪常會，對紀律部隊的薪俸及服務條件展開獨立檢討，成立凌衛理檢討委員會。凌衛理委員會就當時的懲署、海關、消防、入境管理隊和警隊的薪酬及服務條件進行全面檢討。其後，政府再邀請凌衛理對廉署人員薪俸及服務條件進行特別檢討。

凌衛理委員會於10月提交最後報告書，建議另設警務人員薪級表及一般紀律人員薪級表各一，並建議成立紀律人員薪俸及服務條件常務委員會（Standing Committee on Disciplined Services Salaries and Conditions of Service，縮寫SCDS，簡稱「紀常會」）。

紀常會於1989年2月成立，主要職責是就紀律人員的薪酬和服務條件向政府提供意見和建議。

職權範圍：

1. 就紀律人員的下列事宜向行政長官提供獨立意見和建議：

  A. 有關決定職系、職級和薪俸結構，包括開設和取消各職系和職級的原則和措施；

  B. 個別職系的薪俸水平和結構；

  C. 對各項工作進行評值，以釐定薪俸及服務條件；

  D. 除薪金以外，其他與訂定薪酬有關的服務條件和福利；

E. 評估特為紀律人員而設的津貼水平和領取津貼的資格；

F. 影響紀律人員而又須因應首長級公務員薪級起點以下的公務員薪俸定期全面檢討制度而加以特別考慮；

G. 薪酬相當於首長級公務員薪級起點或以上的各職系和職級人員的每年增薪；

H. 開設薪酬相當於首長級公務員薪級起點或以上的各職系和職級的常額職位；

I. 使管職雙方能討論紀常會職權範圍以內事項的諮詢制度和程序；

J. 紀常會是否有需要委託他人或自行對本身權限以內事項進行特別或定期的檢討；

K. 行政長官交付紀常會考慮的事項，或紀常會認為屬本身職權範圍以內的事項。

紀常會不會考慮個別人員的事項，或牽涉委任、晉升或紀律處分等事項。

1989-1990年間紀常會應政府及紀律部隊要求，於1989年起進行多項檢討。主要的檢討項目如下：

1. 紀律部隊的首長級、高級警司／監督、警司／監督及同等職級的薪酬；

2. 紀律部隊員佐級的薪酬；

3. 紀律部隊主任級的薪酬等。

1992年，紀常會建議改善初級警務人員的薪酬和其他福利，以解決招聘和挽留員工的問題。

1998年，紀常會建議提高初級警務人員的頂薪點，從而改善他們的薪級。

1999年，紀常會考慮薪常會有關文職職系起薪的建議後，為紀律部隊建議一套新入職薪酬（將薪酬調低約3％至17％不等）。

2001年，紀常會支持當局的建議，把警務人員的每周工作時數由51小時減少至48小時，與大部分公務員看齊，薪級則維持不變。在此回頭看郵差爭取改善工時的鬥爭，以48小時為目標，救護員爭取食飯時間的鬥爭，再參閱口述部所列出的現今招聘條件，全部公務員工時尚未能劃一為48小時，大家仍須努力。

首長級薪酬演變

政府的薪酬政策一直以來都是肥上瘦下，我們且從其演變深入了解它的情況。

政府於1964年成立「首長級薪俸及服務條件常務委員會」（簡稱首長級薪常會，Standing Committee on Directorate Salaries and Conditions of Service），現工作是：負責就影響一般公務員（紀律部隊及司法機構除外）的首長級人員的事宜，向行政長官提出意見。

職權範圍：

1. 經常檢討首長級的結構，即各等級的數目，各職位的適當工資金額，包括為方便考慮薪俸事宜而把各部門分組，以及首長級人員的其他服務條件，並向行政長官提出建議。

2. 有必要時可進行全面性檢討，此項檢討會以各部門內部現有結構為基準，並不涉及增設首長級職位問題。如發覺有不合適處，可向政務司司長提意見。

由1964年開始，首長級薪常會根據每數年進行一次的私營機構薪酬調查所得結果，就首長級的薪酬調整幅度向政府提供意見。在兩次全面檢討之間，首長級每年按非首長級高層薪金級別的加薪幅度，暫時調整薪酬。1985年首長級常委會檢討了首長級職級結構、部門的歸類和首長級的薪酬及服務條件。政府於7月接納建議，按建議幅度6.4%至13.8%，增加首長級的薪酬。

1986年，政府聘任負責非首長級薪酬水平調查的顧問公司，同時就首長級薪酬進行調查。

1987年，首長級常委會知悉1987年2月公布的調查結果，認為首長級人員以1986年年中為準的薪酬是適當的。

1989年，首長級常委會進行第十次首長級薪酬及服務條件全面檢討，工作之一是安排進行一項私營機構高層管理人員薪酬趨勢調查。調查結果建議首長級薪級人員應加薪19-27%不等。

1989年6月後，首長級的薪酬每年按照非首長級高層薪金級別的調整幅度予以調整。

1990年4月，政府研究首長級常委會的建議後，決定分兩期調整首長級薪酬，即由1990年4月1日起上調7.5%，餘下的7.5%則由同年10月起實施。

1991年開始，首長級薪酬每年按高層薪金級別的調整額調整（1998年除外，當時高層級別和首長級薪級第2點及以下增加薪酬6.03%，但首長級薪級第3點及以上的薪酬則凍結）。

小結

我們回頭看一些工資理論，有學者指工資不只是糊口更是消費，有消費資本主義才繼續發展下去。踏入千禧年香港經濟不景，私人機構受薪階級工資萎縮，而公務員工資不變，成為在市場上消費的主力，支撐市場運作下去，經濟才不繼續萎縮。另有學者認為工資不是從資本中支付，而是從消費者所得支付的。

孫中山認為工資應包括勞動者個人學習工藝所得的價值[28]。所以筆者提出的新三八制是，8小時工作，8小時休息和8小時自主時間。即學習工作技能歸入8小時工作內，因學習所得是能提升資本家的利潤。

集體談判權是工人的基本權利，但集體談判權立法香港只是在回歸前夕曇花一現，現香港小部分機構和行業工人享有，筆者曾深入研究，計算出香港只有1.8%的勞工受惠集體談判權，遠低於國際水平。集體談判工資理論（theory of collective negotiation wage）無法在香港起作用。

再看國際上制定薪酬政策，採用民主協商原則有法國、英國、美國和加拿大等[29]。瑞典每年一度與工會談判工資問題[30]。

法國經濟學家皮凱提在《21世紀資本論》（Le Capital au XXIe siècle）提出，資本主義體制下，資本回報率常大於經濟成長率，財富的增加並沒有轉為工資的

---

[28] 孫中山：〈在桂林學界歡迎會的演說〉1922年1月22日，載《中國國民黨規章》，載社科院中華民國史研究室等編：《孫中山全集》第6卷（北京：中華書局，2006，第2版），第71-72頁。

[29] 黃衛平等主編：《公務員制度比較》（北京：中央編譯出版社，2002），第200-201頁。

[30] 中國人事部國際交流與合作司編：《外國公務員制度》（北京：中國人事出版社，1995），第352-354頁。

成長，無可避免造成差異擴大。因而提出加強福利，提高最低工資，加強累進入息稅等[31]。

　　近年提倡的生活工資遙遙無期，大家仍須努力爭取。法國公務員工資是與生活水平掛勾，退休金也不能低於生活費用。

1984年總薪級表（單位：港元）

薪級	月薪	薪級	月薪	薪級	月薪
51	23,555	30	9,045	10	3,055
50	22,620	29	8,635	9	2,865
49	21,685	28	8,270	8	2,690
48	20,750	27	7,915	7	2,515
47	19,825	26	7,560	6	2,380
46	18,980	25	7,205	5	2,250
45	18,135	24	6,850	4	2,160
44	17,425	23	6,495	3	2,070
43	16,715	22	6,195	2	1,980
42	16,005	21	5,920	1	1,895
41	15,295	20	5,645		
40	14,585	19	5,375		
39	13,875	18	5,105		
38	13,165	17	4,835		
37	12,460	16	4,570		
36	11,915	15	4,305		
35	11,370	14	4,040		
34	10,825	13	3,776		
33	10,365	12	3,510		
32	9,905	11	3,245		
31	9,470				

---

[31] 皮凱提著：《二十一世紀資本論》（台北：衛城出版社，2014），第303-319頁。

1984年第一標準薪級表（單位：港元）

薪級	月薪	薪級	月薪
22	3,695	10	2,690
21	3,605	9	2,625
20	3,515	8	2,565
19	3,425	7	2,515
18	3,335	6	2,470
17	3,245	5	2,425
16	3,155	4	2,380
15	3,065	3	2,335
14	2,980	2	2,290
13	2,895	1	2,250
12	2,925		
11	2,755		

政府的員工諮詢架構

何謂評議會？

　　勞動三權——組織工會權、罷工權和集體談判權，港人能明確擁有的只是組織工會權；雖然《基本法》賦予公民有罷工權，但勞工法例則沒有清晰指明公民有罷工權；集體談判權一直以來都不是公民權之一，回歸前曾一度立法，回歸後即廢除；小部分大企業員工則有。而公務員的評議會只是諮詢機構，不是行使集體談判權。

　　六七十年代時英國盛行法團主義，以三邊談判機制來解決勞資糾紛，法團主義強調勞資政三方之間的合作夥伴關係，認為政府應在勞資關係中發揮積極作用，但英國政府卻不是完全如此[32]。七八十年代政府處理公務員工潮時也是以勞資管三邊談判機制處理，這時政府批准公務員於工作時間參與工會，在辦公室設有工會告示板，小部分部門更會劃給地方供工會使用。

　　政府最早管理公務的部門是1973年設立的銓敘科，1978年10月銓敘科下設員工關係組，1980年5月成立人事管理組，1981年5月成立人力策劃組[33]。

　　政府與公務員溝通的橋樑是評議會，是政府常用的名稱，英文是Council；郵政署務的稱為「郵政局職員會議」（Staff forum），私人機構多稱為「協商會」，英文是Joint Consultative Committee，簡稱JCC。

　　Council按《劍橋字典》解釋是a group of people elected or chosen to make decisions or give advice on a particular subject, to represent a particular group of

---

[32]　巨英著：《二戰後英國勞資關係的政治分析》（武漢：湖北人民出版社，2010），第8-9頁。
[33]　王叔文主編：《香港公務員制度研究》（北京：中央黨校出版社，1998），第54-55頁。

people, or to run a particular organization，中文意思是：一群人被選出或被選出以對特定主題做出決定或提供建議，以代表特定的一群人或運行特定的組織。可譯為委員會或理事會。

Forum按《劍橋字典》解釋是a situation or meeting in which people can talk about a problem or matter especially of public interest，中文意思是：人們可以談論特別是公眾利益的問題或事項的情況或會議。可譯為論壇或討論會（尤其是指討論與公共利益相關的問題的）。

評議會的中文解釋是，以交換意見、決定方針為目的合議機關。

Joint Consultative Committee按《劍橋字典》解釋是Employer and trade unions share information and exchange views within a joint consultative committee，中文意思是：僱主和工會在聯合諮詢委員會內共享信息並交換意見。沒有提供相對的中文用詞。

評議會並不是集體談判的機構，只是政府的一個諮詢機構。政府宣稱的評議會政策是：「公務員服務條款及條件如有重大修改，以致影響大部分員工，當局必會事先諮詢中央評議會職方。關乎整體公務員聘用條款及條件的事宜，例如薪酬、附帶福利、提高公務員整體效率的措施等，均會在中央評議會會議上討論。」

除了在中央層面設立評議會，政府還加強各部門的勞資溝通，在各部門設立部門評議會，稱為部門協商委員會，或稱職員代表會議。

評議會的演變

1968年政府開始在各部門設立評議會，鼓勵各部門實施協商機制[34]。七十年代初，政府為了加強上下溝通，還在部門層面設立部門管職協商委員會（Departmental Consultative Committee），或稱職員代表會議，在郵政署成立的部門諮詢委員會稱為職員會議。

---

[34] 潘文瀚等：《團結不折彎》（香港：進一步多媒體有限公司，2012），第50頁。

Consultative按《劍橋字典》解釋是A consultative group or document gives advice about something，中文意思是：諮詢小組或文件方面的建議，可譯為諮詢的、顧問的。

六七暴動時，港督戴麟趾面對困局，使用各種方法爭取到民意支持，拉攏街坊福利會和親英人士出面協助，度過難關。自此，英國改派外交官出任港督。隨著全球政局的轉變，一直與港英頂牛的左派工會亦改變了對政府的態度，參加評議會。

暫不談政府的評議會，先看勞工處在這方面的工作。根據職工會登記局1967-1968年報所說，勞工處一直鼓吹勞資協商，可惜成效不彰，六七暴動後，社會及企業開始認同要改善勞資關係，太古及黃埔船塢率先設立勞資協商委員會，「香港僱主聯合會」（Employers' Federation of Hong Kong）有103間企業簽署同意以協商委員會改善勞資關係。1972年已經有49間企業設立不同程度的勞資協商機制。如從另一個極端角度看，協商機制只是用以分化及懷柔工人[35]。這些協商會也不是集體談判權。

八十年代公務員工會如雨後春筍發展，並形成四大公務員工會集團，政府根據薪常會1980年發表《第四號報告書——公務員諮詢機構檢討報告書》，在各部門內設立評議會，各集團工會及部門工會紛紛被安排進入評議會，及部門評議。現在政府每年都會同公務員商討薪酬調整，醫療福利或服務條件等問題，就是由評議會內的公務員代表與政府進行洽談。

1988年薪常會的《第二十一號報告書——公務員諮詢架構》，建議在各部門設立諮詢會或協商委員會[36]。

《第二十一號報告書》發表後，1989年4月29日，左派工會政府人員協會、政軍醫、「香港政府水務局華人職工會」、郵職會、「海事處華員職工會」、「漁農處職工會」和「政府看更員工會」、「醫務衛生署職工會」及華員會屬下的「政府僱員華人職工會」等9個工會聯合就高評會事宜，發表聲明提出意見：

1.公務員人數和工會數目增加，高評會應做出調整，否則代表性不足；

---

[35] 潘文瀚等：《團結不折彎》（香港：進一步多媒體有限公司，2012），第50頁。
[36] 聶振光著：《香港公務員制度》（香港：中華書局，1991），第32-33頁。

2.高評會商討事項涉及整體公務員，故要公開會議內容；

3.放寬合資格加入高評會的工會限制，撤銷要諮詢高評會成員這一條[37]。

聲明又指出部門諮詢會運作參差不齊，銓敘司要就此深入檢討，令其成熟[38]。

進入八十年代，各集團工會及部門工會紛紛被安排進入評議會，及部門協商委員會，左派的政軍醫沒有被安排進入評議會，亦拒絕承認其為法定的談判對象，因為政府認為政軍醫不是純粹公務員工會，軍部員工不是公務員。大部分左派公務員工會亦被排擠於部門協商委員會之外[39]，郵職會則在部門協商委員會有預留委任名額，初期它對這些預留名額不聞不問。

1981年政府開始接受薪常會建議，鼓勵超過一百名員工的部門成立部門協商委員會。部門協商會的成員包括部門管理人員、由員工自行推選或由員工協會提名的職方代表，以及公務員事務局1名代表組成。在部門協商委員會會議上，公務員事務局代表負責解釋政府的政策和措施，並擔任政府與部門之間的橋樑。成立部門協商會是讓勞管雙方透過定期商討影響部門內員工福利事宜，促進雙方了解和合作。

部門協商委員會主要集中討論與部門內員工有直接關係，或影響部門工作的問題，但不廣泛介入整體公務員有關的問題。部門協商會通常會討論與部門協商安排、部門內個別職系的薪級表、服務條件、聘任和晉升準則、部門福利和康樂活動、改善辦公室架構和運作模式，以及員工工作效率等有關的事宜。

一些部門協商委員會會在協商會下設小組委員會，例如一般職系協商委員會，以促進部門內某組別員工與管方之間的溝通。2005年，政府的63個政策局／部門設立了85個部門協商委員會及90個小組委員會。

員工代表按職系或分區辦事處為基礎選出，或兩者合併選出。工會如果在某部門內某一職系內有最少50％員工為其繳費會員，便可在該部門得到代表席位，1988年時在70個部門協商委員會中共有105個工會得到席位。

部門協商委員會可採用廣東話或英語進行討論，如有需要須會提供傳譯服務，

37 聶振光著：《香港公務員制度》，第27-36頁。
38 同上，第33頁。
39 《協會歷史》，載政府人員協會：《政府人員協會二十五週年會慶特刊（1986-2011）》（香港：政府人員協會，2011），第36頁。

會議紀錄若以英文擬備，則須提供中文譯本。協商會的工作要定期發出通告，或以其他方式向員工報告。

高評會

政府設立的中央層次的評議會有4個，分別是「高級公務員評議會」（Senior Civil Service Council，簡稱「高評會」）、「第一標準薪級公務員評議會」（Model Scale 1 Staff Consultative Council，簡稱「一評會」）、「警察評議會」（Police Force Council，簡稱「警評會」）和「紀律部隊評議會」（Disciplined Services Consultative Council，簡稱「紀評會」）等，俗稱「四大」。

細看4個中央評議會的英文名並不一致，高評會和警評會使用Council一詞，一評會和警評會用Consultative Council一詞，Consultative中文是諮詢的意思，用Consultative Council含義何在呢？

高評會是最早的公務的諮詢機構，於1968年成立，勞方成員有「香港高級公務員協會」（Senior Non-Expatriate Officers Association，非海外高級公務員協會）、「香港海外公務員協會」（Association of Expatriate Civil Servants of Hong Kong，香港外籍公務員協會，俗稱「西員會」）及華員會等3間公務員工會代表組成。管方成員有：銓敘司、財政科及銓敘科的其他級官員，銓敘司是當然主席，今是公務員事務局局長。勞方主席由3間成員工會代表輪流出任3個月。

政府指設立高評會，「旨在促進作為僱主的政府與全體公務員在影響公務員的事宜上充分合作，以提高公務員的工作效率及保障員工的福利；提供處理申訴的機制；以及匯集公務員代表的經驗及不同見解」。

2021年高評會管方代表為：公務員事務局局長為當然主席，公務員事務局為常任祕書長，公務員事務局副祕書長(1)、公務員事務局副祕書長(2)、公務員事務局副祕書長(3)等為當然委員，公務員事務局首席助理祕書長（員工關係）為當然祕書。管方成員已沒有負責財政的官員。

高評會勞方代表為：香港海外公務員協會翟雅琪女士；華員會代表利葵燕女士、

蔡冠龍和侯思龍等；香港高級公務員協會代表李方沖、彭禮輝和林文貞女士等。

會議內可以討論所有影響公務員編制的問題，如薪金及房屋等，但如是個別公務員的個人問題則不會討論，而有關晉升及紀律等問題只限討論一般原則。

高評會勞方的代表性不足，因為不包括人數最多的第一標準薪級員工和首長級員工、警員及合約員工等。此等員工的問題不能提交高評會討論，因而針對以上問題增設另一評議會和警評會等。

警評會

薪常會第二十一號報告書《公務員諮詢架構》，指《警察條例》（*Police Force Ordinance*）（香港法例第232章）第8條規定：禁止警務人員加入工會，因此認為警員不宜加入任何公務員評議會，現警務人員有4個合法的協會，綜合各方面意見，可成立紀律人員評議會。

《警察條例》第8條：

8. 禁止警務人員為職工會會員

(1) 警務人員不得成為任何職工會的會員，任何警務人員違反本條的規定，即喪失其繼續為警隊成員的資格。

(2) 如有任何疑問關於某一團體是否為本條所適用的職工會，則須由根據《職工會條例》（第332章）第3條委任的職工會登記局局長決定。

(3) 處長可——

(a)設立其認為適當而純由警務人員組成的組織；

(b)認可任何純由警務人員組成的組織。

（由1972年第二十三號第2條增補。由1977年第六十九號第2條修訂。）

(4) 處長可就有關全體或任何警務人員的福利及服務條件事宜，向任何該等組織徵詢意見。

（由1972年第23號第2條增補。）

(5) 就本條或任何其他法律而言，根據第(3)款設立或獲認可的組織並非職

工會。

（由1972年第二十三號第二條增補。）

（由1950年第二十九號第三條增補。）

根據《警察條例》第8條3a和b規定，上文的4個警察協會得以成立。

警評會於1982年7月成立，以促進政府與總警司及以下職級的警察之間的溝通和合作。職方代表來自4個警察協會，即「警司協會」（Representatives of the Superintendents' Association）、「香港警務督察協會」（Hong Kong Police Inspectors' Association）、「海外督察協會」（Representatives of the Overseas Inspectors' Association）和「香港警察隊員佐級協會」（Representatives of the Junior Police Officers' Association）等，即上文所說的4個合法的協會。

警評會職權範圍：「透過警務處處長促進作為僱主的政府和香港警務處總警司及以下職級的人員之間的充分合作，為達到這個目的，警務處處長可經由獲委的評議會職方代表尋求上述人員的意見，藉以改善其薪酬及服務條件和謀取福利；提供途徑處理人員的投訴和不滿；以及在一般事宜上把各警務人員代表的經驗和不同意見匯合起來，集思廣益。」

2021年警評會管方成員：警務處處長或由其委任的警務處副處長為當然主席，公務員事務局副祕書長(1)、公務員事務局副祕書長(2)、公務員事務局副祕書長(3)、保安局局長代表、警務處副處長（管理）、人事及訓練處處長、總警司（服務條件及紀律）等為當然委員。

警評會勞方成員有：警司協會、香港警務督察協會、海外督察協會和香港警察隊員佐級協會等代表各2人。

當然祕書為警務處職員關係課行政主任。

以上4個警員組織都不是在職工登記局註冊，即不算是工會組織。細看有3個會會名英文有Representatives一詞，按《劍橋字典》解釋是someone who speaks or does something officially for another person or group of people，中文意思是：為另一個人或一群人說話或正式做某事的人。可譯為代表或代理人。這或可理解為集體的談判代表，表面略具有工會的功能。只有香港警務督察協會英文名會名沒有

用Representatives一詞。為何如此要進一步研究，再看香港警察隊員佐級協會在自我介紹，也說是一個發言組織。

紀評會

紀律部隊評議會前身是由消防、海關、懲教和入境事務處等4個紀律部隊共11個工會及協會組成的「紀律部隊工會及協會聯絡小組」，1990年紀評會正式成立，是為政府第4個中央評議會。英國空軍撤退後，政府飛行服務隊接手有關工作，該部門的4個工會加入紀評會。紀評會變為5支紀律部隊，15個協會及工會代表組成，如下：

「政府飛行服務隊機師工會」（Government Flying Service Pilots Union）、「政府飛行服務隊空勤員工會」（Government Flying Service Air Crewmen Union）、「政府飛行服務隊飛機工程師會」（Government Flying Service Aircraft Engineers Association）「政府飛行服務隊飛機技術員工會」（Government Flying Service Aircraft Technicians Union）、「懲教事務職員協會（高級組）」（Correctional Services Officers Association (Senior Section)）、「懲教事務職員協會（初級組）」、「懲教事務職員協會（初級組）」（Correctional Services Officers Association (Junior Section)）、「香港海關官員協會」、（Association of Customs & Excise Service Officers）、「香港海關關員工會」（Hong Kong Customs Officers Union）、「香港消防控制組職員會」（Hong Kong Fire Services Control Staff's Union）、「香港消防處救護員會」（Hong Kong Fire Services Department Ambulancemen's Union）、「香港消防處救護主任協會」（Hong Kong Fire Services Department Ambulance Officers Association）、「香港消防主任協會」（Hong Kong Fire Services Officers' Association）、「香港消防處職工總會」（Hong Kong Fire Services Department Staffs General Association）、「香港入境事務助理員工會」（Hong Kong Immigration Assistants Union）等。

2021年紀評會管方代表：公務員事務局局長為當然主席，公務員事務局常任祕書長，公務員事務局副祕書長(1)、公務員事務局副祕書長(2)、公務員事務局副祕書長(3)、保安局副祕書長(2)、公務員事務局首席助理祕書長（員工關係）等為當然委員。

紀評會勞方代表有：

懲教代表的簡文傑、何逸申、莫健成、黃文貴和王天倫等5人；海關的盧凱詩女士、張照臻、朱永健、黃競賢和楊志強等5人；消防處的聶元風、翟國威、陳健麟、李偉孝和鄧建泰等5人；飛行服務隊的蘇秋明、陳穎琳女士、李健祥、雷得信和葉鈺生等5人；入境處的黎偉生、莊汶鋒、李永賢、Mr. SARAO Amarjit Singh和謝家榮等5人，總共25人。

勞方主席由代表輪流擔任。

紀評會內每個協會可有至少1名代表，但每支紀律部隊的代表總數不得超過5名。

一評會

由於高評會未能適合公務員人數擴大後的需要，如沒有第一標準薪級員工代表，此項遺漏頗嚴重，因第一標準薪級員工約有4萬人，占全體公務員總數近三份一。有意見認為高評會應該重整，使其代表性得以擴大。政府最後於1982年決定成立第一標準薪級公務員評議會，提供政府與第一標準薪級員工之間溝通的渠道。第一標準薪級員工由於聘用條件有別於其他公務員，因此政府認為適宜另設一個中央評議會處理他們的事宜。

一評會成立於1982年，規定入會申請者是根據職工會條例登記的工會，會員人數超過一千人者。1987年時第一標準薪級員工總共有四萬二千三百人，工會有26間，合共會員人數有二萬一千五百人，其中華員會、公務員總工會、香港政府水務局華人職工會（今稱「香港政府水務署職工會」）、香港市政事務署職工會、市政事務署九龍職工總會和政府園藝環境衛生華人職工會等6間工會有代表席位。這6間工會代表中，其中兩間屬跨部門工會，5間是部門或職系工會，合共代表一萬二千

五百名會員，其餘沒有席位的工會有19間，會員合共有九千人，而沒有加入工會的第一標準薪級員工有二萬零八百人。再加上部分員工同時加入兩個工會，員工工作場所分布廣泛，做成一評會成員組織不均衡，一些部門員工在一評會內有超過1個代表席位，加上部分部門的第一標準薪級員工不足一千人，不合資格選派代表。

一評會勞方代表資格現改為：

1. 任何工會擁有一千名或以上屬第一標準薪級員工的會員，可派出最多兩名代表；

2. 超過一間工會聯合組成一個單位，合共擁有一千名或以上屬第一標準薪級員工的會員，可有兩名代表。

一評會2021年管方代表：

公務員事務局局長為當然主席，公務員事務局常任祕書，公務員事務局副祕書長(1)、公務員事務局副祕書長(2)、公務員事務局副祕書長(3)、財經事務及庫務局首席助理祕書長(A)等為當然委員。

公務員事務局首席助理祕書長（員工關係）為當然祕書。

一評會勞方代表：

「政府僱員工會」的向利女士、林進鴻；政府人員協會陳經天、莫樹梅女士；政府市政職工總會的蘇曉樺女士、吳萬甜女士；華員會的羅國奇、公務員總工會的湯志雄、趙偉源；政府產業看管人員協會、漁農自然護理署職工會及香港政府水務署職工會陳弘愷、盧耀等共12人。

勞方主席透過每年一度由勞方代表互選產生。

我們翻看2013年勞方代表有：政府僱員工會的賴方、李惠儀；政府人員協會的陳鳳玲、林榮松；政府市政職工總會的李秀娟、唐鈴珊；華員會的周耀光、謝映強；公務員總工會的梁達華、葉志成；政府產業看管人員協會、漁農自然護理署職工會及水務署職工會李煒、盧耀等。代表總共有12位，兩屆都是來自8間工會，分為6個單位，5個單位是單一工會組織，1個單位是由3間工會聯合組成的。

近年單一工會方面政府僱員工會、政府人員協會、政府市政職工總會、華員會、公務員總工會等5個間會，一直保有席位；聯合組成的政府產業看管人員協

會、漁農署職工會及水務署職工會也能保有席位，大局沒有變動。

我們細看2013至2021年勞方代表名單，政府市政職工總會是工聯會和公務員總工會盟會，即公務員總工會有4個席位。而政府產業看管人員協會和漁農署職工會都是工聯會集團的政府人員協會盟會，即政府人員協會也有4個席位。職工局把政府僱員工會列為與工聯會有聯繫的工會，加上工聯會的政府人員協會、政府產業看管人員協會、漁農自然護理署職工會及水務署職工會，及政府市政職工總會，與工聯會有聯繫的代表高達8人，超過半數。

再翻看1983年勞方代表名單，水務職工會、華員會和公務員總工會一直保有席位至今，香港市政事務署職工會和市政事務署九龍職工總會都曾一度在第一標準薪級員工中頗有勢力，現已大不如前。政府園藝環境衛生華人職工會亦消失了。

政府僱員工會於1987年成立，2019年有會員1,068人，頗有實力。水務署職工會於1998年底共有會員2,026人，實力強大。

小結

據政府資料介紹，個別公務員及個別員工協會／工會可透過現有渠道向有關部門或職系首長，以及公務員事務局提出意見。此外，現時亦設有完善機制讓員工做出投訴。

評議會表面似集體談判（Collective agreement），而集體談判權是工人的基本權利，但集體談判權立法只是在回歸前夕曇花一現，筆者曾深入研究，計算出香港只有1.8%的勞工受惠集體談判權，遠低於國際水平。

集體談判是指勞方集體性地透過工會，與資方談判僱傭條件，而資方必須參預，談判結果具有法律約束力。其目的是希望勞資雙方能夠在一個較平等的情況下訂立僱傭條件，以保障勞方應有的權益。評議會就是在平等下進行談判，口述史部分已見高官常顯官威。

集體談判這一名詞來自韋伯夫婦悉尼・韋伯（Sidney Webb, 1859-1947）和比阿特麗絲・波特・韋伯（Beatrice Potter Webb, 1858-1943）合著的《工會運動的

歷史》（History of Trade Unionism）和《產業民主》（*Industrial Democracy*）兩書，指僱員難以單人與僱主談判，維護自身利益，因而組織工會結成力量，進而與僱主進行集體談判[40]。

集體談判權國內稱為集體合同制度，集體談判亦稱集體協商，或平等協商。

1949年國際勞工組織通過第九十八號公約《組織權利和集體談判公約》，指出集體談判的基本性質，即「集體協議用來約束就業條件和其他就業條款」，還鼓勵僱主和工人組織充分利用這一機制進行自願性談判，但該公約沒有為集體談判權寫下定義。

1951年國際勞工組織通過第九十一號《集體協議建議書》，集體協議被定義為：「有關勞動與就業條件的書面協議，其締約雙方：一方為一名僱主，一個僱主團體或一個或幾個僱主組織；另一方為一個或幾個勞動者代表，另一方為一個或幾個勞動者代表組織，或在沒有此類組織的情況下，由有關勞動者根據本國法律或條例正式選出並委任的代表。」

建議書第3條進一步指出，集體協議對簽訂協議的各方及他們所代表的各個方面都具有約束力，且與集體協議相違背的僱傭合約中的有關規定應視為無效。並應自動由集體協議中的有關規定所取代。然而僱傭合約中對工人更為有利的條款不應視為與集體協議牴觸，合約有一定時限[41]。

1978年國際勞工組織將集體談判權延伸至公共服務部門。通過第151號《勞資關係（公共事業）公約》，但不包括制定政策的高級公務員、軍人和警察等。1980年的154號公約《促進集體談判權》，要求立約各國立法確立集體談判權，規定集體協議由書面寫成。其中第3條強調選工人代表並不是要弱化有關工人組織的地位。早於1971年通過的第135號《工人代表公約》，也是強調這一點。[42]至今香港仍未確立集體談判權。

第151號公約亦即是說，公務員應有集體談判權。不過，政府並沒有澈底履行

---

[40] 程延園編著：《勞動關係》（北京：科學出版社，2016）第174-175頁。

[41] 趙小仕等主編：《國際勞工標準與認證》（北京：勞動社會保障出版社，2011），第176-186頁。

[42] 同上，第176-186頁。

這條公約，一直以來政府都只是給予公務員工會諮詢的地位，而不是平等談判的地位。

2000年《歐洲聯盟基本人權憲章》第28條明確規定集體談判權和集體行動權[43]。全球化下工會入會率下跌，未能發揮集體談判權。國家層面集體談判則加強[44]。

我們再從歷史層面看問題，英國工業革命為資本家帶來巨大財富，工人階級得來的是貧困，甚至失去健康，於是組織起來以罷工進行抗爭，迫使資方簽下協議，英國政府卻藉自由競爭之名不承認這些協議，更認為工會是非法組織。到了1871年英國頒布世界上第一部《工會法》，明確表示工人有組織工會的權利。1875年又頒布《企業主與工人法》，將勞資關係界定為平等，在這基礎上允許工人團體與僱主簽訂集協議[45]。而1845年德國制定的《普魯士工商業管理條例》第134條規定：確定勞資可以自由制定相互關係協議。在法例容許下，1872年德國書籍印刷勞資雙方簽訂第一個集體協議；接著1899年建造業工人也簽訂集體協議，1906年冶業工人也簽訂集體協議。1906年總共簽訂了三千份工資協議，1913年增至十三萬五千萬份，適用於二十一萬八千間企業，覆蓋二百萬工人[46]；1891年德國頒布《勞動保護法》，確立企業中建立工廠委員會[47]。

到了二十世初，新西蘭、奧地利、荷蘭、德國、法國、芬蘭、瑞士和美國也為集體談判權立法。1904年新西蘭頒布了較具規範的集體協議法[48]。1918年德國頒布《勞動協約、勞動者及使用人委員會和勞動爭議仲裁法》，對集體談判做出詳細的規定，集體談判開始走向制度化。1921年4月進一步頒布《勞動協約法（草案）》。早於1907年已簽訂的協議共有5,324份，適用於111,050間工廠，覆蓋九十萬工人。1910年簽訂的協議達8,293份，適用於173,727間工廠，覆蓋人136萬工人[49]。

---

[43] 錢箭星著：《當代發達國家勞資關係研究》（上海：上海人民出版社，2017），第354頁。

[44] 同上，第336-341頁。

[45] 程延園編著：《勞動關係》（北京：科學出版社，2016），第38頁。張麗琴著：《歐洲集體談判研究》（北京：中國政治大學出版社，2016），第66-67頁。

[46] 張麗琴著：《歐洲集體談判研究》，第47-68頁。

[47] 劉元文編著：《職工民主管理理論與實踐》（北京：中國勞動社會保障出版社，2007），第97-108頁。

[48] 程延園編著：《勞動關係》，第38頁。

[49] 張麗琴著：《歐洲集體談判研究》，第69頁。

二戰後各先進國家的工人組織和集體談判權普遍得到承認，這時香港的工會紛紛復會進行活動，部分雖與資方簽下集體協議，但爭取集體談判權仍未擺上檯面。

　　歐洲多國決定工資的金額是依賴集體談判，而集體談判從層面上來看可分為三種：一是企業級談判，如英國主要由資方單方面決工資多少，工人處於被動地位，香港大部分企業都如此；二是行業級談判，如德國工會組織統一而集中，會在行業中進行集體談判，香港建築業各工種亦採用這模式，可見工會雖不統一仍可進行集體談判，並非如勞工福利局長羅致光所說，工會多不能進行集體談判；三是國家級談判，主要是北歐挪威和瑞典等國，人口少，工會組織發達，集中程度高，自治能力強。工資可由中央級來談判決定基本協議，然後由基層談判確定框架。[50]

　　理論上集體談判可化解勞資矛盾，避免罷工的發生，但工會在運作集體談判權時，仍要面對資強勞弱的壓力，所以香港擁有集體談判權的工會，不會放棄使用罷工這一武器。

　　西歐和北歐另有有企業委員會，是全體職工代表組成的合法機構，討論財務、計畫、聘用條件和解僱等，由勞資共同協商和決策[51]。甚至安排工人代表加入董事會，與其他董事權力相同，席位占三分之一[52]。美國和日本設有車間、班組工人自主管理，討論生產、質量和成本等。日本九成企業設有工人自主管理小組，定下一年計畫呈公司批准[53]。中國則有職工代表大會制。以上這些沒有在香港推行，與談體談判權是有很大分別。政府的公務員政策仍是單方面的由上而下，勞方只是在諮詢角色，可說是達不到先進國家水平。

　　再看中國方面集體談判權情況，1994年的《勞動法》確立集體談判權，但有關集體談判的規定不完備，2004年勞動和社會保障部發布《集體合同規定》，以做補充。

　　2009年全中國簽訂集體合同的企業有124.7萬份，覆蓋企業11.2萬個，覆蓋職工16,196.4萬人，全中國簽訂工資專項集體合同51.2萬份，覆蓋企業90間，覆蓋職工

---

[50] 張麗琴著：《歐洲集體談判研究》，第4頁。
[51] 常凱著：《勞動關係·勞動者·勞權》（北京：中國勞動出版社，1995），第318頁。
[52] 同上，第318-319頁。
[53] 同上，第319頁。

6,177.6萬人。[54]中國沒有中央的集體合同法,只有地方的集體合同法。

相對中港兩地,台灣工人能夠擁有完整的勞動三權(台灣稱為勞動三法:《團體協約法》、《勞資爭議處理法》和《工會法》),更顯珍貴。

回看國際上公務員的集體談判情況,德國於1974年頒布《聯邦公職人員代表法》[55]。

《法國公務員總章》第15條:「總理監督本章的實施。總理主持公職最高委員會,該組織成員由相同數量的行政代表和公務員工會組織代表組成。每個行政部門或公用事業部門擁有;一個或幾個行政對等委員會,其中職工會代表選舉產生;一個或幾個技術對等委員會。」[56]

世界局勢不斷在變,勞資關係也跟隨改變,但香港公務員仍停留在諮詢角色,無法提升。

---

[54] 鄭橋著:〈中國大陸集體協商的制度與實踐〉,載黃德北等著:《全球化下的勞工處境與勞動研究》(北京:社會科學文獻出版社,2011),第83頁。

[55] 中國人事部國際交流與合作司編:《外國公務員制度》(北京:中國人事出版社,1995),第311-312頁。

[56] 周敏凱著:《比較公務員制度》(廣州:復旦大學出版社,2006),第246-247頁。李盛平等著:《各國公務員制度》(北京:光明日報出版社,1989),第143頁。

徵集工運史料

　　七八十年代公務員工運是香港史重要的一章，這一代公務員正陸續退休，看完本書四五十多年前的往事你是否記憶猶新。〈後記〉已談及本書的缺失，如本書銷情理想，出版社不用蝕本，定會繼續支持我們著述的編印出版工作，如此我們就能填補這一缺失，或開拓香港工運史其他方面的工作。

　　訪問期間被訪者提供了不少歷史照片、文件、資料及文物等，極具價值。而我們剛協助嶺南大學完成「陳明銶教授學術藏書」，故進一步徵集有關公務員工運史文獻入藏。若你是工運一分子，存有與工運有關文獻、照片、刊物，或有不吐不快的故事，請與筆者聯絡，電郵：leungpolung@gmail.com。

香港工運史研究小組
梁寶霖、梁寶龍
2021年3月20日

參考資料

現研究香港史較輕鬆，香港公共圖書館把所藏的香港史資料，集中放在中央圖書館供公眾閱覽。各區主要圖書館或會設有專櫃存放該區歷史資料，供公眾閱讀。公共圖書館除藏有各大主要報刊供公眾閱讀外，更將部分主要報刊電子化，讓公眾可以安在家中上網瀏覽。詳細資料請在香港公共圖書館網站內查閱，網址：https://mmis.hkpl.gov.hk/home?from_menu=Y&dummy=。另一方面香港大學圖書館積極收藏工會刊物，亦與公共圖書館合作，公眾如有需要到香港大學圖書館閱覽資料，公共圖書館可以轉介。

經兩年的努力，筆者與嶺南大學圖書館合作，成立了陳明銶教授學術藏書（Collection on Prof. Ming K. Chan's Research），並於今年初舉行了開幕禮，明年初可以公開供閱覽。現可在嶺南大學圖書館網址查看基本資料，及部分藏書資料，網址：https://commons.ln.edu.hk/profmkchan_research_coll/。陳明銶老師專攻中國工運史，老師家人將其部分學術珍藏捐贈予嶺南大學圖書館。檔案資料共逾8呎長，主要是老師進行工運研究時有關的參考資料、寫作紀錄和手稿等。筆者亦將小部分珍貴工運史料入藏。老師其他藏書放在恆生大學圖書館。

網上有不少香港史網站和討論區，各有特色，有參考價值。

以下介紹的資料部分是筆者私人藏有，如研究者需要閱覽，本人願意借出。

檔案、原始資料

1. 《中華人民共和國香港特別行政區基本法》（香港：香港特別行政區政制政及內地事務局，2017）。關於香港人回歸後社經文的律例，研究香港史必備的資料。香港政府和中國政府的官方網站都有刊出全文。

2. 公務員薪俸及服務條件常務委員會：《香港公務員薪俸及服務條件常務委員會服務條件常務委員會第一號報告書——公務員薪俸原則及程序第一次報告書》，香港公共圖書館藏有，不外借。薪常會所有報告可在香港公共圖書館借閱，亦可在薪常會聯合祕書處網頁瀏覽：https://www.jsscs.gov.hk/ch/publications/reports_sccs.htm。

3. 香港地方志中心有限公司編：《香港志・總述大事記》〔香港：中華書局（香港）有限公司，2020〕。本書大事記由遠古至2017年，附錄有譯名對照表。香港大事記的書舊的有陳昕等主編的《香港全紀錄》第1-2卷，及湯開建等主編的《香港6000年》，以上兩書香港公共圖書館都藏有，不外借。

4. 《香港年報》中譯本，1972-2020（香港：香港政府），香港公共圖書館藏有，可外借。每期年報記述了香港某一年的大事，並刊出了該年香港各方面的統計數據。是研究香港史必備的工具書。

5. 《香港年鑑》各回（香港：華僑日報出版社，1947-1994），香港公共圖書館藏有，不外借。每期年鑑記述了香港某一年的大事，並刊載各種社團的基本資料，內容豐富。

6. 《香港職工會統計年報》各年（香港：勞工處職工登記局），香港公共圖書館藏有，不外借。每期年報記述了各工會的會員人數，會名變化。除在香港公共圖書館閱覽外，亦可在勞工處網站下載瀏覽，網址：https://www.labour.gov.hk/tc/public/content2_4a.htm。八十年代始有中文版，2000年開始有電子版。

7. 強世功著：《香港政制發展資料彙編》（一）〈港英時期及起草《基本法》〉〔香港：三聯書店（香港）有限公司，2015〕，香港公共圖書館藏有，可外借。

8. 強世功著：《香港政制發展資料彙編》（二）〈1997至2015的政制發展〉〔香港：三聯書店（香港）有限公司，2015〕，香港公共圖書館藏有，可外借。以上兩書彙編了英國在香港建立政權後，至2015年期間有關政制發展的原始文件。第1冊刊有《英皇制誥》和《皇室訓令》全文及其歷年修訂內容，第010-014頁的《英皇制誥》第16條內容涉公務員，有港督終止官員職權的權力問題。《皇室訓令》第32和33條也涉及公務員。

9. 《國際勞工公約和建議書1919-1993》第1卷1919-1969、第2卷1970-1993、第3卷1994-2007（北京：國際勞工組織北京局，1994-2008）。國際勞工公約在香港工

運所起的作用不大，但始終有一定價值，從事工運者不能不看。所有公約和建議書條文和內容，可在國際勞工組織網頁瀏覽，網址：https://www.un.org/zh/documents/treaty/index.shtml。台灣行政院勞工委員會亦將全部公約和建議書條文和內容編印成書。

10. 馬金科主編：《早期香港史研究資料選輯》上下冊〔香港：三聯書店（香港）有限公司，1998、2018〕，香港公共圖書館藏有，可外借。本書只選輯民國以前的史料，三聯尚出版了數本近代香港的史料書籍。心一堂有限公司影印出版了不少二十世紀香港的舊書，有很高史料價值，但其中小部分書已有出版社重新排印出版，並加以校訂，各人可按自己需要來選購。

11. 清華大學‧基本法圖書館：《香港基本法報刊資料剪輯》第3卷（北京：2003），收藏在香港基本法圖書館，圖書編號：BL574.391.2345。

12. 《基本法剪報匯編》，第九冊，《教育、科學、技術、文化、體育和宗教專題》（香港），收藏在香港基本法圖書館，圖書編號：BL574.3916.4538。全套共18冊。

13. 基本法資源中心：《基本法剪報》（香港），收藏在香港基本法圖書館，圖書編號：BL581.391.4538。以上3冊基本法報刊資料，內容包括了公務參與基本法有關的活動。

14. 鍾文略攝影，周佳榮、鍾寶賢、黃文江編撰：《戰後香港軌跡——民生苦樂》〔香港：商務印書館（香港）有限公司，1997〕，香港公共圖書館藏有，可外借。本書選錄鍾文略五十至七十年代攝影作品，輔以近期照片做對比。

15. 鍾文略攝影，周佳榮、鍾寶賢、黃文江編撰：《戰後香港軌跡——社會略影》〔香港：商務印書館（香港）有限公司，1997〕，香港公共圖書館藏有，可外借。本書著重社會變化歷程，展示香港的繁榮。歷史照片能輔助了解當年的歷史。近年出版的香港歷史照片的書籍不少，各有不同的題目，大多數香港歷史網站都以圖片為主，各大社區也有自己的歷史網站。

16. 劉明逵編：《中國工人階級歷史狀況》第1卷第1冊（北京：中共中央黨校出版社，1985）。這套書資料豐富，內有不少香港資料。

17. 盧權、禤倩紅編撰：《廣東早期工人運動歷史資料選編》（廣州：廣東人民出版社，2015）。香港曾由廣東省管轄，這書當然有不少香港工運料。

報章、期刊

部分公務員工潮是社會矚目事件，當時各主要報章和新聞網站都有報導，有時甚至規模較細的報章也有報導，在此不列出參閱過的報章的名稱，因太多。《華僑日報》和《工商日報》闢有工人消息專欄，刊載工會活動消息。而公務員集團工會的活動，《明報》、《東方日報》和《蘋果日報》等大報也有報導。香港公共圖書館藏有《明報》、《東方日報》和《蘋果日報》等大報，更可在網頁瀏覽《華僑日報》、《工商日報》和《大公報》等。

1. 工會脈搏編：《工會脈搏》各期（香港：工會脈搏）。本刊物是雙月刊，報導新工會（內有公務員工會）動態，介紹工會知識，有電子版。
2. 香港職工會聯盟編：《工盟團結報》各期（香港：香港職工會聯盟）。本刊物是月刊，記載職工盟及其屬會（內有公務員工會）的活動。有電子版，網址：https://www.hkctu.org.hk/zh-hant/category/%E5%B7%A5%E7%9B%9F%E5%9C%98%E7%B5%90%E5%A0%B1。
3. 香港工會聯合會編：《工聯雙月刊》各期（香港：香港工會聯合會）。本刊物是雙月刊，記載工聯會及其屬會（內有公務員工會）的活動。有電子版，網址：http://www.ftu.org.hk/zh-hant/media/enewsletter/?q=all。
4. 港九勞工社團聯會宣傳教育委員會編：《勞聯報》各期（香港：港九勞工社團聯會）。本刊物是雙月刊，記載勞聯及其屬會（內有公務員工會）的活動。有電子版，網址：https://www.hkflu.org.hk/?id=P001。勞聯下有公務員及資助機構事務委員會。

書籍

1. 《香港公務員隊伍卓越成就選輯》（香港：？），香港公共圖書館藏有，可外借。本書是政府出版的宣傳小冊子。
2. 卜約翰（John P. Burns），鄺錦鈞譯：《政府管治能力與香港公務員》

（*Government Capacity and The Hong Kong Civil Service*）（香港：牛津大學出版社，2012年中文增訂本），香港公共圖書館藏有，可外借。本書對公務員減薪事件有詳細分析。

3. 中國勞工運動史續編編纂委員會編：《中國勞工運動史》精裝本（一）至（五）（台北：中國文化大學勞工研究所理事會，1984增訂版），主編：陸京士。平裝本第1-8冊。香港公共圖書藏有精裝本，不外借。這套書記載了不少香港工運史料，清以前的資料最珍貴，淪陷時期和六七暴動資料也有。要留意書中西曆共用而沒有註明。國內出版有劉明逵、唐玉良主編：《中國工人運動史》，第1至6卷，香港公共圖書藏有，可外借。劉明逵這套書只有1920年代及以前的香港工運史，在第1至第3卷內，1920年代其後的香港工運史則沒有。如認為香港是中國的一部分，為何六大卷的中國工運史沒有三十年代以後的香港工運史資料。國內先後出版了多本中國工運史，最新的是2016年中國工運研究所編的《新編中國工人運動史》上下卷。

4. 王永平著：《平心直說──一名香港特區政府局長為官十二年的反思集》（香港：經濟日報出版社，2008），香港公共圖書館藏有，可外借。王永平曾任公務員事務局局長，及多個部門首長，本書中第90-145頁為《公務員事務篇》。

5. 王叔文主編：《香港公務員制度研究》（北京：中共中央黨校出版社，1998），香港公共圖書館藏有，可外借。本書詳述香港公務員制度。

6. 中華人民共和國人事部國際交流與合作司編：《外國公務員制度》（北京：中國人事出版社，1995），香港公共圖書館藏有，可外借。本書詳細介紹各國公務員制度，如巴基斯坦、泰國和瑞典等。封面書名錯為《外國公務員「製」度》，內頁是《外國公務員「制」度》。

7. 中共中央黨校國際工人運動史教材室編著：《國際工人運動史》（北京：中共中央黨校出版社，1987）。同期于文霞主編有《國際工人運動史》，兩書質量差不多。

8. 威廉・福斯特著，李華、趙松、史仁合譯：《世界工會運動史綱》（北京：生活・讀書・新知三聯書店，1961）。本書資料豐富，但是1961年版，而以上兩書資料較新。外國人寫的尚有蘇共中央直屬高級黨校國際工人運動和民族解放運動史教研室編的《國際工人運動和民族解放運動史》，第1卷，《十八世紀六十一─八十年代至一九一七年》，第2卷，《一九一七年──一九三九年》（北京：生活・讀書・新知三聯書店，1964），以上兩本外國人寫的在香港已難找。

9. 黃德北、馮同慶、徐斯勤著：《全球化下的勞工處境與勞動研究》（北京：社會科學文獻出版社，2011），香港公共圖書館藏有，可外借。全球化是我們現今面正對的問題。

10. 李和中著：《21世紀國家公務員制度》（武漢：武漢大學出版社，2006），香港公共圖書館藏有，可外借。本書資料較新。

11. 李盛平等著：《各國公務員制度》（北京：光明日報出版社，1989），香港公共圖書館藏有，可外借。本書介紹述各國公務員的意涵。

12. 周敏凱著：《比較公務員制度》（廣州：復旦大學出版社，2006），香港公共圖書館藏有，可外借。本書將全球公務員制度做比較。

13. 周奕：《香港工運史》（香港：利訊出版社，2009），香港公共圖書館藏有，可外借。本書是研究香港工運必備的書，資料詳盡，第26章談教師和護士工潮。

14. 周奕：《香港工運史簡篇》（香港：利訊出版社，2013），香港公共圖書館藏有，可外借。本書是上書《香港工運史》的簡略版，但亦加了小部分新內容，第20章是〈公務員工運的興起〉，研究香港工運史必備的書。

15. 姜海如著：《中外公務員制度比較》（北京：商務印書館，2003），香港公共圖書館藏有，可外借。本書較詳細闡述各國公務員的意涵。

16. 張大業著：《全球化下的亞洲跨國勞工——抗爭的圖像》（台北，台灣社會研究雜誌社，2010）。面對全球化要加緊注意亞洲的問題。

17. 胡學勤著：《勞動經濟學》（北京：高等教育出版社，2004，第3版）。本書詳述勞動與經濟的關係。

18. 吳麟著：《賦權與商議：媒體與新工人勞資關係治理研究》（北京：北京大學出版社，2017）。進行工運鬥爭爭取傳媒的報導是重要一環，多位受訪者與傳媒都有好的合作，網上媒體更要好好利用。

19. 香港工運史研究小組編譯：《成功組織者的八堂課》（香港：香港職工會聯盟，2019）。本書是譯自Alexandra Bradbury, Mark Brenner, and Jane Slaughter合著的 *Secrets of a Successful Organizer*。簡體版是《組織者手冊——做一個成功組織者的竅門》。這書是美國人組織工會的經驗，比較一下受訪者的組織經驗與美國人的經驗。

20. 香港工會聯合會編：《香港工運路向》（香港：香港新城文化服務有限公司，1989），香港公共圖書館藏有，可外借。本書（丙二）主要談公務員工運，撰文有

華員會郭元漢、公工聯黃偉雄、公務員總工會莫家榮和政府人員協會鄭鍾偉等。（丙）也介紹白領、藍領和灰領等工運等。

21. 伍錫康著：《勞工問題面面觀》（香港：廣角鏡出版社，1984），香港公共圖書館藏有，可外借。

22. 伍錫康著：《香港勞工現況與前瞻》（香港：廣角鏡出版社，1984），香港公共圖書館藏有，可外借。

23. 喬・英格蘭（Joe England）、約翰・里爾（John Rear）合著，劉進文、唐振彬譯：《香港的勞資關係與法律》（*Industrial Relations and Law in Hong Kong*）（上海：上海翻譯出版公司，1984），香港公共圖書館藏有，不外借。本書是研究香港工運必備的書，第6章是〈公職部門〉。但因寫於1981年很多事件的資料未全面完全公開，故論述及分析有小小問題。

24. 秦宣編著：《世界主要國家公務員制度》（北京：中國大百科全書出版社，1995），香港公共圖書館藏有，可外借。本書簡單全面地介紹英、美、日、法、德和韓等國的公員制度，也概述公務員的起源。

25. 司徒華：《大江東去——司徒華回憶錄》（香港：牛津大學出版社，2011），香港公共圖書館藏有，可外借。司徒華的回憶錄必定會詳談教師工潮。

26. 唐納（H. A. Turner）、霍舒（Patricia Fosh）、伍錫康合著，伍錫康譯：《兩代縱橫——蛻變中的香港勞工與社會》（*Between Two Societies: Hong Kong Labour in Transition*，香港：香港大學出版社，1992）。本書是學者的理論著作。八十年代公務員工運高潮中，出版了不少研究工運的書，如上述的《工運與香港發展——香港的經驗》。

27. 陳明銶主編，梁寶霖、梁寶龍、趙永佳、陸鳳娥合編：《香港與中國工運縱橫》（香港：香港督教工業委員會，1986），香港公共圖書館藏有，不外借。本書是香港出版的工運史書籍第二部，內有梁寶霖與黃偉雄合著的：〈香港公務員工運〉。也因寫於1986年當時翻閱舊報刊困難，主要憑個人記憶而寫成。相對今天全書資料也覺不足。而梁寶霖、陳明銶等編的《香港與中國工運回顧》是香港出版的工運史書籍第一部專著。

28. 陳坤耀、伍錫康、呂大樂合編：《工運與香港發展——香港的經驗》（香港：香港大學亞洲研究中心，1988），香港公共圖書館藏有，可外借。本書有公務員工運領

袖的文章。

29. 陳榮富著：《公共管理學前沿問題研究》（哈爾濱：黑龍江人民出版社，2002），香港公共圖書館藏有，可外借。公共管理學內容包括如何管理公務員。

30. 陳瑞蓮、汪永成著：《香港特區公共管理模式研究》（北京：中國社會科學出版社，2009），香港公共圖書館藏有，可外借。本書以公共管理學角度來談公務員。

31. 陳敦源著：《民主治理──公共行政與民主政治的制度性調和》（台北：五南圖書出版股份有限公司，2019，第3版），香港公共圖書館藏有，可外借。本書第9章論述公務員的中立。

32. 徐本華著：《馬克思工資理論及現實意義》（北京：中國經濟系出版部，2018）。本書深入談馬克思工資理論，工資是重要的經濟和工運元素之一。

33. 徐頌陶著：《中國公務員制度》〔香港：商務印書館（香港）有限公司，1997〕，香港公共圖書館藏有，可外借。本書詳述中國公務員制度。

34. 馮同慶主編：《勞動關係理論》（北京：中國勞動社會保障出版社，2009）。勞動關係也就是勞資關係，是工運的原始原素，工運是勞動關係的延伸，本書以介紹理論為主。程延園編著：《勞動關係》。美國人丹尼爾‧奎因‧米爾斯著，李麗林、李俊霞等譯有《勞工關係》（*Labor Management Relations*），談勞資關係。

35. 托瑪‧皮凱提（Thomas Piketty）著，詹文碩、陳以禮譯：《二十一世紀資本論》*Le Cappital au XXIe Siècle*（台北：衛城出版社，2014），公共圖書館藏有，可外借。資本是經濟活動重要的元素之一，與勞動有密切關係。皮凱提另一著作，陳郁雯譯：《不平等的經濟學》（*L'économie des inégalités*）。美國人沃爾特‧沙伊德爾（Walter Scheidel）著，顏鵬飛、李醒、王今朝、曾國召、甘鴻鳴、劉和旺等譯：《不平等社會──從石器時代到21世紀，人類如何應對不平等》（*The Great Leveler: Violence and the history of inequality from the stone age to the twenty first century*）美國人托馬斯‧斯坎倫（Thomas M. Scanlon）著，陸鵬傑譯，張容南校：《為什麼不平等至關重要》（*Why Does Inequality Matter?*）。也是工運者必看的書。

36. 錢世年：《1997香港公務員架構的回顧與前瞻》（第1輯）（香港：香港退休公務員協會有限公司，1996），香港公共圖書館藏有，可外借〔又名《香港公務員架構與行政主導（政制發展）》〕。錢世年曾任華員會會長，他的回顧與前瞻有參考價值。

37. 錢箭星著：《當代發達國家勞資關係研究》（上海：上海人民出版社，2017）。本

書第4章談新自由主義對勞資關係的影響。

38. 粗眉仔著：《公務員趣怪事件簿》（香港：世界出版社，2007），香港公共圖書館藏有，可外借。本書可令你輕鬆一下。

39. 馬克思著，郭大力、王亞南譯：《資本論》第1-3卷（北京：人民出版社，1953）。要從事工運不能不讀《資本論》，本書雖是十九世紀的著作，但這書是工運領導者的理論基礎著作，深入解構了資本主義的資本與勞動關係。第1卷較易消化，其後的較難消化，如數學基礎較好的人讀起來較輕鬆。筆者持有的是1953年郭大力等譯本，而香港公共圖書館藏有的是中共中央馬克思、恩格斯、列寧、斯大林作編譯局譯的1975版。

40. 趙雨樂、鍾寶賢、李澤恩編註，王琪，張利軍譯：《軍政下的香港——新生的大東亞核心》〔香港：三聯書店（香港）有限公司，2020〕。本書資料豐富，心一堂有影印的日文版。近日香港出版了不少日治時的書籍，日本人小椋廣勝著、林超純譯的《日據時期的香港簡史》很有價值。舊有的謝永光著：《三年零八個月的苦難》等多部著作，葉德偉等編著的《香港淪陷史》，及近年出版的鄺智文著《重光之路——日據香港與太平洋戰爭》，都有很高價值。近年廣東的文史資料刊物刊載了不少有關港九大隊的資料，文史資料，網站也上載了不少。

41. 趙領娣、付秀梅編著：《勞動經濟學——理論、工具、操作》（北京：企業管理出版社，2004，第3版），香港公共圖書館藏有，可外借。研究經濟學必須研究勞動，同樣研究勞動必須研究經濟，兩者密不可分。古典經濟學大師阿當·斯密（Adam Smith）和大衛·李嘉圖（David Ricardo）等著作都有談勞動。曾湘傳主編有《勞動經濟學》。

42. 萬毓澤著：《你不知道的馬克思》（新北：木馬文化事業股份有限公司，2011）。萬毓澤將沒趣味的馬克思主義向大眾簡介。

43. 黃湛利著：《香港公務員制度》〔香港：中華書局（香港）有限公司，2007〕。香港公共圖書館藏有，可外借。本書全面深入詳談香港公務員制度。

44. 黃湛利著：《澳門公務員制度》〔香港：中華書局（香港）有限公司，2014〕，香港公共圖書館藏有，可外借。本書深入詳談澳門公務員制度。

45. 黃衛平、譚功榮主編：《公務員制度比較》（北京：中央編譯出版社，2002），香港公共圖書館藏有，可外借。本書較詳細闡述各國公務員的涵意和比較。

46. 溪流著：《中國公務員制度》（北京：清華大學出版社，2002），香港公共圖書館
藏有，可外借。本書簡略闡述中國公務員制度。

47. 蔡榮芳：《香港人之香港史1841-1945》（香港：牛津大學出版社，2001），香港公
共圖書館藏有，可外借。本書以香港人角度著史，資料詳盡且多是一手資料，是研
究香港史必看的書。談香港史罷工事件是避不了，作者都有記載和深入分析。

48. 孫明、俞梅紅、侯書森著：《市場・政府・國家公務員制度》（北京：東方出版
社，1997），香港公共圖書館藏有，可外借。本書從社會主義市場經濟談到中國政
府體制改革，再談到中國公務員制度。

49. 梁寶霖、梁寶龍、陳明錄、高彥頤合編：《香港與中國工運回顧》（香港：香港督
教工業委員會，1982）。香港出版的第一部工運史文集，寫於1982年，筆者現再翻
閱時，認為資料不足和幼嫩。書內筆者的文章，可算是混沌初開的作品。

50. 梁寶龍著：《汗血維城——香港早期工人與工運》〔香港：中華書局（香港）有限
公司，2017〕。筆者的第一部個人著作，試以唯物史觀來著史，現仍摸索中。

51. 趙雨樂、程美寶合編：《香港史研究論著選輯》（香港：香港公開大學出版社，
1999），香港公共圖書館藏有，不外借。本書是文集，以不同題目文章串連成香港
通史。

52. 潘文瀚、黃靜文、陳曙峰、陳敬慈、蒙兆達：《團結不折彎——香港獨立工運尋索
40年》（香港：進一步多媒體有限公司，2012），香港公共圖書館藏有，可外借。
公務工運是獨立工運的重要組成部分。

53. 潘亦真著：《我要做公務員》（香港：培思教育出版社，2015），香港公共圖書館
藏有，可外借。本書輕鬆地談公務員。

54. 曉君著：《公務員現形記》（香港：博益出版集團有限公司，1991），香港公共圖
書館藏有，可外借。閱讀本書可以輕鬆一下。

55. 聶振光著：《香港公務員制度》〔香港：中華書局（香港）有限公司，1991〕，香
港公共圖書館藏有，可外借。本書詳述了香港公務員制度。

56. 劉元文編著：《職工民主管理理論與實踐》（北京：中國勞動社會保障出版社，
2007）。本書主要談職工民主管理理論在國內的實踐，第14章介紹外國的工人參與
管理理論和形式，可作為要求改革評議會，提出參與管理的理論基礎。

57. 劉俊生主編：《中國國家公務員制度概論》（北京：中國政治大學出版社，

1995），香港公共圖書館藏有，可外借。本書闡述中國公務員和國家公務員制度的意涵。

58. 劉旭濤著：《政府績效管理制度、戰略與方法》（北京：機械工業出版社，2003），香港公共圖書館藏有，可外借。政府績效管理就是提高公務員服務的質和量。

59. 劉曼容著：《港英政治制度與香港社會變遷》（香港：香港各界文化促進會，2007），香港公共圖書館藏有，可外借。本書以社會變遷角度談殖民地時期的政治制度，有公務員的內容。

60. 劉蜀永主編：《簡明香史》〔香港：三聯書店（香港）有限公司，2016，第3版〕，香港公共圖書館藏有，可外借。近年香港出版了多部香港通史性質專著，周佳榮和蕭國健的都是清以前的香港通史，本書雖是舊書，但筆者引用了不少書內的數據資料。劉蜀永與劉智鵬新編著有《香港史——從遠古到九七》，筆者尚未完全深入閱讀。舊的香港通史性質專著尚有余繩武、劉存寬主編的《十九世紀的香港》和《十九世紀的香港》，是有價值的好書。王賡武1997年主編的《香港史新編》，2017年出版增訂版，將內容擴大，是研究香港史必備的好書。外國人的著作有高馬可（John M. Carroll）著，林立偉譯的《香港簡史——從殖民地至特別行政區》，此書小部分資料有誤。

61. 關震海編：《香港大道》（香港：誌傳媒有限公司，2020，第2版）。本書編有反修例運動大事表。

62. Fong Sir著：《投考公務員能力傾向測試解題天書》（香港：文化會社有限公司，2014），香港公共圖書館藏有，可外借。本書是考試天書之一，可了解取錄公務員的要求。

63. 貝弗里‧J‧西爾弗（Beverly J. Silver）著，張璐譯：《勞工的力量——1870年以來的工人運動與全球化》（*Forces of Labor: Workers' Movements And Globalization Since 1870*）（北京：社會科學文獻出版社，2012）。本書告訴你工會的力量在哪裡。

64. 戴爾‧莫滕林（Dale T. Mortensen）著，王遠林譯：《工資差異理論——為什麼相似的工人薪酬卻不同》（*The Rise of the Global Left: World Social Forum and Beyond*）（北京：社會科學文獻出版社，2012）。深入剖析工資差異的問題，也是社會上不平等的問題之一。

65. 理查‧海曼（Richard Hyman）著，許繼峰、吳育仁譯：《比較工會運動》

（*Understanding European Trade Unionism :Between Market, Class and Society*，台北：韋伯文化國際出版有限公司，2004）；香港公共圖書館藏有，可外借。各地的工會運動比較如何呢？

66. 彼得‧萊文著，畢小菁譯：《工會的合法性》，載：阿米‧古特曼等著，吳玉章、畢小菁等譯：《結社理論與實踐》（北京：生活‧讀書‧新知出版社，2012）。了解工會的合法性才可鬥爭勝利。

67. 李英、王棣、瞿彬彬著：《中外工會法比較研究》（北京：知識產權出版社，2011）。了解各地的工會法異同，才可在合法情況下爭取自己應有的權益。

68. 常凱著：《勞權論——當代中國勞動關係的法律調整研究》（北京：中國勞動社會保障出版社，2004）。從最基本的勞動權了解工運。談勞動權另有李炳安著的《勞動權論》。

公務員工會會刊及網站

工會的會刊記錄了自己會的基本資料及活動，有時也會整理會史刊出，及載有負責人的工運心得。上世紀六十年代前的會刊，更刊出很多文藝作品。會刊也是取得工經費贊助的來源之一。在現今電子科技下，大部分工會都有自己的網站（部分可參考本書最後「網站」資料），作為宣傳及發放消息的渠道，而facebook亦可有聯絡的作用。

1. 《政軍醫30年週刊》（香港：1977）。
2. 二十週年紀念特刊出版委員會編：《政府工程技術及測量人員協會二十週年紀念特刊》（香港:政府工程技術及測量人員協會，1996）。
3. 政府人員協會：《政府人員協會二十五週年會慶特刊(1986-2011)》（香港：政府人員協會，2011），香港公共圖書館藏有，不外借。
4. 香港政府華員會：《香港政府華員會金禧紀念特刊》（香港：香港政府華員會，1972年），香港公共圖書館藏有，不外借。
5. 三十週年紀念特刊出版委員會：《香港郵政局員工會成立三十週年紀念特刊》（香

港：香港郵政局員工會，2000）。

6. 香港郵政局員工會四十週年紀念特刊委員會：《香港郵政局員工會40週年紀念特刊》（香港：香港郵政局員工會，2010）。

7. 香港郵政局員工會編：《香港郵政局員工會工運暨職業安全健康研討營》（香港：香港郵政局員工會，2013）。

8. 《香港郵務職工會18週年紀念特刊（1946-1965）》（香港：香港郵務職工會，1964年5月）。

9. 香港消防處救護員會四十週年紀念特刊組編：《香港消防處救護員會40週年紀念特刊》（香港：港香港消防處救護員會，2012）。

10. 《文書及祕書職系通訊》第24期（香港：港九勞工社團聯會，2011年10月）。

11. 香港社會工作者總工會編：《2012年工報告》（香港：香港社會工作者總工會，2013）。

文章

1. 林華煦著：〈公務員工會的分化和團結問題〉，載陳坤耀等編：《工運與香港發展——香港的經驗》（香港：香港大學亞洲研究中心，1988），第63-65頁。

2. 林斌著：〈公務員工會如何受港府分化？〉，載香港：《百姓》第45期（1983年4月），第15-16頁。

3. 梁寶霖、黃偉雄著：〈香港公務員工運〉，載陳明銶主編：《香港與中國工運縱橫》（香港：香港基督教工業委員會，1986），第183-195頁。

4. 郭元漢著：〈公務員工會運動〉，載香港工會聯合會：《香港工運路向》（香港：新城文化服務有限公司，1989），第91-94頁。

5. 郭元漢著：〈勞方成員在高級公務員評議會裡的角色——諮詢、集體談判還是參與？〉，載陳坤耀等編：《工運與香港發展——香港的經驗》（香港：香港大學亞洲研究中心，1988），第59-62頁。

6. 莫家榮著：〈公務員工會運動〉，載香港工會聯合會：《香港工運路向》（香港：新城文化服務有限公司，1989），第95-98頁。

7. 吳默然著：〈從利益之爭到權力之爭——公務員工運進入新階段〉。

8. 屈奇安著：〈15年工運回顧〉，載香港消防處救護員會四十週年紀念特刊組編：《香港消防處救護員會40週年紀念特刊》（香港：港香港消防處救護員會，2012）。

9. 徐曰彪著：〈早期香港工人階級狀況〉，載：《暨南學報（哲學社會科學版）》1993年4月。

10. 陳永鉞著：〈當年香港郵務員工作情況話舊〉，載《中華郵學會》，網址：http://www.cpa-hk.net/postCHAN/200403.htm。

11. 鄭鍾偉著：〈公務員工會運動〉，載香港工會聯合會：《香港工運路向》（香港：新城文化服務有限公司，1989），第103-106頁。

12. 黃偉雄著：〈公務員工會運動〉，載香港工會聯合會：《香港工運路向》（香港：新城文化服務有限公司，1989），第99-102頁。

13. 黃偉雄著：〈公務員工運的回顧與前瞻1971-88〉，載陳坤耀等編：《工運與香港發展》（香港：香港大學亞洲研究中心，1988），第69-73頁。

14. 黃洪著：〈香港勞工階級的形成：宏觀、微觀及中程之分析〉

15. 曹萬泰著：〈政府內部的勞資關係〉，載陳坤耀等編：《工運與香港發展——香港的經驗》（香港：香港大學亞洲研究中心，1988），第40-44頁。

16. 陸冬青著：〈公務員的前景與其工會的角色〉，載：陳坤耀等編編：《工運與香港發展——香港的經驗》（香港：香港大學亞洲研究中心，1988），第66-67頁。

會史

1. 〈歷年事項記要〉，載香港消防處救護員會四十週年紀念特刊組編：《香港消防處救護員會40週年紀念特刊》（香港：港香港消防處救護員會，2012）。

2. 伍兆祺著：〈本會歷史大事回顧〉，載《香港消防處救護員會會刊》（香港：1983）。

3. 〈回顧工會卅週年戰鬥歷程——「會史」簡介〉，載《政軍醫30年週刊》，1977，香港，第4-7頁。

4. 香港郵務職工會編：〈工會18年大事記〉，載：《香港郵務職工會18週年紀念特刊

（1946-1965）》（香港：香港郵務職工會，1964年5月）。

5. 錢世年著：〈本會會史〉，載《香港政府華員會金禧紀念特刊》（香港：香港政府
華員會，1972），第66-70頁。

6. 陸鴻基著：〈戰後的香港與教協崛興的背境〉，《坐看雲起時——一本香港人的教
協史》卷1（香港：香港城市大學出版社，2017）。

7. 陸鴻基著：〈爭取教師權益與教育改進〉，《坐看雲起時——一本香港人的教協
史》卷2（香港：香港城市大學出版社，2017）。

8. 陸鴻基著：〈教協與公民社會的形成與互動〉，《坐看雲起時——一本香港人的教
協史》卷3（香港：香港城市大學出版社，2017）。

9. 梁寶霖著：〈推動工人權益工作——基督教工委員會的經驗〉，載陳坤耀、伍錫
康、呂大樂合編：《工運與香港發展——香港的經驗》（香港：香港大學亞洲研究
中心，1988），第143-146頁；香港公共圖書館藏有，不外借。
CIC歷史較詳細的有湯詠詩的《「社會良心」抑「搞事分子」——香港基督教工業
委員會歷史之研究》。近日CIC出版了英文書Raymond W. M. Fung（馮煒文）的
The Gospel is Not For Sale: The Story of Hong Kong Christian Industrial Commitee。

10. 劉有珍著：〈香港郵政局員工會簡介〉，載《勞知》第45期（香港：勞資關係協進
會，1983年5月），第2頁。

網站

1. https://csradar.com/。這網站主要刊出公務員招聘資料，故亦有公務員薪酬資料。
2. 薪諮會聯合祕書網址：https://www.jsscs.gov.hk/ch/sccs/sccs.htm#terms。
3. 國家公務員局網址：http://www.scs.gov.cn/。
4. 香港政府一站通網址：https://www.gov.hk/tc/residents/。
5. 公務員事務局網址：https://www.csb.gov.hk/cindex.html。
6. 香港工人的故事網址：http://leungpolung.blogspot.com/。
7. 政府人員協會網址：http://www.geahk.net/index.html。
8. 香港政府華員會網址：http://www. hkccsa.org/。

9. 香港郵政局員工會網址：http://www.upoe.org.hk/index.htm。

10. 香港郵務職工會網址：http://www.hkpwu.org.hk/。

11. 香港公務員總工會網址：http:// www.hkcsgu.org/。

12. 香港公務員工會聯合會網址：https://www.facebook.com/ HKFCSU/。

13. 香港消防處救護員會網址：http://www.amb-u.com.hk/menu/Au- intro.htm。

14. 香港教育專業人員協會網址:https:// www.hkptu.org/。

15. 政府教育人員職工會網址:http://www.gesu.org.hk/。

血歷史202　PF0294

新銳文創
INDEPENDENT & UNIQUE

政府內部的吶喊
——香港公務員工運口述史

作　　者	梁寶龍
責任編輯	尹懷君
圖文排版	蔡忠翰
封面設計	劉肇昇

出版策劃	新銳文創
發 行 人	宋政坤
法律顧問	毛國樑　律師
製作發行	秀威資訊科技股份有限公司
	114 台北市內湖區瑞光路76巷65號1樓
	電話：+886-2-2796-3638　傳真：+886-2-2796-1377
	服務信箱：service@showwe.com.tw
	http://www.showwe.com.tw
郵政劃撥	19563868　戶名：秀威資訊科技股份有限公司
展售門市	國家書店【松江門市】
	104 台北市中山區松江路209號1樓
	電話：+886-2-2518-0207　傳真：+886-2-2518-0778
網路訂購	秀威網路書店：https://store.showwe.tw
	國家網路書店：https://www.govbooks.com.tw

| 出版日期 | 2021年8月　BOD一版 |
| 定　　價 | 660元 |

版權所有・翻印必究（本書如有缺頁、破損或裝訂錯誤，請寄回更換）
Copyright © 2021 by Showwe Information Co., Ltd.
All Rights Reserved

Printed in Taiwan

讀者回函卡

國家圖書館出版品預行編目

政府內部的吶喊 : 香港公務員工運口述史 /
　梁寶龍著. -- 一版. -- 臺北市 : 新銳文創,
　2021.08
　　面 ;　公分. -- (血歷史 ; 202)
　BOD版
　ISBN 978-986-5540-64-7(平裝)

　1.公務人員 2.社會運動 3.政治運動 4.文集
5.香港特別行政區

541.4507　　　　　　　　　　110010499